Carolin Wahl

Skogen D

Bisher bei Loewe Intense erschienen:

Vielleicht jetzt
Vielleicht nie
Vielleicht irgendwann
Skogen Dynasty

SKOGEN DYNASTY

CAROLIN
WAHL

Loewe
INTENSE

FSC
www.fsc.org
MIX
Papier | Fördert gute Waldnutzung
FSC® C014496

Klimaneutral
Druckprodukt
ClimatePartner.com/18521-2202-1001

ISBN 978-3-7432-1571-9
2. Auflage 2023

Umschlaggestaltung: Andrea Janas | andreajanas.com
Umschlagmotive: © tomertu/shutterstock.com, sergio34/shutterstock.com
Innenklappen- und Kapitelvignetten: Michael Dietrich
Printed in the EU

www.loewe-verlag.de

Liebe Leser*innen,

dieses Buch enthält potenziell triggernde Inhalte.
Deshalb findet ihr auf der letzten Seite eine Triggerwarnung.

Achtung: Diese beinhaltet Spoiler für die gesamte Geschichte!

Wir wünschen euch das bestmögliche Leseerlebnis.

Eure Carolin und das Loewe Intense-Team

Für alle, die eine Familie im Herzen tragen.
Und für meine Familie, weil ich euch sehr liebe.

PLAYLIST

ABBA – Chiquitita
Gracie Abrams – 21
Chloe Adams – Dirty Thoughts
Cigarettes After Sex – Apocalypse
Madgalena Bay – Killshot
Alec Benjamin – If We Have Each Other
Montserrat Caballé – O mio babbino caro (Giacomo Puccini)
Lewis Capaldi – Pointless
Elley Duhé – LOST MY MIND
EDEN – Sex
EZI – Take My Breath Away
Billie Eilish – Happier Than Ever (Edit)
The Fray – How to Save a Life
Keane – Somewhere Only We Know
Mr.Kitty – After Dark
Emma Louise – Boy
The Neighbourhood – Sweater Wheather
Cloudy June – FU In My Head
Ivy Levan – Best DamnThing
Pixies – Where Is My Mind?
RAYE & 070 Shake – Escapism.
Lana Del Rey – Happiness is a butterfly
Lauren Spencer Smith – Fingers Crossed
Southstar – Miss You (Sped Up Version)
Harry Styles – Daylight
Taylor Swift – Gorgeous
The Weeknd & Ariana Grande – Die For You (Remix)

1
SANDER

Normalerweise hatte es etwas Befreiendes, nach Hause zu kommen und meine Lunge mit der frischen Fjordbrise zu füllen. Als würde mich der leicht salzige Geschmack erden, als würde mein Herz dabei Ruhe finden. Allerdings fühlte es sich heute so an, als wäre die Luft mit Säure zersetzt worden. Jeder Atemzug brannte wie Feuer, drückte auf mein Zwerchfell, brandete rumorend in meinem Magen. Jeder einzelne Schritt vor dem Flughafengelände schmerzte wie nach einer anstrengenden Beineinheit im Fitnessstudio. Oder als wäre ich anstelle meiner üblichen zehn Kilometer plötzlich zwanzig gelaufen. Oder als hätte ich mein Schwimmtraining überzogen.

Für Juli war es angenehm warm in Oslo, andererseits wurde es meistens nicht wirklich heiß, ganz anders als an meiner letzten Station in München, wo ich einen Teil meines Masters gemacht und meine Schuld bei Henning, einem meiner engsten Freunde in Deutschland, beglichen hatte. Allein der Gedanke an ihn und den Grund, weshalb ich in meine Heimatstadt zurückgekehrt war, trieb meinen Pulsschlag in die Höhe.

Suchend blickte ich mich um, schielte auf meine silberne Armbanduhr, die schwer an meinem Handgelenk hing und mich daran erinnerte, was auf mich zukommen würde. Abgesehen von diesem Erbstück, das mein Großvater mir zu meinem achtzehnten Geburtstag vermacht hatte, trug ich so gut wie keine Statussymbole. Die Uhr war schlicht, nur ein Kenner würde sie als Breitling einordnen.

Mein Handy klingelte. Stirnrunzelnd registrierte ich den Namen meines besten Freundes Mar.

»Du rufst doch nur an, wenn du etwas willst«, begrüßte ich ihn und die fehlende Leichtigkeit kehrte in meine Brust zurück, sobald ich seine gebrummte Antwort vernahm.

»Woher weißt du, dass ich etwas will?«, fragte er schroff.

»Weil du viel zu faul zum Telefonieren bist. Also, mein Prinz, womit kann ich Euch heute dienen?«

»Hatten wir uns nicht darauf geeinigt, dass du das unterlässt?«

Ich verkniff mir das Lächeln, das sich auf meine Lippen stehlen wollte. »Euer Vokabular ist wie immer sehr gewählt, Durchlaucht. Versucht es doch mit einer entsprechenden Unterlassungsklage, Hochwohlgeboren, vielleicht habt Ihr damit mehr Glück.«

»Ach, fick dich, Sander.«

Das Lachen platzte förmlich aus mir heraus und meine Schultern bebten. Es tat so verdammt gut, für einen Moment all die Sorgen zu vergessen und einfach ich selbst sein zu können.

»Wenn ich dazu in der Lage wäre«, kam ich lapidar auf seine Antwort zurück, »müsste ich mir nicht immer jemanden dafür suchen.« Ich erntete eine geknurrte Erwiderung, für die meine Schwester vermutlich bis unter die Haarwurzeln errötet wäre. »Solange deine Armee aus Anwälten nicht unsere Armee aus Anwälten behelligt, wirst du wohl oder übel damit leben müssen, dass ich dir auf die Eier gehe. Und das ziemlich oft. Genau genommen immer dann, wenn du am wenigsten damit rechnest.«

»Kein Staatsfonds der Welt kann mit deinen Ressourcen mithalten, und das weißt du sehr genau«, erwiderte Mar, aber endlich hörte ich, wie die Anspannung aus seiner Stimme wich.

Mar – besser bekannt als Marius Olav, Kronprinz von Norwegen – bewegte sich durchs Leben, als würde eine riesige Gewitterwolke wie ein Damoklesschwert über seinem Kopf schweben. Vielleicht hatten wir uns deswegen schon nach einer Woche in unserer stinklangweiligen und hyperkonservativen christlichen Schule in Oslo angefreundet. Sechs Jahre alt, *Barneskole*. Zwei aufgebürdete Schicksale, zwei Nachnamen, die Fluch und gleichzeitig Segen bedeuteten.

»Also, was kann ich für dich tun?«, wollte ich wissen und verlagerte mein Gewicht, während ich mich weiter nach einem vertrauten Gesicht umsah, da ich nicht sicher war, wer mich abholen würde.

»Nichts, ich wollte nur fragen, wie das Gespräch lief.«

Geistesabwesend rieb ich mir mit der Fingerspitze über das unrasierte Kinn, beobachtete, wie eine ältere Dame mit Kopftuch vergeblich um ein Taxi kämpfte und sich gleichzeitig mit ihren zwei monströsen Koffern abmühte. Kein Taxifahrer stieg aus, um ihr zu helfen.

Ich seufzte. »Das Gespräch hat noch nicht stattgefunden.«

»Ich dachte, du bist seit gestern wieder da?«

»Nein. Bin gerade erst gelandet.« Ich konnte den resignierten Tonfall nicht verhindern.

»Oh, Mist.« Mar atmete scharf aus, als würde er die Last spüren, die auf meinen Schultern ruhte. »Dann sag mir Bescheid, wenn du es hinter dich gebracht hast, falls du im Anschluss überhaupt noch lebst.«

»Du musst dir ja wirklich Sorgen machen, wenn du mich deshalb extra anrufst«, scherzte ich, aber Mar blieb ernst.

»Ich hab doch sonst niemanden, der mir auf die Nerven geht. Ohne dich wäre alles ziemlich langweilig.«

»Ist das etwa eine Liebesbekundung, Euer Hoheit?«

»Bild dir bloß nichts ein, Arschgesicht.«

Es war nicht böse gemeint, sondern die Art von Schlagabtausch, die mich wieder auf den Boden zurückholte. Mar konnte das. Mit wenigen Worten dafür sorgen, dass ich mich wie ein Mensch und nicht länger wie eine funktionierende Maschine fühlte. Genau wie ich ihm die manchmal dringend benötigte Portion Unbeschwertheit verpasste.

Wir tauschten noch ein paar belanglose Sätze aus, bis ich schließlich auflegte und aus dem Augenwinkel bemerkte, wie sich die alte Dame noch immer etwas hilflos nach einer Mitfahrgelegenheit umsah.

Apropos … Mit einem kurzen Blick stellte ich fest, dass immer noch kein schwarzes Ungetüm mit getönten Scheiben vorgefahren war – oder alternativ ein unauffälliges Fahrzeug, das keine Aufmerksamkeit erregte.

Ohne zu zögern, trat ich auf die Frau zu. »Kann ich Ihnen irgendwie behilflich sein? Brauchen Sie ein Taxi?«

Überrascht hob sie den Kopf und schreckte vermutlich aufgrund meiner Größe zusammen, sodass ich etwas Abstand nahm, denn ich wusste, wie einschüchternd ich wirken konnte. Ihre dunklen Augen blickten mich zunächst leicht verunsichert an, doch mein offenes Lächeln schien ihr die Angst zu nehmen. Mit einer Hand kramte sie einen Zettel mit einer Adresse aus ihrer Jackentasche, deutete entschuldigend darauf und zuckte mit betretener Miene die Schultern.

»Wollen Sie dorthin?«, fragte ich sie auf Norwegisch und, als sie nicht antwortete, auf Englisch. Sie nickte abgehackt. Kurzerhand organisierte ich ein Taxi für sie und sah schließlich dabei zu, wie sie mit einem erleichterten Gesichtsausdruck davonfuhr. Zufrieden steckte ich die Hände in die Hosentaschen.

Warum machte es mir nichts aus, mich um das Seelenheil anderer zu sorgen, während ich bei mir selbst immer wieder alles dafür tat, mich noch tiefer in den Abgrund zu stürzen?

»Aleksander.«

Als ich meinen vollen Namen hörte, versteifte ich mich automatisch, spürte, wie sich meine Muskeln verhärteten und meine Schultern noch mehr verspannten als nach dem dreistündigen Flug. Eigentlich buchte ich am liebsten den Notausgangsitz, wenn ich schon nicht Businessclass flog, da er etwas mehr Beinfreiheit bot, aber als ich das Ticket spontan besorgt hatte, waren alle guten Plätze schon belegt gewesen.

Langsam drehte ich mich um und stand zu meiner großen Überraschung meinem jüngeren Bruder Theodor gegenüber, der einen dunkelgrauen Hoodie, schwarze Shorts sowie passende schneeweiße Sneaker trug, die Sportsocken über die Knöchel gezogen. Damit war er viel legerer gekleidet als sonst, was mich wunderte. Normalerweise steckte sein Oberkörper in einem Hemd. Allem Anschein nach hatte er sich außerdem einen Friseurbesuch gegönnt, denn seine straßenköterblonde Matte mit den hellen Strähnen war an den Seiten kurz geschnitten und oben zu einem perfekt-unperfekten Schlafzimmerlook gestylt.

»Hi«, sagte er und nahm mich in Augenschein, die Mundwinkel leicht nach unten gebogen.

Obwohl ich es hätte wissen können, brachte mich seine Anwesenheit etwas aus dem Konzept und wir musterten uns für einige Sekunden schweigend. Er wirkte genauso überrascht wie ich. Als wäre ich nicht die Person, die er erwartet hatte – und vermutlich war ich das auch nicht. Denn ich wusste, was Theo zu sehen bekam: die Müdigkeit in meinem Gesicht, die fetten Augenringe, die etwas zu lang geratenen Bartstoppeln, die mich älter wirken ließen als meine dreiundzwanzig Jahre, die ausgezehrten Züge, sodass meine Wangenknochen beinahe spitz hervortraten.

Wahrscheinlich würde ich mich auch nie an den erwachsenen Anblick meines kleinen Bruders gewöhnen, der inzwischen fast genauso groß war wie ich, dafür aber nicht ganz so massig. Trotzdem muskulös. Als wäre seine komplette Gestalt in wenigen Monaten in die Höhe geschossen und hätte keine Zeit gehabt, sich mit dem neuen Körperbau zu arrangieren. Wie zwei lose Seile hingen die Arme an seinem schlanken Oberkörper, dafür wirkte alles an ihm geschliffener. Reifer. Älter.

Hatte ich ihn wirklich seit sechs Monaten nicht mehr gesehen?

»Was ist, spielst du kein Eishockey mehr?«, fragte ich.

»Nach der Muskelverletzung habe ich pausiert.«

Meine Lippen teilten sich wie von selbst zu einem ehrlichen Grinsen, während ich den Arm um seine Schultern schlang, die sich noch etwas knochig anfühlten. »Bisschen mehr Spinat würde dir wirklich guttun. Oder einfaches Krafttraining.«

Er versteifte sich unter meiner Berührung, nur flüchtig, aber ich bemerkte es trotzdem.

Es war wie ein Stich ins Herz. Ein kleiner, winziger Stich, der aber genauso tödlich sein konnte, und ich registrierte, wie er sich von mir losmachte, als könnte er den Körperkontakt keine Sekunde länger ertragen. Ein pelziger Geschmack legte sich auf meine Zunge.

»Und du solltest über einen Benimmkurs nachdenken«, sagte Theo mit einigen Sekunden Verzögerung, die mir wie eine halbe Ewigkeit vorkamen.

Meine Gedanken überschlugen sich und mein Magen zog sich schmerzvoll zusammen. Glaubte er etwa, dass ich … *Nein.* Ich schob alles, was mit diesem Gedankensplitter zusammenhing, so weit wie möglich von mir weg. Das konnte nicht sein. Nicht mein Bruder.

»Du hörst dich an wie Großvater«, versuchte ich es mit einem Scherz, der sich anfühlte, als hätte ich gerade meine erste Stand-up-Comedy-Show. Der Witz zündete nicht und mein Herz donnerte viel zu heftig in meiner Brust.

Missmutig verzog Theo das Gesicht, was er nur dann tat, wenn ich ihn eiskalt erwischte. Ansonsten glich er einer klassizistischen Statue: glatt und schön, zumindest wenn man seinem Snapscore und den dazugehörigen Anfragen Glauben schenken konnte.

»Sag bloß, du bist meine Eskorte?«, wechselte ich abrupt das Thema, um nicht zu zeigen, wie sehr mich seine Reaktion traf. »Kannst du denn inzwischen fahren?«

Theos Blick wurde mörderisch, wie immer, wenn ich ihn nicht für voll nahm, wobei mir auffiel, dass er sogar einen Bartschatten hatte, der im starken Kontrast zu seinen hellbraunen Augen stand und sie in flüssiges Karamell verwandelte. Wann zum Teufel war mein kleiner Bruder so verdammt erwachsen geworden?

»Du weißt genau, dass ich seit Jahren den Führerschein habe.« Ein genervtes Augenrollen. »Du bist ja schlimmer als Mama. *Oh, Spatz, du wirst viel zu schnell erwachsen. Gerade gestern bist du noch in Windeln durchs Haus gerannt.*«

Bei der Erwähnung unserer Mutter verkrampfte sich etwas in meinem Bauch, aber ich überspielte es mit einem unerschütterlichen Lächeln. »Was hast du erwartet? Du bist das verdammte Küken der Familie. Sie wird nicht wissen wollen, seit wann du Haare am Sack hast.« Die Derbheit meiner Worte war bewusst gewählt, ein ausgeklügelter Schachzug. Ich mochte das nicht einmal besonders, aber es sorgte dafür, dass sich niemand genauer mit mir beschäftigte, sondern nur mit dem, was ich von mir gab.

»Also«, fügte ich hinzu und sah mich auf dem Vorplatz um, wo sich Elektroautos hinter wartenden Taxis reihten. »Wieso holst ausgerechnet du mich ab?«

»Wen hast du denn erwartet?«

»Das Komitee.« Spöttisch hob ich die Brauen und breitete in einer übertriebenen Geste die Arme aus. »Du weißt schon, das volle Programm. Henrik vielleicht. Oder *Opa*. Auf ihn hätte ich mich besonders gefreut, gleich nach unserem Vater.«

»Das Komitee tagt zu Hause. Elli hielt es für eine gute Idee, dich nicht gleich den Wölfen zum Fraß vorzuwerfen«, sagte er mit einem vor Sarkasmus triefenden Unterton, der mir sauer aufstieß.

Natürlich, meine Schwester würde selbst einer Fliege einen Regenschirm basteln, um sie vor einem Gewitter zu schützen. Und im Moment war ich die Fliege. Und meine Familie das Gewitter. Oder besser gesagt: der gottverdammte Orkan.

»Sie wollte dich abholen, konnte aber nicht. Deswegen bin ich hier.« Es klang, als müsste er eine Kloschüssel mit der

Zahnbürste putzen. Die Feindseligkeit in seinem gesamten Verhalten war niederschmetternd.

»Warum bist du eigentlich wieder zu Hause?«

«Semesterferien.« Als würde das alles erklären.

»Gut. Worauf warten wir noch?«

Theos Brauen schossen wie Pfeile in die Höhe, sein Blick wanderte an mir herab zu dem nebelgrauen Rucksack, der das einzige Gepäckstück war, das ich mitgenommen hatte. Alles, was ich brauchte, hatte ich hineingeschmissen. Ich wollte ohnehin nicht länger als nötig bleiben.

»Das ist alles?«, fragte er.

»Ja.«

Er zuckte gleichgültig mit den Schultern. »Okay. Dann können wir fahren.«

Wie erwartet, hatte Theo seinen Mercedes EQ ganz vorn in der ersten Reihe geparkt. Das weiche Leder war eine Wohltat für meinen steifen Rücken, genau wie die Stille und der angenehme Duft im modernen Innenraum des Fahrzeugs. Während der Fahrt verloren wir kaum ein Wort, weil Worte in dem engen Zwischenraum keinen Platz gefunden hätten. Die Luft war getränkt von Fragen, aber Theo hielt sich zurück, so wie er es meistens tat. Es war einfach nicht seine Art. Vermutlich hätte er sich eher aus dem rollenden Wagen geworfen, anstatt mit der Sprache herauszurücken. Dafür war er unserer Mutter zu ähnlich. Und auch Vater. Theo verkörperte das, was ich hätte verkörpern sollen. Er verfolgte Ideale. Standhaftigkeit, Gewissenhaftigkeit, Zielstrebigkeit. Er wäre der perfekte älteste Sohn, denn er trug die Bürde unserer Familie, als hätte er vor fünfundachtzig Jahren das Unternehmen mit seinen eigenen Händen gegründet und nicht unser Urgroßvater.

Stattdessen war ich das, wovor sich meine Familie immer gefürchtet hatte: eine Naturgewalt, die unvorhergesehene Ereignisse mit sich brachte.

Das Anwesen meiner Eltern befand sich etwa eine Stunde Fahrt vom Flughafen entfernt, eingebettet zwischen anderen luxuriösen Grundstücken, die einem Ex-Fußballspieler, zahlreichen Prominenten oder Wirtschaftsgrößen gehörten und die man so gut wie nicht einsehen konnte, weil sie auf der Insel Nesøya lagen. Unser Grundstück besaß einen eigenen Bootsanlageplatz mit einer kleinen Jacht. Bei gutem Wetter konnte man kilometerweit über das Wasser des Oslofjords sehen. Am spektakulärsten waren jedoch die Sonnenuntergänge. Einfach unbezahlbar. Für kein Geld der Welt zu kaufen. Und doch waren die besten Plätze für diejenigen reserviert, die hier wohnten.

»Wir sind da.« Theos Stimme klang hölzern, nachdem er den Wagen in der gigantischen Garage geparkt hatte. Neben den fünf Luxuskarosserien, die dort ebenfalls residierten.

»Das sehe ich«, antwortete ich, machte jedoch keine Anstalten, auszusteigen.

Schweigend blieben wir sitzen, bis das automatische Licht in der Garage wieder erlosch. Mir war klar, dass jeder auf dem Anwesen bereits von unserer Ankunft wusste, schließlich hatten sie es entweder auf einem der großen Monitore der Überwachungskameras gesehen oder Henrik hatte es ihnen mitgeteilt. Henrik wusste immer alles. Vermutlich hatte er sogar von dem Video gewusst, noch bevor ich Wind davon bekommen hatte. Er war Opas Bluthund. Seit dreißig Jahren im Dienst der Familie und manchmal fragte ich mich, was er eigentlich genau machte.

»Hör mal …«, setzte ich an, wollte es Theo erklären, bevor

der Sturm losging, doch er hob die Hand und schnitt mir das Wort ab.

»Spar dir das.«

»Ich will nur –«

»Lass es«, unterbrach er mich erneut. »Ich kann mir denken, was du loswerden willst, aber ehrlich gesagt weiß ich gar nicht, ob ich das hören möchte. Später dann, wenn die anderen dabei sind.« Störrisch schob er das Kinn nach vorn und hatte in diesem Augenblick so viel Ähnlichkeit mit unserem Vater, dass es mir für eine Sekunde den Atem verschlug.

Plötzlich pochte mein Herz unkontrolliert. Mir war nie der Gedanke gekommen, dass meine Familie annehmen könnte, das Video würde die volle Wahrheit zeigen. Die Luft um uns herum wurde dünner, als hätten wir uns auf die Spitze des *Glittertinds* katapultiert.

»Wir sehen uns gleich«, sagte Theo schließlich kühl und stieg aus, ließ mich in einer Blase voller unausgesprochener Worte zurück.

Ich schluckte hart. Achtundvierzig Sekunden.

Achtundvierzig Sekunden, die ein Leben von heute auf morgen auf den Kopf stellen konnten und alles veränderten. *Alles.*

2

NORAH

Auch wenn ich mich mit Zahlen und Rechnungswesen etwa so gut auskannte wie Popa mit Social Media, erfasste ich dennoch auf einen Blick, dass es um unser beschauliches Familienunternehmen nicht gerade rosig bestellt war.

Das Ticken der alten Wanduhr trieb mich in den Wahnsinn und meine Konzentration ließ langsam, aber sicher nach. Durch das geöffnete Fenster strömte der sommerliche Duft von Wildblumen, mischte sich mit dem unverwechselbaren Geruch von frisch gebratenen *Potetkaker*, die Moma üblicherweise mit gebeiztem Lachs und Spinat zubereitete.

Seufzend trommelte ich mit dem Kugelschreiber auf den vor mir ausgebreiteten Unterlagen herum und blies mir eine erdbeerblonde Locke aus der Stirn. Inzwischen qualmte mein Kopf vor lauter Informationen. Außerdem waren meine Schultern verspannt, während sich mein Hintern anfühlte, als hätte ich versucht, einen Weltrekord im Sitzen aufzustellen. Seit Stunden wühlte ich mich durch das Wirrwarr aus Rechnungen, die sich neben den verstaubten Akten und Ordnen auf dem chaotischen Schreibtisch stapelten. Ausrüstungen. Wartungen. Verträge mit verschiedenen Dienstleistern.

Geführte Trekkingtouren waren nichts Außergewöhnliches, aber für den Großteil der Zeit hatten wir uns auf Einheimische spezialisiert, boten Touren fernab des Norwegentourismusstroms an. Mal sieben, mal zehn, manchmal auch vierzehn Tage mit Pause dazwischen. Wir hatten vier Leute für die Bergführungen: Ole, Silas, Popa und mich. Doch wenn ich mir die Zahlen so anschaute, hatte ich keine Ahnung, wie wir nach diesem Sommer noch über die Runden kommen sollten – geschweige denn, die Personalkosten bezahlen wollten, denn auch Silas musste sich darauf verlassen, seine fünfköpfige Familie versorgen zu können.

Den Ohrwurm eines viel zu präsenten Edits summend, scannte ich die Inbox, prüfte die Belegung unserer Pension, die oberhalb des Hardangerfjords – der Königin aller Fjorde – lag, und fragte mich nicht zum ersten Mal, was ich tun konnte, um mehr Menschen für unsere Touren zu begeistern, denn das Geld für groß angelegte Werbung fehlte hinten und vorne.

Mein Blick wanderte zur Uhr, deren Zeiger rhythmisch meine Nerven weghämmerten. 11:55 Uhr. Unwillkürlich musste ich lächeln. Fehlte nur noch eine Kochschürze mit der norwegischen Flagge, um das idyllische Bild meiner kochenden Oma abzurunden, und während ich seufzend meinen Nacken dehnte, überlegte ich ernsthaft, ob so eine Schürze nicht tatsächlich ein passendes Geburtstagsgeschenk für sie wäre. Zumindest hätte ich dann ein wesentlich unkomplizierteres Präsent als die kleine Filzumhängetasche, an der ich mich schon seit zwei Wochen jeden Abend abmühte, weil ich mit dem Ergebnis einfach nicht zufrieden war.

»Klopf, klopf.«

Überrascht drehte ich mich zu der hellen Stimme um,

zumindest soweit es der quietschende Holzstuhl zuließ. Meine beste Freundin und Nachbarin Ada lehnte im Türrahmen, die Wangen gerötet, das krebsrote Haar zu einem schweren Zopf geflochten, der ihr bis zur Taille reichte, während ihre honigfarbenen Augen vergnügt strahlten.

»Wolltest du nicht in die Stadt?«, fragte ich sie anstelle einer Begrüßung und nutzte die Gelegenheit der unverhofften Pause, um mich zu strecken und meine Wirbel einzurenken. Wie Zahnräder rasteten sie ein.

»Doch, klar«, erwiderte sie und zog ihre niedliche Stupsnase kraus, um die ich sie schon in unserer Kindheit beneidet hatte. Kein Vergleich zu meinem markanten Zinken, auf den Popa so stolz war. »Aber deine Moma hat mich gefragt, ob ich nicht noch die leeren Getränkekisten mitnehmen könnte, und da ich sowieso einen Großeinkauf machen will, ist das natürlich kein Problem.«

»Das kann ich auch erledigen.« Verdrießlich zog ich die Brauen zusammen und warf einen schnellen Blick auf das Unterlagenchaos vor mir. »Wenn ich hier fertig bin.«

»Ich weiß, Norah, aber das ist echt keine große Sache. Ich mache das gern. Außerdem wollte ich noch kurz mit dir über etwas reden.« Achselzuckend kam Ada in den Raum geschlendert, wobei mir auffiel, dass sie ein neues weißes Shirt mit ovalem Ausschnitt und weite Jeans trug, die ihre muskulösen Beine versteckten. Dazu kam das aufreizende Augen-Make-up und die verdächtige Wangenfärbung, die zwar unter der Flut an Sommersprossen verschwand, aber trotzdem eindeutig vorhanden war. Misstrauisch inspizierte ich den auffälligen Ringstecker ihres Ohrenpiercings, den sie nur für besondere Anlässe ausgrub.

»Hast du ein Date? In der Stadt?«, fragte ich sie interessiert.

Ertappt blieb sie stehen und riss die Augen auf. »Wie kommst du denn darauf?«

Weil sie in etwa so durchschaubar war wie eine frisch geputzte Fensterscheibe.

»Du siehst …«, ich machte eine vage Handbewegung in ihre Richtung, während meine Mundwinkel ein Eigenleben entwickelten, »scharf aus.«

»Darf ich das nicht?«, hielt Ada dagegen, doch das verräterische Kieksen in ihrer Stimme entlarvte sie. Mein Lächeln wurde breiter und meine beanspruchten Muskeln fühlten sich auf einmal etwas weicher an.

Neugierig beugte ich mich in ihre Richtung, legte meine Unterarme locker auf meine Oberschenkel und ließ sie keine Sekunde aus den Augen. »Jetzt bin ich gespannt. Ist es Felix? Oder jemand Neues?« Weil sie nicht reagierte, fuhr ich einfach fort: »Ein Tourist?« Augenblicklich hielt ich inne und verzog das Gesicht, als mir ein Gedanke kam. »Moment. Es ist doch nicht etwa Liam?«

»Du bist viel zu neugierig.« Ärgerlich zog Ada die Stirn in Falten. »Ich habe *Matched* ausprobiert und einen Treffer gelandet.«

Erleichterung durchflutete mich, denn wenn es Liam gewesen wäre, hätte ich den ganzen Sommer Adas Liebeskummer aushalten dürfen. Zwar stand ich ihr und meinen anderen Freunden immer gern zur Seite, aber Liam und ein gebrochenes Herz waren so sicher wie die Nordlichter zwischen September und März.

Kurz entschlossen erhob ich mich und überragte Ada dadurch um fast einen Kopf, dabei war meine beste Freundin nicht gerade klein. Ich war nur einfach … groß. Ein Erbe meiner Eltern. Inzwischen zog sich mein Herz nicht mehr vor Schmerz zusammen, wenn ich an die beiden dachte.

»Ich komme mit.«

»Was?« Panik glomm in ihren Augen auf. »Nein!«

»Warum denn nicht?«, fragte ich, griff gleichzeitig nach meiner Jeansjacke, die am Türhaken hing, und schob mich in die Ärmel. Ich liebte das abgewetzte Teil mit den unzähligen aufgestickten Patches am Rücken und den fransigen Saumenden, dem Blumenmuster auf Brusthöhe und dem vertrauten Geruch. Die Jacke hatte Mama gehört und wenn ich sie anzog, hatte ich immer das Gefühl, ihre Umarmung zu spüren. »Ich brauche sowieso eine Pause, sonst drehe ich durch. Ich kann später, wenn du dein Date hast, mit dem Bus zurückfahren, kein Thema. Diese Rechnungen bringen mich echt zur Verzweiflung. In letzter Zeit sind die Ausgaben einfach zu hoch. Außerdem«, fügte ich hinzu und wackelte mit dem Finger vor ihrer Nase, »wolltest du doch noch mit mir reden.«

Ada seufzte und nickte schließlich, wobei sie etwas zerknirscht wirkte. »Ja, das stimmt auch …«

Der Großeinkauf stellte sich als schnelle Angelegenheit heraus, weil die ganze Stadt ausgeflogen zu sein schien. Es war, als hätten sich einfach alle in Luft aufgelöst. Omas Getränkekisten waren ebenso fix abgegeben, wie wir Adas Einkaufsliste abhaken konnten, und so stolzierten wir keine geschlagene Stunde später ins JAJA, unseren Dreh- und Angelpunkt, sobald wir in Norheimsund waren. Mats, der Besitzer des Restaurants, hatte sämtliche Fleckchen der Welt bereist und packte immer wieder neue kulinarische Entdeckungen auf seine Speisekarte – nicht, ohne sie mit einem Hauch norwegischer Kultur zu garnieren. Es war jedes Mal, als würden wir unseren Geschmackshorizont erweitern.

Vielleicht war das auch einer der Gründe, weshalb wir so oft hier waren. Um die unterschiedlichen Delikatessen dieser Welt kennenzulernen, ohne wirklich einen Fuß außer Landes zu setzen. Einerseits konnte und wollte ich meine Großeltern nicht allein lassen – was andererseits eine billige Ausrede war, denn mir rollten sich schon die Zehennägel auf, wenn ich nur daran dachte, in ein Flugzeug zu steigen und fremde Städte zu bereisen.

So war es schon in der Schule gewesen, so würde es vermutlich immer sein.

Sobald wir das JAJA betraten, bemerkte ich die Veränderung, die Ada durchmachte. Als hätte sich ein Schalter umgelegt. Während der letzten Minuten hatte sie unaufhörlich gequasselt und schien ganz vergessen zu haben, worüber sie mit mir hatte reden wollen. Doch jetzt war sie so stumm wie ein Fisch und kaute nervös an ihren Nägeln. Eine Eigenschaft, die sie sich schon vor Monaten abgewöhnt hatte.

Wir nahmen an unserem Stammtisch Platz, der genau wie der Rest der Inneneinrichtung an einen amerikanischen Diner erinnerte. Nur die Eichenholzelemente und die bunten, tief hängenden Leuchten mit dem warmen Licht durchbrachen den Eindruck wie eine vierte Dimension. Ich scannte die schicke Speisekarte, wobei ich etwas genauer auf die Preise achtete. Sofort nagte das schlechte Gewissen an mir. Konnte ich überhaupt hier essen, solange unser Familienunternehmen in einer finanziellen Schieflage steckte? Ada rutschte unruhig auf ihrer Bank herum, während ihre Augen zwischen der Essensauswahl und der Eingangstür hin und her huschten.

Ich schenkte ihr ein überzeugendes Lächeln. »Sobald er dich sieht, wird er von dir begeistert sein, und wenn du ihm dann auch noch mit deiner Engelsstimme etwas –«

»Es ist Liam, okay?«, platzte es aus meiner besten Freundin heraus. Sie ließ die Speisekarte sinken. »Ich wollte es dir nicht sagen, weil ich deine Reaktion kenne.«

Ich stöhnte auf. »Bitte nicht.«

»Wir haben schon eine Weile Kontakt und –«

Resigniert hob ich die Hand. »Ernsthaft? Warum tust du dir das an? Du endest doch nur wieder wie ein Häufchen Elend in der Ecke. Er wird dir zuerst das Herz brechen und dann darauf herumtrampeln, weil das für ihn offenbar so etwas wie ein dämliches Ritual geworden ist. Ada, ich liebe dich, aber wo ist dein Stolz? Wo ist deine Lernkurve? Sie sollte definitiv nicht zurückgehen!«

»Was wir haben, ist einvernehmlich.«

»Einvernehmlich gebrochene Herzen?« Ich beugte mich etwas vor und senkte die Stimme. »Wenn ich wüsste, dass es nur um deinen Spaß und deine untere Körperhälfte geht, würde ich meine Klappe halten. Denn ganz ehrlich: Ich habe keine Ahnung, wann ich das letzte Mal Sex hatte. Aber du, Ada Johansen, würdest nicht einmal beim Flaschendrehen jemanden küssen, ohne dir ein Häuschen am See und das passende idyllische Familienleben auszumalen.«

Ada blinzelte und für einen Moment verschwanden die rosa Wölkchen in ihren Augen, was mich hoffen ließ. »Ich …«

»Bisher war es immer derselbe Ablauf«, fuhr ich fort, in der Hoffnung, zu ihr durchzudringen, bevor es Liams Samtstimme tat. »Täglich grüßt der freudeverschlingende Albtraum …

oder so ähnlich. Liam ist einfach ein wandelnder Herzensbrecher.«

»So wie du herumkeifst, könnte man meinen, du beschreibst gerade den Teufel höchstpersönlich«, ertönte in diesem Augenblick eine Stimme zu unserer Linken.

Als ich den Kopf wandte, schlenderte Liam Thoresen mit einem so unverschämten Lächeln näher, dass ich am liebsten aufgesprungen und einen Teller nach ihm geworfen hätte. Dabei neigte ich nicht gerade zu Gewalt. Aber allem Anschein nach brachte er meine Abgründe zum Vorschein wie niemand sonst.

»Liam.« Das Grollen aus meinen Mund hatte kaum Ähnlichkeit mit seinem Namen, doch er lächelte nur nachsichtig, während er den Blick keine Sekunde von Ada abwandte, die bis unter die Haarwurzeln errötete.

Ada war sein Auffangnetz, wenn er sich mal wieder in unzähligen Affären verrannt hatte. Und es ärgerte mich, dass sie regelmäßig auf sein Süßholzgeraspel hereinfiel wie ein Kind, das ständig ins Feuer fassen wollte, obwohl es sich daran verbrennen konnte. In Adas Fall bereits drei Mal. Vielleicht besaß meine beste Freundin auch einfach eine masochistische Ader. Oder das Leben auf dem Land war für sie so eintönig geworden, dass sie irgendetwas fühlen wollte, selbst wenn ein gebrochenes Herz dabei herauskam.

Was ich von mir nicht behaupten konnte. Ich verkroch mich lieber in meinem schützenden Kokon, nicht bereit, mich zu entpuppen und als Schmetterling in die Welt hinauszufliegen.

»Warum so verbittert, Svendsen?« Jetzt wandte Liam mir seine Aufmerksamkeit zu. Er ließ den Blick über meine Erscheinung gleiten, sodass ich mich unwillkürlich ärgerte, heute genauso auszusehen wie immer: mit einem Vogelnest anstelle einer Frisur auf dem Kopf, ungeschminkt, aber dafür bereits braun gebrannt, wodurch meine eisblauen Augen noch mehr leuchteten.

»Wie bitte?« Abwehrend verschränkte ich die Arme vor der Brust.

»Bist du etwa eifersüchtig auf deine Freundin?«

»Wegen dir?«, spie ich entgeistert aus.

Doch zu meiner Überraschung schüttelte Liam den Kopf. »Nein, insgesamt. Im Gegensatz zu dir benimmt sich Ada nicht wie eine achtzigjährige Einsiedlerin. Aber vielleicht kannst du gar nichts dafür, sondern eignest dir nur unbewusst den Lebensstil der Dorfalten an, weil du sonst niemanden hast.«

Ich musste mich zusammenreißen, mich nicht auf diesen aufgeblasenen Lackaffen zu stürzen und ihm die Augen auszukratzen. Doch da war noch etwas anderes. Mein Fluchtreflex. Der unnachgiebige Drang, auf der Stelle abzuhauen und mich irgendwo in der Weite der Natur zu verkriechen, wo ich nichts weiter war als ein Fleck im Universum.

Auch Liam schien aufzugehen, wie zweideutig seine Worte gewesen waren, denn er machte eine zerknirschte Miene und fügte etwas kleinlauter hinzu: »Sorry, das kam falsch rüber.« Mit einer Hand rieb er sich durch sein dichtes, dunkelblondes Haar. »Ich meinte natürlich nicht deine Großeltern, sondern einfach dein ganzes Auftreten. Es ist so … Bist du jemals aus diesem Kaff rausgekommen?«

Ich schnaubte verächtlich und verbarg meine zitternden Hände an der Seite. »Natürlich.«

»Ach ja?«

»Nur, weil ich kein glänzendes Instagramprofil mit philosophischen Captions und inspirierenden Zitaten führe, heißt das nicht, dass ich hinterm Mond lebe. Ich bin durchaus schon mal verreist.«

Das war eine glatte Lüge, aber das würde ich ihm garantiert nicht auf die Nase binden, auch wenn meine beste Freundin eine Augenbraue hochzog, weil sie mir keine Silbe glaubte. Was sie auch nicht musste, denn sie kannte die Wahrheit. Ich hatte niemals eine mir vertraute Route verlassen, niemals Erinnerungen gesammelt, die nicht schon meine Ur-Urgroßeltern für sich errungen hatten.

»Sicher, dass wir hier nicht von deinen Träumen reden?«, fragte Liam.

Abgehackt stieß ich die Luft aus. Es war, als hätten Liams Worte mein Herz mit einer dicken Eisschicht überzogen. Mein Puls verlangsamte sich und ich kämpfte gegen den Fluchtreflex an, der mich erneut überfiel. Wenn mir etwas zu viel wurde, entzog ich mich der Situation. Ich hasste Konfrontationen, obwohl ich gern mal eine große Klappe hatte.

»Wie, das war's?« Liam hob spöttisch die Brauen, während seine Mundwinkel enttäuscht herabsanken, als hätte er mit einer viel stärkeren Sparringpartnerin gerechnet. »Wo bleibt dein bissiger Sarkasmus? Der übertriebene Zynismus? Wo bleibt: Du bist ein Arsch, Thoresen?«

»Du bist ein Arsch, Thoresen«, zischte ich und verengte die Augen.

»Ich verstehe nicht, weshalb ihr beide euch nicht wie zwei normale Erwachsene benehmen könnt und euch endlich vertragt«, murmelte Ada und ich warf ihr einen ungläubigen Blick zu. Garantiert würde ich nicht vor Liam ausbreiten, wie oft wir klischeebeladen Eisbecher geleert und uns schnulzige

Kitschfilme reingezogen hatten, nur damit sein Name wie ein Wasserfleck in der Hitze verdunstete.

»Weil Norah gern Feuer speien würde, aber im Grunde nicht viel mehr Feuer besitzt als Mushu. Dahinter steckt einfach nur verdammt viel heiße Luft.«

»Hast du mich gerade ernsthaft mit dem Drachen aus *Mulan* verglichen?«

Liam legte den Kopf schief und etwas in seinen scharf geschnittenen Gesichtszügen veränderte sich. »Ja. Du bist ganz schön anmaßend, weißt du das eigentlich? Du hast kein Recht, absolut kein Recht, dich in Adas und meine Beziehung einzumischen. Auch Ada ist erwachsen und kann erwachsene Entscheidungen treffen, und anstatt mal zu hinterfragen, warum ich die Finger nicht von ihr lassen kann, gehst du einfach vom Schlimmsten aus.« Er machte eine bedeutungsvolle Pause, in der er es vermied, meiner besten Freundin in die Augen zu schauen. Nach einem kurzen Zögern fuhr er fort: »Dass ich mir einfach selbst im Weg stehe, auf die Idee bist du gar nicht gekommen, oder?«

Neben mir schnappte Ada hörbar nach Luft. Wahrscheinlich, weil Liam noch nie so offen über mögliche Gefühle geredet hatte. Vielleicht sagte er die Wahrheit, vielleicht war es wieder eine Masche, mit der er sie um den Finger wickeln konnte.

Ich sah, wie er eine Hand nach Ada ausstreckte und sich ein weicher, unendlich zärtlicher Ausdruck auf sein Gesicht legte. Ein Ausdruck, den ich noch nie an ihm gesehen hatte – voller Wärme und Zuneigung, als würde ein einziger Blick auf Ada ausreichen, um all die Schutzmauern einzureißen und seine verletzliche Seite zu offenbaren.

Ich schluckte und mein Herz krampfte sich zusammen.

Liam wandte sich wieder an mich. »Vielleicht sollte ich dir dankbar sein, denn ohne dich hätte ich das niemals gesagt. Aber weißt du was? Ich meine es ernst. Ich glaube, du bist insgeheim eifersüchtig, Norah. Und das liegt nur an dem einsamen Dorfleben. Es macht dich verbittert und innerlich alt.«

All seine Worte sickerten langsam in mein Bewusstsein ein. War ich wirklich so verblendet, dass ich immer nur das Negative sah, seine Motive niemals von der anderen Seite betrachtet hatte? War ich so ein furchtbarer Mensch, so kleinkariert geworden, dass ich auf einer Meinung beharrte, die ich mir vor Jahren geformt hatte?

Mir wurde schlecht.

Aber Liam war noch nicht fertig, versetzte mir einen letzten, schmerzvollen Hieb. »Aber ich verstehe, dass du so ablehnend reagierst, wenn Ada jetzt auch noch nach Oslo zieht.«

Mein Kopf schnellte herum, Ada wand sich auf ihrem Sitz, die Augen groß wie Untertassen. Liam erfasste die Situation sofort und wischte sich mit einer Hand über sein Gesicht. »*Pokker!* Ich dachte, du hast es ihr schon erzählt.«

»Du ziehst nach Oslo?«, fragte ich mit dünner Stimme.

»Nach dem Sommer, ja«, erwiderte Ada kleinlaut und strich sich eine dunkelrote Strähne ihres schrägen Ponys hinters Ohr, sodass ihre Piercings besser zur Geltung kamen. »Ich habe mich jetzt doch entschlossen, an der Universität zu studieren … Du weißt schon, Kunstwissenschaften.«

»Hast du … schon eine Wohnung? Oder wohnst du im Studentenwohnheim?«

»Ehrlich gesagt …« Ada und Liam tauschten einen Blick und da wusste ich es schon. »Wir wollten zusammenziehen. Eine Vierzimmerwohnung … Die WG wurde aufgelöst und Liams Bruder hat sie uns angeboten.«

Es fühlte sich an, als hätte man mir ein Messer in den Rücken gerammt. Meine Muskeln spannten sich an, meine Wahrnehmung schwankte, als könnte ich mich nicht richtig fokussieren.

Ada würde gehen. Einfach so. Was okay war. Es war ihr Leben, ihre Entscheidung. Trotzdem kam es mir vor, als hätte sie mich verraten. Im Stich gelassen.

Und jetzt, endlich, gewann mein Fluchtinstinkt.

»In Ordnung. Das ... freut mich für dich. Wirklich. Und es ... es tut mir leid, wenn ich verbittert und innerlich alt bin«, würgte ich hervor und räusperte mich, ohne einem der beiden in die Augen schauen zu können. »Ich wünsche euch viel Spaß.« Erstaunlicherweise klang meine Stimme mit einem Mal nicht mehr so brüchig, wie ich mich fühlte, sondern stinknormal. Als würde ich über das Wetter reden.

»Norah«, begann Ada, der das schlechte Gewissen anzusehen war. Aber ich wollte nicht die Freundin sein, die ihrem Glück im Weg stand – wenn es denn ihr Glück war. Ich wollte nicht frustriert und zynisch sein oder an kein Happy End glauben, obwohl die Anzeichen dagegensprachen.

Also hob ich die Hand zum Abschied und schob mich an Liam vorbei, dem ich fast auf Augenhöhe begegnete. Seine dunkelblauen Augen blitzten auf, aber ich meinte, auch etwas anderes darin flackern zu sehen. Einen Hauch von Reue?

»Ich hab dich lieb, ja?«, sagte Ada und drückte kurz meine Hand.

Ich murmelte eine undeutliche Antwort, nickte steif und verließ das JAJA.

Im grellen Sonnenlicht atmete ich tief aus und stakste auf die Bushaltestelle zu, denn ich hatte Ada versprochen, mich selbst um die Rückfahrt zu kümmern. Leider fuhren die Busse hier nach ihrem eigenen Zeitplan, was mich jetzt besonders aufregte, weil ich dadurch eine gefühlte Ewigkeit hatte, mir über das kurze Intermezzo Gedanken zu machen, es aus allen Blickwinkeln zu beleuchten und mich dabei in eine Spirale aus selbstkritischen Fragen zu stürzen.

Mein Blick fiel auf ein professionelles Werbeplakat und mir rutschte das Herz in die Kniekehlen, als ich *Trolljegeren* las, den Namen unserer größten regionalen Konkurrenz. Meine Zunge verwandelte sich in einen Fremdkörper, der in meiner staubtrockenen Mundhöhle Zuflucht suchte.

Nicht auch das noch.

Mit zwei Fingern griff ich mir an die Nasenwurzel, schloss die Augen, atmete noch einmal aus. Bloß nicht aufregen …

Aber da stand es. Der Grund, weshalb unsere Anmeldungen in den letzten Wochen dramatisch zurückgegangen waren.

Reise zum Herzen der Trolle – ein Slogan, der meinen Puls dramatisch verdreifachte, denn ich realisierte, dass wir auf einen Abgrund zusteuerten, vor dem ich das Lebenswerk meiner Großeltern vermutlich nicht mehr bewahren konnte. Und ihnen das zu sagen, würde ihnen höchstwahrscheinlich das Herz brechen.

3

SANDER

Ich schulterte meinen Rucksack und folgte Theo in die Eingangshalle der Familienvilla, die genauso luftig und eindrucksvoll war, wie ich sie in Erinnerung hatte. Was nicht zuletzt am Lichthof lag, der allem eine Wärme und Weite verlieh, die viele beim Betreten sprachlos zurückließ. Als würde man in den Himmel schauen. Und den Himmel in sein Herz lassen.

Erst als ich im Esszimmer stand und die lichtdurchflutete Eingangshalle mit dem opulenten Treppenaufgang hinter mir gelassen hatte, atmete ich aus. Ich liebte mein Zuhause, eigentlich. Die gläsernen Fronten mit Blick auf das stetige Schaukeln der kleinen Windwellen auf dem Fjord, die hohen Decken und die rustikale Einrichtung, von der ich nur wusste, dass sie ein Vermögen gekostet hatte. Wie eigentlich alles im Haus, auch wenn der Eindruck etwas täuschte. Es wirkte eher gemütlich, mit vielen warmen Elementen, einladenden Sitzecken und Bücherregalen, die als Trennwände dienten. Einer der schönsten Plätze war die vor einem Fenster eingelassene Bank, unter der sich in zwei Reihen Bücher stapelten: von Klassikern wie Tolstoi bis hin zu historischen Liebesromanen war alles dabei, weil Mama nichts mehr hasste, als dass jemand abwertend über irgendeine Form von Literatur sprach. Und deswegen hatte jedes Buch einen Platz hier verdient.

»Ihr seid schon zurück?« Mama tauchte an der Esszimmertür aus Eichenholz auf und als ich ihre besorgte Miene sah, verkrampfte sich mein Brustkorb. Das dunkelblonde Haar war perfekt frisiert und fiel ihr in leichten Locken bis auf die Schultern, ihre feinen Gesichtszüge hätten wie in den Neunzigerjahren für eines ihrer Lippenstift-Werbevideos herhalten können. Trotz all der verflossenen Zeit hatte sie ihre äußere Schönheit nie eingebüßt, obwohl ihre wahre Schönheit unter der Oberfläche lag. Ihr Herz. In diesem Haifischbecken voller Neid und Missgunst war sie uns nie mit einer falschen Fassade begegnet.

Ich stellte meinen Rucksack auf den Boden und ging zu ihr, um sie zu begrüßen.

»Keine Ahnung, von wem Theo den halsbrecherischen Fahrstil hat, aber wir sind über den *motorvei* geflogen.«

Ihr leises Lachen klang gepresst, während ich mich zu ihr beugte und ihr einen Kuss auf die Wange gab. Erst jetzt wurde mir bewusst, dass sie meinem Blick auswich. Schlagartig wurde der Kloß in meinem Hals größer, denn ich ahnte, was ihr Verhalten bedeutete.

»Wo ist unser Familienoberhaupt?«

»Noch in der Firma. Er kommt heute nicht.« Seit meine Großmutter verstorben war, veranstaltete meine Mutter einmal in der Woche ein Familienessen, zu dem auch mein Großvater eingeladen war. Das wäre heute. Und normalerweise ließ er das nicht ausfallen.

Dann wollte Aasmund Skogen mich wohl nicht sehen. Wahrscheinlich war ich in seinen Augen in Ungnade gefallen. Ich hätte nicht so erleichtert sein sollen, aber ich war es.

»Und Papa?«, fragte ich.

»Oben. Er kommt gleich runter. Möchtest du etwas trinken?« Wieder wich sie meinem Blick aus, knetete die Hände vor sich.

»So förmlich?«, fragte ich grinsend, obwohl ich am liebsten gebrüllt hätte. Alles in mir war durchdrungen von einer raubtierhaften Wachsamkeit. »Ich hab das Gefühl, hier herrscht so viel Wärme wie in der Antarktis.«

»Dann frag dich mal, woran das liegt, Arschloch«, hörte ich Theo murmeln und fuhr zu ihm herum. In seinem schönen Gesicht stand nichts als offene Ablehnung. Er wandte sich ab und ging ins Wohnzimmer, wo er sich auf der modernen *Capital*-Couch niederließ, die Ellbogen auf den Knien abstützte und die Finger ineinander verkeilte. Sein unterkühlter Blick sprach Bände. Als würde alles, was er während der Fahrt zurückgehalten hatte, jetzt aus ihm herausbrechen.

Wow. Das saß.

Niemals zuvor war mir mein kleiner Bruder mit einer solchen Wut begegnet, aber bisher hatte ich auch nicht so eine Scheiße gebaut. Zumindest glaubte meine Familie, dass ich Scheiße gebaut hatte.

»Theodor«, mahnte Mama müde, als hätte sie ihn schon häufig für seine Worte gerügt.

Meine Gedanken überschlugen sich. Wie oft hatten sie über die Sache geredet? Wie oft sich darüber echauffiert, was vermeintlich geschehen war?

»Sander!« Ellis glockenhelle Stimme war wie ein schnell eingeworfenes Beruhigungsmittel für meine Nerven und ich drehte mich mit einem Lächeln zu ihr um. Mit langen Schritten kam meine jüngere Schwester näher. Das bunte Wickelkleid schmiegte sich bei jedem Schritt um ihre

Waden, während ein Leuchten in ihre nebelgrauen, klugen Augen trat. Mit ihrem hellen Teint und dem puppenartigen Gesicht wirkte sie immer so unschuldig für ihre einundzwanzig Jahre, aber stille Wasser waren bekanntlich tief. Sie könnte so viel erreichen – wenn sie sich selbst mehr zutrauen würde.

Elli flog förmlich in meine Arme und ich atmete ihren vertrauten, frühlingshaften Duft ein, während ich sie umarmte. Wenigstens eine Person, die sich freute, mich zu sehen.

»Du hast mir gefehlt«, sagte sie, sobald sie sich von mir gelöst hatte und mich von oben bis unten musterte. Mir entging nicht, wie sich ihre Stirn in Falten legte, während sie mich unter die Lupe nahm. Unwillkürlich straffte ich mit einem einnehmenden Lächeln die Schultern.

»Du mir auch, Schwesterlein.«

»Wie immer kein Rückgrat«, schnaubte Theo vom Sofa aus.

Heißkalte Wut erfasste mich. Im Grunde war es mir egal, wenn ich vorverurteilt wurde, weil ich selbst dazu beigetragen hatte, mir ein gewisses Image aufzubauen. Aber wenn es um Elli ging, sah ich rot.

Langsam drehte ich mich zu meinem jüngeren Bruder um, dessen Miene zu einer starren Maske eingefroren war.

»Halt Elli da raus.« Meine Stimme glich dem Rauschen eines wilden Flusses und ich ermahnte mich, nicht zu viele Emotionen zu zeigen. Ihm nicht meine Achillesferse hinzuhalten.

»Warum? Denkst du, sie kann die Wahrheit nicht verkraften? Sie ist genau wie ich kein kleines Kind mehr.« Theo schüttelte den Kopf und machte eine kurze Handbewegung durch die Luft. »Familie hin oder her, nach dem, was du gebracht hast, hättest du die kalte Schulter verdient. Aber unser

Sonnenschein und weißes Schaf bringt es nicht einmal fertig, dir offen die Meinung zu sagen.«

Ich hob die Brauen, spürte, wie Mama unruhiger wurde, unsicher, ob sie eingreifen sollte oder nicht. Normalerweise mischte sie sich nicht in unsere Gefechte ein, wofür ich ihr ausgesprochen dankbar war.

Theos Worte ließen mich jedoch kurz stutzen und mein Blick schnellte zu Elli. Ich suchte in ihrem Gesicht nach einem Anzeichen, dass sie insgeheim womöglich genauso dachte wie die anderen, konnte aber im Blick ihrer winternebelgrauen Augen nichts entdecken, das dies bestätigt hätte.

»Nur, weil sie sich freut, mich zu sehen, unterstellst du ihr so einen Mist?«

»Sie kann sich ja noch nicht mal selbst verteidigen, nicht wahr, *Schwesterlein*?«, ahmte Theo meinen Tonfall nach und schaute grimmig zu unserer Schwester hinüber, deren Wangen die Farbe einer überreifen Tomate angenommen hatten, während sie auf ihre nackten Füße starrte. Obwohl ihre Miene verschlossen war, bemerkte ich das Zittern ihres Kinns, was mich noch zorniger machte.

Also zählte ich innerlich bis drei, bevor ich gespielt neugierig den Kopf schief legte und Theo gelassen betrachtete. »Was ist eigentlich dein Problem?«

»Du«, knurrte er und ließ endgültig seine Maske fallen, die er sonst so sorgfältig trug. Seine Augen verdunkelten sich. »Du und deine beschissene Sorglosigkeit! Weil du damit kaputt machst, was unsere Familie über Jahrzehnte aufgebaut hat. Und es scheint dir noch nicht mal etwas auszumachen! Es ist dir völlig egal, wie viel Arbeit und Herzblut in das Unternehmen geflossen sind! Du kümmerst dich nur um dich selbst, obwohl es um so viel mehr geht als nur deinen Arsch!«

Ich lachte, wohl wissend, was ich damit auslöste. Lässig vergrub ich die Hände in den Hosentaschen, um ihn noch mehr auf die Palme zu bringen. »Vielleicht sollte ich den Titel als ältester Sohn und Thronfolger einfach an dich weitergeben, wenn dir so viel daran liegt, das *Erbe unserer Familie* mit deinem perfekten Sohn-Getue zu wahren.«

Meine Mutter und Elli wagten es nicht, ein Wort zu sagen, aber ich registrierte ihre Anspannung, die wie der Geruch eines schweren Parfüms in der Luft lag.

»Du weißt ja gar nicht, was Verantwortung übernehmen bedeutet, sonst wärst du letzte Woche nicht untergetaucht, nachdem das Video die Runde gemacht hat, sondern hättest dafür geradegestanden. Für das, was du getan hast. Oder hättest uns wenigstens vorgewarnt. Aber nein, das Video ist mit voller Wucht eingeschlagen und wir dürfen uns mit den Konsequenzen herumschlagen.«

»Bist du fertig, *Papa*?«

Theo beugte sich vor und betrachtete mich kühl. »Noch lange nicht.«

»Kann es dir nicht eigentlich egal sein, was ich treibe?« Seltsamerweise war ich in diesem Augenblick auch stolz auf ihn, obwohl ich das vermutlich nicht einmal unter vorgehaltener Waffe zugegeben hätte. Er stand für etwas ein. Glaubte an etwas. Er stellte mich zur Rede, ließ mich nicht einfach vom Haken, sondern behauptete sich.

Er war wirklich erwachsen geworden.

»Nicht, wenn unsere komplette Familie mit im Boot sitzt«, erwiderte Theo, jetzt wieder mit dieser scheinbar unnatürlichen Ruhe in der Stimme und seiner ganzen Haltung. Anscheinend hatte er sich daran erinnert, dass von ihm erwartet wurde, eine Fassade aufrechtzuerhalten. Mein kleiner Bruder war zu einem wandelnden Abziehbild der männlichen Verwandtschaft mutiert.

Meine Augenbrauen wanderten noch ein Stück höher. »Und du glaubst ernsthaft, ich bringe das Boot gerade mit voller Absicht zum Kentern?«

»Nachdem du es für nötig gehalten hast, einer Fremden an die Brüste zu fassen, und damit den Tatbestand der sexuellen Nötigung erfüllst, würde ich behaupten, ja. Ja, das tust du«, hallte die durchdringende Stimme unseres Vaters mit ihrem tiefen Timbre durch den Raum und für einen Moment hielten wir den Atem an.

Als ich den Kopf leicht in seine Richtung wandte, sah ich, wie er mit dieser ungeheuren, beherrschten Ausstrahlung und seiner ungezwungenen Autorität näher kam. Er war legerer gekleidet als sonst, trug eine beige Leinenhose und ein hellblaues Leinenhemd, aber selbst das sommerliche Outfit konnte nicht über die Verachtung in seinen Augen hinwegtäuschen, die darin aufblitzte, sobald sich unsere Blicke trafen.

Wir alle hatten die große Statur von ihm geerbt, ich dazu noch die dunklen Haare und die markante Kieferpartie, das Grübchen am Kinn und die großen Hände, Theo seine dunklen Augen und die Ernsthaftigkeit, Elli sein Lächeln. Unser Vater konnte sämtliche Aufmerksamkeit auf sich lenken, allein durch seine unverwechselbare Präsenz.

Nun war es ausgesprochen.

Kälte durchflutete mich, drang bis in meine Fingerspitzen und ich zwang mich, nicht die Fäuste zu ballen und meine Frustration hinauszuschreien.

Es half auch nichts, dass Stella – die junge Frau in dem Video – bereits ein Statement verfasst hatte, in dem sie davon sprach, dass alles ein riesiges Missverständnis sei, ich immer respektvoll gewesen bin und nicht gegen ihren Willen gehandelt hätte. Die Medien drehten trotzdem ihr eigenes Ding daraus. Von den Kommentaren auf Social Media ganz zu schweigen.

Deshalb war ich hier. Um die Wogen innerhalb der Familie zu glätten und ihnen alles zu erklären, aber anscheinend hatten sie sich bereits eine Meinung gebildet. Was mehr schmerzte als der Umstand, dass die ganze Welt mich für ein Monster hielt.

Aber vielleicht hatte ich das auch einfach verdient. Ich hatte meine Arschloch-Fassade während der letzten Jahre zu sehr perfektioniert, spielte meine Rolle inzwischen zu gut. Wahrscheinlich so gut, dass man mir diese Farce abnahm – am Ende würde ich vielleicht auch noch selbst daran glauben.

»Schön, dich zu sehen«, sagte ich zu *far* und meinte es so. Von mir und meinen Geschwistern war schon immer viel verlangt worden, aber es hatte uns nie an der Zuneigung unserer Eltern gemangelt. Die Leitung eines Milliardenunternehmens, schicke Bälle, Oldtimertreffen oder Weinproben hin oder her. Wenn ich an meine Kindheit dachte, hatte ich Sommerausflüge in die Berge vor Augen, Schlitten- und Schlittschuhfahren auf zugefrorenen Seen im Winter, *kose* Augenblicke voller Lachen und Spiele.

Ich las die Enttäuschung in seinem Blick, während seine dunklen Augen auf mich gerichtet waren. »Warum, Aleksander? War das wirklich notwendig?«

Um etwas Zeit zu gewinnen, ließ ich mich am anderen Ende der cremefarbenen Couchgarnitur nieder, weit weg von Theo, der mich keine Sekunde aus den Augen ließ, und überlegte, ob sie die Wahrheit verdient hatten. Stille senkte sich über den Raum.

»Willst du mich nicht fragen, was *wirklich* vorgefallen ist?«, hörte ich mich schließlich sagen, mein Puls raste.

»Das brauche ich gar nicht.« Mein Vater deutete mit einem Handwisch auf die ausgebreiteten Zeitschriften auf dem Koi-Esszimmertisch von BRABBU, dessen goldene Beinschuppen vermutlich einzeln mehr kosteten als die Monatsmiete für ein Studentenwohnheimzimmer. Die aus Messing gebürstete, bauchige Blumenvase war ein Geschenk meines Großvaters gewesen, zehntausendsiebenhundert Kronen. Dagegen wirkten die günstigen Zeitschriften wie purer Hohn. Bestimmt hatte Helena, die gute Seele des Hauses, sie fein säuberlich nach Aktualität oder Reichweite sortiert. Konstantin, der Pressereferent der KOSGEN-Dynastie, hatte sehr wahrscheinlich sämtliche Praktikantinnen und Praktikanten des Unternehmens darauf angesetzt, alle Ausgaben zu besorgen, die es in Oslo zu bekommen gab. Auf manchen Covern erspähte ich mal mehr, mal weniger vorteilhafte Fotos von mir, aber eines hatten alle gemeinsam: Sie schlachteten dieselbe Story aus, die seit letztem Wochenende durch die norwegische Presse trudelte: ein Greenscreen-Video mit dämlichem Kommentar. Ein Video, das sechs Monate nach der Aufnahme viral gegangen war.

Ich deutete lächelnd auf die Zeitschriften. »Ist das kein aussterbendes Phänomen? Ich wusste nicht, dass die heutzutage noch gelesen werden.«

»Aleksander«, sagte *mor* und klang dabei so niedergeschlagen, dass sich mein schlechtes Gewissen regte, aber ich kämpfte es nieder.

»Wie viel hast du ihr bezahlt?« Die Stimme meines Vaters klang stählern wie eine frisch geschliffene Klinge und ich gab mir alle Mühe, bei seinen Worten nicht zusammenzuzucken.

Stattdessen legte sich ein spöttischer Zug um meinen Mund, wie immer, wenn ich meine Schutzwälle hochfuhr. Gleichzeitig lehnte ich mich auf der Couch zurück, überkreuzte die Knöchel und breitete die Arme auf der Lehne aus.

»Ist das eine ernst gemeinte Frage?«

Ich sah, wie eine Ader an seiner Schläfe zu pochen begann, ansonsten deutete nichts in seiner Mimik darauf hin, dass ich ihn mit meiner überheblich-gleichgültigen Art aus der Fassung brachte.

»Wie viel hast du ihr bezahlt, damit sie die Story dementiert?«, wiederholte mein Vater täuschend ruhig, denn ich wusste, wie sehr es unter der Oberfläche schwelte.

»Keinen Cent.«

»Du lügst.«

»Nein, das tue ich nicht.«

»Du willst also ernsthaft behaupten, dass dieses achtundvierzig Sekunden lange Video nur ein Fake ist? Dass du ihr nicht an die Brüste gefasst hast und sie nicht empört deine Hand weggeschlagen hat? Dass die Aufnahme, die wir alle mit eigenen Augen sehen konnten, nicht das Endprodukt deiner jahrelangen Leichtsinnigkeit ist? Kein Fehltritt des *Keksprinzen auf Abwegen*?«

Seine Worte sollten nicht so wehtun, aber sie taten es. Das Grinsen auf meinen Lippen war wie festgemeißelt und mein Brustkorb drohte vor Schmerz zu zerbersten. *Verdammt.*

»Wollt ihr immer noch nicht wissen, was wirklich passiert ist? Oder geht ihr einfach vom Schlimmsten aus?«

»Weißt du inzwischen, wer das Video veröffentlicht hat?«

Keine Reaktion auf meine Frage. Natürlich nicht. Schließlich war ich der rücksichtslose Arsch, der das Erbe unserer Familie gefährdete. Unverschuldet oder nicht. Frustriert presste ich meine Lippen aufeinander. Von wem das Video kam, war die einzige Frage, die ich noch nicht klären konnte.

»Nein«, antwortete ich schließlich.

»Gut.« *Far* nickte, als hätte er damit gerechnet. »Keine Posts auf irgendwelchen sozialen Plattformen. Keine Interviews. Es ist ein Wunder, dass dir am Flughafen niemand von der Presse aufgelauert hat.«

»Das stimmt so nicht ganz«, mischte sich Theo ein und hob sein Smartphone. Auf dem Display war ein körniges Foto von mir am Taxistand zu erkennen, als ich der Dame mit dem Kopftuch geholfen hatte. Die Überschrift war irgendein Mist, den ich nicht entziffern konnte.

»Warum sitzen sie eigentlich noch nicht in den Bäumen vor dem Tor oder fahren mit Booten den Oslofjord rauf und runter?«, fragte ich höhnisch.

Mor räusperte sich leise. »Weil wir es ihnen ausreden konnten.«

»Du meinst, ihr habt sie bezahlt«, schlussfolgerte ich und sah, wie meine Eltern einen Blick tauschten, womit sie meine Vermutung bestätigten. Erst jetzt fiel mir auf, wie angeschlagen und abgekämpft die beiden aussahen. Um Jahre gealtert, dabei waren nur sechs Monate vergangen, seit wir uns das letzte Mal an Weihnachten gesehen hatten. Es waren nicht nur die dunklen Ringe unter ihren Augen, sondern vor allem etwas in ihren Zügen, das mich für einen Moment stutzen ließ. Mitgefühl stieg in mir auf, während sich gleichzeitig das schlechte Gewissen meldete. Und diesmal konnte ich es nicht zurückdrängen.

Fy faen.

Vielleicht war es doch ein wenig meine Schuld, dass wir jetzt alle in einer Situation steckten, für die wir im Grunde nichts konnten. Aber – absichtlich oder nicht – ich hatte diesen Sturm in ihr Leben gebracht und würde wohl oder übel dafür geradestehen müssen. Auch wenn die Erkenntnis, dass sie das Video für echt hielten, wie tausend winzige Eispickel in mein Herz drang.

Die Entschuldigung lag mir bereits auf der Zunge, als mein Vater mir zuvorkam: »Du wirst in der nächsten Zeit erst einmal untertauchen.«

»Untertauchen?«, echote ich und hob fragend die Brauen. Sofort flammte die abgekühlte Wut in mir auf.

»Wir haben dich spontan für eine zweiwöchige Trekkingtour angemeldet, damit du von der Bildfläche verschwindest, bis Gras über die Sache gewachsen ist«, sagte er jetzt so distanziert und monoton, dass ich ihn kaum wiedererkannte. »Du wirst irgendwann einmal Geschäftsführer von KOSGEN, Aleksander. Es wird Zeit, dass du dich entsprechend verhältst.«

»Ich bin erwachsen und kein rebellischer Teenager, den man mit einem Bootcamp in die richtigen Bahnen lenken kann«, erwiderte ich fassungslos und schüttelte den Kopf.

»Dann benimm dich auch nicht wie ein rebellischer Teenager, sondern wie ein verdammter Mann!«, brüllte mein Vater plötzlich los. »Es ist ja schon peinlich genug, dass wir uns mit deinen Eskapaden herumschlagen müssen, aber wir haben dich nicht umsonst auf diese Rolle vorbereitet, seit du klein warst.«

Die Schlinge um meinen Hals zog sich weiter zu. Wie immer. Wie mein Leben lang.

Zum ersten Mal schaffte ich es nicht, den Schein zu wahren. Also atmete ich tief durch, während mir sehr wohl bewusst war, dass alle Blicke auf mir ruhten. Insbesondere Elli starrte mich mit diesem wissenden, aber auch mitfühlenden Ausdruck an. Vermutlich war sie die Einzige, die meine scheinbar arglose Scharade durchschaute.

Vielleicht lachte ich deswegen etwas zu laut auf. »Das kann nicht euer Ernst sein. Ich bin dreiundzwanzig.«

»Wenn du dich nicht völlig danebenbenommen und damit den Ruf unseres Unternehmens in Gefahr gebracht hättest, müssten wir das gar nicht«, konterte *far* energisch und mit der typisch einschüchternden Autorität. Jetzt sprach unser Großvater aus ihm. Der nicht hier war. Zum Glück. Andernfalls hätte ich wohl keine Kraft gehabt, überhaupt etwas zu erwidern. Manchmal saugte dieser ganze elitäre Druck jede Energie aus mir.

»Willst du mir sonst noch etwas mitteilen?«, fragte ich, um einen betont lockeren Tonfall bemüht. »Oder wollt ihr mir noch etwas sagen?«, wandte ich mich an die anderen.

»Du bist ein Kotzbrocken, der mit dem goldenen Löffel im Mund geboren wurde und seine Privilegien gar nicht zu schätzen weiß.« Theo lief heute anscheinend zur Höchstform auf.

Spöttisch hob ich die Brauen. »Und was bist dann du?«

Ein Muskel in seinem Kiefer zuckte, als er die Zähne zusammenbiss. »Immerhin bin ich mir – im Gegensatz zu dir – dieser Tatsache sehr wohl bewusst.«

»Dann ist ja gut.« Ich klatschte in die Hände und erhob mich mit einer geschmeidigen Bewegung, obwohl mein Magen rumorte wie nach einer Achterbahnfahrt. Auch mein Brustkorb spannte und mein Herz fühlte sich so schwer an, als hätte es sich in den letzten Minuten in einen Stein verwandelt. Als hätte es einfach aufgehört zu schlagen.

»Wenn es euch nichts ausmacht, würde ich das Gespräch lieber morgen fortsetzen.«

»Du wirst dir diese Auszeit nehmen, Aleksander.« Mein Vater ließ mich nicht aus den Augen, während ich auf ihn zuging und ihm die Schulter tätschelte.

»Sonst *was*?« Dieses Mal lag nicht der Hauch eines Lächelns in meinem Gesicht.

»Sonst werden wir uns die Option offenhalten, über deine finanziellen Mittel und deine Zukunft insgesamt nachzudenken.« Wieder tauschten meine Eltern einen Blick und mein Magen sackte in die Kniekehlen. *Sie haben das bereits besprochen.*

»Was wollt ihr tun, mir meine Anteile abknöpfen?«

Elli war kreidebleich geworden, schwieg jedoch. Theo sah zufrieden aus.

»Wenn es sein muss. Du nimmst dir diese Auszeit, denkst über alles nach und wenn du wiederkommst, reden wir über deinen Einstieg in die Firma.«

Der Druck brachte mich beinahe um den Verstand, aber ich wusste, dass mir keine andere Wahl blieb. Mein Weg war vorgeschrieben, jeder einzelne Zentimeter davon. Von dem Moment an, als ich den ersten Schrei nach der Geburt gemacht hatte. Untermauert vom Eintrag meiner vier Vornamen, gefolgt von Taufe, Privatschule und öffentlichen Auftritten.

Es tat weh, aber ich musste es tun.

Für die Familie. Für das Ansehen.

»Bis morgen.« Müde nickte ich in die Runde, griff nach meinem Rucksack und marschierte die Treppe nach oben, vorbei an mehreren Gemälden aus unterschiedlichen Epochen, während mir die indirekte Deckenbeleuchtung den Weg in mein Zimmer wies. Frustriert schmiss ich meine Sachen auf das breite Bett, das herrlich nach frischer Wäsche und vertrauter Kindheit duftete. Durch das schräge Dachfenster drangen noch warme Sonnenstrahlen, obwohl es bereits früher Abend war, aber Sankthans – Mittsommer – lag nur ein paar Tage zurück, sodass die Nächte noch immer sehr kurz waren.

Nachdem ich mich umgezogen hatte, ging ich über die hintere Treppe in den Keller, schaltete die Gegenstromanlage des Pools an und schwamm. Ich schwamm, bis meine Lunge brannte, bis meine Arme schmerzten und die Gedanken verschwanden. Nein, nicht verschwanden. Leiser wurden. Erträglicher.

Als ich schließlich frisch geduscht war und in der Dunkelheit meines Zimmers einen Blick auf mein Smartphone warf, entdeckte ich zwei neue Snaps von meinem Freund Henning: ein Bild von seinem Gaming-Zimmer und seiner LED-Beleuchtung mit einem kurzen Text.

Bist du gut angekommen? Ich habe Karla gesagt, was ich von der ganzen Scheiße halte.

Seufzend schloss ich die Augen. Obwohl ich selbst schon oft genug enttäuscht worden war, konnte ich mir nicht vorstellen, dass seine Herz-auf-der-Zunge-toughe-Fake-Freundin-Karla diejenige gewesen war, die der Presse einen Tipp gegeben hatte, denn so schätzte ich sie ehrlicherweise nicht ein. Henning, der aktuell in der Formel 2 fuhr und genau wie ich den Ruf eines Draufgängers hatte, war ebenfalls auf dem Video zu sehen, weswegen sein Mediamanager vorgeschlagen hatte, sich eine Alibi-Freundin zuzulegen. Die Wahl war eher zufällig auf Karla gefallen, was sich zunächst als Glücksfall herausgestellt hatte, da ihr Vater in der Formel 1 tätig gewesen war. Eine hübsche Liebesgeschichte, die sich gut vermarkten ließ.

Meine anfängliche Skepsis – Henning hatte mich zuerst über die Fake-Beziehung im Dunkeln gelassen – war innerhalb der letzten Wochen ins Gegenteil umgeschlagen, vor allem, weil ich sie zusammen erlebt hatte. Wenn sie im selben Raum waren, gab es nur sie beide. Diese Art von intimer Intensität hatte ich seit einer gefühlten Ewigkeit nicht mehr gesehen oder selbst verspürt. Nicht einmal mit Lexie, meiner Ex.

Ich schickte Henning ein Foto von meinem Dachfenster.

> Ich glaube, du täuschst dich. Sie war es nicht. Wie geht's dir damit?

Hennings Antwort erfolgte prompt und ich sah nur seine Zimmerdecke.

> Du fragst mich, wie es mir geht, obwohl dein Name durch die Presse geistert?

> Bei mir ist nur mein Ruf im Spiel, bei dir dein fucking Herz, Kiefer.

Pause.

> Shit, ich hab mich in der ersten Sekunde in sie verknallt, aber nach den letzten Monaten ist es echt schlimmer geworden.

> Warte ab. Es wird sich alles klären.

> Ja … Ich glaube, ich habe überreagiert.

Aus Angst?

Keine Ahnung. Vielleicht. Ich muss das geradebiegen. Irgendwie. Gibst du mir Bescheid, falls Stella sich meldet und mehr sagen kann?

Klar.

Keine Sekunde später öffnete ich den Chat mit Stella. Sie war für das Chaos in unser aller Leben verantwortlich, weil sie aus der Not heraus eine falsche Entscheidung getroffen hatte. Eine Kurzschlussreaktion. Betrunken. In der Silvesternacht.

Und?, tippte ich, als ich ein Klopfen vernahm.

»Hey«, ertönte Ellis zarte Stimme hinter mir und ich drehte mich zu ihr um. Meine Schwester lehnte zögerlich an meiner Zimmertür und betrachtete mich aufmerksam, als ob sie gleich in den Keller gehen und ein Porträt von mir anfertigen wollte. Besorgnis stand in ihren grauen Augen und ihre Oberlippe kräuselte sich wie immer, wenn sie über etwas grübelte.

Ich stieß einen langen Seufzer aus. »Hey.«

»Das lief nicht so, wie ich erwartet hatte«, sagte sie leise und rieb sich mit dem Daumen über den Handrücken, eine nervöse Geste. Mein Herz füllte sich mit Wärme, weil Elli diejenige war, die das alles wahrscheinlich am meisten mitnahm. Sie machte sich immer um alles Gedanken, vor allem, wenn es um die Familie ging.

»Tut mir leid, dass ich dich in die Sache mit reinziehe.«

Sorgenvoll zogen sich ihre Brauen zusammen. »Du bist doch derjenige, den alle auseinandernehmen. Mir tut es leid, dass sie dir nicht zuhören wollen.« Sie schüttelte entschieden

den Kopf. »Was ist wirklich passiert? An diesem Silvesterabend?«

Ich verzog meine Lippen zu einem halbherzigen Lächeln. »Glaubst du etwa die offizielle Version nicht?«

»Du hättest sie niemals angefasst, wenn es nicht einvernehmlich gewesen wäre. Ich kenne dich, Sander. Auch wenn du gern so tust, als wäre dir alles egal und es ginge dir nur um deinen Spaß. Du bist vieles, aber kein Typ, der Frauen bedrängt. Oder solche Grenzen überschreitet.«

Wenn sie wüsste, wie genau sie mich damit beschrieb und was ihre Worte in meinem Innern auslösten. Als würde sich der Stein in meiner Brust in Bewegung setzen. Als würde mein Herz wieder schlagen.

Elli sah mich an und es war, als könnte sie mich verstehen. Es tat gut, dass wenigstens eine Person aus meiner Familie mir nicht das Gefühl gab, ein Stück Dreck zu sein, ein Versager, auf den man sich nicht verlassen konnte, weil er mit seiner unberechenbaren Art alles zum Einsturz brachte.

»Danke.« Das sagte mehr als tausend Worte. »Ich kann nicht glauben, dass sie mich wie einen Teenager wegschicken wollen«, murmelte ich und senkte den Blick.

»Es ist keine schlechte Idee.«

Überrascht hob ich den Kopf, während Elli in einer abwehrenden Geste die Hände hob, als wollte sie mich nicht verschrecken. Dann trat sie ins Zimmer und setzte sich auf das gemachte Bett. »Du kannst dir eine wohlverdiente Auszeit nehmen, den Kopf freikriegen, bis Gras über die Sache gewachsen ist. Du könntest herausfinden, was du willst. Wirklich willst. Du bist zwar kein rebellischer Teenager mehr, aber du benimmst dich manchmal noch wie einer. Du rebellierst auf deine Weise. Mit deiner Art. Trotzdem hältst du dich brav an den Plan, den sie dir vorgeben. Die Frage ist nur, ob du das wirklich möchtest.«

Ich atmete tief aus und ließ das Gesagte auf mich wirken. Im Grunde war es dasselbe, was *far* vorgeschlagen hatte, aber aus Ellis Mund klang es nicht wie ein Angriff, sondern wie eine gereichte Hand. Ich hatte mich lange genug mit meinem Verhalten im Kreis gedreht, ohne ein klares Ziel vor Augen zu haben. Vielleicht war mein Lebensstil auch der Tatsache geschuldet, dass ich mich meistens nach den Erwartungen meiner Eltern gerichtet hatte – auch bei der Wahl des Studiums, Betriebs- und Wirtschaftswissenschaften –, damit jedoch nie richtig glücklich gewesen bin.

Die zwei Wochen könnten eine Reißleine sein. Eine Reißleine für ein Karussell, das sich sonst immer schneller drehen würde.

Schließlich nickte ich. »Vielleicht hast du recht.«

»Natürlich habe ich das.« Sie lächelte. »Also … Was ist passiert an diesem Abend?«

Ich zögerte kurz, doch dann erzählte ich ihr alles. Jedes kleinste Detail.

hjerteslag
ØYEBLIKKE

4

NORAH

»Oh, das ist so aufregend.«

Ich lächelte gezwungen, als Gregori die Türen des weißen Reisebusses öffnete und zwei ältere Damen heraustraten, die Augen mit den faltigen Händen vor der Sonne abschirmten und sich auf dem kleinen Vorplatz unserer Pension umsahen. Das schlichte, dreigeschossige Holzhaus mit der krebsroten Fassade wirkte dank der vielen Giebel und Gauben einladend und verspielt. Mit den Jahren waren noch zwei kleinere Hütten dazugekommen, in denen jeweils eine Familie Platz fand. Das, was sie zu sehen bekamen, war das Lebensglück meiner Großeltern und seit ich vor fünf Tagen die Zahlen gesehen hatte, fühlte sich mein Herz wie mit Blei beschwert an. Die Unterkunft, die Popas Eltern mit eigenen Händen errichtet hatten, lag auf einer Anhöhe mit einem atemberaubenden Blick über den Hardangerfjord. Zum nächsten Haus waren es zwei Kilometer. Es gehörte der Familie von Ada, mit der ich seit meiner kopflosen Flucht aus dem JAJA neulich kaum ein Wort gewechselt hatte. Wenn man ihre kleinlaute *»Tut mir leid, ich hätte dir gleich von dem Umzug nach Oslo erzählen sollen«*-Nachricht, die Serienupdates und die gesendeten Klatsch-

und-Tratsch-Artikel aus der Rennbranche außer Acht ließ – der verzweifelte Versuch eines Friedensangebots, weil wir beide die Formel 1 liebten. Zuerst hatte sie sich darüber aufgeregt, dass drei ihrer Lieblings-Formel-1-Fahrer nicht die Saison fuhren, die sie sich gewünscht hätte, dann folgte ein Bericht über zwei deutsche Nachwuchsfahrer, die um einen frei gewordenen Sitz für das kommende Jahr kämpften, und anschließend machte sie ihrer Enttäuschung über den Fall des *Keksprinzen* Luft.

Ich hätte nie gedacht, dass er zu so etwas fähig ist, hatte sie den weitergeleiteten Beitrag kommentiert, in dem es um den reichen Erben der KOSGEN-Keksdynastie ging, der sich offenbar einen ziemlich üblen Fehltritt geleistet hatte. So genau hatte ich mir den Artikel nicht angeschaut, denn ich war mit den Gedanken weit weg.

Weil wir ja auch wissen, was für ein Mensch er wirklich ist, war meine knappe Antwort gewesen und seitdem herrschte Funkstille.

Aber es hatte mich verletzt, dass sie nicht mit mir über ihre Pläne geredet hatte. Es verletzte mich immer noch. Wie ein Aderlass. Eine Wunde, die blutete, nicht verheilte. Weil sie meine beste Freundin war und wir bisher unser Leben hier gemeinsam verbracht hatten und sie jetzt wegzog. Keine Ahnung, weshalb mich das so wurmte.

In der Zwischenzeit hatte ich es nicht übers Herz gebracht, meinen Großeltern von der katastrophalen Lage zu erzählen, in der sich sowohl unsere Finanzen als auch das komplette Unternehmen befand. Die Pension und die laufenden Kosten waren das eine, aber dazu kam noch die schrumpfende Zahl an Leuten, die unsere Trekkingtouren buchten. Wir starben aus. Wir waren nicht groß, nicht präsent, nicht bekannt genug.

Seufzend straffte ich die Schultern und zwang meine Mundwinkel, nicht wieder nach unten zu wandern.

»Willkommen bei *Hjerteslag Øyeblikke*«, begrüßte ich die beiden Damen, die aussahen, als hätten sie sich schon Wochen auf diesen Tag gefreut. *Herzschlag-Augenblicke* war der Name unseres Familienunternehmens, seit meine Urgroßeltern in den Siebzigerjahren mit den Trekkingtouren angefangen hatten. Damals hatte es nur die Pension noch nicht gegeben. »Trude und Sylvia, nehme ich an?«

»Ganz genau. Du hast uns alte Schachteln die nächsten zwei Wochen an der Backe«, meinte nun die Linke der beiden Damen zu mir und strich sich die schlohweißen Strähnen aus der Stirn, ihre dunklen Augen blitzten schelmisch. »Ich bin Trude und das ist Sylvia.«

Meine Mundwinkel zuckten, die Schwere um mein Herz wurde etwas leichter und ich hakte ihre Namen auf der Anmeldeliste ab.

»Wie schön. Ich bin Norah. Am Empfang bekommt ihr die Schlüssel zu den gebuchten Einzelzimmern, im Laufe des Nachmittags reisen die restlichen Gäste an und morgen früh geht es dann los.«

»Wir freuen uns schon sehr!«, erwiderte Trude und hakte sich bei ihrer Freundin unter, während Gregori ihr Gepäck auslud und ihnen mit einem professionellen Lächeln vor die Füße stellte.

Hinter einem in die Jahre gekommenen Ehepaar aus Belgien, das sich überwältigt auf dem kleinen Plateau vor der Pension umsah, stiegen weitere Teilnehmende der bevorstehenden Trekkingtour aus dem Bus. Die dunkelbraunen Haare einer durchtrainierten Frau reichten millimetergenau bis auf die Schultern und waren so scharf geschnitten, als hätte sie ein

Samuraischwert verwendet. Ihr folgte ein Mann mit ebenfalls perfekt frisierten Haaren und glatt rasierten Wangen. Seine haselnussbraunen Augen schienen alles wahrzunehmen.

Ich senkte den Kopf und hakte die Clausens auf meiner Liste ab, weil das Alter und ihr Auftreten nur zu diesem Namen passte.

So ungern ich es zugab, aber die meisten Menschen ließen sich in bestimmte Kategorien stecken. Popa behauptete immer, dass es vier Gründe gab, weshalb die Leute an den Touren teilnahmen: Naturliebe, Abenteuerlust, Suche nach sich selbst, Flucht.

Insgesamt waren es dieses Mal dreizehn Personen. Eine Familie mit zwei Mädchen im Teenageralter, zwei Ehepaare – das Businesspärchen und das ältere Pärchen –, die beiden älteren Damen sowie eine Mutter mit ihrem Sohn und ein einzelner Teilnehmer. Die drei zuletzt Genannten würden etwas später aus Oslo am örtlichen Flughafen in Bergen eintreffen, von wo aus ihnen noch eine achtzig Kilometer lange Fahrt ins Nirgendwo bevorstand. Also hierher.

Ich spulte meine Begrüßung ab, stellte mich vor und erklärte den Gästen den Ablauf der nächsten Tage. Der Vorteil unserer Touren lag darin, dass wir uns nicht auf erfahrene Wandernde spezialisierten, sondern jedem die Möglichkeit boten, die Vielfalt der Natur am Hardangerfjord und im Hardangervidda-Nationalpark zu erleben. Was wegen der bunten Mischung der Gruppe allerdings nur funktionierte, weil wir einen Gepäcktransport von Unterkunft zu Unterkunft organisierten, die Strecken anfängerfreundlich auswählten und sowohl beliebte Plätze als auch unbekannte Routen auswählten. Bis auf eine Übernachtung an der *Trolltunga*, die bei einer Tagestour viel zu überlaufen wäre, und drei weitere

Stationen an geschützten Stellen schliefen wir nicht in Zelten. Das Campen funktionierte bei dieser Gruppengröße auch nur, wenn es nicht zu trocken war und Grillstellen ohne offenes Feuer nicht verboten waren. Das Highlight der Tour – und mein persönlicher Favorit – war neben den vielen Wasserfällen und verwunschenen Troll- und Feenwäldern jedes Mal die Rafting-Abfahrt auf dem *Raundalfluss*.

Inzwischen hatte Gregori das komplette Reisegepäck – ein paar Koffer, aber hauptsächlich einfarbige Wanderrucksäcke mit dem von uns im Vorfeld aufgelisteten Equipment – ausgeladen und an alle verteilt.

»Willkommen bei *Hjerteslag Øyeblikke*. Ich bin Norah Svendsen und werde die nächsten zwei Wochen eure Reiseführerin sein«, sagte ich zu der vierköpfigen Familie. Sie hatten soeben nach ihren Koffern gegriffen und kamen in Richtung des Haupthauses auf mich zu. Die beiden Mädchen waren laut Personenangaben, die ich wie eine Datei in meinem Kopf abgespeichert hatte, elf und vierzehn Jahre alt. Wilma, die Ältere der beiden, verzog gelangweilt das Gesicht, während ihre jüngere Schwester Julie versuchte, mich nicht allzu neugierig anzusehen, sondern den gleichgültigen Ausdruck ihrer Schwester zu imitieren. Trotzdem lag ein interessiertes Funkeln in ihren grünen Augen, als ich ihnen den Ablauf für den morgigen Tag erklärte.

»Gibt's hier WLAN?«, unterbrach mich die Vierzehnjährige, die Lippen zu einer Art Schmollmund verzogen. »Ich hatte die letzten Kilometer kein Netz.«

»Wilma!«

Wilmas genervter Blick schoss wie ein Pfeil in Richtung ihrer Mutter. »Ganz ehrlich? Es ist schon schlimm genug, dass ihr mich zu dieser Tour zwingt. Ihr könnt mir nicht auch noch die Hoffnung nehmen, meinen Freunden zu schreiben. Wie soll ich das sonst überleben?«

Ein Lächeln unterdrückend, nickte ich ihr zu. »Natürlich haben wir hier WLAN. Das Passwort bekommt ihr beim Einchecken an der Rezeption. Aber auf der Tour kann ich dir keinen Internetzugang garantieren. Dafür haben wir mindestens ein Funk- und ein Satellitentelefon dabei, falls es außerhalb des Netzes zu einem Notfall kommen sollte.«

Mit jeder Silbe entgleisten ihre Gesichtszüge ein bisschen mehr, bis sie mich schließlich völlig entsetzt anstarrte. Es hätte mir nicht so viel Spaß machen sollen, aber das tat es.

Ich lachte. »Keine Sorge. Die Tour geht schneller vorbei, als du denkst. Und vielleicht gefällt es dir ja doch.«

»Das werden die schlimmsten zwei Wochen meines Lebens«, murmelte Wilma mit Grabesmiene, aber ihre kleine Schwester schaute mich weiter fasziniert an. Der Vater der beiden legte seiner Ältesten einen Arm um die Schultern, was sie mit einem genervten Augenrollen über sich ergehen ließ, während ich in wenigen Sätzen den weiteren Ablauf zusammenfasste. Trotz der abweisenden Distanz, die Wilma ihren Eltern gegenüber ausstrahlte, war da ein Rückhalt, um den ich sie beneidete. Beim Anblick dieser Nähe zog sich mein Herz kurz und heftig zusammen, weil es Momente wie dieser waren, in denen ich schmerzhaft erkannte, dass ich so ein Gefühl niemals gehabt hatte. Niemals haben würde. Ich war darum betrogen worden, durch einen bitteren Unfall, einen unachtsamen Moment, der mein gesamtes Schicksal auf den Kopf gestellt hatte, als ich keine zwei Jahre alt gewesen war. Es hatte keine Wutmomente gegeben. Keine aufmüpfige Teenagerzeit, in der ich vor meinen Eltern am liebsten geflüchtet wäre. Keine tröstlichen Umarmungen.

Keine bedingungslose Liebe, egal, wie sehr ich sie von mir stieß.

Wahrscheinlich war es Wilma gar nicht bewusst, dass sie ein Lebensglück besaß, das man mit keinem Geld der Welt kaufen konnte. Erst wenn etwas für immer verloren war, wollte man es um jeden Preis zurück.

»Einen schönen Aufenthalt! Und wir sehen uns morgen früh«, schloss ich, dann verabschiedeten sie sich von mir, Julie mit einem schüchternen Lächeln, Wilma mit ausdrucksloser Miene.

Stumm sah ich der Familie hinterher und hing meinen Gedanken nach, während die vier das Hauptgebäude mit der Rezeption betraten. Julie stieß einen freudigen Ausruf aus, sobald sie Oreo entdeckte, unsere norwegische Waldkatze, die sich neben dem Eingang sonnte.

»Ich glaube, wir haben unsere Kandidatin für diese Tour schon gefunden. Also, sollen wir wetten?« Gregori war lautlos neben mich getreten und verschränkte mit einem Grinsen die Arme vor der trainierten Brust. Mit seiner Glatze und dem massigen Kreuz wirkte er auf den ersten Blick eher einschüchternd, verströmte allerdings bereits nach den ersten Sekunden starke *Golden-Retriever-Vibes*.

Ich lachte auf, denn ich wusste sofort, was er vorhatte und von wem er redete. Allem Anschein nach hatte er meine Unterhaltung mit der Familie mitgehört.

»Ach komm, dieses Mal habe ich keine Chance.«

»Was?« Zweifelnd warf er mir einen Seitenblick zu. »Du wirfst die Flinte ins Korn, bevor es überhaupt losgeht? Höre ich kein: *Sie ist ein zäher Charakter, du wirst schon sehen, Gregori. Sie wird uns alle überraschen.*«

»Ich weiß nicht …«

Jetzt wurde sein Blick misstrauisch. »Moment. Wir können nicht die Rollen tauschen. Ich bin doch derjenige, der meistens zweifelt. Du glaubst immer an Wunder. Wo ist dein überschwänglicher Optimismus?«

Zwischen all den Rechnungen verpufft, dachte ich, sagte jedoch: »Ich bin mir bei Wilma einfach nicht sicher.«

»Wer weiß, vielleicht ist sie auch eine harte Nuss.« Gregori feixte. »Sie wirkt hartnäckig.«

Nachdenklich sah ich zur Eingangstür, durch die Wilma mit ihrer Familie verschwunden war.

»Du hast recht. Sie wirkt stark.« Genau das brauchte ich jetzt. Jemanden, in den ich meinen Glauben setzen konnte. Jemanden, der über sich hinauswuchs, etwas schaffte, das man nicht unbedingt erwartete.

Ich atmete tief ein und ließ die klare, sommerliche Luft in meine Lunge strömen. »Okay. Sie kommt wieder hier an.«

»Ohne dass ich sie einsammeln und zu einem Etappenziel fahren muss?«

Automatisch reckte ich das Kinn und blickte Gregori herausfordernd an. »Jupp, Wilma zieht das durch. Ich glaube an sie. Aber …«, ich hob einen Finger, »wenn du die Wette verlierst, gibst du mir das Rezept für diese Schokoladentörtchen, die Lisbeth letztes Mal zu *farfars* Geburtstag mitgebracht hat.«

Empört schnaubte Gregori durch die Nase, aber ich sah, dass seine nussbraunen Augen belustigt glitzerten. »Das ist ein verdammt hoher Einsatz.«

»Du weißt, wie lange ich hinter dem Rezept her bin. Wenn du dir deiner Sache sicher bist, hast du ja nichts zu verlieren.«

»In Ordnung«, sagte er nach kurzem Zögern. »Aber wenn die Kleine schlappmacht, wäschst du dreimal den Bus.«

Waschanlagen waren in der Gegend so rar wie ein funktionierendes Netz, weswegen Gregori alle paar Wochen die Fahrten nach Bergen zum Flughafen nutzte, um den Bus zu reinigen. Allerdings sah *Liability* schon nach einer Tour zu den einzelnen Stationen wieder so aus, als hätte sie bei einem Survival-Film mitgemacht. Eigentlich sollte sie *Liberty* heißen, aber Gregori hatte sich in der Bedeutung vertan und anschließend behauptet, dass man einen Bus genau wie sein eigenes Kind nicht einfach umtaufen konnte.

»Deal«, erwiderte ich schließlich und schlug in seine ausgestreckte Hand ein, die groß und schwielig war.

»Ich fahre noch mal nach Hause und mache mich dann auf den Weg zum Flughafen.«

»Klar. Grüß Lisbeth von mir.«

»Mach ich.« Er tippte sich mit zwei Fingern an die Stirn und kletterte durch die offen stehende Seitentür des Busses hinters Steuer.

Wehmut überzog mein Herz. Auch er würde mit den Konsequenzen leben müssen, wenn wir *Hjerteslag Øyeblikke* nicht mehr auf dieselbe Weise fortführen konnten. Vielleicht würden wir dann nur noch unsere Pension betreiben, aber auch die Gebäude beduften einer dringenden Renovierung. Momentan reichte es noch, aber spätestens wenn die *Skyline Lodge* ein paar Kilometer weiter eröffnen würde, hätten wir ein ernsthaftes Problem. Schicke Ein-Raum-Holzhäuser mit kompletter Glasfront und einem noch schöneren Ausblick über den Hardangerfjord. Bezahlt und gesponsert von einem internationalen Investor, den hier keiner mit Namen kannte. Und uns fehlte es einfach hinten und vorn an Geld für Sanierungsarbeiten oder Werbeausgaben.

»Woran denkst du, Blümchen?«

Beim Klang der Stimme meiner Moma schob ich die

Schultern nach hinten und schraubte meine Mundwinkel zu einem Lächeln nach oben. Ich spürte ihren nachdenklichen Blick, als sie neben mich trat und mich mit diesem wissenden Funkeln in den Augen betrachtete, die jede Gefühlsnuance zu bemerken schienen.

Aber ich brachte es nicht übers Herz, ihr oder Popa jetzt schon zu sagen, wie schlecht es um *Hjerteslag Øyeblikke* stand. Vielleicht würde mir in den nächsten zwei Wochen noch eine bahnbrechende Idee kommen, ein Geistesblitz, der alle Probleme löste. Dafür nutzte und liebte ich die kleinen Augenblicke während der Etappen, die Stille und den Gedankensturm, der mich immer so laut traf, dass ich jedes Zeitgefühl verlor. Alles reduzierte sich auf das Brennen in den Muskeln, auf das Regulieren der Atmung, auf die eigene Krafteinteilung. Es gab keine Außenwelt, keine Trauer und Zukunft, sondern einfach nur einen Herzschlagaugenblick.

Nicht viele Menschen konnten auf diese Weise mit sich allein sein, sehr wahrscheinlich war das auch der Grund, weshalb Gregori und ich wetteten. Um daran festzuhalten, dass man über sich hinauswachsen konnte, selbst wenn es auf den ersten Blick nicht so wirkte.

»Ich freue mich auf die anstehende Tour«, erwiderte ich mit Verzögerung.

»Wirklich?«

»Ja. Das Wetter soll fantastisch werden«, antwortete ich monoton.

»Ist das alles?«

Ich nickte, konnte ihr aber nicht in die Augen sehen, weil sie darin alles erkannt hätte. »Mhm.«

»Hat es vielleicht mit einem jungen Mann zu tun?«

Automatisch versteifte ich mich, wollte bereits heftig

protestieren, doch dann hielt ich inne. Sie in dem Glauben zu lassen, ich hätte mich womöglich unglücklich verliebt, schien mir plötzlich eine gute Lösung zu sein. Also presste ich die Lippen aufeinander und schwieg.

»Soso.« Ihr wissendes Schmunzeln war Grund genug, um eine fadenscheinige Ausrede zu finden und auf meinem Zimmer zu verschwinden, denn die Wahrheit sprudelte bereits in mir hoch, als würde sie im nächsten Moment wie eine Wasserfontäne aus mir herausbrechen.

»Ich muss noch mal die Liste durchgehen«, murmelte ich, strich mir eine Haarsträhne aus der Stirn und machte mich auf den Weg ins Haus.

Bei jedem Schritt spürte ich nicht nur ihren Blick im Nacken, sondern auch meine nagenden Gewissensbisse, die ich so weit in mir begrub, dass ich sie hoffentlich nicht wiederfand.

»Norah?«, rief Popa im Treppenhaus des Haupthauses, das unmittelbar an die Pension grenzte und wo meine Großeltern und ich ebenfalls wohnten. Der nachdrückliche Tonfall ließ mich alarmiert den Kopf von den Unterlagen heben, über denen ich gerade ein weiteres Mal gebrütet hatte. Masochismus à la Norah.

»Was ist los?«

Farfar tauchte im Türrahmen auf. Trotz seiner fünfundsechzig Jahre wirkte er frisch und vital, Lachfältchen zogen sich um seine ausdrucksstarken Augen und die Nachricht, die er mir mitteilen wollte, schien ihn beinahe zum Platzen zu bringen.

Für Außenstehende musste seine Miene stoisch wirken, aber ich konnte sehen, wie er mit einem Schmunzeln kämpfte.

»Pechsträhne Nummer eins.«

»Jetzt schon?«

Mit einem unterdrückten Lachen rieb er sich über den gestutzten Bart. »Du kannst dich auf etwas gefasst machen.«

Ich stöhnte auf. Das verhieß üblicherweise nichts Gutes. Wenn mehrere Dinge gleichzeitig schiefliefen, dann war das meistens ein Zeichen dafür, dass noch einiges folgen würde. Wie die Spitze eines Eisbergs, die aus dem Wasser ragte, während der Rest kilometerweit in die Tiefe reichte. Manchmal war es wie verflucht. Und den zweiwöchigen Trip mit einer Pechsträhne zu starten, könnte in einer Katastrophe enden.

»Also?«

»Gregori hat einen Platten, weil er ein Schlagloch übersehen hat«, begann Popa.

Natürlich.

»Die Vietkauskas haben ihren Flieger verpasst, weil ihr Flugzeug aus Vilnius Verspätung hatte.«

Selbstverständlich.

»Sie kommen morgen früh mit der ersten Maschine nach.«

Was eine zusätzliche Fahrt und womöglich eine Verzögerung des Tourstarts bedeutete.

»Wir brauchen aber jemanden, der S. Larsen abholt.«

Also mich.

Ich kniff die Augen zusammen und starrte auf die Uhr, deren Zeiger langsam, aber sehr zielstrebig Richtung Abend wanderten. »Wann sollte seine Maschine denn landen?«

»In einer Stunde.«

»Shit«, fluchte ich, denn das bedeutete, dass ich fast schon zu spät dran war, um pünktlich am Flughafen zu sein. Und es gab nichts Schlimmeres, als einen schlechten ersten Eindruck zu hinterlassen – für jegliche Art von Online-Bewertungsforum, denn darauf waren wir im Moment mehr als angewiesen. Auf jede einzelne begeisterte Rückmeldung, die potenzielle neue Buchungen nach sich ziehen konnte.

»Das heißt …«

»Du bist bereits zu spät.«

»Das ist keine Pechsträhne, das ist eine verdammte Pechsträhnenlawine.«

Ich will nicht wissen, wie die Trekkingtour wird, wenn es schon so losgeht, schoss es mir durch den Kopf.

Hastig schnappte ich mir meinen Geldbeutel, riss ein Stück Pappe aus dem großen Karton, knipste die kleine, antike Schreibtischlampe aus, deren warmes Licht das Chaos darauf wie ein Spotlight beleuchtet hatte, und schob den knarzenden Holzstuhl zurück. Dann polterte ich die bunt gestrichenen Stufen hinunter, vorbei an den von *farfar* gebauten Sitznischen und Bücherregalen, die mit der moosgrün gestrichenen Wand verschmolzen.

»Willst du was Kleines auf die Hand mitnehmen?«, rief mir Moma entgegen, als ich die Küchentür passierte. »Ich habe noch etwas vom Mittagessen übrig.«

»Nein, alles gut«, antwortete ich im Vorbeigehen, winkte kurz, ging hinüber zur Garage und sprang hinter Berthas Steuer – mein Volvo, der schon mehr Kilometer auf dem Buckel hatte, als ich jemals zurücklegen würde.

Auf der Fahrt zum Flughafen hörte ich einen True-Crime-Podcast über einen Amisch-Mord an der Nordostküste der USA, während sich die Farben am Horizont noch immer nicht veränderten und die Sonne so hoch stand, dass man meinen könnte, sie würde heute gar nicht untergehen. Hier draußen, vor den Toren von Bergen, war es, als würde die Zeit die Luft anhalten. Ein bisschen Dr. Strange spielen. Ich mochte dieses Gefühl der Freiheit, das die Weite mir vermittelte, dieses völlige Abtauchen in sich selbst, weil sonst nichts eine Bedeutung hatte.

Als ich schließlich am Flughafen ankam, war ich etwas entspannter, aber nicht weniger hektisch. Es ging um viel. Zu viel. Jeder kleine Dominostein in der Kette an unvorhergesehenen Ereignissen könnte weiteres Chaos verursachen. Ich wollte nicht bereits bei der Ankunft dafür sorgen, dass die Dominosteine umkippten.

In der kleinen Ankunftshalle herrschte dichtes Gedränge, denn um diese Uhrzeit kamen trotz der geringen Kapazität einige Flüge herein, vor allem mit Berufspendlern, die von ihren Familien abgeholt wurden. Aber auch Reisende und Touristen waren unter ihnen.

Aus meinem Rucksack kramte ich einen dicken Filzstift und das Stück Pappe, das ich geistesgegenwärtig während meines hektischen Aufbruchs eingesteckt hatte. Anschließend kritzelte ich *S. Larsen* darauf – nachdem ich den Namen sicherheitshalber mit der Teilnehmeranmeldung abgeglichen hatte. Seltsam, dass der Vorname fehlte.

Die Flughafenhalle leerte sich merklich, je länger ich mir die Beine in den Bauch stand, was dazu führte, dass mein Magen vor Hunger knurrte. Bei jedem Kerl, der durch die Doppeltüren trat, pflanzte ich mir mein schönstes Herzlich-Willkommen-Lächeln ins Gesicht, aber keiner von ihnen reagierte auf mich und mein selbst gebasteltes Schild. Alle Typen zwischen zwanzig und fünfunddreißig gingen an mir vorbei.

Nach fünfundzwanzig Minuten – und nachdem ich mich

vergewissert hatte, dass *S. Larsen* auch wirklich in dem Flieger mit der passenden Flugnummer aus Oslo gesessen hatte – tippte ich resigniert die Handynummer von *Sander* Larsen ein, damit ich ihn anrufen konnte.

Inzwischen waren nur noch eine Handvoll Menschen in der Ankunftshalle. Die Gepäckinformation für den Flug aus Oslo verschwand von der Anzeigetafel, als ich S. Larsen kurz entschlossen anklingelte.

Nicht weit von mir entfernt begann ein Telefon zu läuten und aus einem Reflex heraus wandte ich mich dem Geräusch zu. Dort stand ein breitschultriger, schlanker Mann, der etwa in meinem Alter war und die wenigen noch anwesenden Personen um nahezu einen Kopf überragte. Er trug einen lässigen mintgrünen Pullover und eine dunkelbraune Hose aus dickerem Stoff, während seine dichten schwarzen Haare unter einer dunklen Cap mit der Aufschrift *Cambridge University* verschwanden. Die Schirmmütze war so tief in sein Gesicht gezogen, dass ich lediglich die scharf geschnittene Kinnpartie ausmachen konnte. Neben ihm stand ein unscheinbarer mittelgroßer Reiserucksack, in den höchstens Sachen für ein paar Tage passten.

Es waren nicht nur die *Old-Money-Vibes* der feinen Kleidung und der Uhr, die von ihm ausgingen, oder seine eindrucksvolle Statur, sondern vielmehr die Tatsache, dass er mit seiner Aura alles und jeden in den Schatten zu stellen schien, der auch nur in seiner Nähe war. Dabei strahlte er eine Natürlichkeit aus, die ich selten beobachtet hatte. Als würde ihm das alles einfach zufliegen. Und trotzdem beschlich mich der Eindruck, als würde er sich in diesem Augenblick am liebsten verstecken wollen.

Das Freizeichen an meinem Ohr ertönte ein weiteres Mal

und ich beobachtete, wie der junge Mann sein Smartphone herausholte, auf den Bildschirm starrte und schließlich den einkommenden Anruf wegdrückte. Gleichzeitig brach der Verbindungsaufbau an meinem Ende der Leitung ab.

O-kay.

Kurzerhand setzte ich mich in Bewegung, wobei ich das plötzliche nervöse Ziehen in meinem Brustkorb ignorierte. Meine Handflächen wurden feucht, während ich einen Fuß vor den anderen setzte und auf den Typen zuging, von dem ich stark vermutete, dass er *S. Larsen* sein musste. In diesem Moment schob er die Ärmel seines Pullovers bis zu den Ellbogen nach oben und entblößte damit sehnige, sonnengeküsste Unterarme, die mir ohne jede Vorwarnung weiche Knie bescherten. Mein Blick wanderte zu seinen gepflegten, großen Händen, was dazu führte, dass ich ihn im Stillen für seine unverschämte Attraktivität verfluchte.

Heilige Scheiße.

Ich hatte für nichts eine Schwäche. Nichts! Aber schöne männliche Hände? Sie waren mein elendiges Kryptonit.

»Hi«, sagte ich, sobald ich direkt vor ihm stand, und machte mich zusätzlich mit einem kleinen Räuspern bemerkbar.

S. Larsen hob ruckartig den Kopf und der eindringliche Blick seiner tiefblauen Augen traf mich so unverhofft, dass ich spürte, wie mein Mund aufklappte, ohne dass ein Wort herauskam. Der überraschte Ausdruck in seinem Gesicht verwandelte sich schlagartig in eine abweisende Maske und auch er schwieg, während er die geschwungenen Lippen zu einer dünnen Linie zusammenpresste und mich von oben bis unten musterte.

»Ich habe dich schon gesucht«, flötete ich, in der Hoffnung, zu ihm durchzudringen und seine unterirdische Stimmung aufzulockern.

Seine breiten Schultern versteiften sich, als hätte ich etwas Falsches gesagt, und falls es überhaupt möglich war, wurde seine gesamte Haltung inklusive seiner Mimik noch abweisender. Also hob ich mit wild klopfendem Herzen mein Handy, wählte erneut seine Nummer und ließ ihn für keine Sekunde aus den Augen. Dabei beschlich mich das unbestimmte Gefühl, ihn irgendwoher zu kennen, ohne dass ich mir einen Reim darauf machen konnte.

Am liebsten hätte ich von seinem völlig ungläubigen Blick ein Foto geschossen, bewahrte jedoch meine neutrale Miene und wartete, bis der Standardklingelton wieder sein Bestes gab.

S. Larsen sah abwechselnd von mir zu dem Smartphone in seiner Hand und dann wieder zu mir.

Mit einem breiten Lächeln ließ ich mein Handy wieder sinken, nur um es anschließend wie eine Zieleinlaufflagge vor seiner Nase herumzuschwenken. »Und ich habe zweimal versucht, dich anzurufen.« Daraufhin deutete ich auf das Pappstück in meiner Hand. »*S. Larsen?* Ich bin Norah von *Hjerteslag Øyeblikke.*«

Seine abweisende Miene fiel wie ein Kartenhaus in sich zusammen und machte stattdessen einem Ausdruck Platz, der mir einen Schauder über den Rücken jagte, denn ich wusste nicht, was ich schlimmer fand: den unnahbaren *S. Larsen* oder den Typen, der gerade sein gewinnbringendes Lächeln ausgepackt hatte.

»Oh, tut mir leid, ich dachte, du bist …«, murmelte er jetzt zerknirscht und räusperte sich. Dann schob er mit einer nachlässigen Bewegung das Basecap vom Kopf und fuhr sich mit einer dieser viel zu attraktiven Hände durch das nachtschwarze Haar, ehe er die Kappe wieder aufsetzte. Jetzt war ich mir fast sicher, dass ich ihn irgendwoher kannte. Die Art, wie er sich umschaute, als würde er beobachtet werden, dieses Gesicht …

»Ich hatte mit einem glatzköpfigen Mann Anfang vierzig gerechnet, der Gregori heißt, und nicht mit …« Sein Blick glitt an mir herab und wieder hinauf, nicht anzüglich, sondern einfach neugierig. »Nicht mit dir.«

Der kratzige Klang seiner Stimme weckte in mir das Bedürfnis, ihm das Hustenbonbon aus meiner Jeanstasche anzubieten. Ich lächelte mein 240-Watt-Lächeln und zwinkerte. »Spontaner Abholwechsel. Ich hoffe, das stört dich nicht.«

Kopfschüttelnd sah er mich an. »Nein, absolut nicht.«

»Gut«, sagte ich und deutete auf sein mageres Gepäck. »Das ist alles?«

»Ja.«

»Dann zeig ich dir mal, wo Bertha steht.«

5
SANDER

Verblüfft beobachtete ich, wie die junge Frau mit den eindrucksvollen gletscherblauen Augen fast schon lächerlich selbstverständlich nach dem Rucksack zu meinen Füßen griff und zielstrebig auf den Ausgang zusteuerte. Die abgewetzte Jeansjacke mit dem aufgenähten Patchworkmuster auf dem Rücken endete genau über ihrer Hüfte. Mein Gepäck lag locker über ihrer Schulter, dabei wusste ich, wie schwer es war, auch wenn es von außen täuschte. Einzelne erdbeerblonde Strähnen hatten sich aus dem schlichten Pferdeschwanz gelöst und fielen auf ihre Schultern. Die Pappe mit meinem Namen klemmte zwischen ihrem Rücken und den beiden Rucksäcken, wobei ihr eigener eher einem *Rucksäckchen* glich.

Für einen kurzen Augenblick war ich zu verdattert, um ihr zu folgen, doch dann setzte ich mich in Bewegung und holte sie mit wenigen langen Schritten ein. Ihr erdiger Duft drang mir in die Nase, als ich tief Luft holte.

»Du musst meine Sachen nicht tragen.« Ich war es nicht gewohnt, dass eine Frau irgendwelche Dinge für mich durch die Gegend bugsierte. Im Gegenteil. In der Welt, aus der meine Familie stammte, wurde das Festhalten an klassischen

Normen besonders sorgfältig gepflegt. Wie eine Oldtimersammlung.

Norah schenkte mir ein keckes Lächeln, das zwei Grübchen in ihre Wangen zauberte. »Mein *farfar* sagt immer: Man muss im Leben gar nichts, bloß sterben.«

Ich wollte nach meinem Rucksack greifen, doch sie wich mir so geschickt aus, als würde sie Anthony Joshuas letzten Boxkampf imitieren.

»Sieh es als Service«, fuhr sie fort und zwinkerte mir zu. »Gregori hätte dir auch dein Gepäck abgenommen und da hättest du bestimmt nichts einzuwenden gehabt.«

»Gregori wiegt aber mit Sicherheit auch nicht nur die Hälfte von mir«, gab ich zu bedenken, doch Norah lachte nur lauthals auf.

»Ich bin mir sicher, wenn wir uns wiegen würden, käme bei mir nicht die Hälfte deines Körpergewichts heraus. Aber netter Versuch, *S. Larsen.*«

»Sander«, hörte ich mich murmeln, verwirrt darüber, nicht die Kontrolle über das Gespräch zu haben, was mir aber nicht unangenehm war.

»Also gut, *Sander*, was hat dich zu dieser Reise gebracht?«, fragte sie und marschierte auf einen Parkkassenautomaten zu. Dort stellte sie mein Gepäck so zwischen ihre Beine, dass ich keine Chance hatte, es mir zu schnappen. Ich blieb in gebührendem Abstand hinter ihr stehen.

»Wie meinst du das?«

Sie musterte mich kurz über die Schulter hinweg, dann kramte sie die Parkkarte heraus und hielt ihr Smartphone gegen einen kleinen Scanner, um kontaktlos zu bezahlen. »Das war eine Frage ohne Hintergedanken. Kostenloser Small Talk. Die tiefen Gespräche folgen eigentlich nicht vor Tag fünf bis sieben, je nach persönlichem Grund für die Tour. Einsamkeit, Abenteuerlust, Flucht, Liebe, Familienurlaub …« Ein offenes Lächeln umspielte ihre vollen Lippen, als sie die Parkkarte wieder einsteckte und sich schwungvoll zu mir umdrehte. »Aber ich sehe schon, bei dir hebe ich mir die Fragen besser für das letzte Etappenziel auf. Du musst auch gar nicht antworten. Wir können schweigen, bis wir in der Unterkunft sind. Auch wenn du es vielleicht nicht glaubst, ich kann still sein wie ein Fjord.«

Ich widerstand dem Impuls, mir zum zweiten Mal das Basecap abzunehmen und mir durch die Haare zu fahren. Das hier war definitiv anders als erwartet. Norahs schlanke Finger hakten sich in die Schlaufen meines Rucksacks, dann machte sie sich auf den Weg zu einem dunkelblauen Volvo, der ganz in der Nähe stand und aussah, als würde er im nächsten Moment einfach zusammenklappen.

Stirnrunzelnd betrachtete ich das Auto und fragte mich, was sich meine Eltern dabei gedacht hatten, diese Trekkingtour zu buchen. *Ach ja*, ich sollte abtauchen und meine Zukunftspläne neu spinnen. Bei dem Gedanken an meine Familie zog sich mein Herz mit einem kurzen, heftigen Stich zusammen. Ich war immer noch stinkwütend. Es kotzte mich an, dass sie vom Schlimmsten ausgingen. Kein Lächeln, keine freundliche Verabschiedung. Ich war einfach am nächsten Tag weitergereist, ohne ein klärendes Gespräch. Diese eisige Kälte in meiner Gegenwart raubte mir den Atem. Allein die Tatsache, dass sie ernsthaft annahmen, ich hätte in angetrunkenem Zustand und ohne jeden Sinn und Verstand eine junge Frau begrapscht, fühlte sich an, als hätten sie mir ein Messer in die Eingeweide gerammt und es einmal herumgedreht.

Ich zwang mich, an etwas anderes zu denken.

Also folgte ich Norah wie ein tapsiger Hundewelpe. Sie war so … ungefiltert. Völlig mit sich im Reinen, als wäre es absolut in Ordnung, zu laut zu lachen oder einfach zu sagen, was sie dachte. Ich wusste nicht, wann mir das letzte Mal jemand begegnet war, bei dem ich das Gefühl hatte, nicht ein mentales Schachspiel veranstalten zu müssen, um eine Unterhaltung führen zu können.

Sofort glätteten sich meine verkniffenen Züge.

Nachdem sie mein Gepäck im Kofferraum verstaut hatte, quetschte ich mich neben sie auf den Beifahrersitz. Dabei fiel mein Blick auf ihren wohlgeformten Bizeps, denn sie hatte sich die Jeansjacke ausgezogen.

»Bist du die einzige Trekkingführerin?«, fragte ich schließlich, während ich mit einer Hand den Sitz bis zum Anschlag nach hinten schob, damit ich die Beine etwas ausstrecken konnte. Als ich mich wieder aufrichtete, bemerkte ich, dass Norah auf meine Hand starrte und sich unwillkürlich die Lippen befeuchtete. Instinktiv machte ich eine Faust, woraufhin Norah rasch den Blick abwandte und den röhrenden Motor startete. Gleichzeitig kroch eine zarte Röte in ihre Wangen.

Mein Brustkorb verengte sich und die Temperatur im Innenraum stieg merklich um mehrere Grad.

»Was war noch mal die Frage?«, wollte sie wissen. Täuschte ich mich oder klang sie auf einmal etwas atemlos?

»Ob du die einzige Trekkingführerin bist.« Selbst meine Stimme hörte sich auf einmal tiefer an, dickflüssig wie zäher Sirup. *Verdammt, Aleksander, reiß dich zusammen!*

Jetzt wirkte sie erleichtert. »Nein, bin ich nicht. Wir sind immer zu zweit bei den Touren. Insgesamt sind wir zu viert und teilen uns die Aufgaben ein wenig auf. Wer nicht unterwegs ist, arbeitet in der Pension mit. Buchführung, Buchungen, Frühstücksbüfett, Einkäufe, der übliche Kram eben.«

»Und wie lange machst du das schon?«

»Seit drei Jahren.« Als sie meinen skeptischen Seitenblick bemerkte, verzogen sich ihre Lippen zu einem halbmondartigen Lächeln. »Ich weiß, du fragst dich jetzt bestimmt, wie alt ich bin und ab wann man Menschen wie eine Schafherde durch die Wildnis treiben darf.«

Trotz meiner miesen Laune spürte ich, wie bei ihrem schrägen Humor mein Mundwinkel zuckte, was Norah nicht verborgen blieb, denn sie grinste noch eine Spur breiter. Als wollte sie den letzten Rest Negativität aus mir herauspressen. »Ich bin die Strecken in der Kraxe mitgewandert, da war ich noch ein zahnloses Windelpaket mit einem überdimensionalen Schnuller im Mund. Als Zahnspangenmonster habe ich dann alle Tiere in die Flucht geschlagen – oder den ein oder anderen Kursteilnehmer im Teenageralter. Falls du dir also Sorgen um dein Seelenheil machst: Du bist bei mir in den besten Händen. Auch wenn es auf den ersten Blick vielleicht nicht danach aussieht.«

Norah schloss den Mund mit einem so zufriedenen Gesichtsausdruck, dass ich gar nicht anders konnte, als ihn zu erwidern. Im nächsten Moment weiteten sich ihre Pupillen und sie erstarrte. Die Finger um das Lenkrad verkrampften sich und sie schluckte schwer. War es ihr etwa peinlich, diesen Wortschwall ausgespuckt zu haben?

Irgendwie hatte ihre unbedarfte Offenheit etwas Beruhigendes, weil es das komplette Gegenteil der Welt war, die ich kannte – eine Welt, in der alle irgendeine Rolle spielten, Masken trugen, sich meisterhaft verstellten für die perfekte Illusion. *Jaqen H'ghar, der Gesichtslose* wäre stolz auf sie.

»Das habe ich nicht angezweifelt. Keine Sekunde lang.« Ich starrte nach draußen, wo sich das Licht der inzwischen tiefer stehenden Sonne auf den sanften Meereswellen brach. Der Landeanflug war schon eindrucksvoll gewesen – angefangen vom glitzernden Wasser bis hin zu den Berggipfeln, die wie Speerspitzen in den Himmel ragten. *Wow.* Das ging jetzt schneller als erwartet.

»Sag mal, kenne ich dich irgendwoher?«, fragte mich Norah plötzlich und ich erstarrte buchstäblich zu einer Salzsäule. Im Inneren des Volvos wurde es immer enger, Sekunden zersprangen zu einer gefühlten Ewigkeit und ich vergaß sogar das Atmen.

»Wieso fragst du?«, brachte ich mit erheblicher Verzögerung hervor, stolz darauf, wie normal ich mich anhörte.

Norah warf mir einen schnellen Seitenblick zu. »Versteh mich nicht falsch, aber du siehst zu gut aus, um nicht bekannt zu sein.« Als ihr klar wurde, was sie da eben von sich gegeben hatte, wollte sie zurückrudern, doch anscheinend hatte sie den Vorwärtsgang eingelegt: »Deine Größe, die Schwimmerschultern, dein Gesicht, die Art, wie du dich bewegst. Hat alles ein bisschen was von einer Person, die sich ihrer Stellung bewusst ist. Aber vielleicht habe ich auch zu viele superschnulzige Heimatfilme gesehen, zu denen Moma mich regelmäßig zwingt, wenn ich mal nicht auf Tour bin.« Sie biss sich auf die Unterlippe, als müsste sie sich gewaltsam davon abhalten, noch mehr ihrer interessanten Gedankengänge mit mir zu teilen.

»Mein … Gesicht?«, wiederholte ich belustigt.

Prompt lief sie rot an, eine Mischung aus Wut und Verlegenheit spiegelte sich auf ihren Zügen. »Du weißt schon … Du hast nicht dieses typische Allerweltsgesicht.« Sie deutete mit einem Finger auf sich, ehe sie gekonnt die Spur wechselte, um ein Wohnmobil zu überholen, das vor uns herkroch. Zum ersten Mal machte ich mir die Mühe, Norah richtig anzuschauen. Nicht nur flüchtig. Sie war fast komplett ungeschminkt, winzige Sommersprossen tanzten auf und um ihre markante Nase und ihr rotblondes Haar wirkte weich. Am eindringlichsten waren jedoch ihre ausdrucksstarken Augen und ihr sinnlicher Schmollmund. Jedes Detail für sich war vielleicht ungewöhnlich, aber zusammengenommen machten sie Norah besonders.

Jetzt legte auch ich die Stirn in Falten. Als Allerweltsgesicht würde ich sie nicht bezeichnen. Schon gar nicht in Kombination mit ihrer leuchtenden Ausstrahlung. Norah war auf ihre ganz eigene Weise schön.

»Du starrst.« Ihre Worte glichen einem tierischen Knurren und ich verkniff mir ein Lächeln.

»Ja.«

»Das war kein *Fishing for Compliments, S. Larsen*. Ich kenne meinen Wert und muss mir meiner wahren Schönheit nicht bewusst werden, weil ich mit Scheuklappen durchs Leben wandle, um darauf zu warten, ihr Potenzial nach einem Umstyling und einem perfekten Sie-läuft-die-Treppe-herunter-Zeitlupenmoment auszuschöpfen.«

»Redest du immer so schnell?«, grätschte ich dazwischen, streckte die Beine noch weiter aus und lehnte einen Ellbogen gegen den Rand der Türverkleidung, um es ein wenig bequemer zu haben.

»Nein.« Wieder ein gereiztes Knurren. »Nur wenn ich nervös bin.«

»Mache ich dich nervös?« Ich konnte nicht verhindern, dass meine Stimme dabei um einige Nuancen tiefer wurde.

Was machst du da?, dröhnte es in meinem Kopf. Nach dem

Skandal sollte es wesentlich Wichtigeres geben als meine interessante Trekkingführerin.

»Flirtest du etwa mit mir?«, fragte Norah jetzt entsetzt.

Volltreffer. Meine Schultern zuckten. »Sieht ganz danach aus.«

»O Gott.« Sie stöhnte, ein gequälter Laut, der sich anhörte, als hätte ihr jemand gewaltsam einen schweren Gegenstand auf den Brustkorb gepresst.

»Was?«, fragte ich und grinste.

»Du bist *so einer.*«

»So einer, was?« Jetzt war ich neugierig. »Wie schätzt du mich denn ein?«

»Nach einem stereotypischen ersten Eindruck?«

»Ja?«

»Wie würdest du mich denn einschätzen?«, fragte sie anstelle einer Antwort.

»Ungezügelt wie das wilde Wasser eines Flusses«, erwiderte ich eine Spur zu ernst und hielt dabei theatralisch eine Hand an die Brust.

Obwohl Norah dagegen ankämpfte, rang das Lächeln auf ihren Lippen die ernste Miene nieder. »Klingt aus deinem Mund irgendwie zweideutig ...«

»Ich gebe mir Mühe.«

Oh, wow. Ich konnte es einfach nicht abstellen. Norah kitzelte diese lockere Seite wie selbstverständlich aus mir heraus. Ich fühlte mich so ... leicht. Und unbeschwert. Ich dachte nicht groß über meine Worte nach.

»Jetzt du. Wie schätzt du mich ein?«, wiederholte ich meine Frage.

»Als *Fuckboy.*«

Ein dröhnendes Lachen stieg meine Kehle empor. Wenn sie

wüsste, wie weit sie von der Wahrheit entfernt war, hätte sie vermutlich ihre geliebte Bertha am Straßenrand abstellen müssen.

»Ich kenne Typen wie dich«, fuhr sie jetzt beinahe tonlos fort. Für einen flüchtigen Moment fragte ich mich, wer sie so sehr verletzt hatte, dass sie sofort um sich schlug. »Wahrscheinlich flirtest du mit allem, was bei drei nicht auf den Bäumen ist, und schlägst eine kondomverschleißende Schneise durch die Betten dieser Welt.«

»*Woah*, Moment«, sagte ich und riss die Hände in die Höhe. Mein Lächeln erstarrte, fror einfach ein. Als hätte jemand die Zeit angehalten. »Typen wie mich? Typen mit diesem Gesicht, diesen Schultern und dieser ganz speziellen Gangart?«, ahmte ich Norahs Bemerkung von vorhin nach.

Meine Kehle verengte sich plötzlich. Vielleicht, weil ich es hasste, in eine Schublade gesteckt zu werden. Vielleicht, weil es mir gefallen hatte, nach den letzten Tagen einen Hauch von Normalität zu verspüren. Ohne abgestempelt zu werden – vor allem von Menschen, denen meine bedingungslose Liebe gehörte.

»Entschuldige bitte.« Man konnte ihr förmlich ansehen, wie sie innerlich bis fünf zählte. »Das war unprofessionell. Ich habe natürlich nicht den blassesten Schimmer, wie du wirklich bist.« Es klang, als hätte sie einen Frosch verschluckt.

Aber es ging nicht um mich, das spürte ich instinktiv. Es ging um etwas anderes. Etwas, das sie betraf und das sie auf mich projizierte. »Und es tut mir leid, wenn ich deine Gefühle verletzt habe. Ja, du machst mich nervös. Aber das ist kein Grund …«

»Du redest schon wieder so schnell«, unterbrach ich sie sanft und Norah klappte tatsächlich den Mund zu.

»Entschuldigung angenommen«, meinte ich nach einem Moment und sie nickte abgehackt. Ich bemerkte, wie sie mit den Zähnen ihre Unterlippe bearbeitete, als wollte sie bis zur Hautschicht darunter gelangen.

Eine gefühlte Ewigkeit fuhren wir schweigend weiter, an einem schlängelnden Fluss entlang, während die Berggipfel immer höher in den Himmel wuchsen. Mein Handy vibrierte in meiner Gesäßtasche und ich zog es hervor. Stella hatte geschrieben.

Ich weiß leider immer noch nicht, wer es verkauft hat. Es tut mir leid, Aleksander.

Ich seufzte leise. Kurz spielte ich mit dem Gedanken, Olaf, einem unserer Anwälte, eine Nachricht zu schicken und ihn auf die Sache anzusetzen. Doch was würde das bringen? Das Kind war schon in den Brunnen gefallen. Mein Ruf geschädigt. Die Welt hielt mich für den Bösewicht in diesem Theaterstück. Alle Gegengeschichten würden die Medien als PR-Masche abtun, die nur mein Ansehen wieder reinwaschen soll. So hatten sie auch Stellas Dementi hingestellt.

»Schlechte Nachrichten?«, fragte Norah in meine Gedanken hinein.

»Kann man so sagen.«

6

NORAH

Verdrießlich nagte ich an meiner Unterlippe und lenkte Bertha auf den kleinen Parkplatz vor der Unterkunft mit dem hübschen Reetdach, von wo aus der Blick auf den Hardangerfjord besonders schön war. Die Pension lag etwas außerhalb von Norheimsund, dem nächstgrößeren Städtchen, das mit knapp fünftausend Einwohnern wie alle kleineren Ortschaften in der Kommune vom Tourismus lebte. Manchmal waren Ada und ich auch nach Voss gefahren, der Adrenalinhauptstadt Norwegens, um etwas anderes zu sehen. Wobei ich es vorzog, einfach hierzubleiben. Es war kleiner. Beschaulicher. Es gab weniger Touristen, fühlte sich mehr wie eine Umarmung an, nicht wie eine geschriene Begrüßung.

Du siehst zu gut aus, um nicht bekannt zu sein, wiederholte ich im Stillen meine Worte von vorhin und hätte mich am liebsten auf einen anderen Kontinent gebeamt. *Fuckboy.*

Unangenehm traf es nicht einmal ansatzweise, denn ich hatte die Vorurteilskeule ganz schön ausholen lassen. Mein Mund war wieder einmal schneller als meine Gedanken gewesen und ich hasste mich manchmal regelrecht für meine engstirnige Art.

Ada darf ihn niemals zu Gesicht bekommen. Sie würde ihn mit einem Zettel markieren und unsere Doppelhochzeit planen, schoss es mir durch den Kopf und ich erwiderte sein einnehmendes Lächeln. Dabei kamen mir Liams Worte wieder in den Sinn und ich wünschte mir, dass sich ein riesiges Loch im Boden auftat, durch das ich einfach verschwinden konnte.

Himmel, was für ein absolut bescheuerter Start in die nächste Trekkingtour.

Sobald ich den Motor abgestellt hatte, knurrte Sanders Magen so laut, dass wir beide unwillkürlich zusammenzuckten. Verlegen griff er sich in den Nacken und schenkte mir ein schiefes Grinsen, das ihn jünger aussehen ließ. Unschuldiger. Dabei war nichts an Sander unschuldig. Er strahlte eine Selbstsicherheit und Stärke aus, die mich gewaltig irritierte. Und die dafür sorgte, dass ich brabbelte. *Brabbelte.* Gibberisch. Mein Sims-Häuser-bauendes zehnjähriges Ich wäre stolz auf den Quatsch, den ich da von mir gab.

»Hungrig?«, fragte ich Sander deswegen eine Spur zu überschwänglich und hätte mich dafür am liebsten geohrfeigt. Mein schlechtes Gewissen meldete sich eindeutig zu penetrant zu Wort. Ebenso wie der mahnende Zeigefinger in Form der Buchhaltungsunterlagen.

»Ich hatte keine Gelegenheit, etwas zu essen. Also ja. Total.«

»Mal sehen, was die Küche noch hergibt«, antwortete ich, hievte meine vier Buchstaben aus Berthas komfortablem Sitz und öffnete den Kofferraum, um Sanders mageres Gepäck herauszuholen.

Doch dieses Mal war Sander schneller. Er türmte sich neben mir auf wie ein breitschultriger, viel zu gut aussehender *fjell* und griff zeitgleich nach den Gurten seines Rucksacks. Unsere Fingerspitzen berührten sich und mikroskopische Elektrolyten schossen durch meinen Körper. Hastig zog ich meine Hand zurück und trat einen Schritt nach hinten. Mein Herz pochte wie tausend Kolibriflügelschläge in einer Sekunde.

»Tja, also.« Ich schnitt eine Grimasse und hätte am liebsten geschrien, während Sander den Kopf schief legte und mir dieses umwerfende Lächeln schenkte. Als würde ihm die Anziehungskraft zwischen uns gar nichts ausmachen. Vielleicht bildete ich mir das auch nur ein?

Teilnehmer der Trekkingtour waren tabu, denn sie bedeuteten nur Ärger. Ich hatte es am eigenen Leib erfahren.

Für die Trekkinggäste war ich nur ein Urlaubsflirt, eine Eroberung, ein Abenteuer, das sich zusammen mit der grandiosen Aussicht über die Fjorde quasi gratis anbot. Doch das an diesem Abenteuer auch mein Herz am seidenen Faden hing, bedachte niemand. Ich blieb zurück in meiner Blase, in meinem kleinen Nest, das mich ausfüllte und glücklich machte – und sie gingen zurück in ihre Welt, bis ich zu einer verblassenden Erinnerung wurde.

Einmal hatte ich mich verliebt. Einmal war mir das Herz gebrochen worden. Einmal zu viel. Einmal zu heftig.

Deswegen hatte ich mir geschworen, niemals mehr etwas auf einer Tour mit jemandem anzufangen. Wahrscheinlich war es eine dumme selbst auferlegte Regel, dennoch hatte ich es geschafft, mich in den letzten zwei Jahren daran zu halten. Selbst bei Max, einem deutschen Touristen, der mich mit seiner ausgeglichenen Art in den Bann geschlagen hatte, war ich nicht schwach geworden.

Aber an *S. Larsen* war nichts ruhig oder ausgeglichen. Er wirkte wie ein unstetes Gewässer, als würde er sich nicht festlegen wollen, während er alles sondierte, beobachtete.

O Gott.

Wieso zerdachte ich immer alles? Ich sezierte Situationen

und Begegnungen, analysierte Kleinigkeiten, bis ich jede Möglichkeit aus verschiedenen Winkeln beleuchtet hatte, um auch absolut sicher zu sein, mit meiner Interpretation richtigzuliegen.

Eine verdammte Autofahrt und meine Libido verlangte förmlich nach einem Paarungstanz.

Lag es daran, dass ich so sehr mit Arbeit beschäftigt gewesen war, dass ich meine Bedürfnisse vernachlässigt hatte? Keine Ahnung. Wollte ich es näher ergründen? Unter keinen Umständen.

»Kommt noch was oder bist du in eine andere Welt abgedriftet?«, durchbrach Sanders Stimme meinen Gedankengang.

»Tut mir leid, ich musste gerade über etwas nachdenken.«

»Ob ich ein *Fuckboy* bin? Vielleicht passt das ja zum Fluss«, er sprach so locker und ungezwungen, dass ich ihn dafür doppelt verfluchte, weil es mich in eine noch brenzligere Situation brachte.

Zerknirscht verzog ich das Gesicht. »So rein stereotypisch gedacht, machst du eben diesen Eindruck. Also, tut mir leid, ich wollte dir damit wirklich nicht auf den Schlips treten.« Dieses Mal meinte ich es auch so. »Meine Zunge ist manchmal schneller als mein Hirn.«

»Geht mir viel zu selten so, also freue ich mich über die Abwechselung.«

Sander wirkte kein bisschen genervt von meiner Art, was mich irritierte. Stattdessen schien er höchst zufrieden zu sein. Als hätte er gerade gute Qualifying-Ergebnisse erfahren.

Normalerweise war ich vielen Typen einfach etwas zu überschwänglich, zu lebhaft. Ich schoss über das Ziel hinaus und erkundigte mich anschließend, was das Ziel eigentlich gewesen war.

Grübelnd führte ich Sander durch den Haupteingang, vorbei am Empfang, hinter dem in mehreren schwarzen Boxen die übrigen Zimmerschlüssel hingen. Der Duft von Gebratenem und Kräutern hing in der Luft und mischte sich mit dem holzigen Geruch der Inneneinrichtung. Die Grundausstattung der Räumlichkeiten war schlicht, aber in die Jahre gekommen. Wenn die Decken etwas erhöht und die Massivholzbalken etwas aufpoliert wären, würde der Eingangsbereich viel großzügiger und moderner wirken. Das wäre schon mal ein Pluspunkt, vor allem, wenn bald die *Skyline Lodges* eröffneten – Glas-Holz-Bunker, damit die Weite der Natur überall zur Geltung kam.

»Meine Oma macht normalerweise den Check-in, aber das kann auch ich nach dem Essen erledigen.« Ich warf ihm einen Blick zu, maß jeden Zentimeter seiner kraftvollen Gestalt. »Nicht, dass du mir noch vom Fleisch fällst.«

Wieder dieses hinreißende Lächeln, das seltsame Dinge in meinem Bauch anstellte. *Gefährliches Terrain. Ganz gefährlich.*

»Klingt gut.«

»Lass dein Gepäck gern stehen, wenn du möchtest. Am Ankunfts- und Abreisetag der Touren bieten wir jeweils warme Mahlzeiten an, wir sind nur etwas spät dran. Aber es ist bestimmt noch etwas übrig. Ich schaue gleich mal in der Küche nach.«

»Nichts für ungut, aber ich würde mein Zeug lieber mitnehmen.«

Da ich es gewohnt war, hier draußen nicht einmal die Türen abzuschließen, kam mir sein kleiner Einwand etwas paranoid vor. Vor allem, wenn im ganzen Land das *Allemannsretten* galt, ein Gesetz, das Reisenden erlaubte, auch auf privaten Grundstücken ihre Zelte aufzuschlagen, wenn sie einen Abstand von zweihundert Metern bis zu einem Gebäude einhielten und die Natur genießen wollten. Hier wurde nichts gestohlen. Aber mir konnte das eigentlich auch egal sein.

»Frühstücksraum.« Seine Worte gekonnt ignorierend deutete ich im Vorbeigehen auf den offenen Saal, an dem zwölf Tische an einer Fensterfront aufgereiht standen und einen wunderschönen Blick über das glitzernde Wasser boten. Moosgrüne Hügel, die sich mit einigen schroffen Felsformationen der angrenzenden Berge abwechselten. An manchen Tagen sah man die kleineren internationalen Kreuzfahrtschiffe bis nach Eidfjord schippern und ich hatte mich immer gefragt, wie unsere verschlafenen Ortschaften mitten im Nirgendwo auf die Touristen wirkten. Selbst so spät am Abend brach sich das Sonnenlicht in den sanften Wellen des *Seimsvatnet*.

»Frühstück gibt es von sieben bis zehn Uhr, aber später als 7:30 Uhr würde ich nichts mehr essen, weil wir morgen um acht mit der Tour starten.«

Sander sah mich mit großen Augen an. »Und wie lange sind wir unterwegs?«

»Morgen?« Ich überlegte kurz. »Acht Stunden. Mit Pausen sind es knapp zehn.«

Sein Kehlkopf sprang hoch und runter, als er schluckte, und ich fragte mich, ob ihm überhaupt klar war, worauf er sich eingelassen hatte.

»Du weißt schon, wie das alles hier abläuft, oder? Hast du dir die Tourbeschreibung durchgelesen?«

»Nicht wirklich«, gab er unumwunden zu.

»Haben deine Eltern den Trip für dich gebucht, oder was?«, wollte ich lachend wissen und an seinem bestürzten Gesichtsausdruck erkannte ich, dass ich einen Volltreffer gelandet hatte. »Moment. Wie alt bist du? Fünfundzwanzig?«

»Dreiundzwanzig«, erwiderte er.

»Und deine Eltern schicken dich auf diese Tour?« Das toppte fast schon die Geschichte des Ehepaars, das seine jeweiligen Affären zum Trekking eingeladen hatte.

Bevor Sander antworten konnte, knurrte sein Magen wie auf Kommando noch einmal. Also zog ich eine Packung *Prinsrolle* aus dem Wandschrank hinter mir, in dem auch das Frühstücksgeschirr aufbewahrt wurde, und hielt sie ihm unter die Nase. »Hier, falls du es gar nicht mehr aushältst. Das Essen aufzuwärmen kann nämlich kurz dauern.«

Zu meiner Verwunderung wurde Sander kalkweiß im Gesicht. Alles an seiner Haltung veränderte sich schlagartig. Die Leichtigkeit wich derselben Anspannung, die ich am Flughafen schon registriert hatte. Er wirkte ernst, verschlossen, nachdenklich, als hätte er Angst, mit einer falschen Geste einen Großalarm auszulösen. Auf der Stelle vermisste ich den offenen Sander. Sogar das Leuchten war aus seinen Augen verschwunden. Als hätte jemand ein Licht ausgeknipst.

»Okay. Was willst du?«, fragte er lauernd. Kein Hauch von Freundlichkeit lag mehr in seinen Zügen, was ihn härter wirken ließ, weniger zugänglich. Wenn das beste Hochsicherheitsgefängnis der Welt ein Gesicht gehabt hätte, wäre es dieses gewesen.

»Was meinst du?«, fragte ich gedehnt.

»Was könnte ich wohl meinen …«

Irritiert zog ich die Augenbrauen zusammen. »Klär mich bitte auf. Ich stehe komplett auf dem Schlauch.«

»Keine Ahnung, welche Spielchen du spielst, aber du kannst mir deinen Preis nennen und dann haken wir die Sache ganz einfach ab.« Die Schärfe in seiner Stimme hätte Berge zerschneiden können.

»Meinen Preis?«, echote ich verwundert. Ich hatte nicht den blassesten Schimmer, wovon er sprach. Trotzdem trommelte mein Herz unnatürlich schnell. »Für … Kekse?«

»Lass das«, presste Sander hervor und machte einen Schritt auf mich zu. Es war keine bedrohliche Bewegung, er wirkte frustriert und wütend. Mein erster Instinkt war es, zurückzuweichen, aber darin war ich noch nie sonderlich gut gewesen. Also verharrte ich an Ort und Stelle und hob stattdessen das Kinn, um ihm weiter in sein verteufelt attraktives Gesicht schauen zu können. Dabei fiel mir erneut auf, wie tiefblau seine Augen waren. Wie das Wasser zwischen den Gletschern an einem perfekten Sommertag. Unterschiedlichste Farbnuancen, je nach Lichteinfall. Sie standen im Kontrast zu seinen schwarzen Haaren, die unter dem Basecap hervorlugten.

»Ich soll *was* lassen?«, fragte ich gereizt.

»Jetzt tu doch noch so scheinheilig. Ich habe das oft genug erlebt. Diese subtilen Anspielungen können kein Zufall mehr sein. *Du siehst zu gut aus, um nicht bekannt zu sein.* Jetzt die verdammte *Prinsrolle.*« Noch ein Schritt, doch es war keine einschüchternde Geste. Es kam mir vielmehr so vor, als wollte er sichergehen, dass ich ihn auch hundertprozentig verstand. Weil ihm das, was er sagte, so wichtig war.

Dann blieb er stehen. Unmittelbar vor mir.

Seine Körperwärme strahlte auf mich ab und ein intensives Knistern legte sich um uns, als würden wir uns gegenseitig elektrisch aufladen. Wenn ich tief einatmete, würden wir uns berühren. Und es juckte mich in den Fingern, genau das zu tun. Als ob mein Körper sich danach *sehnte*, ihn anzufassen. Verdammt, was war nur los mit mir?

»Das waren jetzt wirklich zu viele Andeutungen.« Seine Augen glühten vor unterdrücktem Zorn. »Also. Was ist dein

Preis? Was willst du?«, fügte er noch einmal leise hinzu und nagelte mich unter seinem eindringlichen Blick fest, der alles an mir zu erforschen versuchte. Geheimnisse, Zweifel, Ängste. Meine Haut spannte und kribbelte. Aber ich wollte mir nicht die Blöße geben.

»Klär mich doch erst mal auf, *S. Larsen*. Ich habe immer noch keine Ahnung, wovon du sprichst.«

»Ach nein?«

Die Luft lud sich weiter auf und ich hielt den Atem an, vergaß alle Worte, taumelte in den Moment, in seine Nähe, seinen maskulinen Duft, der jeden Gedanken wegspülte. Für einen irrwitzigen Herzschlagmoment ertappte ich mich dabei, wie ich mir ausmalte, mich einfach vorzubeugen und ihn zu küssen. Wie es wäre, seine Lippen auf meinen zu spüren. Ich wollte herausfinden, ob sie weich waren. Ob sein Kuss nach Wut schmeckte. Ein Schauder durchrieselte mich. Sanders Augen glühten wie ein sturmblaues Leuchtfeuer, während er den Blick automatisch auf meinen Mund senkte, als würde ihm genau dasselbe durch den Kopf gehen. Als würde er dieses *Etwas* zwischen uns spüren. Die pulsierende Atmosphäre. Den Wunsch, sich einen Kuss zu stehlen. Jetzt. Hier. Obwohl es irrational war. Gegen alles ging, was ich mir nach dem Fiasko mit Torben geschworen hatte. Und diese seltsame Forderung, ihm meinen Preis zu nennen.

»Oh. Mein. Gott.«

Sander und ich fuhren ertappt auseinander und ich zu der Stimme in meinem Rücken herum. Rasch trat ich einen Schritt nach hinten. Donnernd schlug mir das Herz gegen die Rippen.

Im Flur an der Treppe, keine zwei Meter von uns entfernt, stand Wilma in Jogginghose und einem übergroßen Shirt mit zwei aufgedruckten Flamingos. Ihr Haar klemmte in einer großen Spange, kleine Strähnen kringelten sich um ihr hübsches Gesicht.

Mit weit aufgerissenen Augen starrte sie Sander an, der sich augenblicklich versteifte. Alles an ihm wurde still. Als hätte er sogar das Atmen vergessen.

»No way.«

Erst jetzt dämmerte mir endlich, was Sander gemeint haben könnte: dass ich ihn erkannt hatte. Wer auch immer er war. Wie in einem Wasserstrudel wirbelten meine Gedanken umher, ich bekam sie nicht zu fassen.

Im Kopf ließ ich meine Äußerungen Revue passieren. Alles, was ich in den letzten zwei Stunden von mir gegeben hatte, und ich hätte mir am liebsten eine innere Ohrfeige verpasst, weil es endlich Sinn ergab.

Sein Verhalten, seine Reaktion von der ersten Sekunde unserer Begegnung an.

Mein Blick fiel auf die Kekspackung in meinen Händen. Das KOSGEN-Firmenlogo mit der kleinen Krone. *Kos*, das norwegische Pendant zum international viel geläufigeren *hygge*. Adas Nachricht zum neusten Klatsch und Trasch fiel mir wieder ein.

Und es machte Klick.

»Du bist es wirklich!«, stieß Wilma jetzt hervor und musterte ihn von oben bis unten.

Sander sah aus, als würde er sich gegen einen Sturm wappnen, bevor sich sein Gesicht zu einer Maske aus perfekter Professionalität verwandelte.

Mein Herz strauchelte.

»Der Keksprinz. Das glaubt mir keiner. Aleksander Skogen!«

7
SANDER

Mein echter Name entfaltete sich mit einer dramatischen Pause. Als müsste er in aller Seelenruhe in unser Bewusstsein sickern.

Geräuschlos stieß ich die Luft aus und trat einen Schritt nach hinten, brachte mehr Abstand zwischen Norah und mich, deren Brustkorb sich mit einem langen Atemzug hob und senkte, während mein Herz stolperte. Mein Puls raste wie nach einer überzogenen Schwimmeinheit. Nur mit Mühe widerstand ich dem Drang, in ihrer Nähe zu bleiben. Benommen versuchte ich, mich aus dem Moment zu lösen, der zwischen uns entstanden war. Das Letzte, was ich jetzt gebrauchen konnte.

Es half, mich auf das dunkelblonde Mädchen zu konzentrieren, das im schummrigen Licht des Flures unterhalb der Treppe mit den bunten Stufen stand. Sie hatte mit hoher Stimme gesprochen und ihr Mund stand noch immer offen. Obwohl ich es vermied, in Norahs Richtung zu schauen, spürte ich ihren nachdenklichen Blick auf meinem Gesicht, ohne dass sie sich rührte. Als wollte sie meine Reaktion abwarten.

Alles in mir war zum Zerreißen gespannt. Wie eine Saite, die man zu fest gezurrt hatte.

Das Mädchen hatte mich erkannt.

Das Mädchen wusste Bescheid.

Das Mädchen würde alles versauen.

Ich hasste die Tatsache, dass ich selbst hier, fernab der Zivilisation, niemand anderes sein konnte als Aleksander Skogen, der *Keksprinz auf Abwegen.* Wie herrlich zynisch und absolut beschissen. Vor meinem geistigen Auge zogen die Schlagzeilen vorbei. Die heimlich gefilmten Videos. Fotos, die jemand an einem öffentlichen Ort von mir aufgenommen hatte. Verpixelte Bilder, aus der Ferne geschossen.

Anscheinend hatte ich mir für einen viel zu bittersüßen Moment gestattet, mich der Illusion hinzugeben, ich könnte fernab von Oslo wenigstens ein bisschen Normalität erfahren. Kein Flüstern, keine verstohlenen Blicke, die mir folgten.

Mal davon abgesehen, dass ich für einen Augenblick davon ausgegangen war, dass Norah mich erkannt hatte. Jetzt war ich mir nicht mehr so sicher. Wahrscheinlich war das von ihrer Seite aus ein ziemlich dummes Missverständnis. Ich spürte ein Kribbeln im Nacken, die Schweißperlen auf meiner Stirn und die wummernden Herzschläge in meiner Brust.

Frustriert schloss ich die Augen und als ich sie wieder öffnete, stand das Teenagermädchen immer noch an derselben Stelle und starrte mich an, als hätte sie eine Eingebung. Dann klappte ihr Mund wieder zu, lediglich der ungläubige Ausdruck auf ihrem Gesicht blieb.

Kurz überlegte ich, es abzustreiten. Aber ich würde die nächsten vierzehn Tage mit ihr und den anderen Teilnehmenden unterwegs sein, also schwieg ich.

»Moment, was meint sie damit?«

Ich lauschte auf Norahs Stimme, versuchte, den Tonfall zu analysieren. War er verurteilend? Neugierig? Oder einfach komplett neutral?

»Das glaubt mir keiner«, wiederholte das Mädchen und wirkte immer noch erschrocken.

Hitze durchfuhr mich. Aus dem Augenwinkel nahm ich wahr, wie Norah ihre Position veränderte. Egal, was sie in meinem Gesicht las, es ließ sie eine komplett andere Haltung einnehmen. Wie eine Kriegerin stand sie plötzlich da. Sie wirkte kampfbereit. Als würde sie sich für eine Schlacht bereit machen.

»Wilma, würdest du uns zwei Minuten geben?« Norahs Stimme klang fest, während sie das Mädchen mit durchdringendem Blick anvisierte. »Ohne dass du gleich auf sämtlichen Kanälen teilst, dass Aleksander hier ist. Versprichst du mir das?«

Es war die Art, wie Norah die Bitte aussprach. Als würde es keine Alternative geben. Es schwang so viel Autorität darin mit, dass vermutlich sogar mein Opa eine seiner buschigen Brauen gehoben und ihr einen anerkennenden Blick geschenkt hätte. Und für gewöhnlich war er niemand, der sich leicht beeindrucken ließ. Dafür musste man schon sehr, sehr gut sein.

»Warte kurz hier, bitte.«

Zögerlich nickte Wilma, ihr nervöser Blick schnellte zwischen Norah und mir hin und her, die Unterlippe klemmte zwischen ihren Zähnen. Dann schob sie ihre Hände in die Ärmel ihres übergroßen Pullovers, während Norah mich am Handgelenk packte und durch den Speiseraum in die Küche zog. Nachdem die Tür hinter uns ins Schloss gefallen war, blieb mir kaum Gelegenheit, mich umzusehen. Zumindest war es keine Großraumküche, sondern ein heller Raum mit vielen weißen Holzelementen im Landhausstil. Eine zweite Tür führte in eine Speisekammer, wie ich an den vollen Regalen erkennen konnte.

»Du bist der Keksprinz?«, wandte sich Norah an mich.

Ich hasse diesen Spitznamen.

Tief holte ich Luft. Um es abzustreiten, war es ohnehin zu spät.

»Ja.«

»Und du hast ein Pseudonym gewählt, damit du anonym an der Trekkingtour teilnehmen kannst?«

»Ja, oder besser gesagt, meine Eltern.«

In Norahs tiefblauen Augen glomm ein Funke auf, den ich nicht einordnen konnte. Verständnis? Wusste sie, was an Silvester vorgefallen war, worüber sich die Leute das Maul zerrissen?

Ich räusperte mich, rieb mir über den Nacken und ärgerte mich darüber. Normalerweise hatte ich kein Problem damit, meine Unsicherheit oder meine Sorgen hinter einem aufgesetzten Lächeln zu verbergen. Aber etwas an Norahs Blick ließ mich meine üblichen Spielchen vergessen.

Was auch immer das bedeutete.

»Die letzte Woche war ehrlich gesagt ziemlich bescheiden«, erklärte ich zögernd. »Meine Eltern hatten gehofft, dass ich bei einer Trekkingtour, die nur schwer im Internet zu finden ist und etwas abseits von den bekannteren Routen verläuft, untertauchen kann, bis der Sturm abflaut.« Mir entwich ein leises Seufzen. »Wahrscheinlich hätte ich nach Australien fliegen sollen. Das wäre realistischer gewesen.«

Ich sah, wie Norah bei meinen Worten in sich zusammensackte. Sofort bereute ich, was ich gesagt hatte. Wahrscheinlich waren diese Touren ihr Lebensmittelpunkt und ich hatte sie kleingeredet, wenn auch nicht absichtlich.

»Tut mir leid, ich meinte das nicht abwertend. Ich wollte nur sagen, dass es eine ausgewählte Tour ist. Klein. Überschaubar. Ausgefallen. Eher auf ein Zielpublikum ausgelegt, das mich vielleicht nicht kennt.«

Norah winkte ab, was mich seltsamerweise erleichterte. »Schon in Ordnung, ich weiß, was du meinst.« Sie klatschte in die Hände. »Also, viel Zeit bleibt uns nicht, ich habe nämlich die Befürchtung, dass Wilma es kaum abwarten kann, die halbe Social-Media-Welt zu informieren, falls sie es nicht schon getan hat. Wie gehst du normalerweise mit so einer Situation um?«

»Normalerweise?«

Sie zuckte mit den Achseln. »Na ja, wenn etwas nicht nach Plan läuft.«

In meinem Kopf herrschte gähnende Leere. Es gab kein *normalerweise*. Klar legte ich nicht gleich und überall meine Identität offen, vor allem, wenn der *Net Worth* nur eine Google-Anfrage entfernt lag. Gerade aus diesem Grund hatte ich gern in England studiert, wo niemand meinen Namen so richtig aussprechen konnte, geschweige denn meine Familienhistorie auswendig kannte. Was in Norwegen schlicht und ergreifend daran lag, dass meine Familie in den letzten Jahrzehnten aus den unterschiedlichsten Gründen in den Schlagzeilen gewesen war. Allen voran meine Eltern, meine Tante und mein Onkel und meine Großeltern. Aufgrund ihrer Beziehungen, aber auch wegen ihres ausschweifenden Lebensstils hatten sie zu ihrer Zeit die Printmedien bestimmt – soziale Netzwerke eines anderen Jahrzehnts, die ihre Fehltritte eingefangen hatten. Hauptsächlich die meines Onkels, über den kaum noch jemand ein Wort verlor. Schon gar nicht mein Großvater. *Schnee im Sommer* war eine der harmloseren Schlagzeilen gewesen, die ihn nicht nur sein Ansehen, sondern auch sein Geld gekostet hatten. Und meine Eltern waren *das* Pärchen der Boulevardpresse gewesen, als die Gesetze noch nicht so festgezurrt waren. Silje und Kristian Skogen.

»Sander?«, durchdrang Norahs sanfte Stimme meine tosenden Gedanken. »Oder, Moment. Möchtest du lieber Aleksander genannt werden?«

»Sander ist in Ordnung«, erwiderte ich und konzentrierte mich dabei ganz auf ihre Gegenwart, die jede aufschäumende Gefühlswelle beruhigte. Sofort spürte ich wieder diese Anziehung, die von Norah ausging und die sich gleichzeitig so natürlich anfühlte. Nicht gut. Das komplette Gegenteil von dem, was ich gerade brauchte.

»Keine Ahnung, ob sich Wilma darauf einlässt, aber die Tour dauert zwei Wochen und du willst deine Ruhe haben. Wir hatten schon mal eine Schauspielerin hier, für die alle eine Verschwiegenheitsklausel unterschreiben mussten, was auch für dich absolut kein Problem wäre.«

In meinem Gesicht zeigte sich keine Regung. Ich wusste das, weil ich es trainiert hatte. Lachen auf Knopfdruck. Sarkasmus, der meine Sorgen überspielte und allen vorgaukelte, dass ich die Situation im Griff hatte. Ein Meister der Täuschung.

Doch die letzten Wochen hatten mich etwas ausgehöhlt. Insbesondere die Begegnung mit meiner Familie hatte Spuren hinterlassen und ich merkte, dass meine Fassade feine Risse bekam. Wie ein altes Haus, das arbeitete.

»Daran habe ich auch schon gedacht, aber ich bin mir nicht sicher, ob diese Maßnahme etwas zu weit geht«, überlegte ich laut. Keine Ahnung, weshalb ich in Norahs Nähe so ehrlich war. Bei ihr fühlte ich mich sicher. Das war gefährlich. »Im Grunde kann ich es nicht verhindern, wenn sie es teilen will.

Ich bin nun mal eine Person des öffentlichen Lebens.« Bittere Galle stieg in mir auf, mein ganzer Körper reagierte mit einem Abwehrmechanismus. Ich hatte nur keine Lust, dass mich die Presse aufspürte. Denn ja, verdammt, ich wollte meine Ruhe. Ich wollte diesem Druck entkommen, den Anschuldigungen, den Blicken, diesem *Gefühl*, überall für ein sexistisches Arschloch gehalten zu werden. Denn das war ich nicht.

»Hey.« Eine federleichte Berührung an meinem Handgelenk. Überrascht senkte ich den Blick, starrte auf Norahs Fingerspitzen, die über meine Haut strichen, mich in die Gegenwart zurückholten.

Unsere Blicke trafen sich und plötzlich verspürte ich das drängende Bedürfnis, sie ebenfalls zu berühren. *Faen*, was war nur los mit mir?

Sie wirkte genauso überrascht wie ich, denn ihre Augen weiteten sich vor Verblüffung und sie zog eilig ihre Hand wieder zurück. Mit dem Daumen spielte sie an ihrem Mittelfingerring und lehnte sich mit der Hüfte gegen die Küchenzeile, was meine Aufmerksamkeit auf die *kjøttkaker* mit Kartoffeln und Preiselbeeren lenkte, die ich dank der transparenten Abdeckhauben auf größeren Tellern erkannte. Inzwischen war mir jedoch der Appetit vergangen.

»Es gibt Alternativen zur Trekkingtour, wenn du abtauchen willst«, sagte Norah nun leise. »Gustav, der beste Freund von *farfar*, besitzt eine *hytte* ungefähr fünfzig Kilometer von hier entfernt, die nicht für Touristen offen steht. Ansonsten kann ich auch herumfragen, denn wir stehen mit anderen Anbietern im Austausch, um die *hytten* für unsere Gäste zu buchen. Ich könnte Gregori bitten, dich dort abzusetzen. Wir hätten auch genügend Lebensmittel vorrätig.« Sie hatte wieder dieses krumme Lächeln im Gesicht, bei dem sich ihre Oberlippe so niedlich kräuselte, und ich richtete meinen Blick darauf. Zu meiner heimlichen Freude bemerkte ich, wie sich erneut eine zarte Röte auf ihren Wangen ausbreitete.

»Nein«, antwortete ich sofort, bevor ich darüber nachdenken konnte. Ich wusste selbst nicht, was da in mich gefahren war, denn eigentlich war das ein vernünftiger Vorschlag. Aber ich war nicht dafür gemacht, allein zu sein. Die Stille würde mich zerdrücken, all die leisen Gedanken nur lauter machen. Däumchen drehen und zwei Wochen lang in der Einsamkeit die Zeit totschlagen? Niemals.

»Ehrlich gesagt möchte ich nicht komplett abtauchen.« Die Tour war das deutlich geringere Übel.

»Verstehe«, erwiderte Norah und nickte, als wäre es nicht nur eine Floskel, als könnte sie mich wirklich verstehen. »Plan B: Wir sprechen noch einmal mit Wilma. Ich bin mir sicher, wenn du ehrlich zu ihr bist, wird sie die Füße stillhalten.«

»Weißt du denn, weshalb sie mich erkannt hat?«

Bist du bescheuert? Warum fragst du das?

Vielleicht weil ein kleiner Teil von mir wollte, dass Norah es wusste. Auch wenn sie mich vermutlich nicht mehr mit diesem Blick ansehen würde. Doch ein anderer, viel größerer Teil wünschte sich, die Frage sofort wieder zurückzunehmen. Ich wollte, dass Norah mich weiterhin so ansah. Als wäre ich interessant. Als wäre ich faszinierend. Als würde es ihr etwas bedeuten, sich mit mir zu unterhalten.

Norah deutete auf die *Prinsrolle*, von der aus uns eine gezeichnete Version des Jungengesichts meines Großvaters entgegenlachte – die Ähnlichkeit mit mir als Kind war aber verblüffend. »Deshalb, nehme ich an?«

»Nicht ganz. Das ist nicht alles. Zumindest im Moment nicht.«

Mit einer Mischung aus ehrlichem Interesse und Verständnis sah Norah mich abwartend an. Und wieder fiel es mir nicht schwer, mich zu öffnen, trotz der möglichen Konsequenzen.

»Es gibt da ein Video«, setzte ich an, weil ich nicht wusste, wo ich anfangen sollte. »Es ist am Silvesterabend entstanden. Ich war mit ein paar sehr guten Freunden in einem Skiresort feiern. Wir haben getrunken, zu viel. Aber nicht so viel, dass ich mich an nichts erinnern würde.« Das Blut rauschte durch meine Adern und ich konnte fühlen, wie sich mein Pulsschlag dramatisch erhöhte. »Es gibt Dinge, die ich niemals tun würde, schon gar nicht ohne Einverständnis.«

Kein Zynismus, kein lockerer Spruch, bloß die Wahrheit, die so schwer auszusprechen war. Als würden tausend Gewichte die Worte daran hindern, meinen Mund zu verlassen.

»Okay?«

»In dem Video ist zu sehen, wie ich einer Frau an die Brüste fasse. Ein kurzer Ausschnitt davon. Es hat die Runde gemacht.« *Überall.* Es war überall.

»Aber ich nehme an, das ist nicht alles?«

Ich schüttelte den Kopf. »Nein. Ich hatte sie vorher gefragt, was man auf dem Video allerdings nicht sieht.« Bilder blitzten in meinem Geist auf, eine Montage aus Millisekunden.

Möchtest du das?

Ja, bitte, Aleksander. Bitte … mehr.

Für einen Augenblick schloss ich die Augen, konzentrierte mich auf meinen rasenden Herzschlag. Ich hatte es bis auf Elli noch niemandem so ausführlich erzählt, bloß mit Henning lang und breit über den Abend diskutiert, Mar die Details erspart.

Aber Norah war eine fremde Person, niemand aus meinem inneren Zirkel. Wissen verlieh Macht, mit der man sorgsam umgehen musste, genau wie mit dem Vertrauen anderer Menschen. Einmal verspielt, verlor man alles: Freundschaften, Liebe, ganze Herzen.

Denk jetzt nicht auch noch an Gerda, schoss es mir durch den Kopf, weil plötzlich alles so schwer wurde. Wie flüssiges Blei, das sich in meinen Knochen festsetzte.

»Ich kannte Stella nur flüchtig. Sie war bisher auf ein paar Partys und denselben Veranstaltungen aufgetaucht, aber es war nie etwas gelaufen. Wer das Video aufgenommen und an die Presse weitergegeben hat, weiß ich bis heute nicht.« Aufmerksam hörte Norah mir zu, unterbrach mich an keiner Stelle.

»Es gibt Dinge, die mir schon als Kind eingetrichtert wurden, und keine Schwäche zu zeigen, gehört dazu. Niemals jemandem seine Schwachstelle offenbaren. Niemals die Kontrolle abgeben. Deswegen hatte ich sie auch vorher gefragt, obwohl ich gut gebechert hatte. Um das Risiko zu minimieren. Umsonst.«

Als ich schließlich endete, den Mund schloss und auf eine Reaktion wartete, passierte nicht das, womit ich gerechnet hatte. Norahs nachdenklicher Ausdruck veränderte sich nicht. Im Gegenteil. Sie blieb genauso aufmerksam und einfühlsam wie zuvor. Keine Verurteilung, kein verächtliches Kräuseln der Lippen. Nichts.

»Tut mir leid«, sagte sie nach einer kurzen Pause und schob sich eine ihrer erdbeerblonden Strähnen hinters Ohr. »Das klingt nach einer ziemlichen Scheiße.«

»Du glaubst mir?« Ich konnte nicht verhindern, dass meine Stimme bei der Frage wegbrach. Als hätte sie am Ende ihre Kraft verloren. Zeitgleich neigte ich mich Norah entgegen, als bräuchte mein Körper ihre Nähe, um weiter zu funktionieren. Als wäre sie mein beschissener Motor.

Fast schon gleichgültig zuckte sie mit den Achseln. »Es gibt immer zwei Seiten einer Geschichte. Ich kenne nur deine. Ich weiß nicht, wie Stella das sieht, ob das wirklich so war. Aber warum sollte ich dir nicht glauben?«

Weil es die verdammte Welt nicht tut?, hätte ich am liebsten erwidert, aber ich schwieg. Jedes Wort hätte zu viel von meiner zerschundenen Seele offenbart.

»Okay, *S. Larsen*, das löst aber unser Problem mit Wilma nicht.« Norah lächelte mitfühlend und ich fragte mich, womit ich so viel Verständnis verdient hatte. »Also doch eine Verschwiegenheitserklärung? Oder Geld?«

Bei ihren Worten versteifte ich mich automatisch, was ihr nicht verborgen blieb, denn sie ruderte sofort zurück. »Ich hab von solchen Dingen echt keine Ahnung. Also keine Verschwiegenheitserklärung? Kein Geld?«

Natürlich arbeiten wir auch mit NDAs – *Non-Disclosure Agreements*. Manche Promis schlossen einen Geheimhaltungsvertrag ab, bevor sie mit jemandem in die Kiste stiegen. Auch auf den Partys in unseren Kreisen kam das öfter vor, als man glaubte. Auf einigen Feiern wurden sogar Handys eingesammelt. Oder sie waren so exklusiv, dass sich niemand traute, das Smartphone auch nur aus der Tasche zu holen, weil man sich sonst wie ein Fremdkörper fühlte und von allen Seiten seltsam beäugt wurde. Übrigens auch auf der Party, auf der das Video entstanden war.

»Bisher habe ich ziemlich viel mit meinem Charme verhindert, zumindest wenn es darum ging, meinen Standort zu doxxen.« Die Worte klangen bitter. »Aber jetzt halten mich alle für einen sexistischen Arsch und ich bin mir nicht sicher, wie viel von diesem Charme noch übrig geblieben ist«, versuchte ich scherzhaft, in meine alte Form zurückzufinden.

»So gefällst du mir besser«, meinte Norah und klopfte mir auf die Brust. Es war eine intime Geste für zwei Fremde und ich sah, wie sich eine Falte oberhalb ihrer Nasenwurzel bildete. Als wäre ihr erst jetzt bewusst geworden, *was* sie da eigentlich tat.

»Entschuldige«, fügte sie hinzu. Dann räusperte sie sich und wich meinem Blick aus, nur um ihn keinen Wimpernschlag später mit gestrafften Schultern erneut auf mich zu richten. »Okay. Schlachtplan. Du bist ehrlich zu Wilma und bittest sie, nichts zu teilen. Sie wird sich geschmeichelt fühlen, weil du offen zu ihr bist und ihr auf Augenhöhe begegnest. Dann hält sie sich auch an die Absprache und alle sind zufrieden.«

Ich überlegte einen Augenblick und nickte schließlich. Kein weitreichender Plan. Aber es könnte funktionieren. Großvater sagte immer, das Wichtigste sei, die Leute zu sehen. Menschen wollten wahrgenommen, anerkannt und ernst genommen werden. Nichts war schlimmer als ein reicher Schnösel, der sich aufgrund seines Geldes über andere stellte. *Gib einem Menschen Macht und es zeigt sich sein wahrer Charakter.*

»In Ordnung.«

Mit einem Lächeln klatschte Norah in die Hände. »Okay. Dann hole ich mal die Löwin aus dem Käfig, damit ihr reden könnt. Ich mache dir in der Zwischenzeit das Essen warm. Und deinen Zimmerschlüssel bekommst du dann auch, damit du dich etwas zurückziehen kannst.« Schwungvoll drehte sie sich um und marschierte in Richtung Flur, wo Wilma wartete. Doch dann blieb sie abrupt stehen, machte auf dem Absatz kehrt und kam mit langen Schritten zurück. Leider konnte ich ihren Gesichtsausdruck nicht wirklich deuten, aber ihr Blick machte etwas mit mir. In meinem Bauch flatterte etwas auf, als sie mich erreichte und ohne Vorwarnung meine Hand ergriff.

Ihre Innenflächen waren schwielig und warm, ich mochte die Zartheit ihres Handrückens, die intime Nähe, die diese Geste erzeugte. Die Berührung jagte einen wilden Stromstoß aus Tausenden winzigen Impulsen durch meinen Körper. Mein Blut rauschte.

Norah ließ augenblicklich meine Hand los und starrte mich an, während sich ihr Brustkorb hob und senkte, als hätte sie gerade eine hochfrequentierte Sporteinheit hinter sich.

»Du spürst das auch.«

Leugnen war zwecklos. »Ja.«

»Gut. Dann wäre da noch etwas.« Auf einmal klang ihre Stimme atemlos. In ihren gletscherblauen Augen glomm ein ärgerlicher Funke, aber ich hatte keine Ahnung, auf was oder wen sie plötzlich wütend war. »Das geht nicht.«

»Was geht nicht?«, fragte ich perplex.

»Das …« Sie machte eine vage Handbewegung zwischen uns. »Da wird nichts laufen.« Die Falte zwischen ihren sanft geschwungenen Brauen vertiefte sich. Auf ihren hübschen Zügen machte sich ein leicht gequälter Ausdruck breit. Es schien, als wollte sie noch etwas hinzufügen, doch offenbar überlegte sie es sich anders.

Bevor ich etwas erwidern konnte, drehte sie sich wieder um, während ein langer, unendlich langsamer Atemzug ihren Brustkorb dehnte.

Warum sagte sie so etwas? Zweifel durchdrangen mich wie ein winziger Splitter voller Gift. Lag es doch an dem Skandal und sie war einfach zu nett, um es mir ins Gesicht zu sagen, weil sie professionell bleiben musste?

Ohne ein weiteres Wort rauschte Norah davon und ließ mich verdattert stehen.

hjerteslag ØYEBLIKKE

8

NORAH

Als ich am nächsten Morgen aufwachte, galt mein erster Gedanke den schwindelerregenden Zahlen, die ich dank Google herausgefunden hatte.

Milliarden.

Ich konnte mir nicht einmal ansatzweise ausmalen, wie es war, mit dieser Summe im Nacken zu leben. Wahrscheinlich würde ich mir keine Sekunde Gedanken um Rechnungen und Marketingmaßnahmen machen, sondern das Geld nutzen, um meiner Leidenschaft nachzugehen: den Menschen ein Stückchen Natur näherzubringen. Wahrscheinlich könnte Sander mit seinem Vermögen die gesamte Region aufkaufen und den Naturschutzpark gleich mit dazu.

Seufzend rollte ich mich aus dem Bett, legte die Decke mit dem Wildblumenmuster zusammen und schüttelte das Kissen auf, ehe ich das Fenster öffnete. Die Sonne stand bereits hoch am Himmel, obwohl es erst kurz nach sechs war, aber so war das hier im Sommer. Dafür verschluckte die Dunkelheit nach und nach die Herbstmonate, bis die Tage in völliger Schwärze versanken. Die Winter waren hart. Vor allem, weil wir so wenig zu tun hatten und die Gäste fast völlig ausblieben, sodass wir auf jeden erwirtschafteten Sommercent angewiesen waren. Meinen eigenen Lebensunterhalt besserte ich mit Gelegenheitsjobs auf. Ich gab Nachhilfestunden oder spielte Babysitterin, aber das war nicht rentabel, sondern eine reine Notwendigkeit.

Dagegen hatte das Familienunternehmen der Skogens im Laufe der letzten Jahrzehnte Unmengen an Geld erwirtschaftet. Natürlich verteilte sich die Summe auf die Erben und Kinder und längst nicht alle Nachkommen von Per Skogen, dem Firmengründer vor fast einem Jahrhundert, waren reiche Teilhabende innerhalb der bekannten Keksdynastie. Manche hatte man ausbezahlt. Andere einfach hinausgeschmissen. Aber vor allem Sanders direkte Familie war in das Keksimperium involviert.

Aleksander Skogen, mein *S. Larsen*, war in diese Blutlinie hineingeboren worden. Seine Mutter war Fotomodel, sein Vater einer der Enkel Per Skogens. Aleksander hatte zwei Geschwister, Eleonore und Theodor – *diese Namen!* –, er hatte in Cambridge und kurz München studiert – *daher wohl dieser leicht britische Akzent* – und sollte irgendwann einmal das Milliardenunternehmen seiner Familie übernehmen. Zumindest ließen diverse Artikel darauf schließen.

Er war nicht auf Social Media aktiv – vermutlich besaß er nur einen *Finsta*-Account, der seinen engsten Freunden vorbehalten war. Dafür hatte es keine drei Sekunden gedauert, bis sämtliche Newsmeldungen in meinem Suchverlauf aufgeploppt waren. Der Skandal stand natürlich ganz oben, gefolgt von Artikeln über die Teilnahme an Benefizveranstaltungen, dem berühmten Maskenball in Oslo, heimlich geschossenen Urlaubsfotos oder Spekulationen zum Beziehungsstatus. Beim Anblick der Riege an Ex-Freundinnen konnte man glatt

Komplexe bekommen. Sie waren so unterschiedlich, dass ich nicht einmal sagen konnte, ob Aleksander einen bestimmten Typ hatte. Alle drei waren schön. Auf ihre eigene Art. Die Tochter eines koreanischen Diplomaten, ein spanisches Model, eine Schulfreundin.

Alle Beiträge porträtierten einen jungen Mann, der irgendwie ganz anders war als der Aleksander, den ich kennengelernt hatte. Der aufmerksam und interessiert gewesen war, nicht aufgeblasen, herablassend oder abweisend.

Meine Gedanken kreisten noch immer um die gesamten Informationen, die ich gewonnen hatte, als ich unter die Dusche stieg, nachdem es eine halbe Ewigkeit gedauert hatte, bis das Wasser aufgeheizt war. Ich machte mir eine Notiz im Kopf, den Heizboiler zu checken und eventuell eine Wartung zu veranlassen, sollte sich Popa nicht schon darum gekümmert haben.

In der Nacht hatte ich kaum ein Auge zugemacht. Nicht wegen Sander, zumindest nicht ausschließlich, sondern weil die Geldsorgen wie eine unheilvolle Bedrohung über unserem Familienbetrieb lagen. Mein Nacken spannte, aber es war vermutlich die letzte warme Dusche, die ich in nächster Zeit bekommen würde. In den meisten Hütten und Unterkünften, die für die Tour vorgesehen waren, gab es zwar Warmwasserboiler, allerdings musste man sehr sparsam sein, damit es auch für die Letzten noch reichte, was meistens nicht der Fall war. Und da die Teilnehmenden immer Vorrang hatten, war für mich Eisduschen angesagt.

Der schlichte Spiegel war noch ganz beschlagen und ich begann, mir die Haare zu föhnen, während von unten der Duft nach frischem Kaffee heraufströmte. Mein Magen knurrte.

Als ich die bunt bemalte Treppe hinabstieg, in Jeans und

einem überdimensionalen F1-Merch-Pullover, den mir Astrid, eine Schulfreundin, zum einundzwanzigsten Geburtstag geschenkt hatte, streckte sich Oreo gerade auf der Fensterbank vor der Küche.

»Na, bist du schon zurück?«, begrüßte ich unsere Katze und kraulte sie kurz, während ihr schwarz gefleckter Schwanz hin und her peitschte. Aufmerksam schaute sie mich an, schloss dann genüsslich die Augen und gab mir damit ihr königliches Einverständnis weiterzumachen.

»Es ist deine Welt, wir leben nur in ihr«, murmelte ich grinsend, als der Holzdielenboden ein knarzendes Geräusch von sich gab.

»Natürlich ist sie wieder zurück. Ich bin schließlich schon wach und kann sie füttern, obwohl sie heute recht erfolgreich gejagt hat.« Moma stand in der Tür zur Küche, aus der dieser herrliche Duft von frisch gebrühtem Kaffee drang. Unter ihrem wachsamen Blick konzentrierte ich mich etwas zu ausgiebig auf Oreos Streicheleinheiten.

»Alles in Ordnung?«, fragte Moma auch schon, die sportliche Jeans und einen beigen Strickpullover mit Geomuster trug.

»Ja, klar.« *Lügnerin.* »Weshalb fragst du?«

»Weil du aussiehst, als hättest du kein Auge zugetan. Hat das einen bestimmten Grund?« Noch ein bohrender Blick. Verdammt. Niemand kannte mich so gut wie meine Moma. Von meinem Popa einmal abgesehen. Sie waren wie Eltern für mich, meine Vertrauten, mein Zuhause. Und genauso wie Moma gewusst hatte, dass ich mit sechzehn nicht für einen Filmabend, sondern eine Mittsommerparty bei Ada übernachtet hatte, konnte sie mir auch jetzt noch von der Nasenspitze ablesen, wenn ich etwas zu verbergen hatte.

Trotzdem zwang ich meine Mundwinkel, sich zu einem

Halbmond zu verbiegen. »Ehrlich gesagt habe ich wirklich ziemlich schlecht geschlafen, keine Ahnung, weshalb.«

»Liegt es an dem namenlosen Unbekannten?«

»Namenloser Unbekannter?«, fragte ich verwirrt und hätte mir im selben Moment am liebsten gegen die Stirn geklatscht. Natürlich, meine Notlüge von gestern. In all dem Trubel hatte ich sie wieder vergessen. »Ausnahmsweise hat er damit nichts zu tun«, versuchte ich hastig, meinen Fauxpas zu überspielen, und hoffte inständig, dass Moma mir das abnahm.

»Soso … Ist es die Aufregung vor der Tour?«

Ich seufzte leise. »Man könnte fast meinen, du glaubst, ich mache das zum ersten Mal. Mama hat in meinem Alter schon in Oslo studiert und ein Kind auf die Welt gebracht. Da sollte ich doch nicht mehr nervös werden, weil ich regelmäßig meinen Hintern auf Berge verfrachte. Sehr schöne Berge, immerhin. Sie sind vermutlich das Einzige, was ich besser kenne als die aktuellen Startplätze und Rundenzeiten in der Formel 1. Also nein: Ich bin nicht aufgeregt wegen der Tour.«

Moma verdrehte die Augen und lachte leise. »Ich weiß nicht, woher du diesen beißenden Sarkasmus hast.«

»Von mir garantiert nicht«, dröhnte es von der Seite des langen Flurs, in dem sich auch die Rezeption befand, dann drang ein Schwall frische Sommerluft herein, gefolgt von Popa, der mit einem breiten Grinsen näher kam. Da Gäste anwesend waren, hatte er sich richtig in Schale geschmissen: dunkle Jeans und ein Flanellhemd. Einzig seine Augen funkelten nicht ganz so stürmisch blau, als hätte sich eine feine Wolkendecke davorgeschoben.

Sofort spürte ich ein gewisses Unbehagen, ein feines Kribbeln im Nacken. Hatte er die Zahlen doch auf dem Schirm? Wahrscheinlich. Aber wir sprachen nicht über den gigantischen

Elefanten im Raum, weil wir in unserer Familie ein Händchen dafür hatten, Dinge unter den Teppich zu kehren. Auch der Tod meiner Eltern war tabu. Weil es wehtat. Weil sich die Welt weiterdrehte. Weil es bisher nie zu etwas Besserem geführt hatte, sich im Schmerz zu suhlen.

Konnte es sein, dass sie mich mit all dem Drama um die Finanzen nicht belasten wollten?

Ich wusste, dass ich sie mit dem Schlamassel nicht allein lassen konnte, selbst wenn ich vor zwei Jahren mal mit dem Gedanken gespielt hatte, ein Praktikum in einer größeren Hotelkette zu machen, um meine Fühler in eine andere Richtung auszustrecken. Das hatte ich allerdings schnell wieder verworfen, weil ich nicht mutig genug war. Und sie ungern allein lassen wollte.

Nur war Popa fünfundsechzig und Moma vor einem halben Jahr sechzig geworden, irgendwann in den nächsten Jahren würden sie zwangsläufig aufhören müssen.

»Blümchen, was ist los?«, fragte Moma mit dieser Stimme, die mich an eine *kose* Schafswolldecke erinnerte. Sofort hatte ich einen gewaltigen Kloß im Hals und kämpfte gegen die aufsteigenden Tränen an.

»Ja, Blümchen, was ist los?«, fragte nun auch Popa und kam mit besorgter Miene näher. Mit einer Hand strich er mir eine Haarsträhne aus dem Gesicht, eine simple und doch so süße Geste, dass sich mein Brustkorb anfühlte, als wäre er in ein viel zu enges Korsett gesteckt worden.

»Müssen wir die Touren aufgeben?«, platzte es aus mir heraus und ich sah den Blick, den die beiden tauschten – besorgt, müde und abgekämpft. Wenn ein Blick Worte ersetzen konnte, dann dieser.

Oh.

Sie hatten mich tatsächlich im Dunkeln gelassen, um mich zu schützen. Aber ich war von selbst auf die Wahrheit gestoßen.

Mein Herz machte einen fassungslosen Satz, um dann in einem viel zu schnellen Takt weiterzuschlagen.

»Ihr habt mir nichts gesagt«, murmelte ich tonlos, in der Hoffnung, mich zu täuschen.

Doch Momas Miene zerfiel und unter der Schicht an lächelnden Fältchen sah ich den Kummer durchschimmern. »Es tut uns so leid. Aber wir wollten nicht, dass du dir deswegen Sorgen machst.«

»Ich bin doch nicht blöd«, stieß ich aus, meine Brust hob und senkte sich heftig. »Ihr lasst mich die Rechnungen und E-Mails bearbeiten. Habt ihr gedacht, ich merke nicht, wie schlecht es um die Zahlen bestellt ist?« Enttäuschung und Wut durchströmten mich, aber ich zwang mich, ruhig durchzuatmen. Vor wenigen Minuten hätte ich selbst aus gut gemeinter, aber falscher Rücksicht in Kauf genommen, sie weiter anzulügen. Es war nicht fair, ihnen einen Vorwurf zu machen, wenn ich dieselbe Argumentation als Verteidigung meines Handelns hervorgebracht hätte.

Meine Schultern sackten nach unten.

»Okay. Wo genau stehen wir?«, fragte ich schließlich nach einigen Sekunden bleischweren Schweigens. »Müssen wir verkaufen? Ausziehen?«

Wieder dieser Blick zwischen meinen Großeltern und der Kloß in meinem Hals wuchs weiter an.

»Eigentlich wollten wir das Gespräch nach der anstehenden Tour führen«, begann *farfar*, aber ich unterbrach ihn mit einer knappen Handbewegung.

»Nein, sagt es jetzt. Die Vorzeichen für diese Tour waren sowieso schon eine Katastrophe.«

Wie schlimm kann es schon noch werden?, dachte ich und verfluchte mich gleichzeitig für diesen Gedanken, denn er würde jetzt wie eine Prophezeiung über allem schweben.

»Erst mal Kaffee? Frühstück?«

»Ich glaube nicht, dass ich jetzt etwas runterkriege«, murmelte ich und verschränkte abwartend die Arme vor der Brust, während die Anspannung meine Muskeln verhärtete.

»Wir wollen nur noch die *hytte* behalten.« Die *Hütte* war Popas Umschreibung für die Pension mit den Gästeschlafzimmern. »Die Touren werden wir einstellen. Er schluckte und machte eine ausholende Geste, die das Haupthaus einschloss. »Renovieren, falls wir die Kraft und die Ressourcen finden, und dann noch einmal neu anfangen.«

»Also keine *Hjerteslag Øyeblikke* mehr?«, hörte ich mich tonlos fragen.

»Ach, Blümchen«, seufzte Moma und strich sich imaginäre Fusseln vom Pullover. »Das war immer unser Lebenswerk.«

»Es ist auch meins«, erwiderte ich wie aus der Pistole geschossen.

Popas Augen wurden weich vor Zuneigung. »Ist es das wirklich?«, fragte er sanft. »Oder machst du das alles, weil du nichts anderes kennst? Aus Pflichtbewusstsein uns gegenüber? Du hast recht, Sofia und Filip hatten in deinem Alter schon eine Tochter und haben in Oslo gelebt, aber sie haben beide auch die Welt bereist. Deine Mutter hat vieles ausprobiert, sie war jung und hat gelebt. Was ist mit dir?«

Ertappt zuckte ich zusammen. Erst Liam und jetzt meine Großeltern. Die Frage drang wie ein Messer in mich ein. Weil ich darauf keine Antwort wusste.

Bisher hatte ich immer den bequemeren Weg für mich gewählt, mich nicht aus meiner Komfortzone bewegt. Es war das, was mir vertraut war, ich hatte nie etwas anderes getan. Ich *liebte* mein Leben hier, aber wie sehr konnte ich es wirklich lieben, solange ich nichts anderes ausprobiert hatte?

Ich fühlte mich ertappt. Entblößt. Also ging ich zum Angriff über. »Was ist verkehrt daran, dass mir gefällt, was ich tue?«

»Nichts. Nichts ist verkehrt daran, wenn es wirklich das ist, was du machen möchtest.«

»Natürlich ist es das.« Ärger wallte in mir auf. »Ich bin gern draußen. Es ist total mein Ding, Zeit mit den Leuten zu verbringen, zu sehen, wie sie auf den Touren über sich hinauswachsen und Neues entdecken.«

»Und was ist mit dir?« Die Frage traf mich völlig unvermittelt, wie ein plötzlich gesetzter Fausthieb. »Wann entdeckst *du* etwas Neues? Wann wächst du über dich hinaus?«

Rasselnd holte ich Luft und warf die Arme in die Höhe. »Keine Ahnung! Muss ich das denn? Falls ihr einen Grund sucht, *Hjerteslag Øyeblikke* einfach aufzugeben, dann nehmt bitte nicht mich. Ich würde für das Familienunternehmen kämpfen, für euer Lebenswerk, damit ihr, wenn ihr alt und in Rente seid, immer noch etwas habt, worauf ihr mit Stolz blicken könnt, weil ihr es aufgebaut habt.«

»Aber Norah«, begann Moma und ich erschrak über den feuchten Schimmer in ihren Augen, die meinen eigenen so sehr ähnelten. Die Liebe in ihrer Miene hüllte mich ein, löschte die Wut. »*Du* bist doch unser Stolz. Du bist alles für uns. Dein Glück ist alles für uns. Wenn du für *Hjerteslag Øyeblikke* kämpfen möchtest, dann tu das. Dann überlegen wir uns etwas. Aber mach das nicht, weil du dich uns gegenüber verpflichtet fühlst. Es soll deine freie Entscheidung sein.«

Mein Brustkorb verengte sich gefährlich, jeder Atemzug brannte wie Feuer in meiner Lunge und ich musste selbst gegen die Tränen ankämpfen, die sich plötzlich hinter meinen Lidern sammelten. Da gab es etwas, was sie nicht aussprachen. Etwas, das zwischen uns schwebte.

Du bist das Einzige, was uns noch geblieben bist.

Du bist die Einzige, die noch lebt.

Du lebst.

»Wir werden das Unternehmen nicht mehr lange auf diese Weise führen können«, fügte sie leise hinzu. »Wir sind müde. Und du solltest auch nur damit weitermachen, wenn es *dein* Lebenstraum ist. Du hast noch Zeit herauszufinden, was du wirklich willst. Tu das auch.«

»Zeit?« All meine Kraft floss in dieses eine Wort, aus Angst, sonst in Tränen auszubrechen.

»Zumindest ein bisschen.« Popa verzog keine Miene, aber ich las den Schmerz in seinen Augen.

»Wie lange bleibt uns noch? Bis wir … bis wir alles aufgeben müssten?«

Wieder ein Blick zwischen den beiden, der tausend Worte sagte, und einmal mehr fragte ich mich, ob sie inzwischen gelernt hatten, telepathisch miteinander zu kommunizieren. Vielleicht machte das eine Liebe möglich, die ein ganzes Leben überdauerte.

»Diese Saison auf jeden Fall noch. Danach müssen wir uns entscheiden.«

Wie ein Stein drückte das Bewusstsein auf meinen Magen. »Ich muss darüber nachdenken. Über alles …«, stieß ich schließlich hervor, vermied es jedoch, ihnen in die Augen zu schauen, obwohl ich wusste, dass ich darin nichts anderes als Zuneigung finden würde. »Vielleicht nehme ich doch …«, ich räusperte mich, denn meine Stimme klang rau, zittrig, »einen Kaffee. Wollt ihr auch einen?«

»Ja, eine gute Idee.« Noch immer schwang Sorge in Momas Worten mit, aber sie kannte mich und meinen Sturkopf gut genug, um mich nicht zu drängen.

Schwungvoll drehte ich mich um und wollte in Richtung Küche gehen, stieß dabei aber beinahe mit einer hünenhaften Gestalt zusammen, die gerade aus dem Durchgang zum Frühstücksraum kam.

»'tschuldigung«, murmelte ich und schob mich mit gesenktem Kopf vorbei.

»Sorry«, ertönte Sanders Stimme.

Ich blieb stehen. Augenblicklich beschleunigte sich mein Herzschlag wie das Wasser einer Stromschnelle. Ausgerechnet Sander.

Nach meinem peinlichen Abgang gestern Abend, den ich am liebsten aus meiner Erinnerung gestrichen hätte, wäre mir jede andere Begegnung lieber gewesen.

Da wird nichts laufen …

Keine Ahnung, was mich da geritten hatte. Ich war einfach zu impulsiv und es war nicht gerade von Vorteil, den Mund nicht halten zu können. Aber es stimmte. Sander übte eine so gewaltige Anziehungskraft auf mich aus, dass ich am liebsten direkt auf dem Absatz kehrtmachen wollte.

Als ich den Kopf hob, begegnete ich seinem freundlichen Blick. Nicht verurteilend. Nicht abschätzig. Im Gegenteil. Ein Schmunzeln kräuselte seine schönen Lippen und er sah sogar zu dieser unmenschlichen Uhrzeit schon unmenschlich gut aus. Wahrscheinlich würde er selbst nach einer durchzechten Nacht wie frisch aus dem Ei gepellt dastehen. Musste an dem Geld liegen, das er anhäufte, ohne auch nur einen Finger zu rühren.

Bitterkeit stieg in mir auf, ein Gefühl, das ich zu unterdrücken versuchte. Denn es war unfair, meine Sorgen und Nöte auf ihn zu übertragen. Milliardärssprössling hin oder her.

»Morgen«, fügte er jetzt mit rauchiger, leicht verschlafener Stimme hinzu. *Natürlich*. Dafür hasste ich ihn ein kleines bisschen mehr. »Gut geschlafen?«

Zu meiner Erleichterung schwang in seinem Tonfall unverhohlene Neugierde mit. Also hatte er wohl nichts von dem Gespräch zwischen meinen Großeltern und mir gehört, die inzwischen in die Küche gegangen waren.

»Das ist eigentlich mein Part. Du weißt schon, dich zu fragen, ob du gut geschlafen hast. Ob dir dein Zimmer gefällt. Das Übliche eben.« Zum Glück fand ich ohne Probleme zu meiner Selbstsicherheit zurück. In einer Hand hielt er eine leere Kaffeetasse und ich deutete darauf. »Brauchst du Nachschub?«

»Ist nicht für mich, sondern für Trude. Aber ja, sie möchte noch einen Kaffee. Mit einem Schuss Milch. Gern auch von einer Kuh, es muss keine neumodische Alternativmilch sein. Ihre Worte, nicht meine.«

Meine Augenbrauen sprangen in Richtung Haaransatz. »Trude?«

»Eine der beiden Damen, die an der Tour teilnehmen.« Mit einem Nicken deutete er in Richtung Frühstücksraum. Stimmt. Trude und Sylvia. »Sie haben meinen Tisch in Beschlag genommen, weil ich jede von ihnen an ihren Enkel erinnere.« Seltsamerweise wirkte Sander davon kein bisschen genervt, sondern vielmehr tiefenentspannt. Als wäre ein Plausch am frühen Morgen und vor dem zweiten Kaffee mit zwei älteren Damen das Normalste der Welt.

»O-kay.« Und wieder hakte ich einen Punkt auf der Liste ab, ihm gefälligst aus dem Weg zu gehen.

»Ha.« Mit einem Finger deutete er auf meinen verdutzten

Gesichtsausdruck. »Hätte nicht gedacht, dass ich das so schnell erlebe.«

»Was meinst du?«

»Dich sprachlos zu sehen. Ich hätte schwören können, dass es länger dauert, bevor du all deine Wörter aufgebraucht hast«, sagte er und zog einen Mundwinkel schräg nach oben, was ein warmes Prickeln in meiner Magengegend auslöste.

Faen heller!

Ich sollte ihm den Kaffee holen und mich dann dringend verziehen. Doch da war noch etwas anderes. Ein wachsamer Funke in seinem Blick, als wollte er mich testen, als wollte er meine Aussage von gestern Abend absichtlich auf die Probe stellen.

Während der nächsten Tage musste ich ihm so weit wie möglich aus dem Weg gehen. Unbedingt. Unter allen Umständen.

Andernfalls war ich hoffnungslos verloren. Das konnte ich nicht. Mich und mein verdammtes Herz dieser Gefahr aussetzen.

9

SANDER

Was zum Teufel tue ich hier eigentlich?, fragte ich mich zum bereits zehnten Mal innerhalb einer halben Stunde, während ich hinter Andrea und Konrad – den Clausens – herlief, die abwechselnd die Landschaft und die sommerliche Flora bewunderten. Unser Ziel war am späten Nachmittag Vøringsfossen, einer der berühmtesten Wasserfälle der Gegend, und ich war dankbar für die festen Wanderschuhe, die aufgrund der dicken Socken beinahe perfekt saßen. Nichtsdestotrotz rutschten sie winzige Millimeter, was ich garantiert innerhalb des nächsten Tages bereuen würde.

Zwischendurch warfen sich die Clausens gegenseitig Beleidigungen an den Kopf. Nicht lautstark, aber laut genug, sodass ich jedes Wort verstehen konnte, obwohl ich zwei Meter hinter ihnen ging.

Dennoch zog sich mein Geist immer wieder zurück.

Ich lauschte auf meine Atmung, regulierte die Schritte und spürte schon bald, wie meine Körpertemperatur hochfuhr. Meine Muskeln arbeiteten. Das Blut rauschte in meinen Adern und meine Lunge füllte sich mit der klaren Luft, die meine Gedanken wegspülte.

Dabei vermied ich es, mit den anderen zu sprechen. Ich wollte meine Ruhe. Brauchte sie. Hin und wieder ertappte ich Wilma dabei, wie sie mich heimlich beobachtete, aber sobald ich es bemerkte, schaute sie schnell woandershin. Nicht so, wie sie den schlaksigen Kerl mit den sandfarbenen, viel zu langen Haaren und der Mördermiene anschaute, der gemeinsam mit seiner Mutter heute Morgen kurz vor dem Aufbruch angekommen war. Wilma wirkte völlig eingenommen von ihm, fasziniert, als könne sie gar nicht anders, als ihn anzustarren.

Immerhin hatte Wilma nichts gepostet. Vielleicht bloß einer Freundin davon erzählt.

Während der Gruppenvorstellung, als Gregori – ein glatzköpfiger Typ mit der Ausstrahlung eines Teddybären – unser Gepäck verstaut hatte, hatte ich die Anspannung bis in die Knochen gefühlt. Aber keine verstohlenen Blicke.

Mein Handy ließ ich in meinem Rucksack. Ich wollte nicht wissen, was die Welt mir zu sagen hatte. Auch wenn ich meine Freunde vermisste. Mar und Henning, aber auch Elli, denn so, wie ich meine kleine Schwester kannte, hatte sie mir bereits mehrere Nachrichten geschickt.

Es war seltsam, diese Art von Stille zu verspüren. Als hätte ich meinen Kopf unter Wasser getaucht. Meine ganze Wahrnehmung veränderte sich, dabei waren wir erst seit einem halben Tag unterwegs und hatten zwei Drittel unserer ersten Etappe hinter uns gebracht.

Mein Blick schwenkte wie von selbst in Richtung Norah, die gemeinsam mit Ole die Trekkingtour führte. Sie wirkte etwas ausgeglichener und ruhiger, das erdbeerblonde Haar war entlang ihres Scheitels zu zwei Zöpfen nach hinten geflochten. Ihre Schritte waren voller Energie und Elan, dynamisch. Es ging eine beständige Kraft von ihr aus, der ich mich nicht entziehen konnte.

Und dann war da dieses Leuchten, dieses Strahlen, wenn sie mit den anderen redete. Die Begeisterung für ihre Arbeit war ihr deutlich anzumerken. Das kannte ich nicht. War mir fremd. Die Erkenntnis schmeckte wie bittere Galle auf der Zunge und ich wandte den Blick ab, richtete ihn auf den steinigen Boden zu meinen Füßen.

Das war der Punkt. Ich musste mich krampfhaft dazu bringen, für etwas zu leuchten, führte andere mit meinem Charme hinters Licht. Ich blendete sie, damit keiner die Dunkelheit sah, die in mir tobte.

Außerdem zwang ich mich immer zu Höchstleistungen. Schule, Bachelor, Master. Bei dem Gedanken, welche Verantwortung mir nach meinem Abschluss bevorstand, drehte sich mir der Magen um. Kein Wunder, dass Mar und ich beste Freunde waren. Uns beiden war eine Rolle vorherbestimmt. So viel Druck, so viele Erwartungen.

Norahs glockenhelles Lachen wehte zur mir herüber, genau in dem Augenblick, in dem ich es am dringendsten brauchte. Ohne dass sie es wusste. Ohne dass ich es verhindern konnte.

Es war eine Unbeschwertheit, die meinem Leben völlig fehlte.

Im Moment mehr denn je.

Wild gestikulierend unterhielt sie sich mit Wilmas Mutter, während Wilma einen Meter hinter ihrer Familie herschlurfte und eine so düstere Miene zog, als hätte sie gerade den schlimmsten Tag ihres Lebens. Ich sah ihr frostiges Profil nur deshalb, weil der breite Wanderweg mit den vielen Schottersteinen eine schmale Biegung hinter den Berg machte. Überall wuchsen blühende Zwergsträucher, Moose und Flechten, und die leicht salzige Luft half mir dabei, einen klaren Kopf zu bekommen. Abstand von der ganzen Scheiße zu nehmen. Von allem, was mich betraf. Was mir bevorstand.

Dabei hasste ich alles daran, verfluchte meine Eltern, weil sie mich nicht für voll nahmen und mich auf diese Tour verfrachtet hatten. Eine Verbannung in die Wildnis, um mich von der Bildfläche verschwinden zu lassen.

Wieder lachte Norah und mein Blick haftete sich automatisch auf ihre wippenden Zöpfe, glitt dann tiefer zu ihrem Rucksack und ihrer sportlichen kakifarbenen Wanderhose.

O Mann. Erst stieg mir das Blut zu Kopf, dann einige Regionen tiefer. Ich hätte dringend Druck ablassen sollen, bevor ich mich durch die Berghänge quälte. Vor allem mit den perfekten vier Buchstaben in meinem unmittelbaren Sichtfeld, die jetzt verführerisch hin und her schwangen.

Schon bevor der Skandal über mich hereingebrochen war, hatte ich länger keine Beziehung gehabt. Dafür hatte ich zu viel mit meiner Masterarbeit zu tun gehabt. Oder auf Hennings Labradoodlehündin Ari aufgepasst. Aber es lag nicht nur daran. Mich hatte auch lange niemand mehr gereizt oder interessiert. Nicht, weil es keine Angebote gegeben hätte, sondern weil mir die meisten Begegnungen einfach eintönig vorgekommen waren.

Seit unserem kurzen morgendlichen Zusammenstoß war mir Norah aus dem Weg gegangen. Kein Blick in meine Richtung. Sobald ich in ihre Nähe kam, wechselte sie abrupt das Tempo und ging entweder zügiger oder extrem langsam. Als würde sie es keine Sekunde zu lange in meiner Gegenwart aushalten.

Stirnrunzelnd ließ ich unsere Gespräche Revue passieren und bemerkte gleichzeitig, wie ihr Strahlen erlosch, sobald sie sich unbeobachtet fühlte. Als hätte jemand einen Motor abgewürgt. Plötzlich wirkten ihre weichen Züge bedrückt, nachdenklich.

Ich kannte den Ausdruck, denn ich sah ihn viel zu oft im Spiegel. Und ich war der Einzige, der ihn zu Gesicht bekam.

»Also, das klingt abenteuerlich«, hörte ich in diesem Moment Trude zu Sylvia sagen. Die beiden älteren Damen liefen drei Schritte hinter mir. Im nächsten Moment schoss Andrea Clausen eine schmallippige Bemerkung in Richtung ihres Mannes ab. Dieser schwieg. Kein gutes Zeichen.

»Irgendwie tun sie mir leid. Es scheint ganz so, als ob sie nicht richtig miteinander kommunizieren.«

»Und wie sollten sie miteinander kommunizieren?«

»Mehr zuhören, was der andere sagt«, kam es von Sylvia. »Was meinst du dazu, Sander?«

Sander. Bei Sylvia hörte es sich wie ein stinknormaler Vorname ohne angeklebte Familienhistorie an.

Mit einem Lächeln ließ ich mich zurückfallen. »Mhm?«

»Egal, wie lange man in einer Beziehung steckt, Ehrlichkeit ist die Währung für eine gesunde Ehe«, führte Sylvia weiter aus. Das lockige schlohweiße Haar wurde von ihrer Sonnenbrille nach hinten gehalten. Im Gegensatz zu Trude war sie bisher noch nicht sonderlich ins Schwitzen geraten. »Während der kurzen Rast vorhin ging es ständig hin und her. Er hat dies nicht hinbekommen und das nicht. Und dann hat er dagegengehalten.«

»Immerhin streiten sie sich«, erwiderte ich schulterzuckend. »Wenn sie sich nichts mehr zu sagen hätten, wäre es noch trauriger. So ist die Leidenschaft noch vorhanden. Man regt sich nur über etwas auf, was einem wichtig ist.« *Helvete.* Das ging tiefer als erwartet. Aber ich hatte es selbst erlebt, als meine

Eltern auf einmal leiser geworden waren. Die Tischgespräche weniger. Bis sie schließlich ganz verstummt waren.

Trude blickte mich verwundert an, die Falten um ihre Augen tanzten. »So jung und schon so weise?«

»Das liegt an der Natur«, antwortete ich kurz angebunden, um nicht zu viel preiszugeben. Ich pflasterte ein Lächeln auf mein Gesicht, legte meine Rüstung an. »Die Weisheit der Berge.«

»Das gefällt mir. Bei mir ist es die Weisheit meiner Falten«, erwiderte Sylvia und lachte herzlich. Ich ertappte mich dabei, wie sich mein Lächeln zu einem echten Grinsen verwandelte.

Diese ganze Unterhaltung war anders als sonst. Realer. Ich mochte die beiden älteren Damen. Es gefiel mir, mich mit anderen Menschen auszutauschen, ohne das Gefühl zu haben, dass sie etwas von mir wollten. Meinen Namen, Kontakte, meine Zeit.

»Und was hat dich hierherverschlagen, Sander?« Trude musterte mich neugierig. »In deinem Alter macht man doch andere Dinge. Also, wir haben in deinem Alter andere Dinge gemacht, stimmt's, Sylvia?«

»Stimmt. Wir haben alles Mögliche gemacht, aber eine Bergtour war nicht dabei. Und jetzt schau uns an: Wir erfüllen jedes Ruhestandsklischee.« Mit einer Hand deutete sie auf ihr perfekt abgestimmtes Outfit mit der olivfarbenen Windjacke, die um ihre Hüfte geknotet war, und lächelte mich verschmitzt von der Seite an. »Also?«

»Ich bin fertig mit dem Studium und wollte noch eine kleine Auszeit einlegen, bevor ich anfange zu arbeiten.« Nur eine halbe Lüge. »Und was ist mit euch?« Ich sprach immer lieber über andere als über mich.

»Unsere Männer haben uns betrogen und wir haben es in

derselben Woche herausgefunden«, antwortete Sylvia. In ihren Zügen stand eine Art von Schmerz, den ich nur zu gut kannte. Das Alter spielte dabei keine Rolle. Liebeskummer war universell.

»Das tut mir leid.«

»Muss es nicht, wir haben uns aus den Augen verloren, bevor es passiert ist. Das ist keine Entschuldigung, aber der Verrat war die logische Konsequenz unserer schlechten Kommunikation. Ich mag deine Sichtweise bei den Clausens. Also, lass dir eins gesagt sein: Egal, was du fühlst, sprich es aus. Selbst wenn du dein Gegenüber damit verletzen könntest.«

Trude schüttelte den Kopf. »Keinen Tag unterwegs und schon werden wir philosophisch.«

Bevor ich etwas darauf erwidern konnte, bemerkte ich aus dem Augenwinkel, wie Wilmas jüngere Schwester ins Straucheln geriet. Ohne darüber nachzudenken, machte ich einen langen Schritt nach vorn. Meine Hände schoben sich an ihren Rücken, den ich kraftvoll abstützte, bevor sie zu Boden gehen konnte. Trotzdem knickte sie unglücklich um und stieß einen schrillen Schmerzensschrei aus. Ihre Wangen röteten sich, als die Gruppe wie auf Kommando anhielt und alle sich ihr zuwandten.

Ich ließ sie los, während ihr Vater mit besorgter Miene näher kam. »Julie, ist alles in Ordnung?«

Sofort war auch Norah zur Stelle und kniete sich neben Wilmas kleine Schwester. »Ist es okay, wenn ich mir das kurz anschaue?« Sie warf noch einen schnellen Blick in Richtung des Vaters, der nickte und ebenfalls in die Hocke ging. Sanft strich er über die Schulter seiner Tochter und murmelte ihr beruhigende Worte zu. Bei der grenzenlosen Wärme in seinen Zügen schnürte sich mein Inneres wie ein Paket zusammen.

Norah untersuchte währenddessen Julies Knöchel. Die Bewegungsabläufe wirkten routiniert, als hätte sie das schon tausendmal gemacht. Was vermutlich auch zutraf. Als sie den Fuß vorsichtig aus dem Wanderschuh zog und ihn leicht hin und her bewegte, stieß Julie einen zischenden Laut aus.

»Tut das sehr weh?«

Ein Zögern. »Nein, es geht.«

»Kannst du auftreten?«

Norah half Julie wieder in den Schuh und auf die Beine. Zögernd versuchte sie, das Gewicht auf den Fuß zu verlagern. Sie verzog zwar das Gesicht, protestierte aber nicht. Es konnte also weitergehen. Anscheinend war es doch nicht so schlimm wie gedacht. Was vermutlich eine Katastrophe gewesen wäre. Schließlich befanden wir uns ganz am Anfang der Tour.

»Danke, dass du sie abgefangen hast«, sagte Norah an mich gewandt, wobei sich ihre langen Wimpern über ihre gletscherblauen Augen senkten. Sie schaffte es nicht, mich anzuschauen. *Okay.* Keine Einbildung. Sie ging mir eindeutig aus dem Weg.

Plötzlich klopfte mein Herz schneller und Übelkeit breitete sich in mir aus.

Natürlich. Die Erkenntnis durchdrang jede Faser meines Körpers wie ein perfekt gesetzter Schwerthieb.

Norah hatte mich gegoogelt. Mich und den Skandal. Und sie hatte offenbar ihre eigenen Schlüsse gezogen. Ein Teil von mir wollte sie darauf ansprechen, drängte förmlich danach. Aber dann meldete sich meine masochistische Ader. Warum sollte ich mir die Mühe machen, noch einmal mit ihr darüber zu reden, wenn selbst meine Familie mir die ganze Scheiße zutraute?

»Klar. Immer doch«, sagte ich, ohne den höhnischen Unterton verhindern zu können. Es widerte mich an. Etwas in mir hatte ernsthaft angenommen, dass Norah anders war. Auf ihre Weise. Aber anscheinend hatte ich mich getäuscht. Keine Ahnung, weshalb das so wehtat. Ich kannte sie kaum.

Vermutlich lag es daran, dass ich mich nur einer Illusion hingegeben hatte. Mich an die Hoffnung hatte klammern wollen, dass mir doch jemand glaubte. Ich hatte es in ihrem Gesicht gelesen. Und jetzt? Jetzt hielt sie mich auf Abstand, als hätte ich irgendeine ansteckende Krankheit.

Wie eine Waage, auf die jemand einen winzigen Stein gelegt hatte, begann mein Inneres zu kippen. Meine Familie, die Welt, Norah.

Selbst als ich endlich ihren Blick auf mir spürte, sah ich in eine andere Richtung.

10

NORAH

Drei Tage auf Tour und mein Kopf funktionierte in einem Modus, den ich liebte. Die Zeit verschmolz mit den Schritten. Die Gespräche wurden tiefsinniger oder verloren sich in der Stille. Ich liebte das Gefühl der morgendlichen Kühle und die Ruhe am Abend, wenn sich alle nach einem langen Tag in ihre Unterkünfte zurückgezogen hatten. Die bisherigen Nächte hatten wir in vorbezahlten *hytten* verbracht, für deren Vermittlung *Hjerteslag Øyeblikke* eine Provision kassierte.

In diesem Monat war der Vøringsfossen-Wasserfall sehr überlaufen, deswegen hatten Ole und ich entschieden, ein Teilstück der heutigen Route zu ändern, um noch zu einem versteckten und weniger bekannten Wasserfall zu wandern. Julies Knöchel ging es inzwischen viel besser, Schonung am Abend sei Dank. Dafür hatte ich mit meinem Erste-Hilfe-Kit bereits die eine oder andere Blase verarzten und zwei Zecken entfernen müssen.

Sander ging ich weiterhin so gut wie möglich aus dem Weg und wenn ich mit einer Tasse Tee auf einer der Aussichtsplattformen saß oder den Sonnenuntergang betrachtete, erfüllte mich eine singende Zufriedenheit, die jeden Winkel meines Körpers benetzte.

Gleichzeitig traute ich diesem Gefühl nicht mehr. Als hätte mir jemand die Augen geöffnet und mir einen Schockmoment verpasst. Ich war nur Teil einer Matrix. Mehr nicht.

Etwas war in Schieflage geraten und ich konnte nicht einmal richtig benennen, was es war. Aber es fühlte sich falsch an, wie viel zu kleine Schuhe, die mir einfach nicht passen wollten.

Würde das wieder weggehen? Und was, wenn nicht? Was, wenn ich immer diese kleinen, nagenden Zweifel mit mir herumtragen würde, die mir leise zuwisperten, niemals etwas anderes gesehen zu haben?

Nachdenklich tippte ich eine Antwort auf Adas Nachricht, während ich darauf wartete, dass sich alle nach dem Frühstück am Bus versammelten. In der dritten Unterkunft, die aus mehreren kleinen *hytten* auf einer Wiese inmitten des majestätischen Bergpanoramas bestand, hatten wir zum ersten Mal seit vierundzwanzig Stunden Empfang. Seit ich Ada das letzte Mal zu Gesicht bekommen hatte, war eine Woche vergangen und noch immer fühlten sich unsere Unterhaltungen hölzern an. Als würden wir unsere Freundschaft plötzlich in Schwarz-Weiß und nicht mehr in Farbe sehen.

Und, ist jemand Nettes dabei?

Ich zögerte.

Wieso?

OHA. Jetzt bin ich gespannt.

Mein Herz klopfte schneller, was mich ärgerte.

Du weißt, ich würde nie wieder etwas mit einem Teilnehmer anfangen.

Niemals nie sagen … Aber ja, ich weiß. Trotzdem. Du hast das Recht auf Abenteuer, du darfst dabei nur nicht dein Herz verlieren.

Sagst ausgerechnet du?

Ich schickte noch ein LIEBE-GIF hinterher, da ich ihr nicht auf den Schlips treten wollte.

Und wie geht es Liam?

Wow. Der Typ muss dir ja ordentlich den Kopf verdrehen, wenn du sogar freiwillig nach Liam fragst. Aber ihm geht's gut. Wir haben geredet. Viel geredet. Ich freue mich auf Oslo.

Sofort erfüllte mich ein schlechtes Gewissen.

Es tut mir so leid, wie alles gelaufen ist. Du wirst mir schrecklich fehlen, ich hoffe, du weißt, dass ich nur deswegen so seltsam reagiert habe?

Wir müssen jetzt keine Aussprache haben, Maus. Wir sind ein Team und ich weiß, dass du mich nur vor meiner eigenen Dummheit beschützen möchtest. Alles andere ist egal. Ich hab dich lieb.

Ich dich auch.

Erleichterung durchflutete mich, schnürte meine Kehle zu. Ada war meine einzige wahre Freundin. Wir verstanden uns blind, vertrauten uns und kannten die Schwächen und Stärken der jeweils anderen. Und wir akzeptierten sie.

Gut. Andere Frage. Und die ist wirklich wichtig. Ja? Sei ehrlich.

Okay?

Wie riecht er?

Ein leises Schnauben entwich mir und ich versuchte, die Tatsache zu verdrängen, wie warm mir bei der Erinnerung an seine Nähe und seinen Duft wurde. Erdig, Sandelholz, etwas zitronig, mit einem Hauch von Vanille. Herb und intensiv.

Grundgütiger, ich war definitiv viel zu lange nicht mehr mit jemandem zusammen gewesen, wenn mich Aleksander Skogen innerhalb kürzester Zeit dermaßen aus dem Konzept brachte. Und das, obwohl ich ausdrücklich *nicht* in seine Nähe kam. So, wie es eben möglich war.

Es hatte einen Grund, weshalb ich auf einer Tour mit niemandem etwas anfing. Der letzte Mistkerl hatte mein Herz zertrümmert. Buchstäblich. *Tut mir leid, aber es war nicht mehr als guter Sex*, war definitiv kein Satz, den man als Neunzehnjährige auf Wolke sieben hören wollte. Außerdem war ich sowieso schon aufgewühlt, empfänglich für jede Art von Nähe, und wenn es nur eine zufällige Berührung war.

Die Wanderung durch die Berge, bei der es keine Ablenkung gab, nur die Verbundenheit mit der Natur, machte uns noch verletzlicher. Menschlicher. Brachte uns einander näher. Legte Schattenseiten offen. Und ich konnte einfach nur darauf hoffen, dass Sander nicht so verdammt charmant war, wie er sich gab.

Das willst du ernsthaft wissen?

JA!!!

Er riecht …

Ich überlegte.

Teuer.

Okay, ich habe mit allem gerechnet, aber nicht damit. Hat er auch einen Namen?

»Na, hältst du deine Schäfchen auch brav zusammen?« Lautlos war Gregori neben mich getreten, ehe ich Ada antworten konnte. Mit einem silbernen Kaffeebecher bewaffnet, ein Basecap verkehrt herum auf dem Kopf und in seinen gemütlichen Jogpants wirkte er für seine Verhältnisse wie ein frisch gepudertes Baby. Zufrieden betrachtete er die Ansammlung unterschiedlicher Persönlichkeiten, die mich jedes Mal aufs Neue faszinierte. Am dritten Tag der Tour spielte sich die Gruppe langsam ein. Die Abläufe funktionierten immer besser. Nur selten war jemand unpünktlich. Selbst Wilma kam nicht als Letzte aus ihrer *hytte* gekrochen, die sie sich mit Julie teilte.

»Noch nicht alle.« Ich scannte den Vorplatz, wo die meisten ihr Gepäck bereits in den Bus geladen hatten und noch die letzten Minuten vor der neuen Etappe genossen. »Die Claussens fehlen noch.«

Und Sander.

Natürlich hatte ich das bemerkt, auch wenn ich mir einredete, dass es keine Bedeutung hatte. Genauso wenig wie die Tatsache, dass auch er mir bemüht aus dem Weg ging.

»Scheidung am Ende der zweiten Woche?« Gregori legte den Kopf von der einen auf die andere Seite und nahm einen Schluck aus seinem Thermobecher. Trotz seiner einschüchternden Gestalt brachte die Wärme seines Lächelns immer ein wenig Sonne in den Tag.

»Das oder sie erleben einen zweiten Ehefrühling«, kommentierte ich trocken, woraufhin Gregoris Augen vor Vergnügen aufleuchteten.

»Hast du alle Zelte?«, fragte ich dann.

»Fünf, oder?«

Als er meinen erschrockenen Gesichtsausdruck bemerkte, stieß er mich mit dem Ellbogen in die Seite. »Keine Panik. Ich habe genügend Zelte und das andere Equipment mitgebracht. Alle Müsli-, Protein- oder Schokoriegel für zwischendurch sind abgezählt. Ich habe gut haltbares Vollkornbrot besorgt und genügend Konserven, für die ihr extra Campinggeschirr und den Gaskocher mitschleppen dürft.«

Wie auf Kommando meldete sich protestierend meine überstrapazierte Rückenmuskulatur. »Erinnere mich bloß nicht daran«, stöhnte ich.

»Wie macht sich eigentlich Wilma?«

Ich folgte seinem Blick. Wilma stand zwei Meter neben ihrer Familie und hatte Kopfhörer in den Ohren. Sie starrte überallhin, nur nicht zu Rimas, der mit seiner Mutter hier war. Er war groß und schlank, hatte feingliederige Hände, dunkelbraune Augen mit langen Wimpern und er war ziemlich genau zwei Jahre älter als sie.

Das Lächeln um meine Lippen war echt. »Sie schlägt sich ganz tapfer. Ich habe mir eher Sorgen um Julie gemacht, aber ihr Knöchel ist zum Glück nicht verstaucht. Sie hält gut mit.«

»Also werde ich Wilma nicht irgendwann zum nächsten Etappenziel fahren müssen?«, kam er nochmals auf die Wette zurück.

Wieder schaute ich in ihre Richtung, als sie gerade verdrießlich die Lippen zu einer schmalen Linie zusammenpresste. Ihre Miene war so düster wie eine Gewitterwolke, das krause dunkelbraune Haar zu einem einfachen Zopf nach hinten gebunden. »Hoffentlich nicht. Aber ich denke, sie wird das durchziehen, auch wenn sie sich mit Klauen und Nägeln dagegen wehrt.«

Als ich mich umdrehte, sah ich mich Sander gegenüber, der genauso überrumpelt wirkte wie ich. Bei seinem Anblick begann mein Herz, schneller zu klopfen. Ich spürte dieses Kribbeln, das seine Nähe in mir auslöste. Als hätte ich einen viel zu großen Schluck aus einer Sektflasche genommen.

»Sorry«, murmelte er zwischen zusammengebissenen Zähnen und fuhr sich in einer geübten Bewegung durch sein dunkles Haar, das viel zu schön war. Selbst für ihn. »Ich wollte

Gregori nur kurz fragen, ob ich mein Zeug, das ich heute nicht brauche, einfach in den Gepäckraum im Bus schmeißen kann.«

»Klar.« Gregori nickte lächelnd. »Und wie hat dir die letzte Etappe gefallen?«

»Besser als erwartet.« Dabei wich Sander meinem Blick aus, als wäre ich Luft. Als wäre ich gar nicht da. Am liebsten hätte ich mit den Fingern vor seinem Gesicht geschnippt, was mir dann aber albern vorkam. Ich hatte den Abstand gewollt und ihn bekommen.

»Highlights?«

»Die Natur.«

Gregori lachte. »Dir fehlt wohl ein Kaffee und das Ausschlafen?«

»Sieht ganz danach aus«, murmelte Sander und verlagerte das Gewicht des Standbeins, als könnte er keine Sekunde länger in meiner Gegenwart ertragen. Die Anspannung in seinen breiten Schultern schien greifbar zu sein.

Meine Nägel drangen in meine Handflächen, als ich meine Hände zu Fäusten ballte.

Okay. Seit ich ihm vor drei Tagen gesagt hatte, dass wir auf Abstand gehen sollten, tat er genau das. Aber auf eine Art und Weise, die ziemlich schmerzhaft war. Als hätte ich etwas verbrochen. Als hätte ich etwas falsch gemacht. Dabei hatte ich einfach nur meine Grenzen gesetzt, weil er mir innerhalb kürzester Zeit dermaßen unter die Haut gegangen war, dass ich am liebsten schreiend davongelaufen wäre. Keine Ahnung, was das war. Ich wusste nur, dass ich auf mich und mein Herz verflixt gut aufpassen musste. Deswegen war es besser, ihm nicht zu nahe zu kommen.

»Dann viel Spaß bei der nächsten Etappe. Wir sehen uns

morgen Abend. Freu dich schon mal auf den besten Kabeljau Norwegens.« Gregori tippte sich mit zwei Fingern an die Stirn und Sander brummte eine Antwort, was ihm so gar nicht ähnlich sah. Während der letzten zwei Tage hatte er alle mit seinem Charme um den Finger gewickelt. Sehr schöne, lange, schlanke Finger. Ich verfluchte seine schönen Hände. Seine Art. *Alles an ihm.*

Selbst Wilma und die Clausens hatten sich in seiner Gegenwart dazu hinreißen lassen, nicht mit bösen Blicken um sich zu werfen.

Lag es an mir? War er sauer auf mich, weil ich ihm meine Meinung gesagt hatte? Der Gedanke kam mir nicht zum ersten Mal.

Unmut erfüllte mich, gefolgt von einer wahren Flut aus Emotionen, allen voran Wut.

War das sein Ernst?

Ein abgehacktes Nicken in die Runde, dann schob er sich wortlos an uns vorbei.

Kaum war Sander außer Hörweite, stieß Gregori ein Husten aus, das wie eine Mischung aus unterdrücktem Lachen und einer tief sitzenden Bronchitis klang.

Ich wandte mich ihm zu. »Was ist?«

»Nichts.« Abwehrend hob er die Hände. »Ich hab nichts gesagt.«

»Das war auch nicht nötig.«

»Du hättest deinen Blick sehen sollen.«

»Wieso, wie habe ich denn geschaut?«

Gregori machte eine Schnute, die mich an einen verlassenen Hundewelpen erinnerte, und stieß ein leidvolles Seufzen aus.

Reflexartig boxte ich ihm gegen die Schulter.

»Nein, ernsthaft. Du solltest an deinem Pokerface arbeiten.«

Bevor ich zu einer Erwiderung ansetzen konnte, drang Sylvias herzliches Lachen zu mir herüber. Als ich automatisch zu ihr sah, entdeckte ich Sander, der wieder strahlte. Seine gesamte Haltung wirkte locker und ungezwungen, als wäre er wahrhaftig angekommen. Selbst seine Miene erschien nicht mehr verkrampft, immer auf der Hut, als könnte er einen Fehler machen, wenn er nur einen falschen Satz hervorbrachte.

Das versetzte mir einen Stich.

Noch zehn Tage. Dann siehst du ihn nie wieder, redete ich mir kläglich ein.

11

SANDER

Pokker. Selbst mit vorgehaltenem Messer hätte ich es unter anderen Umständen nicht zugegeben, aber mir gefiel die Tour bisher. Was mich überraschte.

Die ersten paar Tage waren eine Abfolge der immer gleichen Ereignisse. Meistens begann der Morgen damit, dass die Clausens sich lauthals stritten. Noch bevor ich sie diskutieren hörte, wehte meist der Duft von Oles frisch zubereitetem Kaffee herüber. Das Einzige, worauf ich wahrscheinlich nicht verzichten konnte. Mit Blasen an den Füßen und heftigem Muskelkater konnte ich leben, aber ohne Kaffee? Zum Glück war der Trekkingführer ein Bohnenliebhaber und sah das braune Zeug nicht nur als Wachmacher, sondern vor allem als Genussmittel, weswegen er sich jeden Morgen die Mühe machte, alles durch eine Mühle zu jagen.

»Du rettest mich«, murmelte ich und blies auf die dampfende Oberfläche des Kaffeebechers.

»Stets zu Diensten. Wie hast du geschlafen?«, fragte Ole, während er die Kaffeeutensilien sauber verstaute, nachdem er sie mit klarem Wasser ausgespült hatte.

Ich blickte zu meinem Zelt. »Wie ein Stein.«

Ole lachte. »Das macht die Luft.«

Tatsächlich konnte ich mich nicht daran erinnern, wann ich zuletzt so befreit geschlafen hatte. Kühler Morgenwind strich um meine Beine und ich war dankbar für das Zwiebelprinzip meiner Kleidungsschichten, denn es war erstaunlich frisch geworden.

»Gibt es hier auch Rentiere?«, hörte ich Julie leise Norah fragen, nachdem wir unsere Zelte wieder abgebaut und alles verstaut hatten. »Also meinst du, wir sehen vielleicht welche? Das wäre so toll!«

»Gut möglich. Der Frühling war dieses Jahr sehr schnell trocken und warm, viele Rentierherden haben früher Junge bekommen als sonst und sind auf der Suche nach Futter. Deswegen ziehen sie auch in Gebiete, in denen ab und zu Menschen unterwegs sind. Das heißt, deine Chancen stehen gut.«

»Oh, Rentiere!«

»Mit etwas Glück treffen wir heute auch auf Lemminge. Es gibt ein paar Familien, die besiedeln die Strecke auf dem Berg.« Norah deutete mit den Händen etwa die Größe eines Brotlaibes an. »Sie sind ungefähr so groß und sehen ein bisschen aus wie Hamster. Haben schwarze Streifen auf dem Rücken. Sehr niedlich!«

Julie machte ein verzücktes Gesicht. »O ja!!«

Ich sah, wie Norah ihr verschwörerisch zuzwinkerte. »Ich halte für dich die Augen offen, einverstanden?«

Unsere Blicke kreuzten sich und ich meinte, Bedauern in den Tiefen ihrer Augen aufblitzen zu sehen, bevor ich rasch in eine andere Richtung schaute. Das Blut rauschte in meinen Ohren, im Einklang mit der dumpfen Enttäuschung.

Seltsamerweise konnte ich Norahs abweisende Art sogar

nachvollziehen. Sie kannte mich im Grunde kaum. Weshalb sollte sie meiner Geschichte auch glauben?

Trotzdem genoss ich die Normalität rund um die Trekkingtour in vollen Zügen. Die Zeit in den Bergen löste mich von der Realität, als würde ich in ein Paralleluniversum abtauchen, in dem keine Verpflichtungen, kein Druck, keine zentnerschwere Zukunft auf mir lasteten.

Vielleicht sollte ich meinen Eltern dafür danken. Ich hatte mit vielem gerechnet, aber nicht damit.

Wilma stapfte mit Musik in den Ohren durch die atemberaubende Landschaft, als wir in eine Schlucht hinunterstiegen. Ihre dunkelbraunen Haare waren zu einem lockeren Dutt gesteckt. Dabei regte sie sich meist über irgendeine Kleinigkeit auf, während Rimas ihre zaghaften Flirtversuche wissentlich ignorierte. Zumindest versuchte er es. Aber jedes Mal, wenn er sich unbeobachtet fühlte, ertappte ich ihn dabei, wie er in ihre Richtung schaute.

Die kantigen Felswände links und rechts ragten so hoch auf, dass sie beinahe den blauen Himmel und die Sonne verschluckten. Kleinere Wasserfälle von zwanzig oder dreißig Metern bahnten sich immer wieder ihren Weg hinab, aus Steinen und schmelzenden Gletschern geformt, und das Dröhnen der Wassermassen nahm stetig zu.

Hinter jeder Biegung verbarg sich etwas, was mir gefiel. Das arbeitende Wasser in seiner rohen Kraft zu sehen, hatte etwas Beeindruckendes.

Keine Ahnung, wann ich mich das letzte Mal so frei gefühlt hatte.

Mein Alltag in Cambridge hatte aus Lernen und Pflichtveranstaltungen bestanden. Hier ein Rennwochenende in Silverstone, da eine *Teaparty* in einem exklusiven Herrenclub wie *SOHO House London* oder eine heiß begehrte Einladung nach Ascot, eine der traditionellsten und prestigeträchtigsten Pferderennbahnen Englands.

Sobald meine Masterarbeit korrigiert und bewertet war, hätte ich meinen Abschluss in der Tasche und würde bei *KOSGEN* einsteigen. Der bloße Gedanke daran versetzte alles in mir in schreiende Panik. Schweiß sammelte sich in meinem Nacken, während ich den anderen Teilnehmenden hinterherlief, langsamer wurde. Das Gewicht des Rucksacks mit dem Zelt für heute Nacht drückte wie ein Sack voller Steine auf meine Schultern. Zeitgleich verkrampften alle Muskeln und ich spürte ein Stechen in meinen Waden.

Fluchend blieb ich stehen, als die Gruppe nur noch ein kleines Stück vom heutigen Tagesziel – einem Wasserfall mit knapp zweihundert Metern Freisturz – entfernt war. Man konnte das laute Krachen und Donnern bereits jetzt hören. Der anschließende Aufstieg aus der Schlucht würde bestimmt kein Sonntagsspaziergang werden. Dafür hatte Ole für das letzte Etappenziel heute Abend einen atemberaubenden Blick ins Tal angekündigt, über die mit Wildblumen bewachsenen Steilhänge bis hin zu den Ausläufern der Fjorde.

Ich ließ Sylvia, Trude und Rimas mit seiner Mutter vorbeigehen, ehe ich meinen Fuß an einem Baumstamm dehnte und versuchte, den Krampf wieder loszuwerden. Der Schmerz zuckte durch meinen Körper und ich biss die Zähne zusammen.

»Alles okay?« Wie aus dem Nichts war Norah neben mir aufgetaucht. Der Blick, mit dem sie mich maß, war fachmännisch, aber besorgt. Als hätte sie Antennen, mit denen sie ihre Umgebung genauestens auf Verletzungen abscannen konnte.

»Ja.«

Norah hob lediglich die Brauen und ein wütendes Glitzern stieg in ihre Augen, während der Wind an ihren Strähnen zupfte. »Ich habe Magnesium im Rucksack.«

Ich antwortete nicht.

»Du wirkst angespannt. Ist alles in Ordnung?«

»Ja, nur ein Krampf.« *Herregud*, ich benahm mich wie ein Arsch, aber die Tatsache, dass sie mich im selben Licht sah wie meine Eltern, schmerzte mehr, als ich mir eingestehen wollte.

Norah seufzte. »Okay. Kannst du mir sagen, was dein Problem ist?«, fragte sie etwas lauter als vermutlich beabsichtigt. Denn keine Sekunde später blickte sie sich verstohlen um, aber niemand nahm von uns Notiz.

Die anderen waren bereits weitergegangen, denn der Weg führte genau hinter dem Wasserfall entlang. Ohne nass zu werden. So viel hatte Ole verraten.

Trotzdem senkte sie die Stimme. »Ehrlicherweise geht mir deine kühle Distanz ziemlich auf den Zeiger. Ich habe dir nichts getan! Zumindest nicht, dass ich wüsste. Und falls doch, tut mir das leid, weil ich mich eigentlich mit allen aus der Gruppe verstehe. Wenn es die andere Sache ist … sorry, aber lass deine schlechte Laune nicht an mir aus.«

Mit diesen Worten drehte sie sich um und ließ mich einfach stehen. Fluchend versuchte ich, mit ihrem schnellen Schritt mitzuhalten, gleichzeitig staute sich Wut in mir an. Die Gruppe war inzwischen schon auf der anderen Seite des Wasserfalls angekommen. Mit ohrenbetäubendem Getöse fiel das Wasser in die Tiefe, bahnte und suchte sich seinen Weg hinab. Der Lärm war ohrenbetäubend, der Geruch so angenehm und klar, dass ich am liebsten eingetaucht wäre.

»Warte mal«, rief ich gegen das in meinem Brustkorb vibrierende Tosen an.

Norah blieb zwischen der steilen Felswand und dem Wasserfall stehen.

»Du hast mich gar nicht antworten lassen.«

»Gibt es denn noch etwas zu sagen?«

»Eigentlich nicht, denn du hast deinen Standpunkt deutlich klargemacht«, erwiderte ich eisig. Bei jedem Wort verschloss ich mich etwas mehr. »Ich hab's kapiert.«

Verdutzt schaute sie mich an, die Wangen vor Ärger gerötet. Was irgendwie niedlich aussah, mir aber gehörig gegen den Strich ging.

»Ja und? Ist es denn so tragisch?«

»Es geht ums Prinzip«, stieß ich aus.

»Prinzip?«, wiederholte sie und wirkte wie vor den Kopf gestoßen, was mich noch mehr auf die Palme brachte. Schließlich war sie diejenige, die mich für ein Monster hielt. Welchen Grund hatte sie denn, sauer auf *mich* zu sein, weil ich mich zurückzog?

Frustriert warf ich die Arme in die Luft, winzige Tropfen benetzten mein Gesicht. »Es geht darum, dass mir meine verdammte Familie schon nicht glaubt. Von der halben Welt einmal abgesehen. Und das, obwohl Stella ein Statement veröffentlicht und alles aufgeklärt hat«, brach es aus mir hervor. Ich spürte meinen Puls bis zum Hals. »Nein, ich hatte für einen kurzen Moment die Hoffnung, dass ich hier einfach normal sein könnte, vielleicht nicht gleich verurteilt werde. Und dann kommst du, bist zuerst offen und nett, bevor du plötzlich dichtmachst und mich wegschiebst.«

»Oh.« Norah öffnete den Mund und blickte mich aus weit aufgerissenen Augen an. Als wären mir ohne Vorwarnung zwei Köpfe gewachsen. Ein paar Sekunden herrschte Schweigen, dann brach sie in schallendes Gelächter aus. Sie lachte so heftig, dass sie sich den Bauch halten musste, ehe sie japsend nach Luft schnappte. *»Nicht. Dein. Ernst.«*

Nun war ich derjenige, der sie verwundert anstarrte. »Was …«

»Ich glaube, das ist alles ein riesiges Missverständnis.« Norahs blaue Augen funkelten vor Vergnügen.

Ich runzelte die Stirn. »Missverständnis?«

»Du hast das falsch verstanden.«

»Ich habe es falsch verstanden?«

»Ja, Mr Echo!« Sie lachte leise und der summende Klang verursachte eine Gänsehaut auf meinen Unterarmen. Oder lag es am rauen Wind, der stetig zunahm? »Ein einziges, dämliches Missverständnis.«

»Und das wäre?«

»Ich gehe dir nicht aus dem Weg, weil ich dir deine Version der Skandalgeschichte nicht abnehme. Wirklich nicht. Ich stehe zu dem, was ich gesagt habe. Natürlich habe ich inzwischen ein paar Artikel darüber gelesen.«

Eine frostige Kälte griff nach meinem Herzen und ich schaffte es nicht, meine unbeteiligte Miene zu bewahren. Norah schien meinen Gesichtsausdruck richtig zu interpretieren, denn sie fügte rasch hinzu: »Ich habe auch Stellas Statement gelesen, das ihre Anwälte veröffentlicht haben. Alle Anschuldigungen gegen dich sind haltlos. Irreführender Videomitschnitt. Ein Fehler. Sie sagt, das Video sei aus dem Zusammenhang gerissen. Und ja, ich weiß, es gab auch Kommentare, in denen unterstellt wird, ihr hättet euch finanziell geeinigt, aber ganz ehrlich?« Norah hob die Hände, als wäre es keine große Sache, und etwas in mir brach auf. »Du hast mir ganz offen von dem Vorfall erzählt und ich sehe keinen Grund, dir nicht zu glauben.«

»Nicht?«

»Nein.«

Es tat gut, das zu hören. Mir war klar, dass nicht alle Menschen, die beschuldigt wurden, auch unschuldig waren. Oder schuldig. Dass es immer Schattierungen der Wahrheit gab und nicht immer eine Kamera dabei war, die etwas einfangen konnte.

Meine Maske verrutschte und darunter kam Sander zum Vorschein. Ich spürte, wie ich mich wieder sicherer, wohler fühlte. Norah lächelte, ein schiefes, niedliches Lächeln, das in mir den Wunsch auslöste, es so lange wie möglich betrachten zu können.

»Tut mir jedenfalls leid.«

»Mir tut es leid«, erwiderte ich und meinte es auch so. »Ich hab einfach die falschen Schlüsse gezogen.«

»Passiert.« Norah tat meine Worte mit einem Schulterzucken ab und ich erkannte, wie sehr sie sich von meiner Welt unterschied. Ihr war gar nicht bewusst, wie gewaltig eine Entschuldigung aus meinem Mund sein konnte. Auf der anderen Seite hatte ich selbst wochenlang um eine Entschuldigung gekämpft. Von meinem Vater, meinem Bruder, meinem Großvater. Die einzige Ausnahme war Elli, die sich sogar entschuldigen würde, bevor ihr ein Schimpfwort über die Lippen kam.

Aber in einer Realität, in der Lügen ein Bezahlungsmittel und der gute Ruf die teuerste Währung war, wog eine Entschuldigung verdammt viel.

Wir waren noch am Anfang. Wir lernten uns gerade erst kennen. So war das immer, wenn ich eine neue Person traf. Wie ein Tanz auf dem Eis. Ein Herantasten, Öffnen, manchmal auch Stürzen. Keine Ahnung, wann ich mich das letzte

Mal auf diesen Tanz eingelassen und mich dabei wie ich selbst gefühlt hatte.

»Ganz ehrlich? Der On-Off-Freund meiner besten Freundin – oder was auch immer Liam für meine beste Freundin ist – hat mir letzte Woche ziemlich den Kopf gewaschen. Außerdem war ich dir gegenüber sowieso nicht ganz vorurteilsfrei. Schwimmerschultern und dein hübsches Gesicht und so.«

»Du redest schon wieder so schnell«, sagte ich und fand das irgendwie süß.

»Ja.« Eine verärgerte Falte erschien zwischen ihren Augenbrauen. »Ja. Weil du schon wieder so *du* bist. Verdammt noch mal!« Frustriert fuchtelte sie mit den Händen, ein plötzlicher Stimmungswechsel, den ich schon mehrmals bei ihr beobachtet hatte. Sie war in meiner Gegenwart so ungezwungen. Etwas, das ich nicht kannte. Erst recht nicht, wenn jemand mich gegoogelt oder meinen Nachnamen erfahren hatte. Bei ihr hatte ich das Gefühl, dass die Aufrichtigkeit nicht gespielt, sondern einfach ihre Art war.

Ich mochte das.

»Es heißt, dass man hinter Wasserfällen besser die Wahrheit sagen kann«, meinte Norah jetzt und breitete die Arme aus, legte mit einem verträumten Gesichtsausdruck den Kopf in den Nacken und starrte an die Stelle, wo das Wasser über die Felskante sprang.

»Warum bist du mir dann trotzdem so aus dem Weg gegangen?«, wollte ich deswegen wissen.

»Ich glaube nicht, dass es eine gute Idee ist, wenn du das weißt.«

»Wahrheit hinter Wasserfällen?«

Norah verengte ihre Augen. »Das ist nicht fair. Ich bin viel zu abergläubisch.«

Zum ersten Mal seit Tagen zupfte wieder ein Lächeln an meinen Mundwinkeln. »Also?«, fragte ich mit schief gelegtem Kopf und betrachtete sie eingehend.

»Deine Gegenwart bringt mich aus dem Konzept und das macht mich nervös, deswegen gehe ich auf Abstand«, gestand Norah und unterbrach sich mit einem nervösen Räuspern. »Ich meine das … ernst.«

Das machte mich sprachlos.

»Du hast es doch am Anfang auch gespürt. Diese Anziehungskraft, meine ich.«

»Ja«, erwiderte ich.

Norah nickte. »Ich fange nichts mit einem Teilnehmer der Tour an. Niemals … wieder.« Sie sah aus, als würde ihr dieses Eingeständnis sehr viel abverlangen, und ich war dankbar für die Ehrlichkeit.

Die zauberhafte Röte auf ihren Wangen nahm eine dunklere Nuance an und zum ersten Mal veränderte sich die Atmosphäre wieder. Erst jetzt wurde mir bewusst, wie sehr ich diese Spannung zwischen uns vermisst hatte. Diese Glut, die leise schwelte.

»Du …«, bevor ich den Satz fortsetzen konnte, tauchte Ole neben uns auf, die längeren Haare zu einem Zopf zusammengebunden.

»Alles klar bei euch?«, unterbrach er uns fröhlich. »Auf der anderen Seite gibt's gleich eine Kaffeepause. Oder habt ihr die etwa schon gemacht?«

»Ja«, erwiderte Norah sofort, griff in ihren Rucksack und warf mir eine Packung mit natürlichem Magnesium zu.

Erst jetzt klinkte ich mich wieder in die Realität ein. Eilig trat Norah einen Schritt nach hinten und mir fiel auf, wie gut sie roch. Sanft, verspielt. Nach Blumen.

Sie wirkte verlegen und als sie jetzt meinem Blick auswich, las ich in ihrer Haltung keine Abneigung mehr mir gegenüber. Nein, es war ein Schutzmechanismus.

Wer hatte sie so verletzt, dass sie glaubte, Abstand halten zu müssen?

12

NORAH

Am übernächsten Tag stand eine der aufwendigsten Strecken der Tour an. Viel Anstieg und kürzere Pausen, damit das Tagesziel zu erreichen war. Wie jeden Morgen prüfte ich die Akkus an sämtlichen Geräten, füllte den Proviant und die Notfallversorgung in meinem Rucksack auf und trank als eine der Ersten meinen Kaffee. Diesmal auf der Terrasse der großen *hytte*, in der alle Teilnehmenden ein eigenes Zimmer hatten – mit einem atemberaubenden Ausblick über den Fjord, der dank der Sonneneinstrahlung wie ein Diamant im Licht funkelte.

Die warme Dusche war nach zwei Tagen eine Wohltat gewesen, obwohl ich es liebte, längere Strecken ohne fließendes Wasser unterwegs zu sein. Wenn man ab und zu darauf verzichten musste, lernte man diesen Luxus erst wieder zu schätzen.

Zum Abendessen hatte es dann Kabeljau mit Kartoffeln und Karottengemüse gegeben, dazu Aquavit mit dem Geschmack nach Dill und Kümmel. Perfekt.

Einfach perfekt.

Danach hatte ich mich recht schnell auf mein Zimmer verdrückt, aus Angst, im flackernden Kaminfeuer noch mehr

Sanders Blick zu verfallen, der mich über das Feuer hinweg immer wieder nachdenklich gemustert hatte.

Vermutlich wäre ich in der Tierwelt ein Reh mit ausgeprägtem Fluchtverhalten. Und Sander eine Raubkatze auf Beutezug.

»Norah, tust du mir einen Gefallen und holst noch etwas Holz für den Kamin? Wir haben gestern Abend alles aufgebraucht. Ist in der Bootshütte neben dem Steg gelagert«, tönte in diesem Augenblick Edvards Stimme aus der Küche, ehe er im Holztürrahmen erschien. Der alte Pensionsarbeiter, dem die *hytte* gehörte und der sogar meine Urgroßeltern gekannt und mich schon als dreijährigen Wirbelwind auf dem Arm gehalten hatte, wirkte trotz seines Alters frisch und energisch. Aber bisher hatte er mich niemals gebeten, ihm zu helfen. Dafür war er zu stur.

Mein Herz wurde schwer. Keine Kinder, keine Familie. Niemand, der alles irgendwann übernehmen würde.

Eine ganze Generation, die bald nicht mehr da sein wird.

»Edvard?«, fragte ich, bevor er sich wieder umgedreht hatte. Er musste früher ein gut aussehender Mann gewesen sein, aber das Alter und die Zeit hatten ihren Tribut gefordert.

»Ja, Liebes?«

»Darf ich dich was fragen?«

Er lächelte und die unzähligen Fältchen um seine gütigen Augen verschoben sich. »Alles.«

»Haben Moma und Popa dir erzählt, wie es um unser Familienunternehmen steht?«

Mit einem Schlag wich die Heiterkeit aus seinen Zügen. Er senkte den Blick. Eigentlich musste er es nicht aussprechen. »Ja, haben sie. Aber erst letzte Woche, als wir uns auf dem Markt getroffen haben.«

»Verstehe.« Ich nickte. »Wie machst du das? Wenn …«

»Du meinst, wenn ich zu alt und gebrechlich für das Ganze hier bin? Oder wer weiß, womöglich noch senil werde oder – Gott bewahre – Alzheimer bekomme? Denn glaub mir, ich mache das so lange, wie ich noch stehen und klar denken kann.« Ein grimmiger Zug legte sich um seinen Mund. »Ich möchte nicht verkaufen, aber das muss ich irgendwann. Und dann möchte ich aus der Tür treten, die Schlüssel abgeben und niemals mehr zurückblicken.«

In meinem Hals bildete sich ein Kloß. »Das habe ich mir schon fast gedacht.«

»Kopf hoch, Liebes! Davon geht die Welt nicht unter. Im Gegenteil, ich habe mein Leben in vollen Zügen genossen und das getan, was ich unbedingt tun wollte.«

»Das ist schön.« Tapfer klebte ich mir ein Lächeln auf die Lippen, doch meine Gedanken überschlugen sich. Was, wenn meine Arbeit in der Pension und die Touren doch gar nicht das waren, was ich machen wollte? Wenn ich mich jahrelang nur damit abgefunden hatte, weil mir das Leben hier vertraut war, ich nichts anderes kannte.

War es zu bequem, nichts Neues auszuprobieren? Hüllte ich mich nur in einen Illusionskokon, weil ich mich darin sicher fühlte? Vielleicht machte ich mir nur vor, dass ich mit meiner Entscheidung glücklich war. Oder war ich das am Ende auch?

»Feuerholz?«, fragte Edvard noch einmal.

Ich nickte, stellte meine halb leere Tasse drinnen auf die Anrichte und ging wieder zur Tür hinaus. Bei jeder Bewegung spürte ich, wie sich meine Muskeln etwas entspannten, je mehr Abstand ich zwischen mich und die Unterkunft brachte. Meine Gedanken überschlugen sich und das flaue

Gefühl in meiner Magengegend blieb, während mich die Morgenluft umschloss und ich den schmalen Pfad in Richtung Steg hinablief.

Hatten meine Großeltern und Liam recht mit dem, was sie über mich gesagt hatten? Wer war ich eigentlich? Was waren meine Träume und Ziele? Wollte ich für die Touren kämpfen, für das, was Popa und Moma aufgebaut hatten, oder machte ich das alles nur, um schwierigen Entscheidungen auszuweichen?

Unruhe erfasste mich und ich beschleunigte automatisch meine Schritte, als würde sich mein Tempo meiner Gedankenspirale anpassen wollen.

Seufzend wandte ich meine Aufmerksamkeit dem See zu, der sich in mein Sichtfeld schob. Überrascht heftete ich meinen Blick auf das Bild, das sich mir bot.

In perfekter Synchronisation pflügten lange muskulöse Arme durch das Wasser, teilten die spiegelglatte Oberfläche, die im morgendlichen Sonnenlicht wie ein blaues Leuchtfeuer glitzerte. Mutig, bei den kühlen Temperaturen so früh am Morgen schwimmen zu gehen.

Der Anblick hatte trotzdem etwas unheimlich Beruhigendes und gleichzeitig Befreiendes, während ich meinen Weg zu der kleinen Holzhütte am Anlegeplatz über die steile Felsentreppe rasch fortsetzte. Auch wenn ich jede Unebenheit der Stufen im Schlaf kannte, musste ich mich darauf konzentrieren, nicht zu stolpern.

Ein winziger Stromstoß ließ mich zusammenzucken, als ich ihn erkannte, während mein Herz wummernd gegen meine Rippen schlug.

Ausgerechnet Sander.

Fluchend ging ich weiter. Ich musste mich beeilen, wenn

ich nicht von ihm gesehen werden wollte. Oder noch schlimmer: dass ich sah, wie er aus dem Wasser stieg, und dann womöglich in sämtlichen Träumen und Albträumen von diesen Bildern verfolgt werden würde.

Als ich fast auf Höhe des Bootshauses angekommen war, in dem Edvard das Kaminholz lagerte, nahm ich eine Bewegung aus dem Augenwinkel wahr. In diesem Moment zogen sich zwei sehnige Arme am Anlegesteg nach oben, gefolgt von einem ansehnlichen Oberkörper, bevor Sander ganz aus dem Wasser kletterte.

Forbannet.

Die langen, durchtrainierten Beine unterstrichen seine eindrucksvolle Körpergröße. Seine Proportionen mit den breiten Schultern und der schmalen Hüfte wirkten beinahe lachhaft schön. Als hätte sich eine Mangakünstlerin an ihm ausgetobt.

Aber es war nicht sein Äußeres, das mich in den Bann schlug, sondern dieser völlig selige Gesichtsausdruck. Er wirkte befreit und glücklich, als hätte er alle Sorgen für einen winzigen Augenblick hinter sich gelassen.

Ich kannte dieses Gefühl, denn ich verspürte es bei jeder Tour aufs Neue.

Das war es, was mir Kraft gab. Warum ich die Wanderungen in den Bergen so liebte.

Das Abschalten, Loslassen, Freisein.

Ich schnaubte leise und zwang mich regelrecht, den Blick abzuwenden. Aber das klappte irgendwie nicht. Das taten superreiche Sprösslinge also, wenn sie einen Skandal ausgelöst hatten? Zu unmenschlichen Zeiten Schwimmrunden in einem viel zu kalten See drehen?

Mein Blick verfing sich wieder an seinem Oberkörper,

noch bevor ich die Erkenntnis verarbeiten konnte. Dunkle Härchen bahnten sich ihren Weg vom Bauchnabel abwärts bis in die Sportbadehose. Wassertropfen perlten auf seiner breiten Brust und als ich den Blick weiter nach oben wandern ließ, zog er sich gerade die Schwimmbrille ab, hängte sie sich ans Handgelenk und fischte nach einem Badetuch, das er sich wohl aus seinem Zimmer mitgenommen hatte.

Dann entdeckte er mich und ein zaghaftes, fast schon unsicheres Lächeln legte sich auf seine vollen Lippen. Es passte so gar nicht zu seiner Größe und Gestalt und ich hob zögernd die Hand.

»Morgen«, sagte ich und war dankbar, wie normal ich mich anhörte. »Auch schon wach?«

»Scheint so, was?«

»Jupp.« Am liebsten hätte ich die Augen geschlossen und vor Frustration gestöhnt. Nicht nur, dass er mich beim Starren ertappt hatte, nein, ich musste auch noch den dümmsten Small Talk vom Stapel lassen, der meinem chaotischen Hirn einfallen konnte.

»Wenigstens gut geschlafen?« *Small-Talk-Fail, die Zweite.* »Wie geht's deinen Blasen? Hast du Muskelkater? Der Fisch gestern war lecker, oder?«

Jævla dritt. Ich redete schon wieder so schnell und zu meinem Unmut vertiefte sich Sanders Lächeln bloß, als hätte er dasselbe gedacht. Ihm war anscheinend nichts peinlich. Mit dem Handtuch in der Hand rieb er sich trocken und ich zwang mich, ihm weiter ins Gesicht zu schauen und nicht dieser geübten, viel zu langsamen Bewegung zu folgen.

Meine Gefühle waren eindeutig in Aufruhr. *Verflucht.*

Sonst hätte ich mir den plötzlichen Drang nicht erklären können, weshalb ich ihn weiter schamlos anstarren wollte. Ich wollte alles betrachten. Die muskulösen Unterarme, die definierten Beine und den flachen Bauch, die ausgeprägte V-Linie, die wirklich jedem Typen Konkurrenz machen konnte. Und ich wollte wissen, wer der Mensch war, der sich hinter diesem Körper verbarg. Denn ich mochte das intelligente Funkeln in seinen Augen, den wachen Verstand, der dahinter zum Vorschein kam.

Als sich unsere Blicke schließlich trafen, lag in seinem ein feuriger Glanz. Zeitgleich kam er auf mich zu, das Handtuch locker über die Schulter geworfen. Heilige Scheiße. *Diese Schultern.*

»Nur viel zu kurz«, sagte er und ich blinzelte irritiert, blickte zu ihm auf, als er unmittelbar vor mir stehen blieb.

»Viel zu kurz?«

Er war mir so nah, dass ich die Gänsehaut auf seinem Körper bemerkte. Und einzelne Wassertropfen, die er nicht weggewischt hatte. Unbewusst befeuchtete ich meine Lippen, während meine Hormone wie ein Cocktail im Shaker durchgeschüttelt wurden.

»Ich habe viel zu kurz geschlafen. Und der Kabeljau war fantastisch. Aber ich glaube, wenn man sich fast zwei Tage lang von kalten Speisen und Konserven ernährt, schmeckt alles. Und meinen Blasen geht es inzwischen hervorragend, danke der Nachfrage. Du bist nur gestern recht schnell verschwunden, bevor wir uns unterhalten konnten.«

Ja, weil du mich angeschaut hast, als würdest du etwas im Schilde führen.

Ein freches Grinsen blitzte auf, als wüsste er genau, was mir in den letzten Sekunden durch den Kopf gegangen war. Also verfluchte ich ihn gleich mit.

»Faen!«

Jetzt wurde sein Lächeln genauso teuflisch wie die sprichwörtliche Übersetzung des Wortes, was ein höchst seltsames Flattern in meinem Bauch auslöste. *Okay, Norah, schalt mal bitte ein paar Gänge zurück.*

»Verrätst du mir, wieso du mich zum Teufel schicken willst?«

»Besser nicht«, murmelte ich und konzentrierte mich auf einen Leberfleck an seiner Wange. Selbst der war perfekt. Ich seufzte leise. Das war nicht mein Morgen.

»Bist du immer so früh wach?«, fragte ich ihn also, um endlich von seinem göttlichen Körper abzulenken. Dabei stand ich nicht einmal darauf. *Eigentlich.* Aber in Kombination mit seiner Ausstrahlung … Egal, selbst wenn ich ihn anziehend fand, war ich vermutlich absolut nicht sein Typ, auch wenn das Knistern zwischen uns gegen diese These sprach. Vermutlich war es aber der Tatsache geschuldet, dass ich hier das einzige weibliche Wesen im paarungswilligen Alter war.

»Ja, eigentlich schon. Aber seit ein paar Wochen kann ich nicht so gut schlafen und stehe deswegen früher auf.« Kurz huschte ein Schatten über seine Züge und ich fühlte Mitgefühl in mir aufsteigen.

»Hat Wilma sich eigentlich daran gehalten, nichts zu sagen?«, wollte ich von ihm wissen und Sanders Blick trübte sich. Auch das befreite Leuchten verschwand aus seinem Gesicht. *Fantastisch, Norah.*

»Bis jetzt schon.«

»Bis jetzt?«, wiederholte ich.

Sander zögerte kurz. Sein gedankenverlorener Blick richtete sich auf einen imaginären Punkt hinter mir, vermutlich die spiegelglatte Wasseroberfläche, um dann wieder zu mir zurückzukehren. Nun stand ein entschlossener Ausdruck in seinen himmelblauen Augen.

»Normalerweise dauert es immer ein bisschen, bis etwas die Runde macht. Sie wird es bestimmt einer Freundin erzählen. Dann noch einer. Die erzählen es weiter, bis irgendjemand damit an die Öffentlichkeit geht. So läuft es meistens. Deshalb bin ich hergekommen, um den Kopf freizukriegen.« Mit dem Daumen deutete er auf den See.

»Und dann tauche ich auf und erinnere dich wieder daran. Sorry«, schob ich zerknirscht hinterher.

»Schon okay.«

Unschlüssig machte ich einen Schritt nach hinten, doch Sander füllte die Lücke, indem er sich ein Stück vorbeugte. »Du magst also die Formel 1, ja?«

»Woher …?«, setzte ich an, doch er deutete auf den Schriftzug auf meiner Brust und ich nickte. Daran hatte ich nicht gedacht. Mein Schlaf-Gammel-Morgen-Pullover. »Ja. Irgendwie verbinde ich damit die Sonntage, die ich gemeinsam mit Popa auf dem Sofa verbracht habe. Bis auf wenige Ausnahmen war Fernsehen nämlich nicht erlaubt, aber das war die beste Ausnahme der Welt.«

»Popa?«, fragte Sander.

»So nenne ich meinen *farfar*«, erklärte ich.

Ein verschmitztes Grinsen huschte über seine Lippen. »Interessanter Spitzname.«

»Er ist quasi mein Vater. Und mein Opa«, begann ich etwas monoton und hölzern, wie immer, wenn das Thema zur Sprache kam. »Am Anfang habe ich ihn *far* genannt, doch das hat ihn zu sehr verletzt und er hat nach einer Alternative gesucht, später sind wir dabei geblieben …«

Das Schmunzeln auf Sanders Gesicht erstarb, als hätte man eine Verbindung gekappt. »Deine Eltern …?«

»Sind gestorben, als beide so alt waren wie wir jetzt.«

»Wow.« Ich sah, wie er einmal schwer schluckte. »Das tut mir sehr leid.«

Etwas ratlos hob ich eine Schulter. »Ehrlich gesagt kenne ich es nicht anders. Es gibt nur manchmal diese Momente, in denen mir bewusst wird, wie sehr sie mir fehlen, weil ich sie nie kennenlernen konnte. Aber wie soll ich etwas vermissen, das ich nie kannte?«

»Ja, das verstehe ich gut.« Sanders einfühlsamer Blick brannte sich bis auf den Grund meiner Seele und ich sah etwas verlegen zur Seite, weil mir das alles plötzlich sehr naheging. Mein Magen verkrampfte sich.

Um davon abzulenken, klatschte ich enthusiastisch in die Hände. »Also für so ein Gespräch vor sieben Uhr morgens und mit nur einer halben Tasse Kaffee intus bin ich auf jeden Fall noch nicht wach genug. Wo waren wir stehen geblieben? Bei der Formel 1?«

Selbstverständlich verstand Sander den Wink mit dem Zaunpfahl sofort, was mich noch mehr ärgerte. Normalerweise musste ich Typen in meinem Alter mit dem Vorschlaghammer meine Bedürfnisse einhämmern. Für einen Sekundenbruchteil fragte ich mich, ob Sander auch sonst ein gutes Gespür für Situationen besaß, und dann verfluchte ich ihn, mein Hirn und sämtliche Blitzszenarien, die ohne Ankündigung vor meinem inneren Auge auftauchten.

»Lieblingsstrecke?«, fragte er mit schief gelegtem Kopf.

»Spa.«

Er nickte anerkennend. »Lieblingsfahrer?«

»Mintunnen. Und Noah Pietschmann, falls er den Sprung in die Formel 1 schafft. Popa war ein riesiger Fan seines Vaters.«

»Mhm-mhm.« Sander stieß ein brummendes Geräusch aus

und ich hatte den Eindruck, dass er gegen ein aufkeimendes Lächeln ankämpfte. Nur den Grund verstand ich leider nicht.

»Und bei dir?«, wollte ich von ihm wissen.

»Monaco. Liegt aber hauptsächlich an den guten Erinnerungen.«

Natürlich. Wahrscheinlich hatte er schon mit unzähligen Fahrern in einem angesagten Club gefeiert. Oder von einem hübschen Boot aus einen Blick auf die Strecke gehabt. Oder am besten noch exklusive Paddock-Pässe, für die Ada und ich morden würden.

»Lieblingsteam ist ganz klar *Daifun Energy*. Lieblingsfahrer: Kiefer, falls er den Sprung in die Formel 1 schafft«, ahmte er meinen verspielten Tonfall nach. Sein entwaffnendes Lächeln traf mich ohne Vorwarnung. »Wo wolltest du eigentlich hin?«

»Holz holen. Für den Kamin.«

»Soll ich dir helfen?«, bot er netterweise an.

»Etwa so?« Ich machte eine lose Handbewegung an ihm herunter. Dabei sprangen mir weitere Details ins Auge. Zum Beispiel die feinen Härchen an seinen Unterschenkeln. Wie wenig Spielraum seine Badehose der Fantasie ließ. Wie durchtrainiert seine Waden waren. Oder dass die Venen an seinen Armen viel zu sexy hervortraten.

»Du weißt schon, dass ich sehen kann, wie du mich musterst, oder?« Das leise, tiefe Lachen ließ mich ertappt aufblicken. »Ich dachte, du hast da diese Regel.«

Herregud. Wie peinlich. »Habe ich auch.«

»Dann solltest du aufhören, mich so anzusehen.«

»Wie sehe ich dich denn an?«, ploppte es aus meinem Mund, bevor ich darüber nachdenken konnte. Weshalb klang meine Stimme auf einmal so atemlos?

Auch Sander schien die veränderte Atmosphäre sofort zu

spüren, denn er ließ seinen Blick genauso langsam an mir herabwandern wie ich eben bei ihm. Obwohl ich ungefähr fünfmal so viel anhatte, fühlte ich mich auf eine Weise entblößt, die mir augenblicklich die Hitze in die Wangen trieb.

Uff. Okay. Message angekommen.

»Norah?«, unterbrach in diesem Augenblick Gregoris Stimme unser filmreifes Geplänkel, was mich beinahe vor Erleichterung – oder Enttäuschung? – aufseufzen ließ. Keine Sekunde später tauchte er auf einem Absatz oberhalb von uns auf, eine Strickmütze auf dem Kopf. Er blieb stehen und sein Mund verzog sich zu einem wissenden Lächeln, während er Anstalten machte, auf der Stelle wieder umzukehren.

»Tut mir leid, ich wollte euch nicht stören. Ich konnte Ole nicht finden und wollte nur schnell den Zeitplan für heute durchgehen.«

»Du hast nicht gestört«, kommentierte ich trocken. Zu meiner Schande nickte Gregori so fleißig, als wäre er plötzlich zu einer Taube mutiert. Vermutlich nahm er mir die Worte nicht ab.

»Dann lass ich euch mal euer Zeug besprechen und gehe duschen«, meinte Sander. Er lächelte noch einmal in meine Richtung und machte sich auf den Weg nach oben, während Gregori zu mir kam.

»Na?«, sagte er.

Ich stupste Gregori in die Seite, der sich die Mütze abnahm und in seine Jackentasche stopfte. »Nichts *naaaaaa* …«

»Den Gerüchten von Trude und Sylvia nach macht sich der *nett aussehende junge Mann*, mit dem du gern auf Tuchfühlung gehen möchtest, erstaunlich gut darin, Ersatzpsychologe zu spielen. Wasserfall und so …«

»Du bist schlimmer als ein Waschweib im Mittelalter.«

»Ich hab ja sonst nichts zu tun«, erwiderte Gregori grinsend. »Aber sollte ich mir Gedanken machen, weil du das mit der Tuchfühlung nicht vehement und äußerst energisch abgestritten hast?«

»Nein«, schnaubte ich genervt, denn damit traf Gregori tatsächlich ins Schwarze. »Und jetzt muss ich erst mal das Kaminholz für Edvard holen. Du kannst dich gern nützlich machen.«

Faen heller. Das klang bissiger als beabsichtigt. Was daran lag, dass mein Herz unnatürlich heftig schlug, seit Sander gegangen war. Oder schon davor? Und wieso fühlte es sich so an, als würde ich ihn gern wiedersehen wollen?

»Oh-oh.« Mit verdutzter Miene starrte Gregori mich an, legte einen Arm um meine Schultern und schob mich kopfschüttelnd in Richtung Bootshütte. »Den Ausdruck habe ich schon lange nicht mehr bei dir gesehen.«

»Ausdruck? Welchen Ausdruck?«, fragte ich, doch Gregori gab mir keine Antwort darauf.

Ehrlicherweise war ich froh darüber. Ich war mir nämlich nicht sicher, ob ich wirklich wissen wollte, wie genau ich denn geschaut hatte. Die Wahrheit war, dass Sander bereits jetzt meine Gedanken bestimmte. Und das war kein gutes Zeichen.

13

SANDER

Hallo Arschgesicht, hast du gut geschlafen?
Wie geht's dir?

Die Nachricht ließ mich schmunzeln und vertrieb die dunklen Wolken, die sich wieder in meine Gedanken schieben wollten. Das war so typisch für Mar, eine Nachricht aus dem Nichts. Eine Nachricht, die den Tag versüßte. Wenn man von Versüßen sprechen konnte.

Die warme Dusche nach der erfrischenden Runde im See war genau richtig gewesen, auch wenn meine Gedanken einmal zu viel abgedriftet waren und sich vielleicht einmal zu oft Norahs Gegenwart ausgemalt hatten.

Seufzend ließ ich mich auf das Bett fallen, das etwa die Größe einer Konservenbüchse hatte. Meine Füße ragten am anderen Ende heraus, aber ehrlicherweise juckte mich das kein bisschen. Obwohl ich das niemals zugeben würde, doch nach knapp einer Woche spürte ich die Wanderstrecken in jedem Muskel. Auf eine gute Weise. Alles hier fühlte sich natürlich an.

Nett, dass du fragst. Jetzt mache ich mir langsam Sorgen um dich, wenn du so fürsorglich bist. Alles gut?

Das ist keine Antwort auf die Frage.

Danke für die Erläuterung, Euer Durchlaucht.

Wie oft denn noch! Wenn du dich schon einschleimen willst, versuch es wenigstens mit dem richtigen Titel: Königliche Hoheit.

Ich lachte.

Ernsthaft? Eine falsche Anrede und du zickst rum? Komm schon, Mar …

Um meinem Freund nicht weiter auf den Sack zu gehen, fügte ich hinzu:

Und es geht mir gut. Wer hätte gedacht, dass ein bisschen frische Luft, stinknormale Unterhaltungen und kühle Sommernächte so eine Seelenruhe auslösen können?

Scheiße, das klingt, als würdest du morgens auch noch meditieren. Aber das freut mich!

Keine Minute später folgte:

Wenn du jetzt sagst, dass du bald eine *hytte* kaufst und dich von sämtlichen Pflichten lossagst, gib mir Bescheid, ja? Ich komme nach.

Wenn er wüsste, wie sehr ich das fühlte. Unser Leben war ein verdammtes Karussell, das über Generationen hinweg an Fahrt aufgenommen hatte. Ohne Halt. Ohne Pause. Ein Ausstieg? Undenkbar.

So schlimm gerade?

Frag nicht. Ich muss los. Staatsbesuch. Zeitplan voll durchgetaktet.

Alles klar. Viel Erfolg!

Ich wechselte den Chat und las mir die Nachricht von Henning durch, in der es darum ging, dass er einen riesigen Fehler mit Karla gemacht hatte und alles versuchen würde, sie davon zu überzeugen, ihnen noch eine Chance zu geben. *Dieser verliebte Vollidiot*, dachte ich, jedoch nicht ohne ein Lächeln. Karla hatte es ihm ganz schön angetan, und das schon von der ersten Sekunde an. Ich hatte keine Ahnung, woher er den Mut nahm, sämtliche Schutzwälle herunterzulassen und ihr so offen gegenüberzutreten. Denn ich war in diesem Punkt vorsichtiger. Bedachter. Zu viele negative Erfahrungen hatten sich eingebrannt. Selbst mit Lari war es immer ein Herumtänzeln gewesen. Tief im Herzen hatte ich gespürt, dass ein wesentlicher Teil unserer Zuneigung auf meinem

Nachnamen beruhte. Wir waren ineinander verliebt gewesen, aber nachdem die Beziehung vorbei war, hatte es keinen bodenlosen Fall gegeben.

Etwas hatte immer gefehlt.

Ich checkte die übrigen Nachrichten und E-Mails, vermied es aber, online nach den neusten Schlagzeilen zu suchen. Keine Kraft. Keine Nerven. Allein der Gedanke daran ließ mein Herz in den Magen sacken.

Dann steckte ich mein Handy weg und packte meinen Wanderrucksack fertig. Ein letzter Blick durch den Raum, dann schnappte ich mir mein Gepäck, das Gregori zur nächsten Unterkunft bringen würde.

Auf dem Weg zum Bus begegnete mir Julie mit ihren spitzen Schultern und schmalen Gesichtszügen. Aus großen, runden Augen sah sie mich an. Die Ähnlichkeit zwischen ihr und Wilma war verblüffend.

»Guten Morgen«, begrüßte ich sie.

»Hi«, piepste sie schüchtern und ging zügig weiter, den Blick gesenkt und das Kinn auf ihren schmächtigen Brustkorb gepresst.

»Ein Wunder, dass sie dich überhaupt zurückgegrüßt hat«, tönte es keine Sekunde später hinter mir und als ich mich umdrehte, entdeckte ich Wilma. Übergroßes Shirt und weite, kakifarbene Hose. Einzig die Wanderschuhe ließen darauf schließen, dass sie an der Tour teilnahm.

»Normalerweise spricht sie mit niemandem.«

»Dann kann ich mich ja darüber freuen.«

Wilma betrachtete mich mit verengten Augen, etwas misstrauisch, beinahe abweisend. Bei dem Anblick rührte sich etwas in mir, weil ich das Gefühl selbst zu gut kannte. Durch Elli.

Mit ihrer ruhigen und besonnenen Art verkörperte Elli jedes Klischee einer grauen Maus, auch wenn das Sprichwort *Stille Wasser sind tief* vermutlich für sie erfunden worden war.

Also sagte ich: »Meine Schwester ist ähnlich. Sie wird meistens unterschätzt. Aber irgendwie hat das auch etwas Gutes, weil sie andere dadurch positiv überraschen kann.« Vermutlich gab es außerdem niemanden in unserer Familie, der besser mit dem Gewehr umgehen konnte als sie.

Etwas von der Anspannung in Wilmas Haltung löste sich und wir setzten unseren Weg gemeinsam zum Hauptplatz fort. »Julie auch, weil ihr nie jemand etwas zutraut. Aber besser so als andersherum.«

Für einen Augenblick hatte ich den Eindruck, einen leichten Schmerz in ihren Augen aufflackern zu sehen. Doch er verschwand genauso schnell wieder, wie er aufgetaucht war.

»Ja, ist manchmal nicht leicht, wenn alle denken, dass man auf ganzer Linie versagt.« Normalerweise ließ ich niemanden hinter den Vorhang blicken, aber irgendetwas sagte mir, dass Wilma genau das brauchte. »Aber dadurch hat man auch alle Karten in der Hand.«

Wilmas verdrossener Ausdruck hellte sich etwas auf und ich erwiderte das zaghafte Lächeln, als würden wir ein Geheimnis teilen.

»Guten Morgen«, unterbrach uns Rimas auf Englisch. Er trat gerade aus einer der anderen Holzhütten und Wilma setzte augenblicklich eine so abweisende Miene auf, dass man glauben konnte, sie würde ihn blöd finden. Einzig das nervöse Ringdrehen verriet sie.

»Bist du bereit?«, fragte mich Ole, als wir in einvernehmlichem Schweigen unser herzhaftes Frühstück in dem schlichten Frühstücksraum genossen. Die Ladung Omelette auf meinem Teller hätte selbst einen hungrigen Berglöwen zufrieden schnurren lassen.

»Ja, ich freue mich auf die nächste Etappe.« Unfassbar, aber wahr. Ich konnte es selbst kaum glauben.

»*Trolltunga* kann sich sehen lassen«, antwortete Ole und schaufelte sich sein Müsli mit den vielen Nüssen hinein. »Heute Nachmittag wird die Hölle los sein, aber es übernachten nur die wenigsten dort. Die Sonnenaufgänge sind wunderschön.«

»Das haben Sonnenaufgänge so an sich«, kommentierte Norah trocken, die gerade mit einem unter die Arme geklemmten Stapel Feuerholz zur Tür hereinkam, dicht gefolgt von Gregori, der die doppelte Menge trug. Wie von selbst wanderte mein Blick über ihre Gestalt, hinauf zu ihrem Gesicht.

Ich sollte anderes im Kopf haben. Ich sollte nicht einmal ansatzweise daran denken, aber seltsamerweise ertappte ich mich dabei, wie ich mehr wollte. Norah kennenlernen. Herausfinden, was sie zum Lachen brachte. Was sie liebte. Was sie hasste.

Pokker …

Ich bewegte mich auf ganz, ganz dünnem Eis.

Nach einer kurzen Pause in einer der wenigen Hütten im Hochgebirge, die auch etwas zu essen anboten, ging es weiter durch die luftigen Höhen oberhalb von Skjeggedal und Ringedalsvatnet. Noch immer drang der leicht salzige Geruch in meine Nase, es duftete nach Sommer, nach der rauen Wildheit der Natur und einem blumigen Cocktail.

Der Anstieg war deutlich anstrengender als die Tage zuvor und alle Touristen, die uns begegneten oder dieselbe Strecke gingen, wirkten erfahren und durchtrainiert.

Nachdem ich mich eine Weile mit Trude und Sylvia unterhalten hatte, tauschte ich mich mit Ole über die Vorteile verschiedener Angelruten aus. Und einmal mehr fragte ich mich, weshalb ich nicht ein Leben wie dieses führen konnte.

Was sprach eigentlich dagegen?

Meine Zukunft bei KOSGEN stand zwar so gut wie fest, aber ich hatte noch keinen Arbeitsvertrag unterschrieben. Selbstverständlich bekamen meine Geschwister und ich regelmäßig unsere Anteile ausgeschüttet, die treuhändisch bis zu unserem fünfundzwanzigsten Geburtstag verwaltet wurden und uns anschließend zugänglich gemacht werden sollten.

Ich wusste, wie viel auf dem Spiel stand, was von mir erwartet wurde. Gleichzeitig war mir sehr wohl klar, wie privilegiert ich war. Was mir alles in den Schoß gelegt worden war. Und im Gegensatz zu meinem Vater hatte ich dank Mama immer einen Familienzusammenhalt gespürt. Ich dachte gern an Weihnachten, unsere Ausflüge und Reisen zurück.

Bis jetzt.

Durch den Skandal war mein Familienbild zum ersten Mal erschüttert worden. Ich hatte meine Fassade so perfektioniert, dass selbst meine Familie nicht mehr hinter meine Maske blicken konnte.

War es das alles wert? Ich war mir nicht sicher.

»Ah, du bist einer von diesen Grüblern.« Unbemerkt war Norah neben mich getreten und lächelte dieses kecke Lächeln, wobei sich ihre Oberlippe wieder so niedlich kräuselte. Einzelne Sommersprossen tanzten um ihre Nase und das strahlende Blau ihrer Augen wirkte angesichts des herrlichen Wetters wie die glitzernde Oberfläche des Bergsees, in dem ich vorhin geschwommen war.

Seit unserer Begegnung heute früh waren wir uns kaum über den Weg gelaufen, auch wenn mein Blick immer wieder wie magnetisch angezogen in ihre Richtung gewandert war. Es war ihre frische, unverstellte Art, die mich so faszinierte. Etwas in mir regte sich und ich hatte nicht den blassesten Schimmer, was es war. Mein eingefrorenes Herz?

»Grübler?«

»Es ist spannend zu sehen, wie sich alle in ihre Alter Egos verwandeln, sobald wir länger unterwegs sind. Es dauert ein paar Tage, aber dann kommt meist der wahre Charakter zum Vorschein.« Da lag kein Urteil in ihrer Stimme und das mochte ich.

»Und du unterteilst sie in Kategorien?«

»Nicht absichtlich, das passiert automatisch.« Norah hob die Schultern, die Hände in die Träger ihres Rucksacks eingehakt, der doppelt so groß war wie die Gepäckstücke der anderen. Wahrscheinlich sogar doppelt so schwer. »Gregori und ich tippen immer darauf, wer eine, vielleicht sogar eine zweite Etappe zur nächsten Unterkunft gefahren werden muss. Das passiert nicht immer, kommt jedoch durchaus vor. Für mich haben die Wetten aber vielmehr mit meinem Wunsch zu tun, dass Leute über sich hinauswachsen. Vor allem, wenn man es nicht von ihnen erwartet. Ich wette also nicht aus … Schadenfreude«, fügte sie erklärend hinzu, als sie meinen verwunderten Gesichtsausdruck bemerkte.

»Lass mich raten, du bist die Optimistischere von euch beiden?«

Norah lachte wieder ihr glockenhelles Lachen, das mich

mittlerweile bis in den Schlaf verfolgte – und in mir den dringenden Wunsch auslöste, es so oft wie möglich zu hören.

»Natürlich.«

Jetzt war ich neugierig. »Und was verstehst du unter einem Grübler?«

»Es gibt Menschen, die auf der Tour alles hinterfragen: Beziehungen, ihr Leben, ihre Arbeit, Ernährungsgewohnheiten.« Norah zuckte mit den Achseln. »Das ist total unterschiedlich. Aber meistens sind das diejenigen, die sich völlig in sich zurückziehen.«

Volltreffer, doch ich ließ mir nichts anmerken. »Wenn ich ein Grübler bin, was für ein Typ bist dann du?«

»Ich schätze, ich mache das schon zu lange, um mich wirklich fallen zu lassen. Ich kenne das alles hier zu gut. Jede Biegung. Jede Steigung. Ich kann meine Ressourcen einteilen und weiß, wann Schluss ist. Deswegen komme ich meist nicht in die Situation, mein wahres Ich zu zeigen.« In ihrer Miene lag ein nachdenklicher Ausdruck. »Keine Ahnung, ob das jemals anders war. Aber ich fühle mich wohl, lasse mich treiben. Trotzdem arbeite ich. Etwas paradox, ich weiß.«

»Vielleicht liegt es daran, dass du hier in deiner Komfortzone bist.« Ich deutete auf die schroffen Felshänge und die sattgrünen Wiesenläufe, die sich wie ein Teppich ins Tal ausbreiteten. »Du müsstest etwas ausprobieren, das du noch nicht kennst. Etwas, das dich herausfordert, weil es dir fremd ist.«

Norah schüttelte den Kopf und murmelte etwas Undeutliches, wobei sich eine steile Falte in ihre hübsche Stirn grub. Am liebsten hätte ich darübergestrichen, um sie zu glätten. Innerlich schüttelte ich den Kopf über meine Gedanken. Was zum Teufel war nur los mit mir?

»Was ist?«, fragte ich.

»Wie machst du das?«, wollte sie nun schon beinahe verärgert wissen. Oje, es war schon verdammt süß, wenn sie die Augenbrauen zusammenzog.

»Was meinst du?«

»Du hast eine Gabe, weißt du das? Immer, wenn du dich mit jemandem unterhältst, habe ich das Gefühl, du triffst genau den Kern. Das, was die Leute ausmacht.«

Verlegen fuhr ich mir durchs Haar, weil jetzt Norah diejenige war, die etwas Wahres ansprach. Etwas, das ich schon lange bemerkt, aber mir nie eingestanden hatte.

»Nennt sich vermutlich Empathie«, erwiderte ich lapidar. »Kommt häufiger vor, als man denkt.«

»Und bescheiden bist du auch noch«, murmelte sie und hob die Arme. »Also wenn du jetzt noch superreich wärst, würde ich dich glatt heiraten.«

Es war kein plumper Flirt, sondern ein so schlechter Scherz, dass sich meine Mundwinkel wie von selbst nach oben bogen. Ihr erdiger und gleichzeitig süßlicher Duft stieg mir in die Nase, was mich an Erdbeeren erinnerte. Unwillkürlich verringerte ich die Lücke zwischen uns, während wir unseren Weg fortsetzten. Vor uns liefen die Clausens und Rimas mit seiner Mutter, der sich gerade mit Ole unterhielt, dahinter Wilmas Familie. Immer wieder schwenkte Wilmas Blick zu Rimas, aber nur, wenn sie sich unbeobachtet fühlte.

»Sie steht auf ihn«, durchbrach Norah meine Gedanken.

»Wer?«

Sie deutete mit dem Kinn nach vorn. »Wilma. Auf Rimas. Trotz der Sprachbarriere.«

»Kommt das häufiger vor?«

Sofort spannten sich die Muskeln in ihrem Körper an, als wollte sie im nächsten Augenblick davonsprinten. Ah, das erklärte einiges. Nein, das erklärte sogar alles. Norah warf mir einen schnellen Seitenblick zu, starrte dann wieder geradeaus.

»Ja, eigentlich schon. Hier draußen kann man sich nicht verstecken. Im Grunde die perfekte Beziehungsprobe.«

»Aber …?«

»Danach geht das Leben weiter.« Norahs Tonfall veränderte sich, wurde leiser und in ihren Worten schwang eine unverwechselbare Traurigkeit mit. Das war es also. Sie musste es gar nicht aussprechen, es war offensichtlich. Ihre Regel hing mit einem gebrochenen Herzen zusammen, ganz so, wie ich vermutet hatte.

Überraschenderweise verspürte ich eine rasende Wut in mir aufsteigen, als ich Norahs Miene betrachtete. Die Niedergeschlagenheit und Melancholie darin. Wer war der Kerl, der sie so verletzt hatte? Und wie konnte ich ihm sämtliche Rippen brechen?

»Alles in Ordnung?«

»Mmh?« Ich blickte auf und sah, dass Norah mich mit einem Stirnrunzeln musterte. Ihr Blick wanderte vielsagend zu meinen Händen, die ich zu Fäusten geballt hatte und sogleich öffnete.

»Ja, ich musste nur an meine Familie denken«, sagte ich und hielt es für besser, zu dieser kleinen Notlüge zu greifen, als ihr zu sagen, was mir wirklich durch den Kopf ging.

»Verstehe. Unsere Familien sind sich gar nicht so unähnlich.«

»Wie meinst du das?«

»Na, wurde KOSGEN nicht von deinem Urgroßvater gegründet?«

Ich nickte. »Ja.«

Norah zuckte mit den Achseln. »Und *Hjerteslag Øyeblikke* von meinem.«

Resignation erfüllte mich. »Da hört die Gemeinsamkeit aber wieder auf.«

»Inwiefern?«, fragte Norah neugierig.

»KOSGEN ist nicht nur das Lebenswerk meiner Urgroßeltern. Unser kompletter Familienzweig hat das Unternehmen mit harter Arbeit zum Erfolg gebracht. Leider sind unter der Führung meines Großvaters Konflikte entstanden, die den inneren Kern unserer Familie zerstört haben«, erklärte ich und legte offen, was man auch in den Biografien, die über meine Familie geschrieben wurden, finden konnte. »Wie ein marodes Stück Holz, das einfach zerbröselt ist«, fuhr ich fort, während Norah aufmerksam zuhörte. »Ganz zu schweigen von den Konkurrenzkämpfen mit anderen Firmen aus der Süßwarenbranche, allen voran *Knåd*, dem Schokoladenpendant zu unseren Keksen.«

»Oh, ich liebe die Pralinen von ihnen! Wir verschenken sie immer zu besonderen Anlässen!« Als Norah meinen Blick bemerkte, machte sie ein zerknirschtes Gesicht. »Okay, verstehe. Aber falls es dich beruhigt: Heftige Konkurrenzkämpfe haben wir hier auch, obwohl man das bei der Weite der Landschaft nicht vermuten würde … Und ihr habt eine Familienfehde mit den Besitzern von *Knåd*?«

»Jupp«, antwortete ich. »Die Larssons – eine schwedische Einwandererfamilie – wohnen ebenfalls in Oslo und sind im Laufe der Jahrzehnte zum größten Schokoladenhersteller Norwegens aufgestiegen. Es hat eine Zeit gegeben, da waren unsere Großväter befreundet gewesen, aber nach geklauten Rezepten und dem Ausspannen von Freundinnen ist daraus eine Feindschaft entstanden, die über Generationen weitergegeben wurde.«

»Klingt irgendwie … nervenaufreibend.«

Ein Seufzen entwich mir. »Ist es auch. Oft müssen eigene Vorstellungen oder Wünsche hintenangestellt werden, zum Wohl der Firma, zum Wohl der Existenz. Und es reicht nicht aus, der Sohn von jemandem zu sein. Man muss sich diese Position auch erkämpfen«, gestand ich leise. Vielleicht war es die Natur, mein ganz eigenes *Hinter einem Wasserfall sagt man die Wahrheit.*

Dabei fiel mir auf, dass Norah heute wieder ihre Jeansjacke mit den vielen Patches trug. Ein bisschen wie die Schuppen eines Regenbogenfisches. Alle in unterschiedlichen Größen und alle offenbar selbst aufgestickt. Blumen, Früchte, Berge, Städte.

»Pocht ihr nicht besonders darauf, für die Tour eine wettertaugliche Ausrüstung dabeizuhaben? Und spricht deine Jeansjacke nicht dagegen?«, versuchte ich es mit einem Themenwechsel und sah, wie sich Norahs sonst so weiche Gesichtszüge verhärteten, stählern und abweisend wurden.

»Ausnahmen bestätigen die Regel.« Eigentlich duldete ihre schroff ausgespuckte Antwort keine weiteren Nachfragen, aber jetzt wollte ich unbedingt wissen, was dahintersteckte.

»Na komm schon, das ranzige Teil ist doch nicht besonders geeignet, oder?«

Als sich Norah mir zuwandte, blitzten tausend winzige Gewitter in ihren Augen. Bevor ich meine Aussage hinterfragen konnte, stach sie mir bereits ihren Zeigefinger in die Brust.

»Die Jacke ist alles andere als ranzig. Und nicht jeder kann sich eine perfekte Profiausrüstung leisten, schon mal daran gedacht?«

»Woah, Augenblick!« Abwehrend hob ich die Hände und schüttelte entschuldigend den Kopf. »So war das nicht gemeint.«

14

NORAH

Wenn ich ehrlich zu mir selbst war, suchte ich förmlich wie ein Spürhund nach einem Vorwand, Sander nicht zu mögen. Mich nicht zu ihm hingezogen zu fühlen. Denn verdammt, das tat ich.

Wir setzten uns gleichzeitig wieder in Bewegung, folgten dem Verlauf des Weges. Es war noch ein gutes Stück, wir hatten gerade einmal vierhundert Höhenmeter gewonnen.

Ja, er war attraktiv, aber was mich viel mehr beeindruckte, war seine gesamte Art. Wie er eine Unterhaltung am Leben hielt, wie interessiert er war. Alles an ihm war faszinierend, als wäre er eine überdimensionale Glühbirne und ich eine Motte, die direkt zu ihm fliegen wollte.

Wortwörtlich. Vielleicht auch etwas mehr. Etwas, das Motten garantiert nicht mit Glühbirnen tun sollten.

Wo gab es solche Typen? Doch wohl kaum im echten Leben!

»Wie war es dann gemeint?«, fragte ich also und hob die Brauen, schob vehement alle Bedenken beiseite. »Na klar, du kennst es ja nicht anders. Wenn du etwas Neues haben willst, kaufst du es dir einfach.« Bitterkeit tränkte meine Stimme und so etwas wie Reue schlich sich in mein Herz. Es sah mir nicht ähnlich, so kratzbürstig zu sein. Schon gar nicht einem Tourteilnehmer gegenüber.

Aber so war ich immer gewesen. Wenn mir etwas Angst machte, hielt ich es von mir fern. Versteckte mich, schlug es in die Flucht oder rannte weg. Weit weg.

Damit es mich am Ende nicht doch noch verletzen konnte.

»Wie kommst du auf so eine Schlussfolgerung? Nur weil ich gesagt habe, das Teil sieht ziemlich mitgenommen aus? Das sollte ein Scherz sein. Inzwischen haben solche Jeansjacken sogar Kultstatus.« Nachlässig fuhr er sich mit einer Hand durchs Haar und musterte mich einen Moment lang. »Oder geht es um etwas anderes?«

Verdammt, wie soll ich mich da an Gründe klammern, ihn nicht zu mögen?

»Tut mir leid«, stieß ich kleinlaut aus und blieb erneut stehen. »So war das nicht gemeint. Du hast einfach einen wunden Punkt erwischt.«

Echtes Interesse stand in seinen scharf geschnittenen Zügen, während er sich in meine Richtung beugte und mir dabei auf viel zu gefährliche Weise näher kam. Näher, als er sollte. Nicht so nah, wie ich es mir wünschte.

Wahrscheinlich sollte ich die Gefühle ignorieren, die diese Intimität in mir auslöste. Aber irgendwie schaffte ich es nicht. Irgendwie fühlte es sich einfach zu gut an. Das Bedürfnis, die Distanz zu überbrücken und ihn zu berühren, zuckte durch meine Finger.

»Hat dir die Jacke jemand geschenkt?«

»Faen heller!«

Verdutzt schaute mich Sander an. »Was ist?«

»Du tust es schon wieder! Du bist in meinem Kopf!«

Für einen winzigen Augenblick schien er sprachlos zu sein, dann lachte er dröhnend los und dieses ungezwungene und grundehrliche Geräusch fuhr mir direkt ins Herz. Winzige Luftbläschen begannen in meinem Bauch zu kribbeln und ich grub meine Fingernägel in die Handflächen. Wie immer, wenn ich meine Emotionen unter Kontrolle bringen wollte.

»Sie ist von meiner Mama«, fügte ich leise hinzu und sofort wurde Sanders Miene wieder ernst. »Sie hat ihr gehört, bevor sie gestorben ist. Und obwohl seitdem knapp zwanzig Jahre vergangen sind, bilde ich mir manchmal ein, ich könnte sie darin spüren. Oder einen letzten Hauch ihres Duftes darin finden. Was bescheuert ist, ich hab das Teil schon viel zu oft gewaschen.«

Betroffenheit zuckte über sein Gesicht. »Das tut mir leid. Das wusste ich nicht.«

»Woher auch? Und ganz ehrlich: Das macht nichts. Du hast bestimmt auch die eine oder andere Sache, die dich auf besondere Weise an etwas erinnert.«

In seinem Gesicht spiegelte sich Verwunderung und er dachte einige Sekunden darüber nach, ehe er schließlich müde erwiderte: »Ja, aber nichts von emotionalem Wert.«

Bevor ich darauf reagieren konnte, tauchte Sylvia in meinem Sichtfeld auf. Die rot gefärbten Haare hatte sie heute nach oben gesteckt. Dank des sonnigen Wetters besaß sie inzwischen einen bronzefarbenen Teint und mit der schmal geschnittenen Sonnenbrille sah sie zehn Jahre jünger aus.

»Norah, darf ich dich kurz stören?«

Ich räusperte mich und brachte Abstand zwischen mich und Sander, dessen Mundwinkel sich zu einem schiefen Grinsen verzogen. Als sich unsere Blicke trafen, verschmolzen sie miteinander und ich war froh, endlich außer Reichweite zu kommen. Gleichzeitig fühlte ich fast schon das körperliche Bedürfnis, wieder zu ihm zu gehen, musste gegen den Drang ankämpfen und verlor doch kläglich.

Sobald ich über die Schulter zurücksah, bemerkte ich, dass Sander mir hinterherstarrte. Anders als in den Tagen zuvor. Als hätte sich etwas Grundlegendes verändert. Seine gesamte Ausstrahlung wirkte ruhiger und entschlossener. Wie jemand, der genau wusste, was er wollte. Mein Herzschlag nahm spürbar an Tempo zu.

Gegen jede Vernunft, gegen jede rationale Entscheidung wünschte ich mir insgeheim, das zu sein, was er wollte.

Und gleichzeitig fragte ich mich, ob das nicht mein Verderben bedeuten würde.

In den letzten Jahren war die *Trolltunga* zu einem Fotomodell verkommen. Es war beinahe lachhaft, wie lange die Menschen anstanden, um den perfekten Schnappschuss von sich auf der Trollzunge zu schießen.

Das war einer der Gründe, weshalb wir mit unserer Gruppe vor Ort übernachteten. So mussten wir nicht schon um sechs Uhr lospilgern, um vor dem ersten Ansturm vor Ort zu sein. Leider war es etwas neblig und zugezogen, dafür hatte es etwas Mystisches und Märchenhaftes. Ein ganz eigener Zauber, den die fluchenden und schimpfenden Touristen offenbar nicht genießen konnten, weil sie den Abstieg zu ihren Shuttlebussen rechtzeitig schaffen mussten. Um 17:00 Uhr war auch der Zeltplatz schon gut gefüllt, doch das war kein Vergleich zu den Menschenmassen, die sich um das Fotopanorama tummelten. Ole und ich grüßten ein paar Guides, die wir flüchtig oder besser kannten und die bereits dabei waren, ein Abendessen für ihre Gruppen vorzubereiten.

Wir halfen unseren Teilnehmenden beim Aufbau der Zelte, die nichts mehr mit den Teilen gemeinsam hatten, mit denen ich damals das Campen begonnen hatte. Beeindruckend, wie schnell sich Dinge weiterentwickelten.

Sylvie und Trude waren an ihre Grenzen gekommen, obwohl sie geübte Wanderinnen waren, und zogen sich nach dem Abendessen am Lagerfeuer zurück. Gleiches galt für das unscheinbare Pärchen aus Belgien, Wilmas Familie und die Clausens. Ole unterhielt sich angeregt mit Sander, dessen Gesicht in den Rottönen des Feuers leuchtete. Das schwarze Haar klebte noch etwas feucht an seiner Stirn, weil er als Einziger ein Bad im Bergsee genommen hatte.

Großartig. Sofort spulte mein Gehirn die Erinnerung an einen tropfenden Sander nach dem Schwimmen ab. Das Knistern des Feuers begleitete meine Gedanken und der Duft von gebratenem Hühnchen lag noch in der Luft. Irgendwo in der Ferne verklangen die Geräusche eines Tieres.

Über die Flammen hinweg fing Sander meinen Blick auf und hielt ihn einfach fest, beobachtete mich und ich ließ mich in diesen Blickkontakt hineinfallen. Kopfüber, ohne Sicherungsseil. Es war die Klarheit seiner Augen, die Neugierde darin, als wollte Sander mich ergründen und meine dunkelsten Geheimnisse erforschen, mich kennenlernen, verstehen. In meiner Brust sammelte sich Wärme, wanderte pulsierend tiefer, denn in dem stummen Austausch lag auch eine unausgesprochene Aufforderung.

Dröhnend polterte mein Herzschlag, der Puls pochte lautstark in meinen Ohren.

Verdammte Lagerfeuermomente.

Verdammtes Sanderlächeln.

Verdammtes Herz.

Verärgert kniff ich die Augen zusammen, nahm einen kräftigen Schluck aus meiner mit Quellwasser aufgefüllten Flasche und stocherte mit der Fußspitze am Rand des Feuers herum. Obwohl ich merkte, wie mich Sander weiter betrachtete, sah ich nicht in seine Richtung. Stattdessen suchte ich bald nach einer fadenscheinigen Ausrede und verzog mich in mein Zelt.

Aber an Schlaf war nicht zu denken. Zu viele Gedanken spukten in meinem Kopf herum. Zu viele Szenarien und Bilder. Bisher hatte ich mich nicht für einen Instant-Love-Typ gehalten. Im Gegenteil. Ada war in dieser Hinsicht viel unvernünftiger als ich. Aber die Verbindung zwischen Sander und mir war nicht von der Hand zu weisen und das wurmte mich gewaltig.

Als ich mich nach einer halben Ewigkeit aus meinem Schlafsack schälte und nach draußen kroch, um mir einen Tee zu machen, erfüllte der frische Waldgeruch die Luft. Inzwischen war Ruhe eingekehrt, Tausende Sterne flimmerten am aufgeklarten Himmel, eingehüllt in die zarten Nachtgeräusche. Ein Seufzen, ein Zirpen, ein Rascheln, unterstrichen von der Musik des Windes. Es erinnerte mich daran, nicht allein zu sein, auch wenn es sich manchmal so anfühlte.

Die winzigen Steine knirschten unter meinen Wanderschuhen und ich hoffte, dass ich niemanden aufweckte, als ich meinen Weg zwischen den Zelten fortsetzte, die sich in Größe und Form kaum unterschieden. In manchen schimmerte noch zartes Licht, in anderen herrschte gähnende Stille.

Im nächsten Moment vernahm ich ein ganz anderes

Geräusch. Es klang wie ein unterdrücktes Schluchzen. Sofort wandte ich mich um und versuchte zu erkennen, woher es kam. Meine Augen mussten sich erst an die Dunkelheit abseits der Zelte gewöhnen, aber dann machte ich eine Silhouette am Waldrand aus. War das Wilma?

Langsam und dieses Mal dankbar für das leise Knirschen meiner Schritte ging ich auf Wilma zu, die auf einem großen Stein saß. Ihre schmalen Schultern bebten wie ein dünner Strauch im Sturm, doch sobald sie mich bemerkte, hielt sie mucksmäuschenstill und verkrampfte sich beinahe. Ihre Finger verknoteten sich wie ein Geäst, bis die Knöchel weiß hervortraten.

»Hey, alles gut?«

Ein Schniefen.

»Darf ich mich setzen?«

Ein zaghaftes Nicken, woraufhin ich mich schweigend neben sie auf den Stein setzte, denn ich wollte sie nicht drängen. Es war eiskalt und Wilma viel zu leicht gekleidet.

»Soll ich dir meine Wolljacke holen?«, bot ich an, doch sie schüttelte so heftig den Kopf, dass ich einfach neben ihr sitzen blieb und wir wieder in einvernehmliches Schweigen verfielen.

»Ich fühl mich einfach so allein hier«, brach es schließlich zittrig aus Wilma hervor, während sie an einem Daumennagel kratzte. Trotz ihrer Größe wirkte sie klein und zerbrechlich und ich rückte etwas an sie heran, ohne sie zu berühren.

»Aber du hast doch deine Familie bei dir.«

»Eben.« In diesem einen Wort steckte so viel Niedergeschlagenheit, dass es mir unwillkürlich die Kehle zuschnürte.

»Kannst du nicht mit ihnen reden?«

Wilma schnaubte. »Das ist es nicht. Ich benehme mich manchmal unmöglich und sie gehen trotzdem liebevoll mit mir um. Aber das treibt mich fast in den Wahnsinn! Und ich vermisse meine Freundinnen.«

»Ist es denn nicht etwas Schönes, dass sie immer für dich da sind? Dich lieb haben, obwohl du sie wegstößt?«

Die Finger in ihrem Schoß wölbten sich unter der Kraft, als sie sich auf dem Oberschenkel abstützte. Wie ein Vorhang fielen dünne Strähnen vor ihr Gesicht. »Manchmal frage ich mich, womit ich das verdient habe … und ob ich überhaupt liebenswert bin.«

Ich dachte daran zurück, wie ich gegen Moma und Popa rebelliert hatte. An meine dunkelsten Momente, in denen ich ihnen an den Kopf geworfen hatte, gar nicht meine richtigen Eltern zu sein.

Ich dachte an Momas zerrissenen Gesichtsausdruck und den absoluten Schock in Popas warmen Augen, die bodenlose Enttäuschung darin. Aber eins war immer geblieben: ihre Liebe zu mir.

Nur manchmal war die Sehnsucht nach ein Stückchen Normalität zu groß geworden, die Wut darüber, niemals Mama und Papa zu haben. Nahmen mich die finanziellen Schwierigkeiten und das mögliche Aus der Touren deswegen so mit? Vielleicht war es auch die Erkenntnis, sie nicht mehr so lange an meiner Seite zu wissen.

Eventuell lag es auch an der bewussten Vergänglichkeit des Lebens, die über diesem Moment schwebte.

Keine Ahnung.

»Natürlich bist du liebenswert. Aber dein Selbstwert bestimmt sich nicht durch andere. Nicht durch die Liebe deiner Eltern oder eines Jungen, sondern durch dich selbst«, sagte ich nach einigen Sekunden Verzögerung. Und damit hatte ich offenbar das eigentliche Problem angesprochen.

»Er sieht mich nicht einmal an.« Kaum mehr als ein geflüsterter Windhauch. »Dabei ist die erste Woche schon vorbei.«

»Natürlich kannst du deswegen traurig sein. Aber ich weiß nicht, manche Menschen wollen es nicht zeigen, wenn sie Interesse haben. Oder er hat wirklich keins. Dann ist es eben so. Dich fand bestimmt auch schon mal jemand gut, aber du ihn nicht, oder?«

Zaghaft nickte sie. »Ja …«

»Wilma?«, ertönte in diesem Augenblick der besorgte Ruf ihrer Mutter.

Wilma richtete sich abrupt auf und wischte sich mit den Ärmeln über die nassen Wangen. »Danke«, flüsterte sie, dann sprang sie auf und huschte davon, bis sie zwischen den Zelten verschwunden war und ich in der Stille und mit einem Lächeln auf den Lippen zurückblieb.

»Deine Ratschläge waren gut.«

Ertappt zuckte ich zusammen und wandte mich der angenehm tiefen Stimme zu. Etwas von dem Stein entfernt, auf dem ich saß, lag Sander mit hinter dem Kopf verschränkten Armen auf der Wiese, die Lider geschlossen. Er hatte seine Isomatte auf dem Boden ausgebreitet und trug einen dicken Pullover. Auf seinen kantigen Zügen stand ein friedlicher, fast schon seliger Ausdruck. Wie ein Einhorn, wenn es auf Wolken hüpfen würde. Was für ein blöder Gedanke …

Erst jetzt realisierte ich, was Sander da gerade mit einem unverschämten Lächeln von sich gegeben hatte.

»Woah, Moment, hast du etwa gelauscht?«

»Nicht absichtlich, aber du warst auch nicht zu überhören.«

»Entschuldige bitte, aber wo ich herkomme, nennt man so etwas lauschen.«

Sander öffnete ein Auge, lachte und setzte sich in einer einzigen, fließenden Bewegung auf. Locker schlang er die Unterarme um seine angewinkelten Beine und betrachtete mich eingehend. Kurz bereute ich, mit zerzausten Haaren und müden Augenrändern vor ihm zu sitzen, aber das schien ihn nicht zu stören.

Trotz der Distanz und der schummrigen Beleuchtung nahm ich wieder dieses teuflische Funkeln in seinen Augen wahr. Er wirkte frisch und ausgeglichen, zufrieden wie Oreo, wenn sie satt gefressen auf dem Fenstersims thronte.

»Kannst du auch nicht schlafen?«, fragte ich, als das Schweigen zu unangenehm wurde, und verschränkte die Arme vor der Brust.

»Nein. Aber willst du dich nicht zu mir setzen?« Es war eine simple Frage, doch die Antwort darauf war ein Spiel mit dem Feuer. Das las ich in seinem Blick. Ich liebte es, wie er sich auf sein Gegenüber konzentrieren konnte – in diesem Fall auf mich –, auch wenn ein anderer, inzwischen nicht mehr so einnehmender Teil von mir mich ans Ende der Welt wünschte. Weit weg von ihm.

»Ich weiß nicht, ob das so eine gute Idee ist.«

»Hast du Angst, dass ich beiße?«

»Eher, dass ich dir nicht widerstehen kann«, murmelte ich leise, damit er es nicht hörte.

Zumindest hoffte ich das.

Mit einem unterdrückten Seufzer ließ ich mich neben ihm nieder, wahrte jedoch etwas Sicherheitsabstand. Es fröstelte mich, weil es so kalt war.

»Also, was machst du hier?«, fragte ich und ärgerte mich darüber, wie gepresst ich klang.

Sander lächelte träge. »Nachdenken. Den Moment genießen.

Ist seltsam, einmal anzuhalten, wenn alles ständig in Bewegung ist.«

»Schaffst du das zu Hause im Alltag nicht?«

»Nicht wirklich. Die Tage hier kommen mir vor wie ein einziges langes Luftholen, bevor ich mich in einen Kampf stürzen muss, der mein ganzes Leben andauern wird.« Sander wirkte selbst überrascht über sein ehrliches Eingeständnis, denn er sah auf den Boden, grub seine Schuhspitze ins weiche Gras.

»Rimas mag Wilma auch. Er kann es nur nicht zeigen.«

Überrascht sah ich Sander an. »Woher weißt du das?«

»Es ist die Art, wie er sie anschaut, wenn sie es nicht bemerkt.«

Ich seufzte leise. »Dann sollte er langsam in die Gänge kommen.«

»Hast du dir schon mal gewünscht, dass dich jemand auf diese ganz bestimmte Weise ansieht?«, fragte Sander wie aus dem Nichts und in meinem Bauch stob ein Schwarm Schmetterlinge auf.

»Wer hat das nicht?«

»Und warst du schon mal so verliebt, dass du über alles nachdenkst, jedes Wort, jeden Blick, jede Geste?« In Sanders Stimme schwangen so unterschiedliche Schattierungen mit, dass mir schlagartig heiß und kalt wurde. Wie nach einem plötzlichen Dammbruch rauschte das Blut durch meine Adern, setzte alles in Brand. Sicherlich meinte er das nur allgemein, aber der unterschwellige Inhalt seiner Worte prickelte unter der Oberfläche.

Ich brachte keine Antwort hervor, aber vermutlich war das auch nicht nötig.

»Wie du den Geruch wahrnimmst?«, fuhr Sander nun leise

fort, ohne den Blickkontakt abzubrechen. »Wie sich die Haut unter deinen Fingerspitzen anfühlt? Du denkst an dieses ganz bestimmte Lächeln, zählst vielleicht die Sommersprossen auf ihrer Nase und hoffst, dass sie bald wieder so unbekümmert lacht, weil es dir so gut gefällt?«

Ich war sprachlos.

Absolut sprachlos.

Wie in Zeitlupe näherte sich Sanders Gesicht, sodass seine Züge verschwammen wie ein Bild, das plötzlich unscharf wurde. Ich hörte meinen etwas zu lauten Atem, spürte meinen tosenden Herzschlag. Eine wohlige Wärme umschloss mich und die Sehnsucht ließ mich beinahe aufseufzen, aber ich hielt mich im letzten Moment zurück.

Dann strichen seine Finger über mein Kinn, fuhren die Linien meines Kiefers nach und ich zerfloss unter dieser simplen Berührung. Wie von selbst fielen meine Augenlider zu, ich wollte mehr, wollte alles.

»Auch wenn es wahrscheinlich total unvernünftig ist, würde ich dich wahnsinnig gern küssen«, flüsterte Sander und sein warmer Atem strich über meinen Mund. Am liebsten hätte ich die letzten Zentimeter überbrückt und wäre ihm entgegengekommen. Alles in mir zog sich in prickelnder Erwartung zusammen, ich wollte meine Hände um seinen Hals schlingen, durch seine dunklen Strähnen fahren, aber ich tat es nicht.

Ich tat nichts von alldem.

Stattdessen setzte mein Verstand wieder ein, vertrieb die Welle aus Lust, die sich pochend in meinem Unterleib manifestierte. O Gott, ich wollte Sander. So schmerzhaft, dass ich eine tierische Angst vor diesem Gefühl hatte. Weil es alles auf den Kopf stellte.

Also tat ich das, worin ich eine unschlagbare Meisterin war: Ich sprang auf und zerriss diesen wundervollen Augenblick, ignorierte Sanders verdutzten, beinahe verletzten Gesichtsausdruck und redete mir ein, dass er bestimmt viele Frauen gern küssen würde. Dass ich nicht die Einzige war, die Einzige sein würde und dass es so viel sinnvoller, logischer war.

»Ich kann nicht«, stieß ich abgehackt hervor, drei Worte, die mich so viel kosteten. Dann hastete ich mit wild rasendem Puls davon, während sich etwas in mir vor Trauer zusammenzog.

Ich konnte nur hoffen, die richtige Entscheidung getroffen zu haben.

15
SANDER

Am nächsten Tag gab Norah ihr Bestes, um mir wieder einmal aus dem Weg zu gehen. Beim Frühstück saß sie auf der anderen Seite des Zeltplatzes, eingekeilt zwischen Sylvia und Trude. Den Sonnenaufgang an der *Trolltunga* verschlief niemand. Es war wunderschön. Märchenhaft, ein bisschen magisch, als wäre diese Stelle tatsächlich von Trollen besucht worden.

Während des langsamen Abstiegs lief Norah meistens weit vorne. Allen aus der Gruppe, die sich dafür interessierten, erzählte sie ein paar geschichtliche Details aus dieser Region, Anekdoten, die Einheimische von Generation zu Generation weitertrugen.

Obwohl sie sich wirklich bemühte, mich links liegen zu lassen, ertappte ich sie trotzdem dabei, wie sie sich zu mir umsah, und ich musste ein Lächeln unterdrücken. Ich wusste, dass sie mich mochte, auch wenn sie mir das Gegenteil weismachen wollte.

Ich hatte meine Worte gestern durchaus ernst gemeint. Jedes einzelne. Seit ein paar Tagen geisterte Norah ständig in meinem Kopf herum, als hätte sie sich dort eingenistet.

Immer wieder flog mein Blick zu ihr.

Während der Wind mit ihren erdbeerblonden Strähnen spielte und sie ihre Jeansjacke fester um ihren Körper schlang, fragte ich mich, was mich so sehr an ihr faszinierte. Jetzt war es, als hätte jemand eine Linse scharf gestellt und das Bild herangezoomt: Ich sah nur noch Norah. Norah. Norah.

Jedes Mal, wenn ich ihren Blick auffing, war er voller Widersprüche und ihre standhaft errichtete Mauer geriet ins Wanken. Verlangen spiegelte sich in ihrem Gesicht, ließ ihre Züge weich werden und ich fragte mich insgeheim, wie sie wohl aussah, wenn sie kam. Selten hatte mich ein Gedanke so angemacht, aber bei Norah reichte es aus. Das hatte noch keine Frau geschafft.

Ich zog mich zurück, blieb beim Mittagessen für mich, unterhielt mich nur, wenn es sein musste. Und genau das brauchte ich. Ich hatte es nur nicht gewusst, weil mein Leben bisher aus einer Achterbahn an gesellschaftlichen Ereignissen und dem Abhaken von Lebensabschnitten bestanden hatte.

Ohne es zu ahnen, hatten meine Eltern mir einen Gefallen getan.

Das alles hier, die Weite, die Freiheit, erfüllte mich mit neuer Energie, als hätte man mich an einen Stromkreislauf angeschlossen.

Als wir endlich in der nächsten Unterkunft ankamen, die Norahs Pension ähnelte und unseren Abschnitt im Hardangervidda-Nationalpark markierte, war ich erleichtert, dass wieder ein Badesee vor der Tür lag. Es gab sogar eine Fasssauna, die überall sehr beliebt war.

Norah wich mir den ganzen Abend über aus. Die Familie, der das große Wohnhaus mit den Fremdenzimmern gehörte, zauberte ein deftiges Abendessen – das beste *Rømmegrøt*, das ich seit meiner Kindheit vor die Nase gesetzt bekommen hatte. Der Geschmack von Zimt und Zucker, Moltebeeren und Schinken, dazu der Johannisbeersirup im Becher, der das Essen perfekt abrundete.

»Kann ich später die Sauna benutzen?«, fragte ich die Herbergsmutter, eine drollige, ältere Dame, die mir lächelnd die Wange tätschelte. »Aber natürlich.«

Als sich danach alle zerstreuten und auf ihre Zimmer zurückzogen, wickelte ich mir ein Handtuch um die Hüfte und ging hinüber zum See. Der Vollmond beschien meinen Weg, die spitzen Steinchen kitzelten wie kleine Zähne an meinen Fußsohlen. Die Schlappen im Zimmer waren leider drei Nummern zu klein gewesen, aber das störte mich ausnahmsweise nicht. Mich störte hier überhaupt recht wenig. Wenn mich meine Jungs so sehen könnten …

Ich hörte ein Plätschern im Wasser, lenkte aber meine Aufmerksamkeit nicht darauf, sondern setzte mich in die bereits aufgeheizte, leere Sauna. Die angenehme Wärme hüllte mich ein und ich spürte sofort, wie ich mich entspannte. Meine Muskeln ließen locker, genau wie mein Geist.

Es war seltsam, wie alles in eine andere Perspektive rückte, wenn man nur den Standort wechselte. Als hätte ich mich bisher in einem Käfig befunden und war nun zum Zoobesucher mutiert.

Mit geschlossenen Augen lehnte ich den Hinterkopf an die Rückwand und ließ den Aufguss für mich arbeiten. Schweiß sammelte sich an sämtlichen Stellen meines Körpers und ich wischte mir über den Oberschenkel, als mich ein überraschtes Aufkeuchen den Kopf drehen ließ.

Ein Schwall kühler Abendluft drang herein und im diffusen Licht der Innenbeleuchtung, gepaart mit den leichten Dampfschwaden, erkannte ich Norahs Silhouette. Sie war nur mit einem Badehandtuch bewaffnet, sodass ich ihre durchtrainierten Beine, die festen Oberschenkel und die Konturen ihres Schlüsselbeins sehen konnte.

Ihr Gesichtsausdruck wirkte entsetzt, als hätte sie mit allem gerechnet, nur nicht mit mir. Schwer hob und senkte sich ihr Brustkorb, und während sich der Dampf weiter lichtete, bemerkte ich auch den abwesenden Glanz in ihren Augen. Wie sie sich auf die Unterlippe biss, als würde sie einen inneren Kampf ausfechten.

»Machst du die Tür zu? Sonst geht die ganze Wärme raus«, sagte ich rau. Damit es ihr nicht unangenehm war, verschränkte ich die Hände vor meinem Schritt. Ich war nackt. Aber ich würde mich auch nicht verstecken.

Wie betäubt leistete Norah meiner Aufforderung Folge, vermied es aber tunlichst, auf die Körperregionen jenseits des Bauchnabels zu schauen, als sie sich mit dem größtmöglichen Abstand neben mich setzte.

Trotzdem verspürte ich den dringenden Wunsch, ihr näher zu kommen. Trotzdem wollte ich nichts lieber tun, als sie zu küssen. Trotzdem wollte ich sie einfach kennenlernen.

Sämtliche Härchen auf meinen Armen stellten sich auf.

»Uff …« Eine Mischung aus Stöhnen und Seufzen entwich ihrem Mund. Am liebsten hätte ich es gleich noch mal gehört. Und noch mal. »Ich dachte, ich wäre … ungestört.«

»Tut mir leid, dich enttäuschen zu müssen.«

Sie murmelte etwas, das verdächtig nach *»In meinen Träumen warst du immerhin angezogen«* klang, aber sicher war ich mir nicht. Die Sauna heizte sich im Rekordtempo wieder auf, doch die unbändige Hitze in meinem Innern hatte viel mehr mit der Tatsache zu tun, dass Norah so gut wie nackt neben mir saß.

Allein der Gedanke ließ mein gesamtes Blut in tiefere Regionen wandern.

»Kannst du auch nicht schlafen?«

Inzwischen kannte ich den melodischen Klang ihrer weichen Stimme, als hätte ich sie schon mein ganzes Leben lang gehört. Norah gab mir ein Gefühl von … Ankommen.

Als würde meine innere Rastlosigkeit ein jähes Ende finden, wenn sie bei mir war.

Als wäre ich die ganze Zeit gerannt und würde in ihrer Gegenwart spüren, dass es okay war, auch mal stehen zu bleiben. Mein gesamter Brustkorb füllte sich mit einer Wärme, die mir plötzlich die Luft aus der Lunge presste.

Keine Ahnung, ob ich so etwas schon einmal erlebt hatte. Keine Ahnung, ob das alles der Tatsache geschuldet war, dass wir uns auf eine Weise kennenlernten, die mir neu war.

»Nein«, erwiderte ich mit Verzögerung und war selbst verwundert darüber, wie fremd meine Stimme klang. Als hätte ich die ganze Nacht durchgeschrien.

In der Ferne verzogen sich die letzten lilafarbenen Farbkleckse am Himmel. Die Sonne war endlich untergegangen.

»Ich auch nicht. Liegt manchmal auch daran, dass man hier mit seinen Gedanken allein ist. Immer wenn ich auf Tour bin, träume ich auch viel intensiver. Außer, wenn ich nach dem Wandern wirklich erledigt bin. Aber normalerweise habe ich eine gute Grundkondition, sodass ich schon extrem an meine Grenzen kommen muss, damit ich wie ein Baby durchschlafe.« Eine sanfte Traurigkeit hatte sich in ihre Stimme geschlichen, was meine aufwirbelnden Gefühle merklich abkühlte.

Zum Glück. Das Schwitzen und das Kopfkino würden mich sonst an den Rand der Verzweiflung treiben.

»Was träumst du denn?«, fragte ich, ohne nachzudenken,

und meine Stimme klang kratzig. *Idiot. Wenn du das Ganze vertiefst, machst du es doch nur komplizierter.*

Aber ich wollte mehr über Norah erfahren. Ich wollte sie näher kennenlernen, sie verstehen. Aus dem Augenwinkel musterte ich ihr Profil, ihre gerade, etwas zu lange Nase, den üppigen Mund und das Grübchen am Kinn. Ich mochte den Schwung ihre Augenbrauen und das klare, unendlich tiefe Blau ihrer Augen. Wie sie nachlässig die Haare hochsteckte. Die Art, wie sie ihrer Arbeit als Bergführerin nachging, die sie so begeisterte.

»Dinge, die ich nicht sollte«, gestand sie nach einer gefühlten Unendlichkeit.

Mein Herz schlug schneller gegen meine Rippen. »Und die wären?«

Es folgte ein gedehnter Atemzug, ehe sie sich mir leicht zuwandte. Ihre gletscherblauen Augen wirkten im schummrigen Licht wie ein dunkler Abendhimmel voller Sterne. »Das kannst du dir hoffentlich denken.«

Bei ihrem trägen Tonfall wurde mir noch heißer, als es ohnehin der Fall war. »Ich fürchte, meine Vorstellungskraft reicht dafür nicht aus. Vielleicht hilfst du mir auf die Sprünge?«

Ich sah den inneren Kampf, den Norah mit sich ausfocht. Die Emotionen, die sich auf ihren weichen Zügen spiegelten, allen voran Verlangen und Sehnsucht, aber da war noch etwas anderes, Dunkleres. Eine tief sitzende Angst, ein Hauch von Panik, der sich daruntermischte, und ich musste gegen den Impuls ankämpfen, nach ihrer Hand zu greifen.

»Ich wünschte, ich könnte, aber es geht nicht«, flüsterte sie kaum hörbar.

»Was geht nicht?«, fragte ich sanft.

»Du wirst wieder abreisen.«

»Ja, und?«

Erneut hob sich ihr Brustkorb unendlich langsam, das Handtuch um ihre Brust, das sie nicht abgenommen hatte, spannte. »Ich bleibe hier.«

So nah war ich ihrer Geschichte noch nie gekommen, ihrem gebrochenen Herzen. Bei dem Gedanken daran, dass irgendein Typ etwas mit ihr angefangen und sie dann fallen gelassen hatte, verspürte ich seltsamerweise einen brennenden Stich. Wie eine glühende Nadel, direkt ins Herz. Was albern war, das wusste ich. Trotzdem war ich machtlos gegen das Gefühl.

»Ich bin nicht wie er«, sagte ich deswegen und ihre Augen weiteten sich überrascht. »Ich würde dir nichts versprechen, was ich nicht halten kann. Ich wäre ehrlich und direkt, was ich im Gegenzug auch von dir erwarten würde. Aber …« Ich lehnte mich leicht in Norahs Richtung, sah, wie ihre Pupillen größer wurden, ihre Atmung sich beschleunigte, und strich ihr eine verirrte Haarsträhne hinters Ohr. Ich wollte mehr, aber ich bremste mich. Der erste Schritt sollte von ihr ausgehen. »Falls du deine Meinung änderst, bin ich hier. Dann reden wir und …« Vorsichtig legte ich meine Lippen auf ihre Wange, inhalierte ihren fruchtigen Duft, genoss die Weichheit ihrer Haut unter meinen Fingern. Ihr Puls stolperte mit meinem um die Wette und als ich mich zurückzog, durchfloss mich eine wohlige Wärme bei ihrem Anblick.

Ihre Lider waren halb geschlossen, den Mund hatte sie leicht geöffnet und der Ausdruck in ihrem Gesicht … *Fuck.*

Am liebsten hätte ich sie geküsst. Wild und heftig. Weich und verspielt.

Ich spürte, wie ich hart wurde. Mein Stichwort.

Ohne ein Wort zu sagen, erhob ich mich. Schweiß tropfte

auf den Holzboden. Jeder Zentimeter meines Körpers prickelte.

Dieses Mal schaute ich nicht zurück, als ich mit dem Handtuch zur Tür ging, mich in die Abendluft wickeln ließ und schließlich in den eiskalten See sprang, um mich abzukühlen – was ich auch dringend nötig hatte.

16

NORAH

Ohne es verhindern zu können, wanderte mein Blick zu Sander, was mein dämliches Herz losgaloppieren ließ, als wäre es ein übereifriges Rennpferd. Frisch rasiert und für den heutigen Tag gerüstet trat er auf den kleinen Vorplatz, um sein Gepäck im Bus zu verstauen.

Der Gedanke an gestern Abend, unsere Begegnung in der Sauna, trieb mir die Schamröte ins Gesicht. Was zum Henker hatte ich mir dabei gedacht, mich einfach neben ihn zu setzen? Noch immer kribbelte die Stelle an meiner Wange, die er mit seinen Lippen berührt hatte, und seine verheißungsvollen Worte schwebten wie eine Offenbarung vor meiner Nase. Nur mit dem letzten verbliebenen Rest Selbsterhaltungstrieb hatte ich es geschafft, der Versuchung zu widerstehen, ihn zu küssen. Auch wenn ich es mir insgeheim gewünscht hätte.

Denk an dein Herz, ermahnte ich mich.

Doch jetzt war da noch diese zweite Stimme, die mir einflüsterte, dass ich auch mal ein unverbindliches Abenteuer eingehen durfte. Etwas ausprobieren sollte, meine eigene Regel brechen.

Zum Teufel mit Aleksander Skogen, der meinen Entschluss

so ins Wanken brachte! Zum Teufel mit ihm und diesen unverschämt schönen Händen, der markanten Kieferpartie, diesen Augen und dem klaren Verstand dahinter!

Ich bemerkte Gregoris Schmunzeln, der neben mir stand und mich mit einem wissenden Blick beobachtete. Wir befanden uns unmittelbar neben dem Hauseingang, während ich auf meinem Klemmbrett die Strichliste mit den Utensilien abhakte.

»Ach komm, hör auf«, stieß ich zwischen zusammengepressten Zähnen hervor, griff nach den Seitensträhnen meiner Haare und steckte sie mit einer Klammer am Hinterkopf zusammen. Die Tour verlief heute größtenteils über ein Hochplateau durch den Hardangervidda-Nationalpark und es war kein windiges Wetter vorgesehen. Mit etwas Glück würden wir auch Rentiere sehen. Zumindest war ich Julie immer noch ein paar Lemminge schuldig, die sich bisher in ihrem unterirdischen Tunnelsystem verschanzt hatten.

»Ich hab doch gar nichts gesagt.« Zur Verteidigung hob er mit einem breiten Grinsen seine Pranken.

»Das war auch nicht notwendig. Wie geht's *Liability*?«, wechselte ich das Thema.

»Gut«, antwortete er, aber eine kleine, besorgte Falte schlich sich zwischen seine Brauen. »Die alte Dame gibt ihr Bestes. Hauptsache, sie kommt noch die letzten Passagen hoch und dann den ganzen Weg wieder runter.«

»Bestimmt. Und danach …« Ich zögerte. Das schlechte Gewissen überfiel mich. An Gregori hatte ich bisher noch gar nicht gedacht. Mein Herz zog sich schmerzhaft zusammen. Ahnte er etwas? Hatte Popa bereits mit ihm gesprochen? Was würde aus seinem Job werden, wenn es die Touren nicht mehr geben sollte?

»Danach? Danach nutzen wir die Pause in den Sommerferien der Kinder und fahren ans Meer. Viel ist nicht geplant, aber das dürfte *Liability* hoffentlich noch mitmachen. Anschließend muss ich sie bei Gustav in die Inspektion geben.«

Bevor ich ihn auf das mögliche Ende von *Hjerteslag Øyeblikke* ansprechen konnte, forderten die Clausens meine Aufmerksamkeit. Seit Sander mit ihnen geredet hatte, wirkten sie entspannter und ich bewunderte ihn dafür. Ich hatte es nur mit halbem Ohr mitbekommen, aber als sie nebeneinander hergelaufen waren, hatte Sander sie in ein Gespräch verwickelt und dabei auf seine unverwechselbare Art ein bisschen Paartherapeut gespielt.

Die ersten zwei Kilometer waren wie immer am angenehmsten. Die Unterhaltungen waren noch frisch, die Knochen noch ausgeruht. Es war faszinierend zu beobachten, wie unterschiedlich sich die Leute während der Tour verhielten.

Ich hatte schon Abgründe gesehen, aber auch Menschen, die komplett über sich hinausgewachsen waren. Manche machten ständig Fotos, andere ließen die Natur auf sich wirken. Von den körperlichen und mentalen Grenzen einmal ganz zu schweigen. Heulkrämpfe oder Ehekrisen waren schon häufig vorgekommen. Andere hatten sich wiedergefunden.

Wilma hatte sich ihre kabellosen Kopfhörer in die Ohren gesteckt und blickte so finster drein, als hätte sie eben erfahren, dass sich ihre Lieblingsband getrennt hatte. Den Klängen nach zu urteilen, die in regelmäßigen Abständen aus den Kopfhörern zu mir drangen, war es eindeutig *BTS*.

In diesem Moment tauchte Sander in meinem Blickfeld auf und obwohl ich mich redlich bemühte, schaffte ich es nicht, ihn zu ignorieren. Mein Blick war wie eine Kompassnadel, die sich immer wieder auf ihn richtete.

Die Erinnerung an den Moment in der Sauna ließ meinen Mund augenblicklich ausdörren und ich zwang mich, an etwas anderes zu denken als die Schweißtropfen auf seiner unbehaarten Brust. Oder die breiten, sonnengeküssten Schultern. Die Venen an seinem Bizeps. Die Art, wie er geschluckt und seine Augen auf Wanderschaft geschickt hatte, sobald ich neben ihm saß – was auch immer ich mir dabei gedacht hatte. Aber ich hatte seiner Einladung einfach nicht widerstehen können. Wie Rotkäppchen an der Schwelle zum Haus ihrer Großmutter.

Genau das war das Gefährliche an diesen Touren. Das intensive Zusammensein über einen längeren Zeitraum hinweg, die Möglichkeiten, die sich auftaten. Ich musste mir bewusst machen, dass dies nur eine Illusion war, eine *Fata Morgana*, nicht die echte Welt. Nicht seine Welt. Er würde dorthin zurückkehren. Ich kannte sie nicht einmal.

Trotzdem ließ mich Sanders Anblick leise seufzen.

Verdammt. Warum war er auch noch so unverschämt nett? Warum konnte er nicht ein superreicher arroganter Arsch sein, der von vorn bis hinten verhätschelt wurde, sodass ihm die täglichen Wanderungen zuwider waren? Nein, stattdessen genoss er die Erfahrungen in der Natur, verstand sich gut mit den anderen aus der Gruppe, half sogar bei Ehekrisen und tauschte sich mit den älteren Damen aus, als würde er wöchentlich bei ihnen zum Kaffeekränzchen aufschlagen.

»Na, Kindchen, wir haben ja wirklich Glück mit dem Wetter, was?«, unterbrach Trude wie aufs Stichwort meine Gedanken und ich zuckte unmerklich zusammen, weil ich sie vorher gar nicht bemerkt hatte.

»Oh, Trude, das macht man nicht!«, tönte es von etwas weiter links und Sylvia tauchte auf, ihren Mund zu einer schmalen, besorgten Linie verzogen. »Nicht heraufbeschwören! Sonst kommt am Ende noch ein Unwetter auf uns zu!«

Nun hatte auch Sylvia das *Unaussprechliche* ausgesprochen, aber ich hielt es für besser, sie nicht darauf hinzuweisen. Genau genommen weigerte ich mich vehement, daran zu denken, wie katastrophal alles angefangen hatte. Denn eigentlich wurde aus einem chaotischen Katastrophenstart nie eine schöne Tour. Meistens ging immer noch mehr schief.

Aber bisher … Ich brachte den Gedanken sicherheitshalber nicht zu Ende.

Während der nächsten halben Stunde widmete ich mich dem älteren belgischen Pärchen. Die beiden schwärmten mir von den unterschiedlichen Trekkingtouren in ganz Europa vor, an denen sie bereits teilgenommen hatten. Als sie mich fragten, ob auch ich andere Länder erkundet hatte, spürte ich zum ersten Mal so etwas wie Bedauern, weil ich verneinen musste.

»Warum machst du das? Also hier die Bergtouren?«

»Ich liebe die Natur, weil sie von jedem etwas Echtes verlangt.« Noch nie war eine Antwort einfacher gewesen. »Ein bisschen wie eine Eintrittskarte, die man vorzeigen muss.«

Louise nickte wissend. »Das hast du schön gesagt und ich denke, das trifft zu«, antwortete sie auf Englisch.

»Warum habt ihr euch für *Hjerteslag Øyeblikke* entschieden?«, wollte ich von ihnen wissen.

»Wir fanden den Internetauftritt sympathisch, nachdem wir von Freunden davon gehört hatten. Eure Seite ist ja doch eher schwer zu finden.«

Vielleicht war das auch einer der Gründe, weshalb Sanders Eltern ausgerechnet unser kleines Familienunternehmen für seine Auszeit ausgesucht hatten. Es ging nicht nur um die

Flucht vor dem Skandal, der wie eine dunkle Wolke über ihm schwebte.

Falls du deine Meinung änderst, bin ich hier. Dann reden wir und …

Die Erinnerung an seine Worte löste ein nervenaufreibendes Kribbeln aus, das vom Scheitel bis in meine Zehenspitzen hinabwanderte, und ich zwang mich, an etwas anderes zu denken. An alles, nur nicht daran.

Sander lief jetzt einige Meter vor mir und betrachtete schweigsam den vielversprechenden Ausblick, der immer wieder zwischen den Bäumen des Waldes hervorblitzte. Es roch nach Kiefernnadeln, feuchter Erde und Harz, in der Ferne war das Rauschen eines der Wasserfälle zu hören, der heute unser Tageshighlight werden würde. Es gab Reisegruppen, die ausschließlich eine Wasserfalltour in der Region machten, da die Gegend dafür berühmt war.

In einvernehmlichem Schweigen setzten wir unseren Weg durch den Nationalpark fort. Abgesehen von Rentieren waren in den letzten Wochen erstaunlich viele Adler gesichtet worden und ich hatte die Hoffnung, ein bestimmtes Pärchen wiederzusehen, das ich bereits im letzten Jahr entdeckt und eine Weile beobachtet hatte.

Hier draußen in der rauen Wildnis, wenn sich der Rhythmus des Lebens an die natürlichen Gegebenheiten anpasste, fühlte ich mich am sichersten. Das war mein Hafen. Mein Zuhause. Der Grund, weshalb ich atmete.

Kein Vergleich zu den Großstädten, wo die Menschen die Köpfe wie verwelkte Blumen hängen ließen, um auf ihr Smartphone zu starren und den sozialen Kontakt zu suchen, den sie mit einem Blick, einem Wort oder einer simplen Berührung neben sich finden könnten.

Das war hart formuliert, aber vielleicht steckte darin auch meine Angst vor dem Unbekannten.

Aus dem Augenwinkel nahm ich eine Bewegung wahr, eine schattenhafte Bewegung. Als ich den Kopf drehte, erblickte ich Rentiere am Waldrand entlang des Flusses. Es waren nicht viele, ein Teil der Herde schien bereits weitergewandert zu sein, aber ich konnte trotzdem zwei Jungtiere mit ihren weiblichen Artgenossen ausmachen.

»Julie«, rief ich nach vorn. Sie ging neben ihrem Vater und drehte sich mit wippendem Pferdeschwanz zu mir um. Mit dem Finger deutete ich zwischen die Bäume und Wildsträucher, wo gerade noch ein paar Tiere auf einer Wiese grasten.

»Zwar keine Lemminge, dafür aber Rentiere«, erklärte ich, sobald ich zu Wilmas Schwester und ihrem Vater aufgeschlossen hatte. Julie strahlte über das ganze Gesicht, es leuchtete regelrecht und mein Herz füllte sich mit Glück. Das waren die kleinen Momente, die so viel bedeuten konnten.

»Norah, hast du Wilma gesehen?« Etwas im alarmierten Tonfall von Wilmas Mutter ließ mich innehalten. Sofort scannte ich den breiten Trampelpfad in jeder Richtung, konnte sie jedoch nirgendwo entdecken.

»Sie hat sich bei Ole für die Toilette abgemeldet, aber das ist zehn Minuten her …«

Meine Gesichtsmuskeln vereisten, während mein Puls in die Höhe schoss, gepaart mit einem kurzen Aussetzer meines Herzens. In den letzten zehn Minuten hatten wir uns bergauf durch den Wald bewegt, das war in Wanderjahren eine Ewigkeit. Sofort spulte mein Hirn sämtliche Horrorszenarien ab, während ich mich vor Wilmas Mutter um eine neutrale Miene bemühte.

»Wo ist sie hin?«

»Weiter unten war eine Abzweigung, da ist sie reingelaufen. Ich habe gewartet, aber sie kam nicht mehr zurück.«

»Ole!«, rief ich nach vorn. Er drehte sich um, genau wie Sander, der wohl etwas in meiner Stimme gehört hatte, das ihn aufhorchen ließ. Ein besorgter Ausdruck huschte über seine markanten Züge.

»Wilma ist verschwunden.«

Da war sie. Heraufbeschworen durch meine Gedanken und Sylvias Worte – Momas Aberglauben sei Dank: die erste Katastrophe.

17

SANDER

Verschwunden. Geisterhaft waberte das Wort durch den Wald wie ein böses Omen, das man nicht aussprechen durfte, das aber dennoch da war.

An den besorgten Mienen der Umstehenden erkannte ich, dass jedem der Ernst der Lage bewusst war. Es musste nichts bedeuten. Hoffentlich bedeutete es nichts. Aber es war keine Sache, die man einfach auf die leichte Schulter nehmen sollte.

Ole und Norah waren um Professionalität bemüht. Norah schaffte es vielleicht, die anderen zu täuschen und äußerlich Ruhe zu bewahren, aber ihre angespannte Miene und wie sie an ihrem Ring drehte, offenbarte ihre Nervosität.

»Sie hat sich bestimmt verlaufen«, versicherte sie Wilmas Eltern in einem mitfühlenden Tonfall und unterstrich ihre Worte mit einer beruhigenden Geste. Julie stand verängstigt daneben, doch Sylvie hatte tröstend einen Arm um ihren schmalen Oberkörper gelegt.

Mein verdammtes Herz wurde weich bei diesem Anblick. »Sie kennt das Prozedere, oder? An einem Ort bleiben, nicht weiterlaufen? Wir sind hier zum Glück in keinem steilen

Gelände und Bären kommen eher in den Regionen Richtung Schweden vor.«

»Bären?«, hauchte Wilmas Mutter und in ihre Augen traten Tränen. Anscheinend wurde ihr jetzt erst das Ausmaß der Gefahr bewusst.

»Keine Sorge, wir finden sie bestimmt schnell.«

Für einen Moment fragte ich mich, wie die Reaktion meiner Familie ausfallen würde, wenn sie eine Vermisstenmeldung erhalten würde. Großvater würde es vermutlich als mein Eigenverschulden betrachten und gleichzeitig ein Vermögen für die Suche nach mir ausgeben. Um *den Ruf wiederherzustellen*. Elli würde umkommen vor Sorge, nichts mehr essen, nicht mehr schlafen und alles in ihrer Macht Stehende tun, um mich zu finden. Bei meinen Eltern war ich mir inzwischen nicht mehr sicher. Und Theo? Der würde vermutlich einfach sein Leben weiterleben.

Kurz verspürte ich einen heftigen Stich in der Brust, doch ich vergrub den Schmerz hinter einem dicken Eispanzer, einem gefassten Blick und der Gewissheit, dass wir alle ziemlich verkorkst waren. Meine ganze Familie war verkorkst. Mich eingeschlossen.

»Du hättest mir Bescheid geben sollen, dann hätte ich die Situation im Auge behalten können«, raunte Norah nun Ole kaum hörbar zu, aber ich verstand trotzdem, was sie sagte, weil ich mich direkt daneben aufhielt. Es schwang kein Vorwurf in ihrer Stimme mit, nur eine ehrliche Besorgnis.

»Ich wollte nicht alles auf deinen Schultern abladen.«

Norah seufzte leise. »Wir werden sie schon finden.« Dann wandte sie sich an die anderen, straffte die Schultern und strahlte auf einmal eine Autorität und Zuversicht aus, die ich schon von Anfang an bei ihr bewundert hatte.

»Wir sollten einen Suchtrupp bilden und uns aufteilen. Ausnahmsweise nicht zu zweit, sondern einzeln. Das Gelände ist nicht zu unwegsam, wir verteilen zusätzliche GPS-Geräte und markieren den Treffpunkt, falls wir uns doch weiter vom Standort wegbewegen müssen. Es gibt eine Verbindung zwischen den Geräten. Wenn jemand sie findet, kann ein Signal abgesetzt werden, und wir treffen uns wieder hier. Noch Fragen? Nein. Okay, Freiwillige für die Suche vor?«

Abgesehen von mir meldeten sich Wilmas Eltern, Ole, Rimas und Herr Clausen, der mit Vornamen Piet hieß. Ich bemerkte das anerkennende Funkeln, das in Norahs Augen aufglomm. Ein kaum merkliches Nicken in meine Richtung und der ernste Zug um ihren Mund wurde weicher. Am liebsten hätte ich die Sorgenfalte auf ihrer Stirn weggeküsst und ich fragte mich ernsthaft, woher dieser Wunsch auf einmal kam.

Dieses Gefühl, einfach an ihrer Seite zu stehen und da zu sein.

Nachdem alle zusammengetrommelt waren, liefen wir im Abstand von zehn Metern in den Wald hinein.

»Wilma?«

»Wilma!«

Beinahe automatisch stellte sich mein Körper auf die neue Situation ein. Meine Atmung wurde gleichmäßiger, mein Herzschlag ruhiger, meine Wahrnehmung schärfer. Ich lauschte, behielt wachsam die Umgebung im Blick, versuchte, im Dickicht etwas zu erkennen, und nahm links und rechts die Bewegungen der anderen wahr. Wie Schatten, die um die Bäume strichen.

Es war um einige Grad kälter als auf dem Hauptweg und ein Frösteln zog meine Wirbelsäule hinab. Kleinere Äste knackten unter meinen Wanderschuhen. Je dichter das Gestrüpp wurde, desto mehr verschwammen die Silhouetten der anderen.

»Wilma?«, die Rufe wurden leiser, vermischten sich mit dem Heulen des Windes, der wie ein Ungeheuer durch die Baumkronen strich.

Seltsam, wie egal der Skandal sein konnte, wenn man in so einer Situation steckte. Ich konnte mir kaum vorstellen, dass es etwas Schlimmeres gab, als das eigene Kind zu vermissen. Dunkel erinnerte ich mich an den Schreckmoment, als bei den Larssons die jüngste Tochter entführt worden war, um Lösegeld zu erpressen. An die entsetzten Gesichter meiner Eltern, die versteinerte Miene meines Großvaters. Auch Elli war mit dreizehn nur knapp einer Entführung entkommen. Ihr damals bester Freund, Lucas, hatte die Gefahr rechtzeitig erkannt und sich eingemischt.

Es wurde stiller, je weiter ich ging, je mehr Zeit verstrich. Lediglich der Hall meiner eigenen Stimme erschreckte mich, wenn ich nach dreißig Sekunden erneut ihren Namen ausstieß.

»Ich bin hier.«

Bei diesen drei Worten blieb mir buchstäblich das Herz in der Brust stehen. Suchend blickte ich mich um und entdeckte Wilma zusammengekauert vor einer großen Eiche. Sie wirkte mitgenommen, gleichzeitig aber auch … verärgert. Tränen glitzerten in ihren Augen.

»Hey …«, sagte ich vorsichtig, unschlüssig, wie ich mich ihr nähern sollte. Was sie durchgemacht hatte. Deswegen stellte ich die nächstbeste Frage, die mir einfiel: »Alles in Ordnung?«

Mit einigem Abstand blieb ich vor ihr stehen, um ihr etwas Freiraum zu geben. Wenn sie mich wegschickte, würde ich sofort gehen. Ich wollte sie nicht unter Druck setzen. Oder verschrecken.

»Ich hasse diesen beschissenen Trip. Ich will nach Hause.«

Erleichterung durchströmte mich, als ich ihren bockigen Tonfall hörte. Das war ein gutes Zeichen. Sie hatte nichts von ihrer Bissigkeit eingebüßt.

»Warum?«

»Weil meine Eltern mich dazu gezwungen haben. Ich würde alles dafür geben, woanders zu sein. Meine Freunde sind auf die Lofoten gefahren, eine Freundin hat dort eine *hytte*. Sie sind den ganzen Sommer über dort. Und ich bin hier, muss zwei Wochen durch die Pampa laufen und habe keinen Kontakt zu meinen besten Freundinnen.«

»Das kann ich absolut nachvollziehen«, erwiderte ich, ohne das Weglaufen zur Sprache zu bringen. Vielleicht war ihr die Tragweite ihres Handelns gar nicht bewusst, wie sehr sich alle um sie sorgten. Und ich wollte ihr unter keinen Umständen ein schlechtes Gewissen machen. »Aber ich glaube, deine Eltern haben das nur so entschieden, weil sie sich wünschen, noch etwas Zeit mit dir zu verbringen, bevor du deinen eigenen Weg einschlägst. Es ist bestimmt schwer für sie, zu akzeptieren, dass du langsam erwachsen wirst. Glaub mir, ich spreche aus Erfahrung.«

Verschiedene Emotionen huschten über Wilmas Gesicht, allen voran blankes Entsetzen. Dann wandte sie sich ab, das Gesicht rot vor Scham. Irgendetwas war vorgefallen, aber ich konnte mir keinen Reim darauf machen.

»Ich gebe den anderen kurz Bescheid, dass ich dich gefunden habe, ja?«

Geistesabwesend nickte Wilma und nagte an ihrer Unterlippe. Also setzte ich das Signal an die anderen ab.

»Wie bist du mit der Situation umgegangen?«, fragte sie schließlich leise.

»Wenn ich ehrlich bin, habe ich wie du reagiert. Ich wollte einfach nur weg. Mein eigenes Ding machen. Aber so richtig hat das nicht funktioniert. Sonst wäre ich nicht hier. Die Tour haben meine Eltern für mich gebucht«, fügte ich achselzuckend hinzu.

»Verstehe.«

»Ist es hier denn so schlimm?«

»Ja. Ich hasse das alles.«

»Was ist mit Rimas?«

Sofort schoss eine verräterische Röte in ihre Wangen, ihr Blick richtete sich auf einen Punkt hinter mir und ihre aufgesetzt coole Fassade bröckelte, als hätte ich an einer Schutzschicht gekratzt.

»Was soll mit ihm sein? Er hat mich nicht mal bemerkt.«

»Er sucht ebenfalls nach dir.«

»Wirklich?« Ein Hoffnungsschimmer legte sich über ihre Züge. Dann fiel ihre Miene wieder in sich zusammen. »Ist auch egal. Jetzt ist es sowieso noch schlimmer. Ich habe zum ersten Mal meine Tage …« Mit einem entsetzten Gesichtsausdruck unterbrach sie sich und wirkte völlig schockiert. Ich konnte ihr deutlich ansehen, wie sie ihre Worte bereute, denn sie verzog das Gesicht, als hätte sie auf eine saure Zitrone gebissen. »O Gott, ich kann nicht glauben, dass ich das gerade ausgesprochen habe. Wie peinlich. Da siehst du, was diese ganze Tour mit mir anrichtet.«

Das war es also. Sie hatte ihre Periode bekommen. Äußerlich ließ ich mir nichts anmerken, auch wenn ich mir innerlich wünschte, nicht derjenige gewesen zu sein, der sie gefunden hatte. Aber vielleicht war es doch ganz gut so.

Zumindest besser ich als Rimas. Das hätte sie vermutlich nicht verkraftet.

Also schob ich eine Hand in meine Jackentasche, um eine Minipackung *Prinsrolle* herauszuholen, und legte gleich noch ein Taschentuch dazu. Falls das etwas nützte. Ich hatte keine Ahnung, war leicht überfordert. Aber ich hatte Ellis Pubertät miterlebt, das half ein wenig.

»Hier«, sagte ich und reichte Wilma beides. »Ich durfte mir mein ganzes Leben lang anhören, wie sehr alle die Dinger mit ihrer Kindheit verbinden. Ein Keks und alles ist vergessen. Und ganz ehrlich? Es kann etwas Schönes sein, Eltern zu haben, die gern Zeit mit dir verbringen wollen. Es gibt so viele, die sich wünschen würden, ihre Eltern würden mehr Interesse an ihnen zeigen.« Obwohl ich das nicht wollte, schwang trotzdem ein Hauch Bitterkeit in meiner Stimme mit. »Sie sind vielleicht nicht für immer da. Sag ihnen ruhig, was du empfindest, vielleicht findet sich eine Lösung, mit der alle leben können. Übrigens …«

»Wilma? Wilma!«, unterbrach uns in diesem Moment der erleichterte Ausruf ihrer Mutter.

Wilma sprang auf und lief ihr in die ausgestreckten Arme. Hinter ihr tauchte Norah auf, dann Wilmas Vater, der die beiden fest an die Brust drückte.

Bei dem rührenden Anblick schnürte sich mir die Kehle zu und über die Köpfe der drei hinweg tauschten Norah und ich einen Blick. Gemeinsam machten wir uns auf den Rückweg. Schweigend, ohne viele Worte.

»Lasst uns auf den Schreck noch eine halbe Stunde Pause machen«, rief Norah in die Runde, sobald wir wieder bei den anderen angekommen waren und alle das Wiedersehen verdaut hatten.

Endlich hatte sich die Anspannung in Norahs Schultern gelöst. Auch auf ihrem Gesicht wechselten sich nicht mehr Sorge und Panik ab, sie wirkte einfach nur erleichtert. Als wäre eine zentnerschwere Last von ihr abgefallen.

»Ist so etwas schon mal vorgekommen?«, fragte ich sie, nachdem wir uns etwas abseits auf einen der Baumstümpfe gesetzt hatten. Nicht weit von der Gruppe entfernt, aber weit genug, dass niemand unsere Unterhaltung mit anhören konnte.

»Nein, aber wir müssen immer damit rechnen. Genau wie mit Knochenbrüchen und dann sind wir froh, wenn es nur ein geprellter Knöchel oder ein umgeknickter Fuß ist«, scherzte sie leise, aber ich bemerkte trotzdem, wie weiß sie um die Nase geworden war. »Die Wege ab jetzt sind zum Glück nicht mehr so anspruchsvoll. Etwas abenteuerlicher wird noch die Raftingtour am letzten Tag.«

»Stimmt, die hatte ich vergessen.«

Sie maß mich mit einem zweifelnden Blick. »Ich würde darauf wetten, dass du dir die Tourbeschreibung immer noch nicht durchgelesen und deswegen keine Ahnung von den Programmhighlights hast.«

Meine Lippen verzogen sich zu einem echten Lächeln, mit einer Hand fasste ich mir an die Brust. »Autsch. So ehrlich und doch so wahr.«

Dabei registrierte ich, wie Norahs Blick einen Moment zu lange auf meinen Lippen verweilte. Aus irgendeinem unerfindlichen Grund schmerzte mich die Erkenntnis, dass wir nur noch wenig Zeit miteinander verbringen würden. Ein paar Tage. Mehr nicht.

Sie hatte recht. Ich würde gehen. Und sie würde bleiben. Dabei reifte in mir der Wunsch, den Abschied hinauszuzögern. Obwohl wir uns noch nicht einmal geküsst hatten.

»Du hast da was«, murmelte ich geistesabwesend und zog an einem losen Faden an den Patches ihrer Jeansjacke. Ohne viel Zutun löste sich die bunte Blume ab und etwas segelte zu Boden. Norah und ich bückten uns danach, aber sie war schneller. Sorgfältig nahm sie die winzige Plastikverpackung zwischen die Finger und betrachtete sie mit einem seltsamen Ausdruck in ihrem hübschen Gesicht.

»Woher ist das?«

Ich runzelte die Stirn. »Wenn mich nicht alles täuscht, steckte das unter der Blume, die sich gerade von deinem Rücken verabschiedet hat. Du musst dir irgendwo die Fäden aufgerissen haben. Vielleicht während der Suche nach Wilma.« Zum Beweis hielt ich die überdimensionale Blume in die Höhe, an der noch einzelne Fänden hingen.

Norah sah aus, als hätte sie einen Geist gesehen. Der Schock stand ihr deutlich ins Gesicht geschrieben und sie brachte keinen Ton hervor. Als hätte ihr jemand einfach die Luft abgeschnürt.

Jegliche Farbe war aus ihren Wangen gewichen, die plötzlich eingefallen und bleich wirkten.

Dann fiel es mir siedend heiß wieder ein. Die Jeansjacke hatte ihrer Mutter gehört.

Die Jeansjacke, aus der gerade etwas herausgefallen war.

»Oh«, murmelte ich fassungslos.

Ihre Finger hielten das kleine Plastikpäckchen, in dem ein Stück Papier eingewickelt war, so ehrfürchtig fest, wie Großvater vermutlich seine erste Rezeptinnovation gehalten hatte. Wahrscheinlich war es für sie genau das: etwas so Kostbares, dass sie Angst hatte, es kaputt zu machen. Sie hatte gesagt, dass sie keine Erinnerungen an ihre Mutter besaß. Weil sie so früh verstorben war.

Mein Brustkorb verengte sich, während ich Norah beobachtete. Schock und Trauer wechselten sich in ihrer Miene ab, ein Hauch von Unglauben und etwas, das mir fast die Kehle zuschnürte. Hoffnung?

»Ich traue mich nicht, es aufzumachen.« Ihre Stimme klang atemlos, drohte zu kippen. »Kannst du das für mich übernehmen? Und mir dann sagen, was drin ist?« Der plötzlich so drängende Tonfall überspielte das leichte Zittern. Dennoch hörte ich es. Sah, wie ihr Kinn bebte.

Norah wirkte eigentlich nicht so, als würde sie sich leicht aus der Fassung bringen lassen. Oder als könnte sie etwas in ihren Grundfesten erschüttern.

Aber jetzt, in diesem Augenblick, schien sie völlig aufgelöst zu sein. Tränen standen ihr in den Augen. Und das war in Ordnung. Sie musste vor mir nicht die Starke spielen. Ich konnte damit umgehen.

»Hey. Ich bin da.« Wie selbstverständlich legte ich den Arm um ihre Schultern.

Als hätte ich eine Tür aufgestoßen, lehnte sich Norah an mich, vergrub ihre Nase in meiner Halsbeuge und begann, hemmungslos zu weinen. Das Geräusch zerriss etwas in meinem Innern und ich wollte ihr den Schmerz nehmen, für sie da sein. Das Bedürfnis, sie zu beschützen, überschwemmte mich so heftig und ohne Ankündigung, dass mein Inneres aus dem Gleichgewicht geriet.

Was war das?

»Natürlich mache ich es auf, wenn du möchtest«, sagte ich, sobald sie sich etwas beruhigt hatte. Verlegen wischte sie sich die Tränen von den feuchten Wangen, als wäre es ihr peinlich, dass sie geweint hatte.

»Ja, bitte.«

Zögerlich holte ich das kleine Papierstück aus dem Plastikbeutel und als ich den Zettel auseinanderfaltete, verschlug es mir den Atem. Dort standen in kleiner, ordentlicher Schrift mehrere Zeilen, die mit den Worten *Mein lieber Schatz* begannen.

18

NORAH

In meinem Kopf herrschte für mehrere Sekunden ein bodenloses Vakuum. Als hätte jemand mit einem überdimensionalen Staubsauger darin gewütet. Dann wirbelten alle Gedanken gleichzeitig durcheinander, während sich mein Körper wie bei einer Kolik verkrampfte und ich das Gefühl hatte zu ersticken.

Keine Luft. Ich bekam keine Luft, weil sich mein Brustkorb wie in einem Schraubstock zusammenzog. Ein Zittern durchlief mich, ich spürte die Gänsehaut überall.

Ich hatte Fotos und Videos von meinen Eltern gesehen und regelrecht inhaliert, als ich kleiner gewesen war. Tausendmal hatte ich die Fotoalben durchgewühlt, in der Hoffnung, eine Ähnlichkeit zwischen uns zu finden. Meine lange Nase, das verschmitzte Lächeln oder meine vollen Lippen. Die wenigen Videoaufnahmen, die es von ihnen gab, liefen andauernd und ein ganzes Jahr lang hatte ich mir eingeredet, dass sie nur zu einer Weltreise aufgebrochen waren und mich bei Moma und Popa gelassen hatten, damit es mir gut ging. Mit zehn hatte ich mich auf dem Dachboden in ihren alten Kleidern vergraben und so getan, als würden sie mich im Arm halten. Mit vierzehn hatte ich alles an diesem beschissenen Herzschlagaugenblick gehasst, der uns auseinandergerissen hatte. Eine nasse Fahrbahn. Ein Baum. Dunkelheit und Regen.

Ja, sie waren tot. Und ja, ich hatte keinerlei Erinnerungen an sie. Dennoch vermisste ich ab und zu das Unbekannte. Die verlorenen Momente, die verpassten Erinnerungen.

Selten zwar, aber wenn mich die Sehnsucht traf, dann mit voller Wucht.

So wie jetzt.

Hilflos starrte ich Sander an, versuchte, gegen die Enge anzukämpfen, die mich nach wie vor umschloss, während mein Herz pochte, pochte und pochte.

»Was ist es?«, fragte ich, ohne das Zittern in meiner Stimme verhindern zu können.

Sander verbarg seine wahren Gefühle vor mir. Ich erkannte es nicht nur an der sorgsam aufgesetzten Miene, als würde er für ein Theaterstück proben. Da lag auch etwas in seinem Blick, ein mitfühlendes Glimmen in seinen blauen Augen, die seltsamerweise dieselbe beruhigende Wirkung auf mich hatten wie das Meer, obwohl alles in mir schäumte.

»Es scheint ein Brief zu sein«, sagte er gedehnt und verzog keine Miene.

»Von wem?«

Er suchte mit den Augen nach einem Hinweis, scannte die Zeilen, bis er schließlich an zwei Punkten verweilte und immer wieder dorthin zurückkehrte.

»Wie hießen deine Eltern?«

Bei seiner Frage blieb mir buchstäblich das Herz stehen. Konnte es wirklich sein?

»Sofia und Filip.«

Ein beherrschtes Ausatmen. »Dann nehme ich an, dass es ein Brief von deiner Mutter an deinen Vater ist.«

Die Geräusche um mich herum verblassten. Das Rauschen des Windes verschwand ebenso wie das leise Dröhnen der Wasserfälle ganz in der Nähe. Alles rückte in weite Ferne, als hätte jemand die Umgebung herausgezoomt. Dafür verengte sich mein Blickfeld, fokussierte sich auf Sander, der vor mir saß, ruhig und beherrscht. Behutsam umschlossen seine Finger das Stück Papier.

»Was?«, brachte ich schließlich tonlos hervor.

»Anscheinend hat sie den Brief geschrieben, als sie in Oslo waren …«

»Moment, Moment, als ich schon auf der Welt war?« Jetzt bekam ich weiche Knie, hatte das Gefühl, gleich zusammenzuklappen. Wärme und Kälte wechselten sich gleichzeitig ab, als wäre ich nach einem Saunagang gerade in die kühlen Fluten gesprungen.

»Es sieht so aus.« Sander hielt mir den Brief hin, aber nach einem einzigen Blick darauf wurde mir so schwindelig, dass ich für ein paar Sekunden die Augen schloss. Meine Gedanken kreisten in einem immer schneller werdenden Karussell.

»Ich kann … ich kann nicht.«

»Was?«

»Ihn lesen.« *Nicht hier, nicht jetzt.*

»Das ist okay«, erwiderte Sander verständnisvoll und hinter meinen Lidern sammelten sich Tränen. »Du musst ihn nicht sofort lesen. Du kannst ihn auch mitnehmen. Für später aufheben.«

Für später aufheben. Der Klang seiner Stimme war Balsam für meine aufgewühlte Seele. Alles, was ich gerade brauchte. Jemand, der für mich da war. Jemand, der mir Halt gab. Obwohl wir uns noch keine zwei Wochen kannten.

»Nein.« Als ich die Lider wieder aufschlug, begegnete mir

Sanders aufmerksamer Blick. Er war mir so nah, dass ich die einzelnen Farbkleckse in seinen Iriden erkannte. Die feinen Bartstoppeln auf seinem unrasierten Kinn. Die leichte Krümmung seiner Nase, die ihn noch vollkommener machte.

Fragend hob er seine dichten schwarzen Brauen. »Nein?«

»Lies ihn mir vor«, sagte ich leise, bevor ich mir darüber klar werden konnte, was das bedeutete. »Bitte.«

Sanders Züge verwandelten sich in einen Spiegel voller Zuneigung. Ich las Besorgnis heraus und etwas anderes, das ich nicht einordnen konnte.

»Bist du dir sicher, ich …« Sein Kehlkopf hüpfte auf und ab, als er einmal kräftig schluckte.

»Wenn du es vorliest, behalte ich hoffentlich etwas Abstand.« Meine Finger ballten sich zur Faust. Wie konnte ich es erklären? Wenn die Zeilen zu tief drangen, würden sie mir meine Leuchtkraft stehlen. Aber ich wollte, dass der Brief etwas Schönes war. Etwas, das mich nicht von innen aushöhlte wie Salzwasser einen Stein. »Das wäre … das wäre wichtig. Bitte, Sander.«

Ein Ruck ging durch seinen Körper und er nickte, gefolgt von einem kurzen Räuspern.

Dann las er. Er las ohne Pause, unterbrach sich nicht ein einziges Mal und mein Herz weinte und lachte gleichzeitig, während mir heiße Tränen über die Wangen strömten. Meine Sorge war unberechtigt. Meine Angst unbegründet. Die Worte waren nicht an mich gerichtet und doch fühlte es sich genau so an, als wäre jede Silbe für mich geschrieben worden.

Noch nie hatte ich Berührenderes gehört, ein Schicksalsgeschenk, das meine Seele zum Singen brachte.

Mein lieber Schatz,

keine Ahnung, wie ich anfangen soll. Du weißt, ich bin nicht so gut mit Worten. Mama sagt immer, ich soll mit dem Herzen schreiben und nicht so viel nachdenken, dann finden sich die Worte auch von ganz allein. Und genau das tue ich jetzt einfach.

Wir haben uns die letzten zwei Jahre komplett anders vorgestellt, aber Norah ist das Beste, was uns passieren konnte.

Und auch wenn ich das gerade schreibe, während du in der Bar jobbst, ich von Milchflecken übersät bin (wie kann ein Baby so viel trinken!?) und wir beide letzte Nacht nur zwei Stunden am Stück geschlafen haben, muss ich trotzdem bei dem Gedanken lächeln, was für ein Glück wir haben. Unser Blümchen ist alles. Ich bin einfach unwahrscheinlich dankbar dafür, dass sie in unser Leben getreten ist. Wenn sie brabbelt und wenn sie lacht, geht mir das Herz auf. (Obwohl ich auf dieses plötzliche Milcheinschießen in der Öffentlichkeit verzichten könnte, haha.) Aber hey, wir haben es doch verdammt gut getroffen, oder? Ich bin jedenfalls glücklich. Einfach satt und glücklich, obwohl es diese Tage gibt, an denen mir alles zu viel wird und ich nicht mehr kann. Da sind Dunkelheit und Überforderung, aber das sind nur Phasen. Dann sehe ich Norah und spüre tief in mir, dass sich das alles lohnt.

Okay, und in letzter Zeit bin ich dir ziemlich auf die Nerven gegangen. Zusätzlich zum Schlafmangel und den Doppelschichten. Aber ich möchte nicht, dass wir unsere Wünsche und Träume vergessen. Deswegen habe ich dich gefragt, was du unbedingt einmal machen willst, sobald wir uns einen Babysitter leisten können. Was du noch sehen willst in Oslo. Was dir wichtig ist. Ich weiß, du findest das albern. Weil wir auch gerade kein Geld übrig haben außer für einen Film aus der Videothek und Kochtopfpopcorn. Und dann schaffen wir es nicht mal, den Film am Stück zu schauen, weil ich mit

Sabberfaden auf dem Sofa einschlafe oder die Kleine wieder wach wird. Keine Ahnung, wann wir es hinkriegen, unsere Wünsche zu erfüllen, aber sie laufen nicht weg. Es kommen nur neue dazu.

Also fange ich einfach mal an: Ich möchte unbedingt die Oper besuchen. (Ja, ich sehe dich bildlich vor mir, wie du mit den Augen rollst.) Du sagst immer, du verstehst sowieso nichts und du findest die meisten Kostüme albern, aber dieses Gefühl der Emotionen, die über Jahrhunderte getragen werden, macht etwas mit mir.

Dafür gehe ich auch mit dir tanzen und mache mich zum Affen. Weil du diesen Tanzkurs damals ohne mich gemacht hast, redest du von kaum etwas anderem (ich hoffe, deine Zehen werden es mir verzeihen, ich bin mir nämlich ziemlich sicher, dass ich zwei linke Füße habe).

Lass uns Schlittschuhlaufen lernen. Okay? Danke! Ehrlich. Es hatte etwas Magisches, als ich die Leute hier in unserem ersten Winter in der Stadt auf Schlittschuhen gesehen habe.

Ach ja: Ich möchte den besten Cappuccino der Stadt finden. Eine Aufgabe, der du dich in den letzten Wochen bereits gewidmet hast. Aber es ist nicht dasselbe, wenn du mir einen Becher mitbringst. Ich muss in eines dieser Cafés spazieren und den Duft von gerösteten Kaffeebohnen inhalieren, Klatsch und Tratsch hören.

Manchmal sind die Dinge nicht so einfach, wie man denkt, aber irgendwie bekommen wir es trotzdem immer hin. Wir haben das mit dem Umzug hinbekommen. Wir leben jetzt in Oslo. Wir bauen uns hier unsere kleine Familie auf, auch wenn es in der Wohnung manchmal sehr eng ist. Das macht nichts, denn es ist jetzt schon mehr, als ich mir erträumt habe. Endlich weg von zu Hause, wo alles so eingeschränkt war, die Möglichkeiten so klein. Wenn ich in die Zukunft blicke, bin ich einfach hoffnungsvoll. Und ich bin dankbar, dass wir uns haben. Du gibst mir die Kraft, jeden Tag aufzustehen und über mich hinauszuwachsen.

Es sind die kleinen Dinge, Filip, für die ich dich so liebe. Zum Beispiel dieser Post-it-Zettel, den du auf die Dose mit den Thai-Resten geklebt hast mit dem Hinweis, wie lange ich sie in die Mikrowelle stellen soll. (Gut, vielleicht war auch deine Angst einfach zu groß, dass ich die Wohnung abfackeln könnte.) Und ich meine damit nicht, dass du dich lustig machst, sondern dass du für mich mitdenkst. Und ich denke an dich. Wir ergänzen uns auf eine Art und Weise, die mir sehr viel bedeutet.

Alles, was gerade mit Norah passiert, geschieht so unglaublich schnell. Und ich weiß, dass wir auf die Unterstützung meiner Eltern zählen könnten, wenn wir wollten. Aber wir haben uns in unsere Sturköpfe gesetzt, dass wir es auch in der Stadt hinkriegen. Ohne unsere Eltern. Manchmal frage ich mich, wem wir eigentlich etwas beweisen wollen. Uns selbst? Ihnen? Aber es klappt.

Sobald wir uns nicht mehr mit Suppennudeln und diesen fürchterlichen Dosenravioli über Wasser halten müssen, möchte ich unbedingt alle kulinarischen Ecken in Oslo erkunden. Ich würde so gern mit dir Französisch essen gehen.

In dieses kleine Restaurant, an dem wir eines Abends vorbeigelaufen sind, als gerade eine superelegant gekleidete Frau direkt davor aus einem Taxi gestiegen ist. Ich stelle mir das so romantisch vor, wobei ich mir nicht sicher bin, ob man Froschschenkel und Schnecken wirklich als romantisch bezeichnen kann. Aber wer weiß, vielleicht entdecken wir auch ein anderes Restaurant, das uns besonders gut gefällt. Sara schwärmt zum Beispiel von diesen Tacos …

Ich freue mich jedenfalls auf alles, was kommt, auch wenn es ungewiss ist. Und weißt du auch, warum das so ist? Weil ich dich an meiner Seite habe, Filip. Und Norah, unser kleines Blümchen. Das ist für mich alles, was zählt.

Auch wenn wir für sie ein paar Träume hintenanstellen müssen, bin ich mir sicher, dass wir sie auf unsere Weise noch erleben werden. Und weißt du, was das Schönste ist? Mit Norah kamen Träume dazu, von denen wir vorher keine Ahnung hatten, und auch das macht mich glücklich.

Ich freue mich schon unendlich darauf, ihre Entwicklung mitzuerleben, ihre ersten Schritte, ihre ersten Wörter, selbst auf die weiteren Trotzphasen freue ich mich.

Wir gehören zusammen. Du und ich. Und unser wunderschönes Mädchen, das größte überraschende Geschenk, das uns das Leben gemacht hat.

Ich liebe dich, du Pupskopf.

Deine Sofia

Sekundenlang schwebten die einzelnen Sätze zwischen uns, als hätte Sander sie mit seiner Stimme zum Leben erweckt.

Zwei klein beschriebene Doppelseiten, zusammengepfercht unter einem großen Blumen-Patch, hineingestopft in ein Plastiktütchen – und sie enthielten eine ganze Welt für mich. So viele Wörter, die sich wie mit einem Vorschlaghammer in mich gruben, sich in mein Herz krallten und es zuerst schnell und dann unendlich langsam schlagen ließen.

Mein Inneres verkrampfte sich wie ein schlecht aufgewickeltes Wollknäuel. Ohne Vorwarnung brandete plötzlich Übelkeit in mir auf und ich bemerkte Sanders besorgten Gesichtsausdruck, spürte die Wärme seiner großen Hand auf meiner Schulter. Seine Nähe, seine Berührung. Er war einfach für mich da. Nicht aufdringlich, genau richtig.

»Atme«, verlangte er ruhig, aber gleichzeitig so bestimmt, dass ich dieser Aufforderung Folge leistete. Wie ein Rettungsring drang seine Stimme durch das tobende Gefühlsgewitter. »Atme ganz langsam ein und aus.«

Erst jetzt wurde mir bewusst, dass ich die Luft angehalten hatte. Bis jetzt hatte ich keine Ahnung gehabt, wie sehr ich meine Mutter und meinen Vater all die Jahre vermisst hatte. Ich hatte es nie anders gekannt, deswegen war es keine große Sache gewesen. Aber nun fühlte es sich so an, als hätte der Brief ein klaffendes Loch der Sehnsucht in mich gerissen.

»Atme ein.«

Schwindelerregend raste mein Puls, schneller und schneller und schneller. Mit einem rasselnden Atemzug holte ich Luft und wischte mir gleichzeitig über die nassen Wangen.

»Atme aus.«

Erneut der sanfte Druck an meiner Schulter, beruhigende Worte und Anweisungen, die mich aus dem taumelnden Augenblick herauszogen. Wieder in die Realität zurückzogen wie Hände, die mich aus den Fluten retteten.

Nach einigen Atemzügen beruhigte sich mein Herzschlag.

Es war mir egal, dass Sander mich so sah. Es war mir egal, was er von mir dachte. Ob ich verheult war. Oder emotional. Oder seltsam.

Das Einzige, was zählte, waren meine Eltern.

»All die Jahre …«, begann ich, doch meine Stimme brach wie viel zu dünnes Eis. »All die Jahre habe ich diese Jacke getragen und nicht gewusst, dass der Brief darin war. Warum hat sie ihn dort hineingenäht?« Ich schlug die Hände vor dem Gesicht zusammen und schüttelte immer und immer wieder den Kopf. »Warum hat diese dämliche Plastikverpackung die ganze Zeit gehalten? Warum … Ich wusste nicht, dass der Spitzname *Blümchen* von ihnen ist. Bis jetzt habe ich gedacht, er käme von Moma, dabei waren es meine Eltern … meine Mutter …« Ich schluchzte heiser.

Behutsam strich Sander mit der flachen Hand über meinen

Rücken und hörte sich alles an. All das unzusammenhängende Zeug, das er vermutlich sowieso nicht verstand.

»Sie sind bei einem Autounfall ums Leben gekommen, da war ich keine zwei Jahre alt. Alles was ich von ihnen habe, sind Fotos und Videos, die in der Zeit eingefroren sind. Und jetzt ihre Wünsche zu hören, die Hoffnungen, die sie hatten. Das tut entsetzlich weh.«

Als ich mir wieder die Tränen wegwischte, las ich die Anteilnahme und den Schmerz in Sanders sonst so beherrschten Zügen. Plötzlich war er wie ein offenes Buch.

Ich lachte auf, sobald mir ein Gedanke kam. »Die ganze Tour ist mit so vielen Omen gestartet, jetzt wird mir auch klar, weshalb. Und das Beste? Meine Großeltern werden *Hjerteslag Øyeblikke* vermutlich bald aufgeben müssen. Und dann stehe ich da. Keine Ahnung, ob ich dafür kämpfen möchte, dass es mit der Pension und den Touren weitergeht. Eigentlich dachte ich immer, es sei mein Traum, das Unternehmen weiterzuführen, aber ich habe nie etwas anderes getan. Woher soll ich wissen, ob ich es wirklich will, wenn ich nichts anderes kennengelernt habe?«

Verständnis trat in Sanders Augen und er nickte. »Das kenne ich besser, als du glaubst.« Seine Stimme klang belegt.

Ich winkelte meine Beine an und stützte mein Kinn auf den Knien ab, starrte auf das Papier, das Sander noch immer in der anderen Hand hielt. »Erzähl mir von dir.«

»Was?«

Ich schüttelte den Kopf. Erst jetzt wurde mir wieder bewusst, wo wir waren. Etwas abseits von den anderen, schließlich machten wir nur Pause, mit Blick auf die Bergketten in der Ferne, das beständige Rauschen des Flusses ganz in der Nähe, gemischt mit den Windmelodien des Sommers. »Du musst nicht darüber sprechen. Natürlich musst du nicht und ich will dich mit der Situation auch nicht emotional erpressen, sodass du dich jetzt verpflichtet fühlst, mir dein Herz auszuschütten«, sprudelte es aus mir hervor. »Aber ich glaube, es kann auch helfen. Tut mir leid, dass wir jetzt eine therapeutische Sitzung daraus machen, aber manchmal … manchmal gibt es Momente, wo es genau richtig ist, sich mal alles von der Seele zu reden.« Schniefend zog ich die Nase hoch und wedelte mit dem Finger vor Sanders Gesicht. »Und ich hatte dich gewarnt. Tag zwölf und sämtliche Dämme brechen. Nur meistens nicht bei mir. Aber egal. *Here we go.*« Wieder schüttelte ich den Kopf. »Ich konnte auch nicht ahnen, dass du einen Brief von meiner Mutter aus meiner Jacke zauberst. Das ist das Verrückteste, was ich je erlebt habe.«

Meine Bewältigungsstrategien für diese Situation waren genauso sprunghaft wie mein Wesen, aber so war ich nun mal. Sprunghaft und gleichzeitig ausdauernd. Aber ich blieb ungern zu lange in einem Gefühl, weil es mich fesselte und mir den Bewegungsspielraum nahm. Und die Abwärtsspirale konnte grauenhaft sein.

Auf Sanders scharfen Gesichtszügen spiegelten sich so viele Emotionen, dass ich unmöglich alle benennen konnte. Dann blinzelte er. Langsam. Als hätte er eben eine Erleuchtung gehabt. Ein vorsichtiges Lächeln erschien auf seinem schönen Mund.

Am liebsten hätte ich darübergestrichen.

»Soll ich dir sagen, was verrückt ist?«, fragte er mich leise und wirkte über seine Offenbarung genauso überrascht wie ich. »Dreiundzwanzig Jahre alt zu sein und sich dem Druck der Familie zu beugen.«

»Was machst du danach?«

»Danach?«

»Wenn du wieder zurückgehst?«

In drei Tagen.

Der Gedanke versetzte mir einen kurzen Stich, aber ich ignorierte es. Zumindest lenkte es ab, sodass ich mich nicht mit dem Brief auseinandersetzen musste. Meine Aufmerksamkeit etwas anderem zuwenden konnte. Sander schien das auch zu spüren, denn er fuhr nach kurzem Zögern fort: »Ich bin der älteste Sohn in der Familie, von mir wird erwartet, dass ich irgendwann das Unternehmen leite. Da sind wir altmodisch. Vielleicht hängt es auch damit zusammen, wie sehr meine Familie für den Erfolg gekämpft hat. Auch untereinander.« Ein Schatten huschte über seine Züge, das einzige Indiz dafür, dass noch mehr dahintersteckte. »Bei meinen Geschwistern wäre der Einstieg in den Konzern ebenfalls gern gesehen, aber für sie ist es nicht verpflichtend. Bisher sind alle immer davon ausgegangen, dass ich die Führungsrolle übernehme und CEO werde, wenn die Zeit reif ist. Das kann in zehn oder fünfzehn Jahren sein. Aber es ist die Position, auf die ich vorbereitet werde. Ich muss hineinwachsen und unterschiedliche Stationen durchlaufen. Das Studium in Großbritannien war der erste große Schritt.« Sein Blick glitt in die Ferne. Die Art, wie er sprach, löste die Schwere in mir, wofür ich dankbar war. Auch wenn ich dieselbe Schwere bei Sander spürte, die sich wie ein Mantel um seine Schultern legte.

»Und ist es das, was du machen möchtest?«, fragte ich vorsichtig.

»Es ist ähnlich wie bei dir, ich kenne nichts anderes. Ich habe gelernt, Erwartungen zu erfüllen. Ich habe studiert, um Erwartungen zu erfüllen. Ich habe Praktika absolviert, um Erwartungen zu erfüllen.« Er zuckte mit den Schultern. »Meine einzige Rebellion bestand darin, eine große Klappe zu haben und mein Privatleben auf die leichte Schulter zu nehmen. So zu wirken, als wäre mir alles egal. Als … als würde mich nichts kümmern, als wäre das Leben eine einzige Comedyshow.«

»Hier bist du nicht so«, stellte ich fest und er sah mich lange an, ohne etwas zu sagen. Die Tiefe in seinen Augen ließ Schmetterlinge in meinem Bauch aufflattern.

»Das stimmt«, sagte er leise. »Ich hätte auch nicht damit gerechnet, dass mir der Trip so gefällt. Die Leute, die Gespräche, die Natur.« Wieder sah er mich an und dieses Mal sprach er es nicht aus. Das musste er auch nicht. Ich las es in seinem Blick. *Du.*

Plötzlich war ich mir der Intimität zwischen uns bewusst, der Kraft, die Sander ausstrahlte. Als wäre es in Ordnung, wenn ich mich an seine Schulter anlehnte, mich ausheulte. Als würde er für mich da sein. Wie ein Fels.

Aber das war eine Lüge, eine Illusion. Noch drei Tage, dann war er weg. Eine Zeit lang sagten wir gar nichts und ich dachte an die Zeilen, die meine Mutter geschrieben hatte. Im Kopf ging ich die einzelnen Sätze durch, die Hoffnungen, die sie gehabt hatten – und die niederschmetternde Erkenntnis, dass es für ihre Träume viel zu schnell zu spät gewesen war.

Ich seufzte. »Hast du dich jemals gefragt, ob du wirklich glücklich bist mit dem, was du tust?«

19

SANDER

Es war gefühlt mitten in der Nacht, als ich den Gedanken an gesunden Schlaf verwarf und mich dem Vogelkonzert vor meinem Schlafzimmer ergab. Wir waren noch vier Stunden unterwegs gewesen – zu Julies Enttäuschung ohne Bären, Lemminge oder Rentiere –, dafür hatte ich gesehen, wie Norah Wilma unauffällig zur Seite genommen und ihr Hygieneartikel gegeben hatte. Auf Norahs Bitte hin hatte ich ihr Abstand gewährt. Sie wollte allein sein. Ihre Ruhe haben. So gut das in einer Trekkinggruppe eben möglich war, wo sie als Guide fungierte.

Die ganze Zeit geisterte Norahs Frage durch meinen Kopf wie ein schwammiger Traum. Ich erinnerte mich nicht, was ich darauf erwidert hatte. Die Antwort war verpixelt wie ein schlechtes Foto.

Dafür erinnerte ich mich an die Tränen in ihren Augen, die Traurigkeit in ihrem Blick, an die Weichheit ihrer Haut unter meinen Fingerspitzen. Ich erinnerte mich an das Bedürfnis, sie einfach zu trösten, für sie da zu sein.

Und an das überwältigende Gefühl, dass es nicht ausreichen würde.

Keine Umarmung der Welt würde ihr den Schmerz nehmen können, den sie durch den Verlust ihrer Eltern erlitten hatte. Und durch das Geschenk, das ihr so unverhofft in den Schoß gefallen war.

Etwas an Norahs Art brachte meine innere Rastlosigkeit zum Stillstand. *Fuck.*

Einen Arm hinter dem Kopf verschränkt, blieb mein Blick an der hübschen Deckenvertäfelung hängen und mein Brustkorb hob und senkte sich in einem langen Atemzug. In Norahs Nähe fühlte ich mich wie der größte Hochstapler der Welt. Wenn sie mich ansah, kam es mir jedes Mal so vor, als würde sie mich durchschauen.

Deswegen war ich so gnadenlos ehrlich gewesen. Zu ihr. Und zu mir selbst.

Müdigkeit steckte in meinen Gliedern, weil ich kaum ein Auge zugemacht, sondern mir nur über den gestrigen Tag den Kopf zerbrochen hatte. Mein Schädel brummte.

Dafür duftete alles in dieser Unterkunft frisch gewaschen. Wie ein Berg aus Baumwolle, Jasmin und Lavendel. Die riesigen Kissen mit dem schlichten Blumenmuster waren viel zu weich, aber eigentlich störte mich das nicht. Genauso wenig wie die spartanische Holzeinrichtung, denn alles war mit Liebe dekoriert – eine Wolldecke über dem Stuhl, bunte Trockenblumen aus der Region in einer pastellgrünen Vase, gemütliche Vorhänge.

Kos. Ein Wort, an das ich lange nicht mehr gedacht hatte, wenn ich in einem der schicken Hotelzimmer irgendwo auf der Welt übernachtet hatte. Oder auch zu Hause. Es war eher immer das Gegenteil von *kos* – oder *hyggelig* – gewesen.

KOSGEN, der Name unseres Familienunternehmens, besaß nicht ohne Grund diese einfachen drei Buchstaben, die eine so tiefe Bedeutung hatten. Ein Anagramm aus unserem Nachnamen. Simpel und doch clever.

Ich zwang mich aufzustehen, öffnete ein Fenster und ließ die klare Bergluft hereinströmen. Um die Bäume am Waldrand waberte noch der Morgennebel und draußen war es erstaunlich warm.

Es war sechs Uhr, stellte ich mit einem Blick auf mein Handy fest. Ich zögerte. Bisher hatte ich es nicht gewagt, hinter den Vorhang zu schauen, wo sich mein eigentliches Leben abspielte. Hier war es anders.

Eine andere Zeitrechnung. Eine andere Währung.

Als ich nun zum ersten Mal nach zehn Tagen wieder auf sämtliche Social-Media-Kanäle schaute, sackte mir das Herz in den Magen. Noch immer war der Skandal ein Thema. Hier und da tauchten noch Videos dazu auf. Theorien über das Statement. Theorien über meinen Aufenthaltsort.

Ich scrollte durch die Kommentare, obwohl das nicht gut war. Zu toxisch.

Als ich genug gesehen hatte, schloss ich alles wieder. Auch wenn die ganze Sache nicht mehr so omnipräsent war, wurde mir klar, wie viel Zeit es kosten würde, bis ich wieder zur Normalität zurückkehren konnte.

> Ich habe gestern Abend diesen Irish Stew gekocht und musste an dich denken. Alles gut?

Bei Ellis Nachricht lächelte ich unwillkürlich. Sie hatte also das Rezept eines irischen Kommilitonen aus Cambridge ausprobiert, das ich ihr mal geschickt hatte. Ich antwortete ehrlich, aber vage. Nichts Konkretes, auf das mich Elli festnageln könnte. Denn sie war vermutlich einer der wenigen Menschen, die genau wussten, wie es in mir aussah.

Du bist so unspezifisch, hat das einen Grund?

Warum schaffst du es immer, in meinen Kopf zu schauen?

Fluch oder Segen, das ist hier die Frage. Was machst du eigentlich schon so früh auf den Beinen?

Dasselbe könnte ich dich fragen.

Dir ist klar, dass du mir auf keine meiner Fragen geantwortet hast, oder?

Ja?

SANDER.

Ich machte ein Foto von meinem frechen Grinsen.

Oh, du siehst gut aus.

Stirnrunzelnd versuchte ich, den Satz zu entschlüsseln. Was meinte sie damit?

Das war jetzt keine Frage?

Nein, nennt man Tatsachenfeststellung.

Du bist ganz schön unverschämt, wenn du virtuell unterwegs bist.

Mein virtuelles Ich ist einfach auch meine Alkohol-Persönlichkeit. Reden wir nicht darüber. Ich bin so früh wach, weil ich die ganze Nacht über einem neuen Rezept gegrübelt habe. Für Dinkelbutterkekse, aber mit weißer Schokolade. Und ich weiß, das Thema ist schon lange vom Tisch, aber ich kann es mir so gut vorstellen. Klassisch, aber trotzdem etwas anderes. Und ich dachte übrigens, du würdest nach den zwei Wochen gequält wiederkommen, aber du siehst ehrlich erholt aus. Sind Trekkingtouren nicht total anstrengend?

Frag mal sämtliche Muskeln in meinem Körper, allen voran in meinem Hintern. Ich wusste nicht, dass ich da Muskelkater haben kann. Und seit wann backst du wieder?

Elli hatte eine Zeit lang wirklich viel und hingebungsvoll gebacken, sich an neue Ideen herangewagt. Aber irgendwann war diese Leidenschaft abgeklungen. Aus welchem Grund auch immer.

Ich dachte, ich könnte es mal wieder ausprobieren. Dir geht es also gut?

Damit wich sie mir etwas ungeschickt aus, aber ich hakte nicht nach, weil Elli das nicht mochte.

Ja, mir geht es sehr gut. Es ist anders, als ich dachte. Es macht mir großen Spaß, vor allem auch, Zeit mit so unterschiedlichen Menschen zu verbringen und mich mit ihnen zu unterhalten.

Das klingt … schön und irgendwie total nach dir.

Findest du?

Nun war ich überrascht.

Ja. Und jetzt muss ich noch etwas schlafen, sonst fällt mir im Sitzen das Handy aus der Hand. Hab noch schöne zwei Tage. Ich freue mich auf dich.

Dito.

Mit einem Seufzen ließ ich mich in die Kissen zurücksinken. Ich hasste alles an meiner beschissenen Situation. Den Druck, die Konsequenzen, die Erwartungshaltung und das dröhnende Schweigen derjenigen, die sich nicht meldeten. Leute, die ich vom Studium kannte oder aus gewissen Kreisen in Oslo.

Ihr Schweigen hallte so laut, als würden sie mit einem Megafon neben mir stehen und es mir ins Ohr brüllen. Vielleicht hatten sie auch einfach kein Rückgrat. Oder Angst, sich mit meinem zweifelhaften Ruf zu beschmutzen. Oder keine Ahnung, was sie sagen sollten. Selbst das konnte ich nachvollziehen. Außerdem kannten sie mich wahrscheinlich nicht gut genug. Wenn selbst meine eigene Familie nicht an mich glaubte …

Ich duschte, packte alles zusammen und ging frühstücken. Zu einem heißen Kaffee verdrückte ich eine große Portion Schwarzbrot mit Lachs und Porridge mit Nüssen, Heidelbeeren und Bananenscheiben vom reichlichen Frühstücksbüfett. Wilma saß mit ihrer Familie in einer Fensterecke mit Panoramablick, der grimmige Ausdruck auf ihrem Gesicht war verschwunden. Genauso wie die In-Ear-Kopfhörer, was mich zum Lächeln brachte.

Auch die Clausens unterhielten sich angeregt. Ich ertappte Frau Clausen sogar dabei, wie sie sich nach vorn beugte und ihrem Mann voller Wärme über den Unterarm strich, als dieser eine brummende Bemerkung machte. Sicherheitshalber checkte ich, ob da nicht ein Messer griffbereit lag, aber nein. Die beiden wirkten verliebt vertraut.

Also hatte mein Gespräch mit ihnen doch etwas bewirkt. Ich hatte es fast nicht für möglich gehalten. Aber Kommunikation war alles.

Nur von Norah fehlte jede Spur. Ich sah sie weder beim Frühstück noch nach dem Auschecken. Erst als Gregori sämtliches Gepäck im Bus verstaut hatte, tauchte sie auf. Mit dunklen Ringen unter den Augen. Sie wirkte schmächtig und abgekämpft, als hätte sie keine Sekunde geschlafen.

Ihr Anblick versetzte mir einen Stich.

Zwar wich sie mir nicht direkt aus, aber ich hatte das Gefühl, dass sie den Brief und die Emotionen, die dadurch aufgewirbelt worden waren, erst noch weiter verarbeiten musste. Ohne meine nervige Anwesenheit.

Also ließ ich ihr den Freiraum, den sie brauchte. Obwohl ich mich nach ihrer Nähe sehnte. Oder dem unbeschwerten

Lächeln, das verschwunden war. Stattdessen war eine tiefe Furche zwischen ihre geschwungenen Augenbrauen getreten, ein nachdenklicher Ausdruck, den ich am liebsten mit einem lockeren Spruch weggewischt hätte.

Um mich abzulenken, unterhielt ich mich mit Sylvia und Trude, scherzte mit den Clausens und verbrachte den letzten großen Abschnitt vor der Raftingtour mit Rimas und Ole, die sich über internationale Serien unterhielten. Wir verloren wieder etwas an Höhenmetern, ließen die beeindruckenden Gebirgsketten hinter uns, auf denen vereinzelt noch Schnee lag, und wanderten talabwärts. Nach einer Weile erreichten wir einen Bach und folgten seinem Verlauf.

Inzwischen hatte ich mich an den beständigen Muskelkater gewöhnt. An die frische, salzige Brise und das Gefühl absoluter Sättigung.

Keine Party, kein Luxusurlaub konnte das ersetzen. Es war einfach anders. Das Gefühl kam von innen. Ich musste mein Glück nicht suchen, sondern hatte es in mir gefunden. Als wäre ich die ganze Zeit auf einem Laufband gerannt, anstatt einfach stehen zu bleiben und herunterzusteigen.

Die Frage war, was diese Erfahrung für mich und mein Leben bedeutete. Die Verpflichtungen, die ich eingegangen war, den Lebenslauf, den ich begonnen hatte. Wer war ich – Aleksander Skogen – außer ein Name, auf dessen Initialen bereits ein vorgefertigter Weg eingraviert war?

»Du träumst«, ertönte es von links und ich bemerkte, dass mich nicht nur Ole, sondern auch die anderen mit einem Grinsen anschauten. Anscheinend hatte ich tatsächlich geträumt, denn die Gruppe hatte angehalten.

Keine zwanzig Meter vor uns befand sich ein großer, moderner Gebäudekomplex. *River Adventures* prangte auf einem gewaltigen Schild. Mein Blick wanderte über verspiegelte Glaswände, mehrere großzügige Terrassen und ein Holzverdeck, auf dem fünf Whirlpools eingelassen waren, sodass man von dort aus einen wunderschönen Ausblick über den stillen See genießen konnte.

Wir brachten unser Gepäck auf die Zimmer, wo wir heute die vorletzte Nacht verbringen würden, und nach einer kurzen Pause ging es weiter.

In zwei größere Vans aufgeteilt fuhren wir rund vierzig Minuten zum nächsten Stationspunkt vor der Raftingtour, wo wir mit der kompletten Ausrüstung versorgt wurden. Da Wilma in ein paar Wochen fünfzehn wurde, durfte sie mit ihrem Vater an der Tour teilnehmen, während Julie mit ihrer Mutter in der Hauptstation blieb und sich einen netten Wellnesstag machte.

Wie ein vorbeiratternder Zug rauschten die Wassermassen, ein dauerhaftes Dröhnen, das alles übertönte, sobald wir aus den Fahrzeugen stiegen. Es brauste in meinen Ohren und löste eine Gänsehaut aus. Gleichzeitig genoss ich die warmen Strahlen auf der Haut und das atemraubende Gefühl von vollkommener Freiheit.

Wir legten die volle Montur an: einen Neoprenanzug, der wie eine zweite Haut am Körper saß, dicke Schwimmwesten in kanarienvogelgelben Warnleuchtfarben und knallrote Helme. Die Gruppe sollte auf zwei Boote aufgeteilt werden.

Als Norah umgezogen aus der Umkleidekabine trat, wirbelte mein Blut durch die Adern. *Helvete.* Ich konnte nichts gegen meine Augen tun, die plötzlich ein Eigenleben entwickelten.

Ich hatte sie zwar schon in einem engeren Tanktop gesehen und quasi nackt in der Sauna. Aber dieser Anzug?

Für mein Marvel-liebendes-Ich war das fast schon eine Kriegserklärung. Ich dachte an etwas anderes. Bäume. Wälder. Gräser. Berge.

Irgendetwas anderes.

Natürlich schaute Norah in meine Richtung und ihre Augen weiteten sich überrascht. Aber nicht, weil sie meinen verkniffenen Gesichtsausdruck richtig deutete, sondern weil ich selbst in einem dieser Anzüge steckte. Nur dass meiner eine Nummer zu klein war, weil es keinen in meiner Größe gab. Er war an den Armen und Beinen zu kurz und lag besonders eng an der Brust und sämtlichen Regionen tiefer an. Ich sah, wie sich ihre Wangen verdächtig verfärbten. Die schnellere Atmung.

Ich wollte Norah küssen, bevor ich wieder abreisen musste.

»Ihr setzt euch auf den Bootsrand, Blick in Fahrtrichtung«, erläuterte in diesem Augenblick unser Rafting-Guide, eine junge Frau mit geflochtenem Pferdeschwanz und Basecap. Emma? Edda? Ich hatte ihren Namen vergessen. Aber im Moment konnte ich mich vermutlich nicht einmal an meinen eigenen Namen erinnern. »Alle Paddelnden haben die Paddel entweder rechts oder links im Wasser«, fuhr sie nun fort. »Hinten in der Mitte sitzt der Steuermann oder in unserem Fall die Steuerfrau, also ich. Es ist wichtig, dass ihr die Füße immer, und damit meine ich wirklich immer, in den Rafting-Fußschlaufen lasst. So stellen wir sicher, dass ihr im Wildwasser nicht so leicht aus dem Boot fallt. So weit verstanden?«

Alle nickten. Auf dem Gesicht der jungen Frau spiegelte sich Stolz, aber auch Vorfreude. Eine innere Zufriedenheit. Als wäre sie ganz in ihrem Element. Und ich fragte mich einmal mehr, wann ich das jemals ausgestrahlt hatte.

»Bitte beachtet auf jeden Fall auch die Paddeltechnik. Eine

Hand greift immer das T-Stück das Paddels, ohne Ausnahme. Die Schlagmänner – oder -frauen – reagieren bitte gleichzeitig auf die Kommandos. Das ist ganz einfach, es gibt zwei Arten von Befehlen: vorwärts und rückwärts.«

Edda-Emma erklärte weitere Details, wobei ich nur mit halbem Ohr zuhörte, weil mich Norahs Gegenwart zu sehr ablenkte. Oder alles an ihr.

Nach einer Weile klatschte Edda-Emma in die Hände. »Das kriegt ihr hin? Oder?«

Wieder nickten alle. Wilmas Vater stieg zuerst ein, half dann seiner Tochter und machte eine ausholende Geste, um mich in sein Boot zu lotsen, aber ich schüttelte den Kopf. Stattdessen ließ ich Rimas und seiner Mutter den Vortritt. Wilmas perplexer und gleichzeitig erfreuter Gesichtsausdruck war es mir wert. Und die Tatsache, direkt hinter Norah in das andere Boot zu steigen. Es war auf einem Zwischenplateau festgemacht, das Wasser strömte hier wie eine leise Melodie. Bei uns stiegen die Clausens, das belgische Ehepaar und Ole ein.

Zufrieden nahm ich hinter Norah Platz, während sie säuerlich die Lippen aufeinanderpresste.

»Was ist los?«, fragte ich leise.

»Ich bin mir nicht sicher, ob es eine gute Idee ist, wenn sie zusammen fahren.«

»Was meinst du?«

Norah wandte sich mir halb zu. »Was ist, wenn sie sich in ihn verliebt, also so richtig, und er dann geht und ihr das Herz bricht und sie am Liebeskummer fast erstickt?«, wollte sie wissen, ohne mich dabei anzusehen. Sie hatte mir ihr Profil zugewandt, das Kinn stolz gereckt. In der Sonne konnte ich die einzelnen Sommersprossen um ihre Nase sehen. Wärme durchfuhr mich.

Selbstverständlich ging es nicht um Wilma und Rimas. Zumindest nicht ausschließlich. Vor ein paar Tagen hatte sie noch nichts dagegen gehabt, dass die beiden sich näherkommen. Und jetzt diese Bemerkung?

»Was ist, wenn sie *ihm* das Herz bricht?« Jetzt hatte ich ihre volle Aufmerksamkeit. »Vielleicht ist es auch nur ein Sommerflirt. Vielleicht verlieben sich beide ineinander. Vielleicht auch nicht. Man muss nicht immer alles zerdenken. Manchmal ist es auch gut, die Dinge laufen zu lassen und zu schauen, wohin sich etwas entwickelt.«

Norah antwortete nicht. In diesem Augenblick erklang die Stimme unserer Steuerfrau. In kurzer und schneller Abfolge erklärte sie die letzten wichtigen Punkte. Ich ertappte mich dabei, wie ich nur Norahs Hinterkopf anstarrte. Meine Beine waren so lang, dass meine Oberschenkel beinahe ihre berührten.

»Genau das habe ich mir gewünscht, als wir losgefahren sind«, meinte Sylvia und lächelte ihre beste Freundin an, die mit ihr im Nachbarboot saß.

»Wir hätten uns unsere Träume nicht so lange aufsparen sollen, meine Liebe. Dann würde es sich jetzt nicht anfühlen, als wäre das unsere Fahrt über den Styx«, erwiderte Trude mit einem zerbrechlichen Lächeln im Gesicht.

Norah musste die Worte auch gehört haben, denn ihre Schultern versteiften sich. Die Knöchel an der Hand, mit der sie das T-Stück des Paddels umklammerte, stachen jetzt beinahe weiß hervor. Und ihr Gesicht verlor jede Weichheit, wurde hart und unnachgiebig. Sie wirkte distanziert und unnahbar.

Wahrscheinlich dachte sie an den Brief. Die verpassten Möglichkeiten ihrer Eltern.

Meine Hand zuckte bereits, aber ich ließ sie wieder sinken.

Was hätte ich auch sagen können? Es kam mir heuchlerisch vor, ihr irgendwelche Ratschläge zu ihren Träumen und Zielen zu geben, wenn ich doch selbst nicht wusste, was ich wollte.

Die beiden *River-Adventures*-Mitarbeiterinnen stiegen nun ebenfalls in die Boote und nahmen hinten Platz.

»Seid ihr bereit?« Edda-Emma klatschte erneut begeistert in die Hände.

Mist. Ich hatte die zweite Hälfte der Einführung verpasst.

Aber gut, was konnte schon passieren?

20

NORAH

Siebenundzwanzig Patches und darunter hatte sich nichts verborgen. Kein weiterer Brief. Kein weiterer Hinweis. Nicht noch einmal die Stimme meiner Mutter, in Worte gefasst wie ein durch die Zeit getragenes Echo.

Noch am Abend in der vorletzten Unterkunft hatte ich sie alle einzeln abgelöst. Aber darunter war nichts zum Vorschein gekommen.

Mit jedem weiteren Motiv war auch ein Stückchen Hoffnung von mir abgefallen, bevor ich das Patchwork-Muster fein säuberlich wieder angenäht hatte. Und nun lechzte ich nach mehr. Wollte mehr. Mehr Einblicke, mehr Gedanken, mehr Mama und Papa.

Es war, als hätte ich einen Blick ins Paradies erhascht und wäre anschließend wieder ausgesperrt worden.

Dafür hatte mich der Brief zu einem wegweisenden Zeitpunkt in meinem Leben erreicht, der Wink mit dem Schicksalszaunpfahl. Wollte ich *Hjerteslag Øyeblikke* weiterführen? Wollte ich dafür kämpfen? Was wollte ich wirklich? Was waren meine Träume und Ziele? Wer war ich eigentlich?

Die ganze Zeit über hatte ich etwas getan, weil es der

bequemere Weg gewesen war. Jetzt war ich mir nicht mehr sicher, ob ich mich richtig entschieden hatte. Meine Augen brannten, meine Glieder schmerzten und ich hatte das Gefühl, als hätten sich Klauen um mein Herz geschlungen, die in unregelmäßigen Abständen kräftig zudrückten.

»Links!«

Der gebellte Befehl von Edda ging mir durch Mark und Bein und riss mich aus meinen Gedanken. Mein Körper reagierte ganz von selbst. Mit einem kräftigen Stoß pflügte das Paddel durch die wilde Wasseroberfläche. Zerklüftete Felsen ragten rings um uns herum auf, dichte Nadelbäume, die sich entlang des Flussverlaufs emporstreckten. Der Duft von Kiefern und Wildblumen mischte sich mit der Frische des Wassers. Immer wieder brach die Sonne mit milden Strahlen durch die vereinzelten Wolken und ließ die Landschaft in sattgrünen und blauen Farben erstrahlen.

Die Strömung nahm Fahrt auf und ich sah eine Stromschnelle kommen, noch bevor Edda die nächsten Anweisungen gegen das Tosen brüllte. Das Boot schwankte gefährlich hin und her, Wasser spritzte mir mehrfach ins Gesicht, aber ich liebte es.

Es spülte so viel weg.

Die Wassermassen pulsierten durch mich hindurch wie ein perfekter Beat und ich war mir Sanders körperlicher Nähe überdeutlich bewusst. Die Hitze, die er ausstrahlte. Mehr als einmal lehnte ich mich nach hinten, sodass ich mit dem Ellbogen gegen ihn stieß.

Etwas zu oft. Etwas zu offensichtlich.

Aber ich wollte ihm nahe sein. Vor allem nach gestern, aber nicht nur deswegen.

Es war leichtsinnig und selten dämlich. Insgeheim wusste

ich das. Angst, Vernunft und Sorge rangen in mir miteinander, während all die Wärme und Zuneigung für ihn dabei zusah und am Ende sowieso gewann.

Arghs! Dummes, dummes Herz.

Aus dem Augenwinkel nahm ich wahr, wie Sanders Paddel neben mir ins Wasser stach. So gut es ging, versuchte ich, sämtliche Bilder vor meinem geistigen Auge zu verbannen, die mit ihm oder diesem viel zu engen Neoprenanzug zu tun hatten. Wie sich das glatte Material an seinen Körper schmiegte, bis er die Michelin-Männchen-Schwimmwesten übergezogen hatte. Aber selbst in diesem Aufzug hätte er für eine Norwegen-Kampagne Modell stehen können.

Das Kribbeln im Nacken rieselte an meiner Wirbelsäule hinab. Ich spürte meinen unsteten Herzschlag, der jedes Mal aus dem Rhythmus zu geraten schien, wenn ich Sander ansah.

Mein Problem war allerdings viel weniger sein unverschämt gutes Aussehen, sondern all das, was seine Persönlichkeit ausmachte. Seine ganze Art verwandelte mein Herz in Weichwachs. Wortwörtlich.

Unser Boot näherte sich den herausforderndsten Stromschnellen. Obwohl meine Gedanken immer wieder abdriften wollten, gelang es mir, mich auf den Moment zu fokussieren. Edda gab uns den Befehl, etwas nach hinten zu rudern, damit wir Abstand zum vorderen Boot gewannen. Was leicht war, da die Strömung an dieser Stelle noch nicht besonders stark war und wir uns inzwischen an die Kommandos gewöhnt hatten.

Meine Finger krampften sich automatisch fester um den T-Griff. Zeitgleich spürte ich Sander wie einen Schutzwall im Nacken. Sicherheit. Ruhe.

Am liebsten hätte ich mich gegen seine Brust sinken lassen. Allein seine Gegenwart verlieh mir eine Kraft, die meine

Grundfesten gewaltig erschütterte. Bisher war ich immer stolz darauf gewesen, so unabhängig zu sein. Ich hatte mich noch nie an jemanden anlehnen wollen.

Dass ich jetzt diesen seltsamen Wunsch hegte, löste eine Reihe sehr widersprüchliche Gefühle in mir aus. Allen voran Angst. Nein, eher abgrundtiefe Panik. Wie der freie Fall in ein schwarzes Loch.

Ich war eine starke Kämpferin. Schon immer. Aber Sander vermittelte mir das Gefühl, dass ich auch eine starke Kämpferin sein konnte, wenn er bei mir war.

Fuck. Fuck. Fuck. Fuck. Fuck.

Für einen Sekundenbruchteil schloss ich die Augen.

Trotz des ohrenbetäubenden Lärms der gewaltigen Wassermassen hörte ich plötzlich mehrere überraschte Ausrufe. Dann Schreie. Dann Stille. Nur noch das Rauschen des Flusses.

Sofort riss ich die Augen auf und suchte die Fluten nach dem zweiten Boot ab, doch ich sah es nicht mehr. Kälte durchdrang mich. Einen Augenblick später tauchte es in meinem Blickfeld auf, ein gutes Stück weiter unten. Es hatte die größeren Stromschnellen passiert.

Erleichterung durchfuhr mich, aber schon im nächsten Atemzug erstarrte ich wieder.

Zu meinem Entsetzen saß niemand mehr im Boot. Es war gekentert.

Neben mir atmete Ole scharf ein. Mein Inneres verkrampfte sich, obwohl ich wusste, dass es in den meisten Fällen gut ausging.

Sylvia und Trude tauchten an der Wasseroberfläche auf und schnappten nach Luft. Ihre Helme leuchteten rot im schäumenden Wasser und trotz der Entfernung sah ich ihre Überraschung und den Schock. Gleich darauf entdeckte ich Rimas neben seiner Mutter Auschra und Kamilla, die Steuerfrau des Bootes. Mit geübten Zügen schwamm sie zum Boot, kletterte hinauf und machte sich daran, einen Re-Flip durchzuführen.

Mein Herz klopfte auf einmal wie wild. Atemlos suchte ich die Wasseroberfläche ab.

Wo waren Wilma und ihr Vater?

Ich hatte die Tour schon oft genug gemacht, um zu wissen, wie man sich in einer solchen Situation verhalten musste. Ruhig bleiben. Nicht in Panik geraten. Warten, bis man wieder eingesammelt wird. Den Wurf mit dem Rafting-Wurfsack hatten wir im Vorfeld sogar geübt. Mehrfach.

»Pokker«, hörte ich Edda von hinten sagen.

Okay. Keine Aussage, die ich von einem erfahrenen Guide wie ihr hören wollte.

Aber als ich mich umwandte, um zu schauen, in welche Richtung sie blickte, entdeckte ich die Abzweigung des Wasserstroms. Gleichzeitig verwandelten sich meine Beine in Pudding.

Daran hatte ich gar nicht gedacht. Hier teilte sich der Fluss noch einmal in einen ruhigeren Abschnitt und eine halsbrecherische Strecke, die nur erfahrene Rafting-Teilnehmer bewältigen sollten. Ich selbst hatte sie erst einmal im letzten Jahr ausprobiert.

Faen heller!

»Können wir nicht hinterher?«, fragte ich laut, während ich weiterhin versuchte, Wilma und ihren Vater auszumachen. Selbstverständlich war die Pechsträhne noch nicht an ihrem Höhepunkt angelangt. Popa hatte es am ersten Abend prophezeit. Erst am Ende der Tour sollten wir erleichtert aufatmen. Niemals davor. Niemals währenddessen.

In diesem Moment entdeckte ich sie.

»Wo führen die Stromschnellen denn hin?«, fragte Herr Clausen.

»Der Fluss teilt sich hier und führt kurz vor dem See wieder zusammen, aber der Weg ist für deutlich erfahrenere Gruppen vorgesehen. Normalerweise sperren wir die Strecke ab, damit das nicht passiert …«

»Und warum jetzt nicht?«, wollte ich wütend wissen.

»Kann sein, dass die vorausgegangene Tour diese Route genommen hat, aber das war nicht abgesprochen. Normalerweise kentert auch niemand an dieser Stelle.«

Das war eindeutig zu viel *normalerweise*. Am liebsten hätte ich vor Frustration gebrüllt.

Wilmas Vater konnte sich auf der anderen Seite der Strömung ans Ufer retten, während wir gleichzeitig dagegen ankämpften, selbst die Stromschnellen hinabzurauschen, um etwas Zeit zu gewinnen.

Endlich erspähte ich Wilma. Sie war schon ein ganzes Stück abgetrieben worden. In die falsche Richtung, zur gefährlicheren Strecke. Meine Gedanken fuhren Karussell. Wir konnten unmöglich den anderen hinterherfahren. Wir mussten erst einmal dafür sorgen, dass alle wieder sicher und gut in ihr Boot klettern konnten.

»Was …?«

Ich spürte eine Bewegung unmittelbar hinter mir, dann sprang Sander kopfüber ins Wasser.

Mir blieb die Luft weg.

»Das hat er gerade nicht gemacht«, hörte ich Ole völlig entgeistert sagen.

»Ich gehe hinterher«, stieß ich hervor, löste die Fußschlaufe und rutschte mit den Füßen voraus ins Wasser, Eddas Proteste ignorierend. Das Paddel ließ ich zurück.

Mir war klar, dass ich gerade gegen sämtliche Regeln verstieß. Vermutlich konnte ich mir die zukünftige Zusammenarbeit mit *Rafting Adventures* abschminken, aber das war mir in diesem Augenblick egal. Noch nie hatte ich so leichtsinnig gehandelt.

Gleichzeitig suchte ich die Fluten nach Sander ab, der viel zu lange brauchte, um wieder aufzutauchen. Dieser törichte Hornochse!

Klamm zog sich mein Herz zusammen. Jeder Mensch wusste doch, dass man in so ein Gewässer nicht kopfüber springen durfte. Erst recht nicht, wenn man keine Ahnung von der Beschaffenheit des Untergrunds hatte. Und gerade dann nicht, wenn die Sicherheitsvorkehrungen mehrfach erläutert worden waren!

Sollte er sich ernsthaft verletzt haben, würde ich warten, bis er wieder gesund war, bevor ich ihm eine gehörige Abreibung verpassen würde. Solche Angst hatte ich um ihn. *Angst, Angst, Angst.*

Jeder klare Gedanke war wie ausradiert. Mein Fokus lag einzig und allein auf Sander und seiner Sicherheit, als hinge mein eigenes Leben davon ab.

Wie Eisklauen schlang sich das bitterkalte Wasser um meine Waden, wickelte mich wie eine durchtränkte Decke ein und zog mich mit seiner übermenschlichen Gewalt hinab in die Tiefe. Mit einem kräftigen Atemzug durchbrach ich die Wasseroberfläche und schnappte keuchend nach Luft.

Als Erstes suchten meine Augen nach Sander, dann nach Wilma. Wilma war zum Glück noch nicht komplett abgetrieben. Die Stromschnellen kamen jedoch immer näher. Ich entdeckte Sander keine zwei Meter von mir entfernt. Mit dem Gesicht nach unten.

Angstschweiß bildete sich in meinem Nacken und ich konnte plötzlich nicht mehr atmen, als hätte mir jemand einen heftigen Stoß in den Magen verpasst.

Ohne auch nur eine Sekunde zu zögern, wandte ich mich in seine Richtung und nahm Geschwindigkeit auf, indem ich die Arme ins Wasser stieß, begleitet von einem kräftigen Beinschlag. Rauschend prasselte das Wasser links und rechts an mir vorbei. Ein beständiges Dröhnen, das in meinen Ohren so laut widerhallte, als würde ich in einem Glockenturm stehen.

Als es abwärts ging, verlor ich Sander kurz aus den Augen. Panik wollte mich lähmen, mein Puls schlug heftig.

Ich hoffte, nein, betete inständig, dass sich Sander nicht ernsthaft verletzt hatte. Allein bei dem Gedanken verkrampfte sich alles in mir. Aber ich durfte nicht daran denken, ich musste einen klaren Kopf bewahren.

Bisher hatte ich erst dreimal in kritischen Situationen gesteckt. Zwei gebrochene Knochen. Ein schwerer Sturz.

Warum musste er auch den Helden spielen? Warum war er ins Wasser gesprungen, obwohl er die Beschaffenheit des Flussbettes nicht kannte?

Ich verfluchte ihn. Verfluchte und hasste ihn gleichzeitig.

Das Wasser drückte sich über mir zusammen, während mich die reißende Strömung mitzog, mich zu einem Spielball der Natur machte. Hilflos ausgeliefert. Ich fühlte mich klein. Menschlich. Verletzlich.

Dann entdeckte ich Sander wieder und die Erleichterung trieb mir beinahe die Tränen in die Augen. Er schwamm auf Wilma zu, schnell und kraftvoll. Ich hatte mich getäuscht.

Es geht ihm gut.

Sie waren nicht mehr weit von der nächsten Strömung entfernt und ich wusste, dass man die Stromschnellen nicht unterschätzen sollte. Vor allen Dingen, wenn man wie Sander ein guter Schwimmer war und mit zusätzlichem Gewicht zu kämpfen hatte. Auf die kurze Distanz wirkte Wilma völlig ausgezehrt.

Die anderen Teilnehmenden waren bis auf Wilmas Vater bereits wieder ins Schlauchboot geklettert, in Kamillas angespannter Miene stand ein konzentrierter Ausdruck und sie rief mir etwas über das Tosen des Wassers zu, das ich nicht verstand.

Als ich mich wieder Sander und Wilma zuwandte, erschrak ich. Verzweiflung machte sich in mir breit, zersetzte jede einzelne Zelle. Anscheinend hatten Wilma die Kräfte verlassen, denn sie kämpfte nicht länger gegen den Sog der Strömung. Dafür glitt Sander wie eine Harpune durchs Wasser, entschlossen und angetrieben von dem Ziel, sie in Sicherheit zu bringen.

Auch ich legte an Tempo zu, kämpfte gegen den Sack Steine, der mich tiefer ziehen wollte.

Wieder verlor ich die beiden kurz aus den Augen und als ich sie dieses Mal entdeckte, waren sie nur noch wenige Meter von der nächsten Stromschnelle entfernt. Ihnen lief die Zeit davon. Hastig sah ich mich nach einem Ausweg um und entdeckte einen flachen Steinfelsen, der wie ein rettendes Ufer aus den Fluten ragte.

»SANDER!«, brüllte ich aus Leibeskräften, in der Hoffnung, dass er mich hörte. »SANDER! LINKS!«

Als er Wilma erreichte, war es fast schon zu spät. Mein Pulsschlag donnerte in meinen Ohren. Nur noch ein kleines Stückchen.

Ich strampelte hinterher, aber nicht schnell genug.

Sander packte Wilma, die sogleich müde die Augen schloss,

Erleichterung auf den Zügen. So gut es ging, zog er sie in Richtung des Felsvorsprungs. Es musste ihn seine ganze Kraft kosten, denn ich sah zum ersten Mal die Resignation in seinem Gesicht, als er sich in meine Richtung wandte und Wilma auf den Felsvorsprung schob. Ich hatte sie beinahe erreicht, hielt mich absichtlich weiter links.

Und dann sah ich es. Sah, wie ihm die Energie ausging. Wie ihn ohne Vorwarnung die letzten Reserven verließen.

Er schaffte es, Wilma auf den Vorsprung zu schieben, dann ließ er sich abtreiben. Eine Sekunde, zwei. Schon verschwand er in der nächsten Stromschnelle.

Ein erstickter Schrei brandete in mir auf, während ich Wilma erreichte.

»Alles in Ordnung? Alles gut?«, versicherte ich mich bei ihr und sie nickte erschöpft. »Bleib hier. Beweg dich nicht. Sie holen dich gleich, ja?« Wieder ein Nicken.

Dann schwamm ich Sander hinterher. Schwamm, so schnell ich konnte. Versuchte, mir meine Kräfte einzuteilen, nicht alles zu geben und verfluchte ihn wieder und wieder.

Die nächste Stromschnelle packte mich, schleuderte mich wie eine Puppe durch die Fluten. Aber das Wasser war tief und wild und frei. Zwei Stromschnellen weiter, noch weiter, immer weiter. Wo war Sander?

Für eine gefühlte Ewigkeit steckte ich in einem Schwebezustand zwischen Hoffen und Bangen, dann entdeckte ich ihn flussabwärts, wo sich die Wut des Wassers legte, ruhiger wurde. Ich sah, wie er ans Ufer schwamm, ausgelaugt vom Kampf gegen die Strömung, und ich folgte ihm.

Endlich erreichte auch ich das rettende Ufer. Meine Hände und Arme zitterten, während meine Beine unkontrolliert auf und ab wippten. Jeder Muskel war zum Zerreißen gespannt.

Müdigkeit und Erschöpfung schlugen über mir zusammen, aber irgendwie brachte ich es fertig, meine Aufmerksamkeit weiter auf Sander zu richten.

Einen Arm vor dem Gesicht, hob und senkte sich sein Brustkorb so unscheinbar, dass ich für eine Sekunde lang nicht sicher war, ob ich mir die Bewegung bloß einbildete.

Schwer atmend beugte ich mich über ihn. Im selben Moment schlug er die Lider auf, als hätte er nur auf diesen Augenblick gewartet.

Mit einem Stöhnen richtete sich Sander auf, stützte sich auf einen Unterarm und blinzelte gegen das Sonnenlicht an, das durch einzelne Tannenbäume brach.

»Fuck. Das war …«

»DU BLÖDMANN!«

»Autsch!« Verdutzt rieb er sich über die Stelle, gegen die ich ihn mit meinen letzten Kraftreserven geboxt hatte. Wut, Frustration und Erleichterung wirbelten wild in mir durcheinander.

»WIE KANNST DU SO LEICHTSINNIG SEIN!«

»So, wie ich das sehe, habe ich gerade Wilma gerettet. Aber danke der Nachfrage, wie es mir geht …«

Am liebsten hätte ich ihn noch einmal gehauen, aber dafür hatte ich keine Energie mehr. Ohne ein weiteres Wort rollte ich mich auf den Rücken, spürte nun den Wurfsack wie mit Steinen gefüllt, starrte in den Himmel und versuchte, nicht in Tränen auszubrechen. Wir hatten es geschafft. Zumindest fürs Erste.

21
SANDER

»Es ist nicht mehr weit«, knurrte Norah. Ihr hübsches Gesicht war vor Wut verzerrt und sie zitterte. Ob vor Kälte oder vor unterdrücktem Zorn, konnte ich nicht genau sagen. Hätte ich mein Erbe verwetten müssen, hätte ich auf Letzteres getippt.

Aber ich war viel zu sehr damit beschäftigt, mich nicht auf die unglaublichen Schmerzen in meinem Körper zu konzentrieren oder auf den unangenehm klebenden Neoprenanzug, der sich bei jeder Bewegung anfühlte, als würden wir durch Schlamm waten. Die Rettungsweste rieb wie ein Ameisenhaufen durch die Neoprenschicht über meine Haut, genauso wie sich der Helm unangenehm anfühlte und mich zusätzlich in den Wahnsinn trieb.

»Bist du sauer?«, fragte ich jetzt doch. Bei jedem Schritt gaben meine Schuhe ein schmatzendes Geräusch von sich. Zum Glück war es angenehm warm. Wir waren so weit flussabwärts getrieben worden, dass wir eine ganze Weile unterwegs waren. Lag aber auch daran, dass ich jedes Zeitgefühl verloren hatte. Es hätten fünfzehn Minuten, aber auch zwei Stunden sein können.

Die eindrucksvolle Bergkulisse ragte wieder deutlich höher

in den inzwischen klaren Himmel und das monotone Geräusch des Flusses begleitete unseren Weg durch das Dickicht.

Norah bewegte sich zielsicher durch das Gestrüpp. Trotz des zusätzlichen Gewichts auf dem Rücken – sie trug den Rettungswurfsack – verlor sie keinen Ton darüber. Mein Angebot, ihn ihr abzunehmen, hatte sie mit eisernem Schweigen ignoriert. Genau wie meine Frage. Stattdessen verzog sich ihr schöner Mund und wurde zu einer harten, unnachgiebigen Linie.

Okay, das war Antwort genug.

»Du bist sauer«, stellte ich fest und sah, wie sie die Hände zu Fäusten ballte und weiterstapfte. Wie Elli, wenn sie als Zehnjährige nicht das bekommen hatte, was sie wollte, und davongerauscht war.

»Nicht jetzt.«

»Was meinst du mit *nicht jetzt*?«

»Ich meine damit, dass ich mich erst mal selbst wieder wie ein Mensch fühlen möchte, nachdem ich immer noch nicht fassen kann, was zum Teufel du dir dabei gedacht hast! Ich würde dir am liebsten die Eier verbrennen, das hätte vermutlich die gleiche Wirkung auf dich wie deine Aktion gerade auf mich!«

Obwohl sie vermutlich mit einer anderen Reaktion gerechnet hatte, rumorte plötzlich ein ehrliches Lachen in meiner Brust und sprudelte schließlich über meine Lippen. So laut und so echt, dass es durch den ganzen Wald hallte.

Norahs Kopf fuhr in einer einzigen, schnellen Bewegung zu mir herum. In ihren eisblauen Augen glitzerte unverhohlene Wut, aber da war noch etwas anderes. Sorge? Panik? Angst?

Im nächsten Moment erreichte mich die Erkenntnis wie ein Vorschlaghammer. Schlug mit voller Gewalt zu.

Natürlich, du Arsch!

Sie hatte ihre Eltern auf tragische Weise verloren. Keine Ahnung, was dieses Erlebnis in ihr hinterlassen hatte, aber ich hatte sie – und mich – in eine gefährliche Situation gebracht. Ohne über die Konsequenzen nachzudenken. Es war eine reine Instinkthandlung gewesen. Kopflos. Unbedacht.

Eine Gefahr, die vermeidbar gewesen wäre. Und sie war hinterhergesprungen, ohne dass ihr der Ausgang bewusst gewesen war. Sie hatte es einfach getan. Meinetwegen.

Bevor ich mich ernsthaft für mein Handeln entschuldigen konnte, hob Norah die Hand und deutete auf einen schwachen Umriss zwischen den Baumstämmen des dichten Nadelwalds. Der Geruch von Harz und feuchter Erde drang in meine Nase. Ein Holzhaus. Unscheinbar, aber nützlich.

»Wir sind da.« Ohne weiter auf mich zu achten, marschierte Norah auf die Hütte zu und inspizierte sie von außen. Anscheinend suchte sie nach einem versteckten Schlüssel, denn sie drehte ein paar Steine davor um und schaute in ein verstecktes Vogelhäuschen. Auch unter einer losen Holzbohle war nichts zu entdecken. Die Hütte war winzig, sodass ich mir nicht sicher war, ob ich drin überhaupt stehen konnte. Aber mit etwas Glück hätten wir warmes Wasser und eine Möglichkeit, die Nacht nicht draußen in der Kälte verbringen zu müssen. Der Gedanke verlieh mir neue Kraft, wobei es auch möglich war, dass wir vorher abgeholt wurden. Aber sicher war es nicht. Norah hatte das Satellitentelefon nicht bei sich und ich keine Ahnung, ob es in so einer Hütte ein Telefon gab. Und am Ufer zu bleiben, war keine Option gewesen. Also machte ich mich daran, ebenfalls jeden Quadratzentimeter außerhalb der Hütte nach dem Schlüssel abzusuchen.

»Hier«, rief Norah mit einem Mal triumphierend und hielt einen unscheinbaren Messingschlüssel hoch.

»Wo war er?«

Sie deutete auf die Holzfensterbank und eine kleine Spalte unmittelbar darunter. Nachdem sie aufgeschlossen hatte, schwang die Tür mit einem leisen Quietschen auf. Es war recht dunkel. Alles war sehr einfach eingerichtet, aber mit viel Liebe.

»Woher wusstest du von der *hytte*?«

»Sie gehört Gustav, einem Freund meiner Großeltern«, erwiderte sie kurz angebunden. »Er vermietet sie manchmal an Wanderer.«

Dann ging sie wieder dazu über, mich zu ignorieren, und sah sich in einer scheinbar gelassenen Ruhe in der Hütte um.

»Vielleicht …«

»Was?«, fragte ich.

»Ah, da ist es ja!«, rief sie aus und griff nach einem kleinen Telefon auf einem Beistelltisch neben dem Sessel mit Schottenmuster vor dem Kamin. Kurzerhand begann sie wie wild irgendwelche Nummern einzutippen, bis schließlich abgenommen wurde. Keine Ahnung, mit wem sie sprach, aber von Sekunde zu Sekunde verdüsterte sich Norahs Miene etwas mehr. Als verwandelte sie sich in eine personifizierte Gewitterwolke.

»Was meinst du damit, ihr schickt erst morgen früh jemanden?« Unverhohlener Ärger schwang in ihrer Stimme mit und sie runzelte die Stirn. »Ich weiß, dass es eine unüberlegte Aktion war, aber … Mhmm … Ja …« Sie zog die Stirn noch mehr in Falten und blickte sich weiter in der Hütte um, als suchte sie nach einer Fluchtmöglichkeit, und mit jeder Sekunde verhärtete sich ihr Gesichtsausdruck. Bekam etwas

Mörderisches. »Könntest du Gregori nicht bitten … Wie, seine Idee? Okay.« Es klang, als würde sie innerlich die Klingen schärfen. »Bei Sonnenaufgang? Kapiert. Dann bis morgen.«

Sobald sie aufgelegt hatte, drehte sie sich mit versteinerter Miene zu mir um. »Wir werden morgen abgeholt.«

»Warum erst morgen?«

Norah schnaubte. »Frag gar nicht erst.«

Sie wandte sich ab und machte sich daran, den beengten Wohnraum mit Küchenecke, das winzige Bad und das einzige Nebenzimmer zu begutachten. Danach hätte man ihre Miene vermutlich mit einem Eispickel aufbrechen müssen.

»Was ist?«

»Nichts.«

Ich schmunzelte. »Dann solltest du dringend an deinem Pokerface arbeiten.« Wie ein Pfeil schnellte ihr Blick in meine Richtung.

»Es gibt nur ein Bett.«

Sofort schossen in atemberaubender Geschwindigkeit mehrere nicht jugendfreie Bilder durch meinen Kopf. Wäre ich nicht so verdammt hungrig und so verdammt ausgelaugt gewesen, hätte mich die Vorstellung auf der Stelle in Erklärungsnot gebracht. Jetzt spürte ich nur ein angenehmes Ziehen.

»Hör auf, so zu grinsen«, murrte Norah mit zusammengezogenen Brauen, sodass diese niedliche Falte wieder auftauchte.

»Ich kann nicht.«

»Wegen dir sind wir überhaupt in dieser Situation! Ich könnte dir immer noch den Hals umdrehen.« Mit einer Hand fuhr sie resigniert über ihr Gesicht. Das schlechte Gewissen meldete sich zu Wort, denn ich hatte mich immer noch nicht entschuldigt. Aber es war irgendwie auch süß, sie so aufgebracht zu sehen.

»Hast du dich etwa um mich gesorgt?«, fragte ich deswegen neckend und spürte, wie ein Mundwinkel von ganz allein noch weiter nach oben wanderte.

Norah starrte mein schiefes Lächeln an, als wäre es ein besonders anbetungswürdiger Anblick, und dieser sanft-wütende Ausdruck auf ihrem hinreißenden Gesicht löste in mir den Wunsch aus, sie in den Arm zu nehmen und ihr zu sagen, dass alles gut war.

»Habe ich nicht!«, widersprach sie viel zu spät und viel zu schwach. Nur ihre Augen blitzten aufgebracht.

»Du hast dir Sorgen gemacht«, wiederholte ich und machte einen Schritt auf sie zu. Ihre Haltung veränderte sich schlagartig, wurde lauernd. Wie ein Vogel, der eine sich nähernde Katze spürt.

»Nein«, widersprach sie vehement. »Ich habe mir Sorgen um Wilma gemacht. Und mich so sehr über dich geärgert, dass ich dir hinterhergesprungen bin, um dir den Hals umzudrehen!«

So leicht gab ich nicht auf, denn ich wollte die Wahrheit aus ihrem Mund hören. »Gib es zu, du hattest Schiss. Nur deswegen hast du dich in die Fluten gestürzt …«

Für ein, zwei Sekunden kämpften mehrere Gefühle in ihren Augen, dann riss sie frustriert die Arme in die Luft. »Okay, gut!«, stieß sie aus. »Ich hatte Angst, dass dir was passiert! Bist du jetzt zufrieden?«

»Ja«, antwortete ich und trat noch einen Schritt näher, was Norah nicht bemerkte, denn sie fuhr einfach fort, als hätte sie mich nicht gehört.

»Beschissene Angst sogar! Stell dir vor, wir sind hier in der

Wildnis und es sind auch schon Menschen ums Leben gekommen, die weniger leichtfertig waren. Kopfüber ins Wasser springen, bei einer Raftingtour!« Sie schrie fast, aber es war die blanke Panik in ihrer Stimme, die mir eine Gänsehaut am gesamten Körper verpasste. Mein Herz raste unkontrolliert. »Du als erfahrener Schwimmer solltest das doch besser wissen! Außerdem gibt es Sicherheitsvorkehrungen, Ablaufpläne, die Edda vorher ausführlich erklärt hat. Aber wahrscheinlich hast du da gar nicht zugehört.«

Nun glitzerten Tränen in ihren Augen und mein Herz zog sich auf einmal schmerzhaft zusammen. Ganz tief in meiner Brust rührte sich etwas, weil ihr mein Wohlergehen so wichtig war. Andersherum wäre es mir genauso gegangen.

»Stimmt, ich habe nicht richtig zugehört«, gestand ich, nur noch einen Schritt von ihr entfernt, und streckte die Finger nach ihrer Hand aus. »Ich war viel zu sehr davon abgelenkt, wie du in diesem Anzug aussiehst und was du alles mit mir anstellen könntest.« Behutsam strich ich ihr eine der noch leicht feuchten Haarsträhnen aus dem Gesicht, verlor mich in ihren Augen und dem unsichtbaren Band zwischen uns, während sie meinen Blick festhielt.

»Es tut mir leid, dass ich dir Angst eingejagt habe. Das war nicht meine Absicht«, fügte ich leise hinzu. Die Stille um uns herum war erfüllt von unserem schweren Atem. »Ich wollte einfach nur Wilma in Sicherheit wissen. Mehr nicht. Ich wollte nicht den Helden spielen. Das war dumm. Wenn du kopfüber hinterhergesprungen wärst, hätte ich genauso reagiert wie du.« Die bloße Vorstellung ließ meinen Herzschlag stocken. »Ich habe nicht darüber nachgedacht, was das in dir auslösen kann. Gerade auch wegen deiner Familiengeschichte. Und das tut mir noch mehr leid.«

Jetzt rollten Tränen über ihre Wangen. Sie wollte etwas sagen, aber ihr Kinn bebte. Ihr Blick verlor sich in meinem und dann gab es nur noch uns.

Keine Kälte, keinen Hunger, keine Sorgen, keinen Druck, keine Zeit.

Nur uns.

Norah überbrückte die Distanz zwischen uns, ich kam ihr auf halber Strecke entgegen, bis ihr Gesicht vor mir verschwamm und unsere Lippen sich fanden. Es war ein überwältigendes Gefühl, sie zu spüren. Ein bisschen wie endlich ankommen.

Der Kuss schmeckte salzig und nach Tränen und trotzdem war er schön. Sanft, nicht stürmisch. Es war ein Kennenlernen, ein Abtasten. Erst jetzt wurde mir bewusst, wie sehr ich mich danach gesehnt hatte.

Alles an ihr war weich, so unglaublich weich, und ich vergrub meine Nase in ihrer Halsbeuge, um ihren süßlichen Geruch zu inhalieren. Dann kehrte ich zu ihrem Mund zurück, erkundete ihn, ließ mir Zeit dabei, weil ich wusste, dass sie Zeit brauchte.

Auch ich war überwältigt von all den Emotionen, die in mir hochkochten. In Norahs Welt einzutauchen hatte in den letzten zwei Wochen so viel mit mir gemacht.

Vor allem auch Zweifel ausgelöst, ob KOSGEN das Richtige für mich war. Und wie es weitergehen sollte.

Unser Kuss war mehr. Hoffnung und Vertrauen, Versprechen und Zuneigung. Er war alles, herrlich perfekt und gleichzeitig unvollkommen.

Lodernde Abdrücke. Freude, Lust, Glück und so viele Emotionen, gemischt mit leisen Ängsten, und ich hielt Norah, damit sie nicht fiel, damit sie nicht ging.

Ich wollte sie. Alles. Köper, Seele, Geist.

Ihre Zungenspitze stieß gegen meine und mir entwich ein leises Stöhnen. Ihre Arme schlangen sich um meinen Hals, ihre Finger vergruben sich in meinem Haar, als sie mich tiefer zu sich herabzog. Mehr wollte. Mehr verlangte.

Also gab ich der nonverbalen Aufforderung nach. Ihr Seufzen wanderte direkt in meinen Schoß. Sie wölbte sich mir entgegen, presste ihren Körper an meinen, bis nichts mehr zwischen uns passte und ich fluchte innerlich, dass wir hier waren. Hier und nicht in Oslo. In meinem Zimmer. Oder einem Hotel. Oder irgendwo sonst, wo ich nicht in einem klebenden Neoprenanzug steckte.

Es kostete mich meine ganze Selbstkontrolle, sie nicht einfach hochzuheben, ins andere Zimmer zu tragen und sie dort auszuziehen.

Ich wollte wissen, wie sie aussah. Nackt. Wollte alles erkunden, schmecken, fühlen. Ich wollte wissen, wo sie überall Sommersprossen hatte. Wie sie stöhnte, wenn sie kam. Ich wollte wissen, was sie um den Verstand brachte. Was ich tun musste, um Sie zum Höhepunkt zu bringen. Ich wollte sie stöhnen hören, meinen Namen aus ihrem Mund. Ich wollte sehen, wie sie den Kopf in den Nacken warf und ihre Lust hinausschrie. Ich wollte wissen, wie ich sie dazu brachte, mehr zu wollen. Mich zu wollen. Mich anzuflehen, dass ich schneller machte. Oder langsamer.

Es dauerte nur wenige Sekunden, dann war ich steinhart.

Fuck. So war das nicht geplant.

»Es ging mir übrigens genauso«, hauchte sie an meinem Mund.

»Was?«, fragte ich etwas benebelt.

»Mit dir. Du in dem Anzug.«

»Halleluja, das werde ich mir für die Zukunft merken«, erwiderte ich und als Norah zu einer Antwort ansetzte, erstickte ich die nächsten Worte unter meinen Lippen. Atem auf Atem, tastende Finger. Die Neoprenanzüge gaben quietschende Geräusche von sich, was ich ausblendete. Ich blendete alles aus und sah nur noch sie. Norah.

Ich packte ihre Hüfte und bugsierte uns beide an die Wand. Dann drehte ich uns um, sodass Norah mit dem Rücken gegen das Holz stieß, sich unser Keuchen vermischte, als sie überrascht nach Luft schnappte. Ihre Augen funkelten wie flüssiges Eis, ihre Züge wirkten zufrieden, vollkommen. Ich könnte mich in diesen Anblick verlieben, in Norahs ganzes Wesen, und war mir nicht sicher, ob das nicht schon längst passiert war. Ob ich nicht bereits drei Abfahrten zu spät war.

Mit einer Hand stützte ich mich ab, ließ kaum Bewegungsraum an der Wand, mit der anderen umfasste ich ihr Gesicht und küsste sie noch einmal. Sie schmeckte nach Wärme und Natur, nach Sommernächten und ganz viel Norah. Ihre Lippen waren bereits geschwollen und glänzten feucht, als ich mich von ihr löste und meine Nase gegen ihren pochenden Puls unterhalb ihres Ohrläppchens presste. Zwei flach abgestützte Hände auf meiner Brust, die von Glück erfüllt war.

»Ich weiß nicht, ob …«, setzte Norah an, aber ich unterbrach sie, indem ich mir einen weiteren Kuss stahl. Ihre Wangen waren unfassbar süß gerötet. Und diese Lippen. Ich war süchtig. Und verloren.

»Wenn du nicht möchtest, hören wir sofort auf«, murmelte ich und klang dabei etwas merkwürdig. Heiser, rauchig, verführerisch.

Okay, das war nicht gelogen. Aber ich wollte nichts lieber tun, als mit Norah zu schlafen. Sie mit Küssen zu bedecken und ihr zuzuschauen, wie sie sich im Augenblick verlor. Aber die Stimme der Vernunft war lauter, weiser.

Als Norah einen sanften Druck gegen meine Brust ausübte, anders als zuvor, hielt ich augenblicklich inne und zog mich von ihr zurück. Ihre Augen wirkten jetzt wieder klarer.

»Nicht hier.«

»Hatte ich nicht vor. Nicht wirklich. Nur gedanklich. Dafür ausgiebig.«

Sie lachte, leise und voller Wärme, und das Geräusch fuhr mir direkt in den Bauch. Gott, ich liebte es, sie lachen zu hören.

»Ich weiß nicht, falls wir einschlafen und dann morgen früh abgeholt werden. Und ich möchte nicht …« Verlegenheit zuckte über ihr Gesicht.

»Okay«, erwiderte ich. »Dann stellen wir in den Überlebensmodus um, bevor wir uns die Kleider vom Leib reißen. Oder besser die Neoprenanzüge. Aber …« Mit einem schelmischen Lächeln beugte ich mich vor, sodass sich unsere Nasenspitzen beinahe berührten. »Eins verspreche ich dir, Norah Svendsen, das hier ist nicht vorbei.«

»Das hoffe ich doch«, sagte sie und machte mich damit zum glücklichsten Typen auf diesem Planeten.

In den Schränken fanden wir Ersatzkleidung, aber nichts, das einigermaßen passte, bis auf zwei Pyjamas.

»Sexy«, meinte Norah trocken und beäugte die gestreiften Pyjamas misstrauisch. »Hat ein bisschen was von Sträflingslook.«

Ich lachte auf. Die Teile waren alles andere als modisch, aber sie erfüllten ihren Zweck, nur waren sie mir leider mindestens eine Nummer zu klein.

»Bin gleich wieder da«, sagte Norah und ging ins Bad, um

sich umzuziehen. Als sie zurückkehrte, hauchte sie mir einen Kuss auf die Nasenspitze, bevor sie mich in Augenschein nahm und losprustete. An Norah saßen Hose und Oberteil recht locker, bei mir wirkte alles winzig wie Puppenkleidung, die viel zu kurz über den Knöcheln endete.

»Ich würde jetzt alles für ein Foto geben«, murmelte ich grinsend.

»Ja, es sieht dermaßen albern aus, ich kann nicht mehr«, Norah hielt sich den Bauch vor Lachen.

Selbst nachdem sie sich beruhigt hatte, entschlüpfte ihr jedes Mal ein niedliches Kichern, das wie eine Feder über mein Herz strich, wenn sich unsere Blicke trafen.

Hunger machte sich bemerkbar und wir entdeckten *Knekkebrød* mit Kümmel und lange haltbare Lebensmittel in den Vorratsschränken.

»Wie wär‘s?«, fragte Norah und hielt mir eine Packung *Prinsrolle* unter die Nase.

Ich schnaubte und lächelte gleichzeitig. »Ich kann nicht glauben, dass ich dachte, du hättest mich erkannt.«

»Ich kann nicht glauben, dass du der Prinz auf der verdammten Keksrolle bist«, erwiderte sie kopfschüttelnd. »Das ist gruselig.«

»Genau genommen ist das mein Großvater, aber ich sehe ihm in der Familie am ähnlichsten«, korrigierte ich sie.

»Noch gruseliger.«

Wir aßen alles, was wir sonst noch zwischen die Finger bekamen und was uns nicht umbringen würde, wenn wir es nicht kochten. Norah wollte nämlich gern auf zusätzliche Arbeit verzichten. Inzwischen war es draußen dunkel und die Zeit zerfloss.

Je später es wurde, desto unruhiger wurde Norah. Immer

wieder schnellte ihr Blick in Richtung Bett und ihre Zähne gruben sich in die Unterlippe. Süß.

»Ich kann auf dem Sessel schlafen«, bot ich deswegen an. »Wenn dir das lieber ist.«

»Nein, schon in Ordnung.« Sie schluckte. »Wir können das Bett auch … teilen.«

Also bezogen wir das Bett, das man kaum als Doppelbett bezeichnen konnte, und ich wartete, bis Norah unter die Decke geschlüpft war. Es war nicht gezwungen, ich wollte nur nichts falsch machen.

»Komm her«, murmelte ich schließlich, nachdem ich mich neben sie gelegt hatte, und Norah schmiegte sich an mich. In meinen Arm. Warm und weich, unsere Herzen schlugen im Einklang.

»Wie geht es für dich weiter? Bei KOSGEN, meine ich?«, fragte sie leise und ich war froh, dass sie in Blickrichtung zu mir lag, andernfalls wäre ich viel zu abgelenkt gewesen.

Ich seufzte. »Eigentlich sollte ich in die Firma einsteigen. Das war der Plan. Hier zur Vernunft kommen und dann dieses vorgeschriebene Leben weiterleben.«

»Und?«

»Und was?«

Sie schmunzelte, wurde gleich darauf aber wieder ernst, als würde sie sich auf meinen Tonfall einlassen. »Du klingst nicht gerade begeistert.«

»Ich habe Angst vor den Erwartungen, die an mich gestellt werden. Wenn ich es mir aussuchen könnte, würde ich etwas anderes machen. Etwas, wo ich viel mehr mit Leuten in Kontakt bin, ohne ihr Vorgesetzter zu sein.« Es war so leicht, sich das laut einzugestehen. *Norah* machte es mir so leicht.

»Diese … Last ist enorm.«

»Spricht das nicht total gegen … ich weiß nicht … die Einstellung unserer Gesellschaft? Ich habe das Gefühl, dass die meisten Eltern ihren Kindern wünschen, ihren eigenen Weg zu gehen.«

»Das stimmt.« Ich überlegte. »Bei uns ist das anders. Vielleicht, weil das Unternehmen so schnell und international gewachsen ist und damit ein wahnsinniger Druck entstanden ist. Ich schätze, wir können uns alle nicht dem Einfluss von außen entziehen.«

»Aber … du kommst mir so bodenständig und normal vor. Es gibt so viele Menschen, die bei deinem Kontostand ganz anders drauf wären. Ich meine, du hast das Bett bezogen.« Sie klang so ungläubig, dass ich ein brummendes Geräusch ausstieß. Ihre Schultern zuckten, während sie ein Lachen unterdrückte. »Tut mir leid, vermutlich gehst du auch selbst auf die Toilette und ziehst dich alleine an.«

»Nur, weil ich jemanden bezahlen könnte, der alles für mich macht, heißt das nicht, dass ich es tun muss.«

»Auch wieder wahr.«

»Mein Großvater hat uns eingetrichtert, wie wichtig Kontrolle ist. Wenn man die Dinge nicht im Griff hat, können sie einem entgleiten. Dann verliert man nicht nur den Überblick, sondern wird auch angreifbar.«

»Wie ist er so? Dein Großvater? Du sagst nie *farfar* oder nennst ihn … anders.«

Ich spürte, wie meine Muskeln sich anspannten, was Norah nicht zu entgehen schien, denn sie strich beruhigend sanft über meine Oberarme, malte unsichtbare Kreise darauf.

»Streng. Hierarchisch. Überhaupt nicht … norwegisch. Mar sagt immer, wir sind die Ausnahmen von der Regel. Bei uns gelten eher die gesellschaftlichen Normen des Kapitalismus und des Hochadels, nicht die kontaktfreudige, norwegische Art. Wobei ich sagen muss, dass niemand in unserer Familie mit Geld protzt. Also klar, es gibt schnelle Sportwagen in der Garage, aber die sind eher für die Rennstrecke da, inzwischen sind es hauptsächlich Elektroautos.«

»Das klingt so weit weg von meiner Lebenswirklichkeit«, antwortete Norah und kurz beschlich mich das Gefühl, einen Hauch Traurigkeit herauszuhören. »Wer ist Mar?«, fragte sie dann und ich verwarf den Gedanken.

Mein Mundwinkel zuckte und ich freute mich bereits jetzt auf Norahs Gesichtsausdruck, wenn ich ihn ihr eines Tages vorstellen würde. »Marius. Mein bester Freund.«

»Schön.«

Wir blieben noch eine ganze Weile wach und unterhielten uns über Kleinigkeiten, die Finger und Seelen ineinander verschränkt. Keine Ahnung, wann ich mich das letzte Mal in Gegenwart eines anderen Menschen so vollkommen ausgeglichen und zufrieden gefühlt hatte. Wir öffneten uns einander, erzählten von unseren Vorlieben und Abneigungen. Sie gestand mir ihre Sorge, den falschen Weg zu gehen. Nicht zu wissen, was sie wollte.

Wir waren uns so ähnlich.

Unauffällig atmete ich Norahs unverwechselbaren, erdigen Duft ein, mein Herz pochte im Einklang mit ihrem. Irgendwie waren wir die perfekte Symbiose. Auf unsere ganz eigene Weise.

Sie löste in mir den Wunsch aus, mutiger und mehr ich selbst zu sein.

Allein der Gedanke an das, was mir bevorstand, wenn ich zurückkehrte, ließ meine Magensäure aufsteigen, und ich drückte Norah unwillkürlich fester an mich, während ihre

Atmung immer gleichmäßiger wurde. Sie langsam in den Schlaf glitt.

Ich starrte in die Dunkelheit, als könnte ich dort die Antworten auf all meine Fragen finden. Was meine Zukunft betraf. Was ich entscheiden musste.

Wichtig war nicht, wie sehr ich mir darüber den Kopf zerbrach, sondern welche Schlüsse ich zog und was ich daraus machte. Ich musste handeln. Es führte kein Weg daran vorbei.

Bisher hatte ich gedacht, dass ich glücklich war. Aber in den letzten zwei Wochen hier draußen, so frei mit mir und meinen Gedanken, hatte ich gelernt, wie sehr ich mich selbst belog. Und wie gut ich darin geworden war.

Ich lebte in einem goldenen Käfig, umgeben von Gitterstäben, die mich gefangen hielten. Nicht mehr, nicht weniger.

Und davon musste ich mich erst einmal befreien, bevor ich irgendeine Entscheidung traf.

Ein grimmiges Lächeln breitete sich auf meinen Lippen aus. Welche Ironie des Schicksals, dass meine Eltern mich zu diesem Trip gezwungen hatten, damit ich zur Vernunft kam. Damit ich meinen ausschweifenden Lebensstil überdachte und besser in den Griff bekam. Damit ich mich auf die führende Rolle im Unternehmen vorbereiten und mich nach meiner Rückkehr ganz darauf einlassen konnte.

Sie hatten nur nicht bedacht, dass ich mich bereits mein Leben lang darauf vorbereitet hatte. Es war wichtig, Fehler zu machen. Nur so konnte ich daraus lernen. Es war wichtig, einem Vogel nicht die Flügel zu stutzen, sonst konnte er niemals fliegen.

Aber es war ebenso wichtig, Küken die Möglichkeit und den Freiraum zu geben, das Fliegen selbst auszuprobieren. Es ihnen nicht vorzuenthalten, aus Angst, sie könnten eines Tages abstürzen.

Irgendwann, als draußen noch die Sterne am wolkenlosen Himmel funkelten, schlief ich ein. Mit Norah im Arm und einigen Fragen im Herzen.

hjerteslag ØYEBLIKKE

22

NORAH

Schwarze Klauen gruben sich in meinen Geist. Rasiermesserscharf und heftig zerschnitten Schmerz und Verlust so intensiv mein Inneres, dass ich schrie. Ich schrie und wollte aus der Dunkelheit auftauchen, aber die klebrige Schwärze war überall. Drang in Mund und Nase, füllte mich aus, umhüllte mich. Ich erstickte.

Keine Luft. Ich bekam keine Luft.

»Shhhh, Norah … Es ist nur ein Traum. Alles wird gut. Ein Traum.«

Wie ein Rettungsseil zogen mich die gemurmelten Worte aus den Tiefen. Blinzelnd schlug ich die Augen auf.

Orientierungslos schaute ich mich um. Ich brauchte eine Weile, um den Kontakt zur Realität wiederzufinden. Dann spürte ich jeden Knochen im Körper und mir fiel alles wieder ein.

Jedes Detail. Die Rettungsaktion. Unser Kuss. Unsere Unterhaltung.

Sanders sanft kreisende Bewegungen mit den Fingerspitzen auf meinem Oberarm schlichen sich in mein Bewusstsein.

Mein Brustkorb hob und senkte sich, jeder beruhigende Satz

vertrieb die Dämonen des Albtraums, ließ sie ihre Krallen wieder einfahren, die mich gefangen genommen hatten.

»Nur ein Traum«, murmelte Sander erneut hinter mir.

Hinter mir. Im Schlaf mussten wir uns gedreht haben, denn er hielt meinen Rücken fest an seine Brust gedrückt, einen Arm um meine Taille geschlungen, sein Atem an meinem Ohr.

Nach und nach klang der dunkle Nebel ab, lichtete sich und verschwand. Zurück blieb jede einzelne von Sanders behutsamen Berührungen und mein Herz zog sich zusammen, weil er so *Sander* war. Einfühlsam, aufmerksam, gleichzeitig aber stark und unaufdringlich.

Der Hauch seiner Stimme in meinem Nacken löste eine prickelnde Gänsehaut aus. Plötzlich wurde mir heiß. Ich war mir seines Körpers überdeutlich bewusst. Und ich merkte, dass es nicht ausreichte.

Etwas anderes erwachte in mir. Wild und ungezähmt. Sander schien die Veränderung schlagartig zu spüren und machte Anstalten, ein Stück von mir abzurücken, aber ich hielt sein Handgelenk fest. Sein Atem stockte.

»Nicht«, flüsterte ich.

»Norah«, bat er ebenso leise mit rauer Stimme, als müsste er sich zusammenreißen, als kostete es ihn größte Überwindung, meinen Namen zu sagen.

Keine Ahnung, was es war. Keine Ahnung, was mich da überfiel. Aber ich wollte ihn spüren. Wenigstens kurz. Wenigstens ein bisschen.

Also drehte ich den Kopf, wandte mich ihm mit geschlossenen Augen zu und zog ihn am Hals zu mir herunter.

Es war bloß ein Kuss. Mehr nicht. Nur ein Kuss. Für Sander auf jeden Fall.

Bestimmt.

Einhundertprozentig.

Trotzdem spürte ich den Widerhall tief in mir, als hätte er sich auf ewig mit meinem Herzen verankert. Es war die Wahrheit. Schlicht und unverpackt.

Unfassbar weiche Lippen, der perfekte Druck, nicht zu viel Zunge. Die hauchzarte und gleichzeitig so feste Berührung seiner Finger, tausend elektrische Impulse auf der Haut, Fliegen und Fallen zugleich.

Ich wollte mehr. Ich wollte ihn. Ich wollte alles und ich wollte uns.

Also wurde ich mutiger in der Dunkelheit, eingehüllt in diesen Kokon aus Lust und Versuchung. Meine Finger glitten über den Rand seines Pyjamas hinweg und ich erschauderte, als Sander scharf einatmete, weil ich über die Auswölbung seiner Hose strich.

»Wir haben nichts dabei«, hörte ich mich mit fremder Stimme sagen, verführerisch, verrucht. »Aber wir können … wir können andere Dinge machen.«

Mein Kuss wurde drängender, das Pulsieren zwischen meinen Beinen nahm zu und weil ich keine Unterwäsche trug, spürte ich, wie schnell ich feucht wurde. Ich presste die Schenkel zusammen, als Sander mich fester packte, ich die Anspannung in seinen Muskeln wahrnahm. Wie er sich zurückhielt. Meinetwegen.

In Sanders Gegenwart fühlte ich mich stark und begehrenswert, ich liebte es, zu spüren, wie er auf meine Berührung reagierte. Ich wollte mehr davon, strich etwas fester, glitt am Bund entlang und hörte Sander heiser stöhnen. Das Geräusch fuhr mir direkt in den Unterleib.

»Sander …«

»Mhmm?« Es klang vernebelt, verwundert.

»Bitte fass mich an«, bat ich leise und führte seine Hand unter der Stoffschicht zwischen meine Beine.

Sander schob die Hüfte vor. Verblüfft. Reflexartig.

»Helvete«, murmelte er rau und keuchte, als ich meine Hand ebenfalls in seine Hose schob und ihn mit festem Griff umschloss. Er fühlte sich samtig und weich an, hart und bereit, und ich hatte keine Ahnung, wie ich es aushalten sollte. Ich hatte das Gefühl, jetzt schon zu zerspringen. In Tausende Einzelteile, und dass nur Sander mich wieder zusammensetzen konnte. Es war intim, intensiv.

Seine Lippen strichen über meinen Hals, bis zu meiner Ohrmuschel. Gleichzeitig wanderten seine Finger tiefer, glitten zwischen meine Schenkel und der Kuss verschluckte mein Stöhnen, während ich selbst fester zupackte. In einem gleichmäßigen Tempo fuhr ich hoch und runter, genoss den Druck seiner Hand, ließ mich fallen in die Berührung, die Bewegung.

»Etwas schneller«, wies ich Sander an, nahm meine zweite Hand zu seiner dazu und zeigte ihm, was ich meinte. Wie es mir gefiel. Wir steigerten den Rhythmus. Es roch nach Sex und Schweiß, ich fühlte alles, wollte mehr.

»Fuck, Norah.« Mein Name verklang sehnsuchtsvoll in der Dunkelheit des kleinen Schlafzimmers, das Echo hallte in meinem Inneren wider. Die kreisenden Bewegungen, die Kontinuität, ich flog höher und höher. Und in mir baute sich ein beständiger Druck auf.

Wir waren beide überrascht von der bodenlosen Intensität, von der Welle, die uns umschlang. Ich spürte seine harten Muskeln hinter mir, die Wärme seines Körpers und ließ los.

»Ich komme gleich«, stieß ich keuchend hervor.

»Ich auch«, erwiderte Sander und unsere Lippen fanden sich wieder, hungrig und gierig, gedankenlos und voller Leidenschaft.

Als ich kam, war ich überwältigt von der Wucht, mit der mich der Orgasmus traf. Als hätte ich wochenlang keinen Schluck getrunken und endlich Quellwasser gefunden. Keine Sekunde später zog sich Sander zurück, drehte sich auf den Rücken und schob sein Pyjama-Oberteil hoch, ehe er selbst kam. Verlegen blickte ich ihn an, spürte meine geröteten Wangen und das schwere Heben meines Brustkorbs. Doch bevor eine seltsame Ungewissheit zwischen uns entstehen konnte, stützte sich Sander auf den Unterarm, beugte sich zu mir und hauchte mir einen zärtlichen Kuss auf die Lippen.

»Ich habe mit vielem gerechnet, aber garantiert nicht damit. Das war sehr schön.«

»Gerne wieder.«

»Immer wieder.« Anschließend erhob er sich mit einer fließenden Bewegung und tapste in Richtung Badezimmer.

Plötzlich fielen all die Gefühle ab. Der Moment. Die Spontaneität. Leise Gewissensbisse zuckten durch mich hindurch. Mischten sich unter die wachsenden Zweifel.

Faen heller.

Es war nur ein bisschen Petting, versuchte ich mir krampfhaft einzureden, während ich an die Holzverkleidung starrte und den Geräuschen des plätschernden Wasserhahns lauschte.

Warum klopfte mein Herz dann so wild und stürmisch? Warum ertappte ich mich dann dabei, wie ich heimlich seinen Duft einsog? Wie sich mein ganzer Körper fast schmerzlich danach sehnte, Sander anzufassen, jeden Zentimeter zu ertasten?

Oh. Mein. Gott.

Ich liebte die Art, wie er ganz selbstverständlich nach meiner Hand griff und unsere Finger ineinander verschränkte. Die Art, wie er lächelte, wenn sich unsere Blicke begegneten. Die Art, wie er mich betrachtete, wenn er glaubte, ich würde es nicht merken. Als wäre ich etwas ganz Besonderes, kostbar, einzigartig.

War das echt? War es eine Illusion? Ein Trugbild?

Alles in mir fühlte sich leichter an, wie in Watte gepackt.

Die ganzen nächsten Stunden vermischten sich zu unsteten Bildern, Momentaufnahmen, perfekten Fotomontagen, als würde jemand einen Film vorspulen. Zeit bestand aus schlichten Berührungen und diesem überquellenden Glücksgefühl in mir. Es machte mir Sorgen, aber gleichzeitig erfüllte es mich so tief, dass ich den dunklen Horizont voller Zweifel ausblendete.

Ein Mann wie er konnte jede haben. Wieso sollte er einen zweiten Gedanken an mich verschwenden, wenn er wieder zu Hause war?

Er geht bald wieder.

Er wird dich vergessen.

Er hat dann sein eigenes Leben.

Du bist nicht seine Welt.

Am nächsten Morgen kam der Wagen von *Rafting Adventures*, um uns abzuholen. Der Fahrer brachte auch unsere Sachen aus der Hauptstation mit, die wir dort gelassen hatten. Ich war froh, aus dem übergroßen Pyjama herauszukommen, und inhalierte den vertrauten Geruch meiner Jeansjacke, ertastete den Brief, den ich in die Innentasche gesteckt hatte. Wenn ich wieder zu Hause war, würde ich ihn noch einmal in Ruhe lesen.

Dafür brauchte ich meine eigenen vier Wände. Ein Sicherheitsnetz.

Jetzt freute ich mich vor allem darauf, heiß zu duschen. Mich wieder menschlich zu fühlen. Meine Haare stanken nach Flusswasser, meine Haut juckte und brannte, als wäre ich in einen Berg Brennnesseln gefallen.

Auf der Rückfahrt zur Hauptstation sprachen Sander und ich kaum miteinander, die Luft war erfüllt von einem seligen Schweigen, das belanglose Worte nur schwerer gemacht hätte.

Dafür hielten wir Händchen wie zwei Teenager, was so romantisch-kitschig war, dass ich ein Bild davon am liebsten in ein Marmeladenglas gesperrt und irgendwann als Erinnerung wieder herausgeholt hätte.

Irgendwann, wenn er nicht mehr in deinem Leben ist, flüsterte die böse Stimme in meinem Inneren.

Der Brief hatte etwas mit mir gemacht. Vielleicht war ich Sander auch deswegen aus dem Boot hinterhergesprungen. Unter normalen Umständen hätte ich das niemals gewagt. Niemals.

Unsere Hände verloren sich, sobald wir ausstiegen. Zurück blieb eine seltsame Leere, als würde ein Stück von mir fehlen. Aber trotz des rosaroten Nebels entging mir der missbilligende Blick von Ole nicht, als wir an der Hauptstation ankamen. Er kommentierte die Situation zwar nicht, doch die Enttäuschung stand ihm deutlich ins Gesicht geschrieben. Ich hatte mich unprofessionell verhalten. Das hätte mir nicht passieren dürfen.

Aber ich hatte mein Herz über meinen Verstand gestellt.

Vermutlich zum ersten Mal in meinem Leben. Und ich wusste, dass ich dafür die Konsequenzen tragen musste.

Die Wahrheit war, dass ich schon sehr lange nicht mehr wusste, was mein Herz eigentlich wollte. Der Brief meiner Mutter hatte mir nur zusätzlich die Augen geöffnet. Erst Ada, dann Moma und Popa. Und ich? Was wollte ich?

Die anderen aus der Gruppe bekamen von meinem Gefühlschaos nichts mit, aber sie kannten auch nicht das Prozedere. Falls jemand so eine Aktion brachte wie ich.

»Der Chef möchte mit dir sprechen«, verkündete Edda, ohne mich dabei richtig anzusehen. Auch sie wirkte verständlicherweise enttäuscht. Kein Wunder, bisher war unsere Zusammenarbeit ohne leichtsinnige Zwischenfälle verlaufen.

Also straffte ich die Schultern und ging über den langen Flur zu den hinteren Räumlichkeiten. Die breite Fensterfront bot den perfekten Blick über den See und die wunderschöne Bergkulisse.

Das Büro war modern eingerichtet, verband viele Holzelemente mit einem industriellen Stil. Eine Optik, die *Hjerteslag Øyeblikke* auch guttun würde, wofür uns allerdings die finanziellen Mittel fehlten. Keine Ahnung, wie lange es unser Familienunternehmen noch geben würde, aber ich hatte den Lebensinhalt von Moma und Popa mit meinem Handeln in Gefahr gebracht. Das schlechte Gewissen nagte an mir, höhlte mich von innen aus.

Einzelne Deko-Elemente waren in einem matten Schwarz gehalten, genauso wie der Schreibtisch, hinter dem Frederik Nilsen saß, der Eigentümer von *Rafting Adventures*. Als ich eintrat, blickte er auf.

»Norah, wenn wir nicht schon seit fünfzehn Jahren mit deinen Großeltern zusammenarbeiten würden, müsste ich

Anzeige erstatten und dir beziehungsweise euch alles in Rechnung stellen«, begann er. In seinen klugen, dunkelbraunen Augen lag ein abgekämpfter Glanz, voller Ernüchterung. »Was hast du dir nur dabei gedacht? Du kennst sämtliche Regeln in- und auswendig. Du hast dich zusätzlich in Gefahr gebracht. Bei dir hätte ich am wenigsten mit einem so fahrlässigen Verhalten gerechnet.« Mit einer Hand wischte er sich über das Gesicht, sein Lächeln war getunkt in Traurigkeit, als er mich jetzt anschaute. »Du warst noch keine sechs Jahre alt, da hast du auf der grünen Strecke schon an den Touren teilgenommen.«

Seine Worte ließen mich schrumpfen und ich faltete die Hände im Schoß, sah ihn jedoch geradewegs an. Ich wollte mich nicht wegducken wie ein Angsthase, dabei klopfte mein Herz so stürmisch, dass ich das Gefühl hatte, es würde mir gleich aus der Brust springen.

Geduldig ließ ich Frederiks Standpauke über mich ergehen, nickte an den richtigen Stellen und stimmte ihm kleinlaut zu. Im Gegensatz zu Sander hätte ich es besser wissen müssen.

Selbstverständlich entschuldigte ich mich für mein Handeln. »Es tut mir leid.«

»Tut es das wirklich?«, fragte er ruhig, ohne mich aus den Augen zu lassen, und traf damit den Nagel auf den Kopf.

»Was ich getan habe, war zwar falsch, aber ich musste … Ich wollte niemanden in eine dumme Lage bringen. Dafür möchte ich mich aufrichtig entschuldigen.«

Frederick schwieg einige Sekunden lang, schließlich nickte er. »In Ordnung.«

»Kann ich etwas tun, um die Sache wiedergutzumachen?«

»Grüß deine Großeltern von mir.« Ein versöhnliches Lächeln

legte sich um seine Mundwinkel. »Ich hoffe, es geht ihnen gut.«

Als ich schließlich nach draußen trat, warteten die anderen – bis auf Sander – bereits auf die Abfahrt, während Gregori dabei war, das Gepäck für die Rückfahrt zu verladen. Eine letzte Rückfahrt, eine Übernachtung in der Pension, dann ging es für die Teilnehmenden am nächsten Morgen zum Flughafen.

»Sieht so aus, als hättest du die Wette gewonnen«, sagte Gregori, als ich bei ihm angekommen war. Ich ließ den Blick über die Gruppe wandern, die inzwischen zu einer Einheit zusammengewachsen war. Sie standen füreinander ein, würden sich immer an die Zeit erinnern. Ein schöner Gedanke.

»Gewonnen?«

»Ich werde Lisbeth nach dem Rezept fragen. Das war doch mein Einsatz, oder? Wilma hat alle Etappen durchgezogen, ohne einmal schlappzumachen. Du hattest also recht.«

So etwas wie Stolz ließ meine Brust anschwellen, gleichzeitig kämpfte ich mit der Müdigkeit, die mich auf einmal durchdrang. Die zwei Wochen waren fast vorbei. Schneller als erwartet.

»Sie war ziemlich zäh.«

In diesem Augenblick trat Sander auf den Vorplatz. Noch nass klebte das dunkle Haar in seiner Stirn, wahrscheinlich hatte er die Gelegenheit für eine Dusche genutzt. Bei seinem Anblick klopfte mein Herz verräterisch schneller. Ich dachte an unsere Küsse, seine geschickten Finger, seine Wärme, an alles, was ihn ausmachte.

Als Wilma ihn entdeckte, löste sie sich von ihrer Familie, die vor dem Bus stand. Es traf mich völlig unvorbereitet. Wie in Trance beobachtete ich, wie sie sich ihm unschlüssig näherte und sich dann von ihm an die Brust drücken ließ. Ihre Miene wirkte dankbar. Eine freundschaftliche Geste, voller Zuneigung. Und Sander? Er strahlte wie ein großer Bruder. Dasselbe Strahlen kam auch von Wilmas Eltern, beide wirkten erleichtert und dankten ihm überschwänglich, indem sie ihn ebenfalls in den Arm nahmen.

Wilma hatte sich in den letzten zwei Wochen verändert. Es war dieses Leuchten, das aus ihrem Inneren zu kommen schien. Sander hatte etwas vollbracht, woran ich ehrlich gesagt nicht wirklich geglaubt hatte. Wilma lächelte. Offen und glücklich, ohne Scheu, gedankenlos, frei.

Auch ich fühlte mich erfüllt und eine tiefe, ursprüngliche Wärme sammelte sich in meinem Bauch, als mein Blick zu Sander glitt, dessen Züge keinen Hauch Selbstgefälligkeit zeigten. Lediglich innere Ausgeglichenheit. Als hätte er es immer gewusst.

Die Wärme steigerte sich zu einem Kribbeln und ich ertappte meine Mundwinkel dabei, wie sie ein verräterisches Eigenleben entwickelten.

Oh.

Oh, verdammt.

Ich war so blind. So dämlich.

Es war mehr als nur ein angenehmes Gefühl, es war der Beginn von etwas, das ich lieber nicht in Worte fassen wollte. Denn wenn ich dem Ganzen einen Namen gab, würde es real werden. Menschen wollten im Grunde einfach nur gesehen werden. Gesehen, verstanden und geliebt.

Und Sander brachte es fertig, allen von uns genau dieses Gefühl zu vermitteln.

Als wäre es die leichteste Sache der Welt, als würden wir nicht alle unterschiedliche Sprachen sprechen. Sander übersetzte sie und brachte uns zusammen.

Faen heller!

Nein, nein, nein … Es konnte nicht das bedeuten, was ich vermutete.

Oder vielleicht doch?

Panik stob in mir auf wie ein Schwarm aufgeschreckter Vögel. Sie rauschte durch meine Venen, durchdrang jede Zelle meines Nervensystems und ich hörte mich erstaunt nach Luft schnappen, als mich die Erkenntnis wie ein Blitzeinschlag traf.

In den letzten zwei Wochen hatte ich so viele Seiten an Sander kennengelernt, dass ich gar nicht sagen konnte, welche mir am besten gefiel. Natürlich hatte er auch seine Schwächen, das hatten wir alle. Aber wir ergänzten uns auf eine Weise, die mir eine Scheißangst einjagte.

Ich bekam Herzrasen. Meine Handflächen wurden feucht.

Es war simpel. Ganz einfach. Und doch nicht zu leugnen.

Ich war dabei, mich in Sander zu verlieben.

Keine Ahnung, ob ich es ertrug, wenn er mich zurückließ. Wahrscheinlich hatte nur ich diese Gefühle. Er war immerhin Aleksander Skogen. In seiner Welt gab es viele Frauen, vor allem Frauen, die besser zu ihm und seinem Lebensstil passten.

Deswegen – und nur deswegen – zwang ich jeden einzelnen Gesichtsmuskel, zu einer unbewegten Maske zu erstarren, um keinen Rückschluss auf meine Gefühle zuzulassen, und hoffte darauf, dass Sander mir meine Gedanken nicht wie einen Text von der Stirn ablesen konnte. Meine Knie zitterten, als ich den Kopf wandte und unsere Blicke miteinander verschmolzen. Für einen Sekundenbruchteil hatte ich das Gefühl, etwas in den Tiefen seiner Augen aufblitzen zu sehen.

Erstaunen? Verwunderung? Doch da war noch etwas anderes, unendlich Weiches, das mir viel zu viel Hoffnung schenkte. Ich hatte Angst vor der Fallhöhe, vor der Heftigkeit des

Aufpralls, wenn ich jetzt schon bis über beide Ohren in ihn verknallt war.

Dann lächelte er, einfach so. Dieses typische Sanderlächeln, das mich schon vom ersten Augenblick an gefangen genommen hatte.

Und ich hatte mich die ganze Zeit über dagegen gewehrt. Hatte mir eingeredet, dass meine rationale Seite stärker war als die körperlichen Gefühle, die er in mir auslöste.

Oh, Norah. Du bist hoffnungslos verloren.

23

SANDER

Seit wir bei *Rafting Adventures* angekommen waren, hatten Norah und ich nicht eine Sekunde allein verbracht. Auch auf der Rückfahrt blieb keine Gelegenheit, über das zu sprechen, was in der Hütte passiert war. Nicht unter vier Augen.

Bilder blitzten durch meinen Geist. Lippen auf Lippen, der Geruch ihrer Haut, die feinen Härchen in ihrem Nacken, das Gefühl ihrer Haare auf meiner Brust, der Einklang unseres Herzschlags. Allein bei der Erinnerung wollte ich nichts lieber tun, als mich zu Norah zu beugen und mir einen Kuss zu stehlen. Sie küssen, spüren, halten.

Als Gregori nach zweieinhalb Stunden Fahrt den Bus schließlich auf den kleinen Vorplatz der Pension lenkte, wo vor zwei Wochen alles angefangen hatte, realisierte ich erst, was das bedeutete. Die Zeit war fast vorbei, die Sanduhr so gut wie abgelaufen.

War ich schlauer? Nein.

Ich war mir immer noch nicht sicher, ob ich in die Fußstapfen meines Vaters treten sollte. Ob ich seine Rolle eines Tages übernehmen wollte. Ob ich mich an seiner Stelle sah, an der Spitze des Konzerns, der meinen Namen als Anagramm trug.

Tief sog ich die klare Luft ein, als ich aus dem Bus stieg und die warmen Sonnenstrahlen mich blendeten. Mit einer Hand schirmte ich die Augen ab und ließ alles noch einmal auf mich wirken.

Dieser fremde Ort, gegen den ich mich am Anfang so sehr gesträubt hatte, war mir ans Herz gewachsen. Die Vorstellung, ihn zu verlassen, hatte einen schalen Beigeschmack. Ich wollte nicht weg.

Ich runzelte die Stirn.

Das war neu.

Wilde Ballabende in Oslo, Partys in verborgenen Clubs in Monaco, Jachtausflüge an der Côte D'Azur, mein Studium in Cambridge oder die Zeit in München bei Henning, während ich auf Ari, seine riesige Hundefellkugel, aufgepasst hatte, um mich irgendwie für die Sache mit dem Skandal zu entschuldigen, den ich ihm mehr oder weniger eingebrockt hatte.

An keinem Ort hatte ich mich bisher so ausgeglichen und vollkommen gefühlt.

Lag es an Norah, dass ich mich so wohlfühlte in meiner Haut? Mein Blick schweifte über den Vorplatz, bis ich sie etwas abseits der anderen entdeckte, die gerade ihre Taschen aus dem Bus holten. Norah unterhielt sich mit Gregori, der seine polarisierende Sonnenbrille auf den glatt rasierten Kopf geschoben hatte. Norah zog das Haargummi aus ihren Strähnen und machte sich nebenbei einen lockeren Dutt, sie wirkten vertraut, was für eine Sekunde so etwas wie zwickende Eifersucht in mir weckte. Automatisch ballte ich die Hand zur Faust und spürte ein Brennen in meinem Bauch.

Das sah mir gar nicht ähnlich. Ich war nicht eifersüchtig. Normalerweise.

Vor allem, wenn es so irrational war. Dem Ehering und

dem Familienfoto in der Fensterfront des Busses zufolge war Gregori ein Familienmensch und für Norah aller Wahrscheinlichkeit nach nicht nur ein langjähriger Kollege, sondern auch ein Freund. Womöglich eine Vaterfigur.

Aber ich wollte, dass Norah mir ihr Grübchenlächeln schenkte, mir ihre Geheimnisse und Ängste anvertraute, dass wir Dinge gemeinsam bewältigten.

Fuck.

Kurz entschlossen schnappte ich mir meinen Rucksack, holte mir an der Rezeption den Schlüssel für mein Zimmer und ging nach oben, um Abstand zu gewinnen. Für mich. Meinen Kopf. Meine Gefühle.

Ich warf einen Blick auf das Handy. Henning hatte mir geschrieben.

Was macht die Wildnis?

Was macht Karla?

Die Gegenfrage stellte ich nur, weil ich keine Lust hatte, jetzt über mich zu reden. Henning verstand das. Wie immer.

Ich habe das Missverständnis aus der Welt geschafft und ihr klargemacht, dass ich mit ihr zusammen sein will.

Das klingt romantisch.

Ob du es glaubst oder nicht, ich war mir nie sicherer.

Hey, Glückwunsch! Das freut mich.

Ich meinte das so. Obwohl ich Karla nur kurz kennengelernt hatte, war mein Bauchgefühl bei ihr gleich gut gewesen. Sie war schlagfertig. Geradeheraus. Genau das, was Henning in seinem Leben brauchte. Genau das, was sich auch Mar wünschte. Und was mir Norah auf ihre Weise vermittelte.

Beruht es denn auf Gegenseitigkeit oder muss ich mir Sorgen machen?

Ich hab sie nicht gefesselt und geknebelt ans Bett gekettet, falls du das meinst … Aber bring mich bitte nicht auf Ideen.

Erspar mir die Details.

Ich musste grinsen. Wenn Henning etwas wollte, gab er dafür einhundertdreißig Prozent. Niemals weniger. Darum beneidete ich ihn, weil er immer für seinen Traum gekämpft hatte, für die Dinge, die ihm etwas bedeuteten.

Und ich? Kroch von einem vorgegebenen Lebensziel zum nächsten, ohne zu wissen, ob ich es wirklich wollte. Dabei sollte ich vielleicht dankbar sein für die Gelegenheiten, die sich mir boten.

Ich war dermaßen privilegiert, dass es fast schon unverschämt war, dass ich mich überhaupt über mein Leben beschwerte. Das sollte ich mir vor Augen halten. Immer und immer wieder.

Ich erspar dir die Details, wenn du mir schreibst, wie es dir wirklich geht.

Besser als erwartet. Ich habe jemanden kennengelernt.

Auf der Tour, die dich vor allem weit weg von sämtlichen Frauen dieser Welt bringen sollte? Das schaffst auch nur du. Wie heißt sie?

Norah.

Und, wie ist sie so?

Lebendig, echt, einfühlsam.

Boah, shit.

Was?

Ich dachte, da kommt eine etwas andere Antwort. Das klingt, als hätte es dich schwer erwischt.

Sekundenlang starrte ich auf Hennings Worte und ließ sie in meinem Kopf reifen, bis ich das Gefühl hatte, sie nicht weiter analysieren zu können, ohne den Verstand zu verlieren.

Hatte es das? Hatte ich unverhofft Gefühle für Norah entwickelt? Es noch einmal von außen zu hören, war ganz anders als die Erkenntnis in der *hytte*.

Als hätte Elli einen unsichtbaren Draht zu mir, erschien eine Frage von ihr auf dem Display, oberhalb von Hennings und meinem Chat.

Bist du bereit, den Rest deines Lebens anzutreten?

Das klingt wie eine Haftstrafe.

Und genau so fühlte es sich auch an. Das hatten mir die letzten zwei Wochen deutlich gezeigt.

Ich würde jederzeit mit dir bei KOSGEN tauschen …

Das ließ mich stutzen. So hatte sich Elli noch nie geäußert, aber sie liebte unser Unternehmen abgöttisch. Auf eine andere Weise als Theo. Theo *war* das Unternehmen. Aber Elli? Elli hatte Visionen, Ideen, Hoffnung. Sie hatte früher ständig neue Rezepte ausprobiert, war häufig in der Fabrik und im Glasgebäude des Hauptsitzes gewesen.

Vor allem würde so ein Eingeständnis niemals aus dem Nichts kommen. Etwas musste vorgefallen sein.

Ist etwas passiert?

Nein.

Okay. Lass uns tauschen.

Ich wollte sie testen, schauen, wie ehrlich sie zu mir und sich selbst sein würde.

Ich meine es ernst, ich würde gern einsteigen.

Warum sollte sie sich dafür entscheiden, fragte ich mich. Aber eigentlich war das bereits die Antwort. Weil sie es freiwillig tat, ohne Zwang. Weil es niemand von ihr erwartete.

Moment, hast du getrunken?

Als Antwort schickte Elli ein Bild von sich. Gerötete Wangen, glasiger Blick und ihr süßes, echtes Lächeln auf den Lippen. Sie trug Sportkleidung und hatte sich die langen Haare zu einem hohen Zopf nach hinten gebunden. Sehnsucht nach meiner Schwester erfüllte mich ohne Vorwarnung.

Ich freue mich auf dich.

Ich mich auch. Und ich meine das übrigens todernst. Ich will das schon lange, aber ich traue mich nicht, es auszusprechen, aus Angst …

Sie ließ den Satz offen. Schrieb nichts mehr. Also rief ich sie an.

»Sander«, sagte sie überrascht, schien sich aber zu freuen. »Du rufst an.«

»Du willst wirklich einsteigen?« In meinem Kopf formte sich ein Gedanke.

»Ich weiß, keiner traut es mir zu, aber …«

»Du willst es wirklich?«

»Ja«, erwiderte sie enthusiastisch und ein wenig atemlos.

»Und ich will aussteigen.«

Wow. Es auszusprechen war wie ein Befreiungsschlag. Auf der Stelle fühlte ich, wie eine riesige Last von meinen Schultern rutschte. Als hätte ich jahrelang zentnerschweren Beton mit mir herumgeschleppt, der nun mit einem einzigen Satz von mir abfiel.

»Wie bitte?« Elli klang, als hätte man ihr in den Magen geboxt.

»Vielleicht. Ich weiß es noch nicht. Ich muss mir noch mehr Gedanken machen.«

»Großvater …«

»… wird damit klarkommen müssen«, fiel ich ihr ins Wort und begann, unruhig im Zimmer auf und ab zu tigern, während sich in meinem Kopf weitere Pläne formten. Möglichkeiten. Chancen. »Papa auch. Theo wird sein Glück kaum fassen können, aber ja. Ich glaube, es wäre richtig. Doch ich muss das langsam angehen, mir sicher sein. Ich will diese Entscheidung nicht überstürzt aus einem Moment heraus treffen, auch wenn mir das im Grunde schon länger klar ist. Ich konnte es mir nur nicht eingestehen.«

»Ich weiß«, erwiderte Elli und ich hörte ihr zufriedenes Lächeln durch das Telefon. »Deswegen hast du auch die ganze Zeit auf deine Weise rebelliert.«

»Auf meine Weise?«

»Du weißt genau, dass genügend Leute in unserem Umfeld zu Drogen und Alkohol greifen, aber das hast du nie getan. Es ging dir nie darum, deine Emotionen leichtfertig zu betäuben oder herunterzuspülen. Du hast dich hinter dieser riesigen Portion Sarkasmus versteckt, hinter einer aufgesetzten Unbeschwertheit, die alle in den Wahnsinn getrieben hat. Weil sie immer dachten, dass du nichts ernst nimmst.«

Ihre Worte schrammten an meinem Herz entlang und rissen Wunden auf.

»Vielleicht … Lass uns in Ruhe darüber reden, wenn ich

wieder da bin. Dann machen wir einen Plan, ja? Auch für dich, einverstanden?«

»Okay.« Sie klang zufrieden. Glücklich. Gelöst. »Einverstanden.«

Als ich auflegte, starrte ich sekundenlang vor mich hin.

Ich musste dringend den Kopf freikriegen. Atmen. Das konnte ich am besten im Wasser, wenn meine Bewegungen mit den Wellen verschmolzen, zu einer Einheit wurden. Also zog ich mich um, auch wenn ich mich anschließend noch einmal abduschen musste.

Aber hier drin würde ich noch durchdrehen.

Ich brauchte das Schwimmen. Jetzt.

Mit einem Handtuch bewaffnet und in meinen Shorts, die Schwimmbrille am Handgelenk baumelnd, ging ich wieder die Treppen hinunter. Draußen angekommen, wandte ich mich nach links und erstarrte.

Klick. Klick. Klick.

Noch bevor ich mich umdrehte, sträubten sich mir sämtliche Härchen im Nacken. Überall auf der Haut spürte ich die Gänsehaut und mir wurde ohne Vorwarnung speiübel, als hätte mich eine plötzliche Seekrankheit erwischt.

24

NORAH

Während die Teilnehmenden ihr Gepäck mitnahmen, um sich auf den Zimmern einzurichten, trat ich zu Gregori, der vor dem Bus stand, als könnte er kein Wässerchen trüben.

»Du siehst so zufrieden aus.«

»Das bin ich auch. Lisbeth geht es gut. Uns geht es gut. Was ist mit dir? Du wirkst etwas unruhiger als sonst. Niedergeschlagener?« Prüfend ließ er den Blick über mich schweifen und ich versteifte mich automatisch.

Dann seufzte ich leise. »Warum siehst du alles?«

»Weil ich dich kenne, seit du quasi auf der Welt bist.«

Genau genommen, seit ich knapp zwei Jahre alt gewesen war, kurz nach dem Unfall meiner Eltern.

»Ich weiß nicht, ob das, was ich tue, das Richtige ist …«

»Norah, können wir kurz sprechen?«, unterbrach uns in diesem Augenblick Moma, die Stirn in besorgte Falten gelegt. Ihrem Gesichtsausdruck nach zu urteilen, hatte sie bereits mit Frederick von *Rafting Adventures* gesprochen. Prompt meldete sich das schlechte Gewissen zurück und ich machte eine zerknirschte Miene.

»Entschuldigst du uns kurz?«, fragte ich Gregori, der mir nur mitfühlend zunickte. Von ihm hatte ich keine Standpauke erhalten, aber das war auch nicht seine Aufgabe.

Ohne auf die Konsequenzen zu achten, hatte ich *Hjerteslag Øyeblikke* in Verruf gebracht. Das war ganz allein mein Fehler. Einmal davon abgesehen, dass wir in Gustavs Hütte übernachtet und einiges durcheinandergebracht hatten. Selbstverständlich hatten wir das Bett abgezogen und das Geschirr abgewaschen. Aber trotzdem würde ich morgen, wenn alle abgereist waren, mit einem selbst gebackenen Entschuldigungs-Danke-Kuchen noch einmal dorthin fahren und die gereinigte Bettwäsche und die Schlafanzüge zurückbringen.

»Blümchen«, sagte Moma leise, sobald wir ins Büro eintraten. Nur das. Ein Wort. Aber es fühlte sich an, als hätte es mein Herz einmal in der Mitte zerrissen. Ohne Vorwarnung entwich mir ein Schluchzen. Erschrocken legte ich eine Hand über den Mund, aber es war schon zu spät. Himmel, ich wollte garantiert nicht einfach so in Tränen ausbrechen.

Aber dieser Kosename, den meine Eltern mir gegeben hatten, brach alles wieder auf.

Moma blickte mich besorgt und gleichzeitig mitfühlend an, was nicht gerade dazu beitrug, dass sich das Gefühlschaos beruhigte. Im Gegenteil.

»Ich weiß«, sagte ich. »Es tut mir leid. Ich habe gedankenlos und unvorsichtig gehandelt. Entschuldige.«

»Gut.«

»Und da ist noch etwas. Ich habe einen Brief gefunden«, brachte ich schließlich zittrig hervor.

»Einen Brief?«

»Ja, von Mama …«

Ich sah, wie jegliches Blut aus Momas Gesicht wich. Unglauben und Hoffnung spiegelten sich in ihren kristallblauen Augen, die meinen so sehr ähnelten. Und Mamas. Das Erbe der Svendsen-Frauen.

»Und … wo hast du ihn gefunden?«, wollte sie zögerlich wissen. Ihr Atem ging stoßweise.

Auf ihre Frage hin zog ich das zusammengefaltete Papier aus der Jeansjacke, *Mamas Jeansjacke*, die ich wieder trug und die mir stets Kraft und Geborgenheit vermittelt hatte. Ein Schutzschild. Mein Schutzschild.

»Ich habe den Brief unter einem der Patches entdeckt, das abgerissen ist. Sander hat mich darauf aufmerksam gemacht. Natürlich war der Brief unter der verdammten Blume. Hier, lies ihn …«

Mit zittrigen Fingern nahm Moma den Brief entgegen und faltete ihn so behutsam auseinander, als würde sie ein Neugeborenes halten. Ein heiserer, schluchzender Laut drängte sich über ihre Lippen. Auch meine Kehle verengte sich gefährlich, als würde mir jemand die Luft abschnüren. Ich kämpfte mit den Tränen, während ihre Hand zu ihren Lippen fuhr und sie mehrmals den Kopf schüttelte.

Es war so schön und faszinierend, aber auch so herzzerreißend. Nicht einmal ansatzweise konnte ich mir vorstellen, wie es war, das eigene Kind begraben zu müssen. Nun konnte ich die Tränen nicht mehr zurückhalten, sie brandeten hinter meinen Lidern auf und meine Sicht verschwamm.

Momas Konturen verwischten, immer wieder schnappte sie nach Luft, aber sie lächelte auch. Selig und glücklich. Ungläubig. Als wäre es ein Wunder.

Und das war es auch. Ein Wink des Schicksals.

»Ich kann es kaum glauben«, murmelte sie erstickt. »All die Jahre … und es war die ganze Zeit da. Hast du …?«

Ich wusste sofort, worauf sie hinauswollte. »Nichts. Nur dieser eine Brief.«

Sie nickte. »Wie großartig … so wunderschön …«

»Ich dachte immer, dass ihr mir den Spitznamen Blümchen gegeben habt«, sagte ich leise.

Ihre Augen leuchteten voller Zuneigung. »O Norah, du bist unser Blümchen, immer gewesen, aber es war deine Mutter, die dich zuerst so genannt hat«, sagte sie und dieser eine Satz ließ sämtliche Dämme brechen. Ein heftiges Schluchzen brach aus mir hervor, meine Schultern bebten. Moma breitete ihre Arme aus, also ließ ich mich in die Umarmung fallen. Sie hielt mich wie ihre verlorene Tochter, wie ihre geliebte Enkelin, warm und sicher und eingehüllt in Verzweiflung und Liebe.

Wir weinten beide, bis Zeit an Bedeutung verlor.

So fand uns Popa, lachend und weinend. Auch er las jede Silbe, sog jede Zeile auf und verdrückte ein paar Tränen. Sein ganzer Körper wurde wie bei einem Erdbeben geschüttelt.

»Das ist das schönste Geschenk«, sagte er nach einer gefühlten Ewigkeit.

»Das allerschönste.« Ich löste mich von ihnen, nahm ein Taschentuch aus der obersten Schreibtischschublade und trocknete mir die Wangen ab. Dann straffte ich die Schultern. Richtete mich auf, machte mich größer.

»Ich möchte nach Oslo gehen«, verkündete ich. »Für ein paar Monate ihren Spuren folgen. Etwas … anderes sehen. Weg von … hier.«

Überraschung spiegelte sich auf ihren Gesichtern, gefolgt von Verständnis. Popa lächelte warm, seine dunklen Augen strahlten, als hätte ich ihm eben ofenfrische *Skoleboller* vor die Nase gesetzt. Auch Moma verzog die Lippen zu einem zufriedenen Lächeln, ein bisschen spitzbübisch, ein bisschen schräg, genau wie ich lächelte.

»Was ist?« Ich konnte meine Verwirrung nicht verbergen.

»Wir haben uns schon gefragt, wann du darauf kommst.«

»Worauf?«, fragte ich und runzelte verwirrt die Stirn.

»Blümchen, wir lieben dich so sehr, aber du musst keine Rücksicht auf uns nehmen, um dein Leben zu leben. Du bist jung, du solltest die Welt kennenlernen. Du solltest herausfinden, welche Möglichkeiten dir offenstehen, und dich dann entscheiden, was du machen willst«, sagte Moma.

»Wir haben lange darüber geredet, als du auf Tour warst«, fügte Popa hinzu. »Wir würden dich niemals rauswerfen, aber …«

»Genau das hättet ihr getan«, stellte ich mit leichtem Unglauben in der Stimme fest und fasste mir gespielt entrüstet an die Brust. »Ihr hättet euer eigen Fleisch und Blut vor die Tür gesetzt.«

»Nur, damit du siehst, was es da draußen noch alles gibt. Ein paar Monate. Wenn du danach zurückkommst und feststellst, dass *Hjerteslag Øyeblikke* immer noch das ist, was du gern tun möchtest. Gut. Aber du kannst dich auch an der Universität einschreiben oder dir etwas anderes suchen, was dir Spaß macht.«

Ich lächelte. Es fühlte sich gut an. Wie der Anfang eines neuen Buches, wenn ich noch nicht wusste, welche Geschichte die Seiten für mich bereithielten.

»Ja«, sagte ich. »So etwas in der Art hatte ich vor.«

25

SANDER

Dieses leise, sich rasch wiederholende Geräusch ließ mich herumfahren.

Klick. Klick. Klick. Klick.

Erst nach zwei Sekunden begriff ich, dass ich meine Maske hatte fallen lassen. Mein Gesichtsausdruck würde sich in den Klatschspalten wunderbar machen. Egal, ob mit Schlagzeile in einer gedruckten Zeitung oder irgendwo online. Ich sah die Videos und Kommentare in den sozialen Medien schon vor mir. Die Analyse meines Gesichtsausdrucks, meiner Körperhaltung, die Beurteilung. Verurteilung.

Es war, als würden winzige Eispickel an meinem Herzen herumhämmern.

Fuck.

Mir drehte sich der Magen um, doch im nächsten Moment fing ich mich wieder. Als wäre ich für eine Sekunde nur gestolpert. Meine Miene verwandelte sich in ein Abbild perfekter Gleichgültigkeit, wahrscheinlich hätte ich mit jedem Bildnis von Michelangelo mithalten können.

»Sander?«

Ich drehte mich zu Norahs Stimme in meinem Rücken um.

Obwohl ich innerlich noch mit der Situation überfordert war, registrierte ich trotzdem, dass sie geweint haben musste. Ich sah es an den geröteten Augen, der leicht verwischten Wimperntusche auf ihren Wangen. Aber da war diese Zuneigung in ihren Zügen, die mich sofort ruhiger werden ließ. Als würde ein Blick von ihr dafür ausreichen.

»Was ist los?«

Ohne ein Wort zu sagen, packte ich sie am Handgelenk und zog sie wieder ins Innere des Hauses. Ich hatte niemanden gesehen, aber ich wusste, dass sie da waren. Im selben Augenblick realisierte ich meinen Fehler und ließ Norah wieder los, als hätte ich mich an ihr verbrannt.

Shit, ich war wirklich nicht mehr in meinem Element.

»Was ist passiert?« Jetzt klang Norah eindeutig alarmiert.

»Paparazzi. Irgendwo da draußen.«

»Was?«

»Wie haben sie mich gefunden?«, hörte ich mich fragen, während ich im Kopf sämtliche weitere Schritte im Schnelldurchlauf durchspielte. Unter keinen Umständen würde ich eine Nacht länger hierbleiben. Mit diesen Aasgeiern vor der Tür würde sich das bloß zu einem Spießrutenlauf entwickeln. Außerdem kannte ich mich gut genug, um zu wissen, dass ich kein Auge zumachen würde. Hier gab es keine Mauern, keinen Sichtschutz, keine Möglichkeit, mich zu verstecken.

Die Herangehensweise und das Verhältnis zu Paparazzi war besser geworden, vor allem wenn ich an die Hetzjagden dachte, die meine Mutter und mein Vater erlebt hatten. Vor zwanzig Jahren waren das ganz andere Kaliber gewesen, weshalb ich die Schlagworte *Oben ohne* im Zusammenhang mit Mama niemals gegoogelt hatte. Wir hatten sogar ein Pressetraining absolviert, uns mehrfach im Familienkreis zusammengesetzt und über bestimmte Abläufe und Regeln gesprochen, die immer galten.

Die zwei Wochen hier hatten meinen gesunden Menschenverstand jedoch anscheinend über Bord springen lassen. Nichts mehr schien davon übrig zu sein. Mit einer Hand fuhr ich mir übers Gesicht.

»Hey«, erklang Norahs besorgte Stimme und sie griff nach meiner Hand. Warm und weich fühlte sie sich an und mein rasender Herzschlag klang etwas ab.

Trotzdem war es, als wäre ich nach Hause zurückgekehrt und hätte meine privaten vier Wände verwüstet vorgefunden. Diese Menschen waren Diebe, bereit, einen Teil meiner Seele zu stehlen. Aber zu welchem Preis?

Alles in mir schrie nach Flucht. Ich musste sämtliche mentalen Kräfte zusammennehmen, um nicht auf der Stelle aus der Pension zu stürmen, ins nächste Auto zu steigen und zum Flughafen zu fahren.

Als ich meine Aufmerksamkeit Norah zuwandte, las ich in ihrem Gesicht einen ähnlichen Gedanken.

»Was willst du machen?«, fragte sie. »Was kann ich tun? Sie verscheuchen? Ablenken? Ihnen auf die Nerven gehen?«

Ich schüttelte den Kopf. »Ehrlich gesagt ist es das Beste, wenn ich früher abreise. Heute noch. Ich schaue nach Flügen.« Ehrliches Bedauern schwang in meinen Worten mit. Es gab so vieles, das ich klären wollte und musste, bevor ich mich mit *uns* auseinandersetzen konnte. Ich musste mit meinem Großvater sprechen. Einen neuen Weg finden. Lösungen. Aber dass es uns gab, Norah und mich, stand außer Frage. »Jetzt werde ich den letzten Tag nicht mehr genießen können. Immer nur daran denken, dass sie Fotos machen und euch mit

Fragen bombardieren. Das will ich euch nicht antun.« *Mir selbst auch nicht.*

»Okay, aber wie haben sie dich gefunden?«, wiederholte Norah meinen ersten Gedanken.

Dabei lag es eigentlich auf der Hand. War ganz einfach. Jemand hatte meinen Standort weitergegeben.

In diesem Augenblick erklangen Schritte hinter uns. Wilma kam die Treppe zur Rezeption herunter. Als sie meinen Gesichtsausdruck bemerkte, erstarb das Lächeln auf ihren Lippen. Sobald sich unsere Augen begegneten, zuckte so etwas wie Reue und noch etwas anderes über ihr Gesicht. Schuldgefühle? Gewissensbisse?

Kälte durchdrang mich, besetzte jeden Winkel meines Körpers. Die Kälte nach unserer Raftingtour war nichts dagegen. Doch da war auch diese brennende Glut, die mich erfüllte, rasende Wut, die jeden rationalen Gedanken in tosenden Flammen erstickte.

Ich kannte das Gefühl, verraten zu werden. Aber ausgerechnet von Wilma?

Es war nur ein kurzer Blick, aber er genügte, um etwas in mir aufzubrechen. Als hätte man einen Stein in einen Spiegel geschlagen. Enttäuschung durchflutete mich. Heiß und bitter.

Eilig drehte sie den Kopf weg, nagte an ihrer Unterlippe, schien zu überlegen, was sie als Nächstes tun sollte, und blieb deswegen unschlüssig am unteren Treppenansatz stehen. Ich brauchte kein Schuldeingeständnis, die Anzeichen waren da. Genau vor meiner Nase.

»Oh«, hörte ich Norah tonlos wispern. Anscheinend war sie meinem Blick gefolgt. »Vielleicht gibt es dafür eine einfache Erklärung.«

»Bestimmt«, erwiderte ich und wunderte mich selbst darüber,

wie kalt ich mich anhörte. Als hätte man die Verbindung zu meinen Gefühlen gekappt.

»Sander, ich kann das …«

Wilma war näher gekommen, aber ich hob die Hand und unterbrach sie einfach. »Du musst nichts erklären. Ich hab schon verstanden. Du hattest deine fünf Minuten. Wunderbar, viel Spaß damit.«

Ihr entsetzter Gesichtsausdruck wirkte nicht gespielt und für einen Sekundenbruchteil zweifelte ich an meinem Verdacht, doch dann verzerrten sich ihre Züge. Wurden abweisend und empört, als hätte ich sie zutiefst gekränkt. Etwas strich um mein Herz, aber mein Zorn war lauter, stärker, einnehmender.

»Gern geschehen«, fauchte sie, fuhr auf dem Absatz herum und stampfte die Treppe wieder nach oben.

Zu meiner Überraschung stand dort Rimas, der sie in eine tröstende Umarmung schloss und ihr über den Scheitel strich. Anscheinend hatten sie sich gefunden. Gut. Immerhin etwas. Gleich darauf waren beide verschwunden.

Vielleicht war ich etwas zu hart gewesen, aber ich war verletzt. Und enttäuscht. Nicht jeder reagierte perfekt auf jede Situation. Mit einer müden Geste fuhr ich mir durchs Haar.

»Hey.« Federleicht strichen Norahs Finger um mein Handgelenk.

»Das war eine nicht sehr erwachsene Reaktion«, stellte ich angewidert von mir selbst fest. Für einen Sekundenbruchteil hatte ich geklungen wie mein Großvater. Nichts, das ich noch einmal wiederholen wollte. *Helvete.*

»Ich buche den Flug und dann bin ich weg«, sagte ich fast schon geschäftsmäßig zu Norah und sah, wie sie unmerklich zusammenzuckte. Aber das täuschte vielleicht. »Könntest du mich zum Flughafen fahren?«

Norah schluckte. »Ja, kann ich.«

Meine Gefühle waren in Aufruhr. Und ich konnte nicht klar denken. Andernfalls wäre mir sicherlich diese endlose Leere in ihrem Blick aufgefallen.

Als ich eine Stunde später das Zimmer wieder geräumt hatte, wartete Norah bereits draußen vor ihrem Bertha-Volvo. Es war seltsam, sich von niemandem aus der Gruppe zu verabschieden, gerade von denjenigen, zu denen ich während der letzten zwei Wochen ein engeres Verhältnis aufgebaut hatte. Das Auto stand auf dem Hinterhof, wo auch die Wäsche abgeholt wurde, sodass wir so gut wie unbeobachtet waren. Mein Flieger würde in drei Stunden gehen, aber ich wollte so früh wie möglich von hier weg. Je eher ich wieder zu Hause war, desto früher konnte ich die Veränderungen in die Wege leiten.

Norahs Miene ließ keinen Rückschluss auf ihre Gefühle zu.

»Ich bin gleich wieder da«, sagte sie und öffnete den Kofferraum. »Du kannst ja schon dein Gepäck verstauen und einsteigen.« Mit diesen Worten verschwand sie im Haus. Irgendetwas war seltsam, aber ich konnte den Finger nicht darauflegen.

Zu meiner Überraschung trat Julie, Wilmas kleine Schwester, in dünnem Shirt und einer grauen Jogginghose nach draußen. Sie hatte eindeutig geweint.

Hastig wischte sie sich über die tränenverschmierten Wangen, reckte das Kinn und blickte mich so herausfordernd an, dass sie mehr Ähnlichkeiten mit ihrer großen Schwester hatte, als ich mir je hätte vorstellen können.

»Ich will nicht, dass du schlecht über Wilma denkst.«

Ein Seufzen entfuhr mir und ich stellte meinen Rucksack zwischen meine Füße auf den Boden, während wir auf Norah warteten. »Manchmal machen wir Dinge, die wir bereuen, aber wir müssen dann für die Konsequenzen geradestehen. Es ist auch in Ordnung, wenn jemand enttäuscht ist oder sauer. Du kannst Wilma ausrichten, dass ich nicht böse auf sie bin. Ich kann sie sogar verstehen.« Wahrscheinlich wäre es fair, es ihr selbst zu sagen, aber dafür fehlte mir gerade der Nerv. Und die Zeit. Trotz des schlechten Gewissens.

»Nein, du verstehst nicht«, erwiderte Julie, ihre schmalen Finger zu einer Faust geballt. Trotzig starrte sie mich an. »Ich will nicht, dass ihr Wilma für die Böse haltet. Sie hat nichts falsch gemacht. Außer, mich zu decken.«

Zwei Herzschläge lang starrte ich auf Wilmas kleine Schwester, ohne wirklich zu reagieren. Erst mit Verzögerung dämmerte mir, was sie da gerade gesagt hatte.

Mir wurde übel.

»Was? Wie meinst du das?«

Sie stieß die Luft aus. »Wilma ist am Boden zerstört, aber sie würde sich eher eine Hand abhacken, als mich zu verraten. Ich war es, okay? Ich hab einer Freundin geschrieben, dass du hier bist, und ihr ein Beweisfoto geschickt und sie hat es ihrer Schwester gezeigt und die dann einer Freundin«, sprudelte es aus Julie hervor.

Ich war wie vor den Kopf gestoßen. »Du warst das?«

»Ja.«

Oh. Wow. Offenbar war ich wirklich schwer von Begriff.

Aber nun ergab es auch Sinn. Wilma wollte nicht, dass jemand ihrer Schwester die Schuld gab. Das sah ihr ähnlich. Genau dasselbe hatte ich für Elli und Theo auch schon getan, mehr als einmal.

Norah trat aus der Pension und schaute verwundert zwischen uns hin und her. »Alles okay?«

»Gibst du mir zwei Minuten?«

Norah nickte, die Augen misstrauisch zusammengekniffen. »Klar.«

»Ist Wilma oben?«, fragte ich Julie, die stumm den Kopf schüttelte.

»Wo dann?«

»In dem Raum mit den Spielen und Büchern.«

Ich nickte. »Gut, ich gehe gleich zu ihr«, sagte ich. »Danke. Danke, dass du so mutig warst und es mir gesagt hast. Sonst hätte ich einen ziemlich doofen Fehler gemacht.«

Mit klopfendem Herzen machte ich mich auf die Suche nach Wilma. Ich fand sie im besagten Familienspielzimmer, wo sie auf einem großen beigefarbenen Ohrensessel lümmelte, die Mundwinkel nach unten verzogen und ihre Kopfhörer in den Ohren.

»Hey«, sagte ich, trat auf sie zu und ging vor ihr in die Hocke. Doch sie ignorierte mich, als wäre ich Luft, starrte auf ihr angewinkeltes Knie, während sie an den Flusen ihrer Socken herumzupfte.

Etwas in mir verkrampfte sich. Ausgerechnet ich hatte ein vorschnelles Urteil gefällt. Dabei war es mir wichtig, niemanden in eine Schublade zu stecken.

Das war unfair. Sowohl ihr als auch mir gegenüber. Außerdem hätte ich es besser wissen müssen. Ich hatte Wilma in den letzten zwei Wochen kennengelernt. Weshalb ich mich so von ihrer ersten Reaktion hatte täuschen lassen, wusste ich nicht. Ich schob es auf meinen dröhnenden Schädel, die Paparazzi und meine Nervenlage. Eine Katastrophe.

Aber das war keine wirkliche Entschuldigung.

»Es tut mir leid«, sagte ich laut und deutlich, sodass meine Stimme in dem kleinen Zimmer widerhallte. Keine Ahnung, ob sie mich hörte, aber ich wollte es wenigstens versuchen. »Es war keine Absicht, dir die Schuld in die Schuhe zu schieben. Ich habe nur deinen Gesichtsausdruck gesehen und die falschen Schlüsse gezogen. Das tut mir unendlich leid. Du bist großartig und stark und ich finde es toll, dass du dich so für deine Schwester einsetzt. Pass auf dich auf, Wilma.«

Als ich mich wieder aufrichtete, glitt ihre Hand zu ihrem Handy, das an ihrer Seite lag, und sie schaltete die Musik aus. Dann sah sie zu mir auf und die Enttäuschung in ihren braunen Augen traf mich mit voller Wucht.

»Weißt du, ich habe gedacht, dass wir uns irgendwie ähnlich sind«, gestand sie leise. »Ich war so dankbar, dass du mich ernst genommen hast. Und dass du mir auf der Raftingtour hinterhergesprungen bist, werde ich nie vergessen. Aber zu glauben, dass ich dich nach alldem an Paparazzi verraten würde, tut richtig weh.«

»Ich weiß«, antwortete ich. »Es tut mir leid … wirklich.«

»Schon okay.« Wilma zuckte mit den Schultern, als wäre es keine große Sache. Aber das stimmte nicht.

»Ganz ehrlich? Das macht es nicht wieder gut. Nicht sofort zumindest. Du wirst noch eine Weile daran zu knabbern haben und ich werde mich noch eine Weile wie ein Arsch fühlen.« Vielleicht tat es gut, wenn sie das noch einmal zu hören bekam, ein Sprungbrett, um schneller damit abzuschließen. »Denn ich habe Scheiße gebaut. Ich habe mich nicht richtig verhalten. Aber ich bin geblendet gewesen, frustriert und verunsichert. Das hatte nichts, aber auch gar nichts, mit dir zu tun.«

»Bist du böse auf Julie?«

Ich schüttelte den Kopf. »Nein, schon gut. So etwas passiert. Ich bin das gewohnt und es war keine Absicht von ihr.«

Wilma wirkte erleichtert, ihre schmalen Schultern sackten nach vorn. »Aber sie sind wegen dir hier. Und du reist ab.«

»Woher weißt du das?«

»Ich habe dich vorhin mit deinen Sachen runtergehen sehen«, erwiderte Wilma.

»Ja, ich fliege jetzt schon zurück.«

Ihr Kinn ruckte mechanisch hoch und runter, als hätte sie es sich antrainiert.

Mir kam ein Gedanke und mein Herzschlag legte an Geschwindigkeit zu. Vielleicht, nur vielleicht war es bei meiner Familie in Bezug auf das Video ähnlich gewesen. Sie hatten nicht mehr rational darüber nachgedacht, nicht mehr mich vor sich gesehen, sondern waren von dem ganzen Trubel geblendet gewesen. Ich würde noch einmal vernünftig mit ihnen sprechen. Mit ihnen und meinem Großvater.

»Mach's gut, Wilma. Pass auf dich auf«, sagte ich und sie erhob sich ungelenk, als wären ihre Glieder eingeschlafen.

»Du auch«, erwiderte sie und schien nicht zu wissen, was sie tun sollte. Also nahm ich sie für einen Moment in den Arm.

»Dank dir und Norah war alles, was passiert ist, nur halb so wild.« Ihr Lächeln bekam etwas Melancholisches. «Ihr habt das, was ich mir irgendwann wünsche.«

26

NORAH

Nein, nein, nein, nein.

Genau das hatte ich vermeiden wollen, genau deswegen war ich ihm die ganze Zeit aus dem Weg gegangen. Und jetzt das.

Sander verließ die Gegend um Hardangervidda. Und ich würde hierbleiben. Zurückgelassen, während er in seine Welt zurückkehrte.

Meine Hände krampften sich um das Lenkrad, aber ich würde mir jetzt nicht die Blöße geben und einfach losheulen. Auch wenn die Tränen brannten, meine Nase juckte und alles in mir schreien wollte. Die Landschaft zog in perfekten Momentaufnahmen an uns vorbei, während wir auf dem Weg zum Flughafen nur schweigend unseren Gedanken nachhingen.

In knappen Sätzen hatte Sander die Sache mit Julie und Wilma für mich zusammengefasst. Zum Glück war es doch nicht Wilma gewesen, die seinen Aufenthaltsort verraten hatte, andernfalls hätte ich ernsthaft an meinem Eindruck von ihr gezweifelt.

Danach war es ruhig geworden im Auto. Sanders Finger strichen immer wieder nervös über die Armlehne in der

Autotür, er wirkte nachdenklich, abwesend. Mit den Knöcheln fuhr er die Konturen seiner Lippen entlang, den Blick nach draußen gerichtet, völlig in sich versunken, bereits weg von mir.

Ich unterdrückte den Stich in meiner Brust und warf einen Blick in den Rückspiegel. Hinter uns war kein Wagen. Die Straße schlängelte sich an den Berghängen entlang, bald kam der *Motorvei*, dann war es nicht mehr weit. Mit jedem zurückgelegten Kilometer verließen mich die Kraft und die Hoffnung, die Verabschiedung ohne gebrochenes Herz durchzustehen.

Ich buche den Flug und dann bin ich weg.

Einfach so. Messerworte. Ich hasste Messerworte.

Jetzt war Sanders Schweigen so niederschmetternd, dass ich meine Lippen fest aufeinanderpresste, um ein Schluchzen zu unterdrücken.

Wieso hatte ich doofe Kuh mich auch in ihn verliebt? *Verliebt?* O Gott nein, so weit war es hoffentlich noch nicht gekommen. Panik überflutete mich. Alles in mir wollte schreien, weglaufen. Am liebsten hätte ich Berthas Blinker gesetzt und ihn an der nächsten Ausbuchtung aussteigen lassen, aber das wäre ziemlich fies und so war ich nicht und würde ich auch nie sein. Aber ich wollte morgen auch nicht zerbrochen aufwachen und alle Scherben wieder einsammeln müssen. Ich wollte diesen Liebeskummer nicht noch einmal spüren, mich nicht erst nach Wochen wieder wie ein Mensch fühlen, zusammengeflickt durch Zeit und vergrabenen Schmerz.

Deswegen musste ich Abstand nehmen, ihn wegstoßen, ihn weit von mir schieben, bevor er mir zuvorkam.

»Alles okay? Ich wollte sowieso mit dir sprechen …« Sander bemerkte trotz seiner eigenen Gedanken die Veränderung an mir, so wie er meistens alles in seinem Umfeld bemerkte. Weil er aufmerksam war. Hinter jedem lockeren Spruch verbarg sich sein messerscharfer Verstand. Er war klug und witzig und schlagfertig und ich hasste ihn dafür, dass ich mich in seiner Nähe so verdammt hilflos fühlte. Ich hatte das Gefühl, ohne Fallschirm durch die Luft zu segeln, gleichzeitig aber in die Schwerelosigkeit zu gleiten und nicht abzustürzen.

Also schüttelte ich den Kopf. »Nein.«

»Was ist los?«

»Worüber wolltest du mit mir reden?«, fragte ich so beherrscht wie möglich.

Aus den Augenwinkeln sah ich, wie Sander die Lippen zu einem Lächeln verzog. »Du zuerst.«

Ich holte tief Luft. Okay. Also. Ehrlichkeit. Wahrheit. »Das war ein Fehler.«

»Was war ein Fehler?« Besorgnis grub sich in seine Miene, der wachsame Blick aus seinen blauen Augen tastete wie eine Liebkosung über mein Gesicht. Als suchte er nach der Antwort darin. Aber er würde nichts finden, denn die Antwort war tief in meinem Inneren verwurzelt.

»Das mit uns. Sorry. Ich dachte …« Ein Atemstoß und mein Herz raste, raste, raste. »Sind wir mal ehrlich, das Ganze hätte sowieso keine großen Chancen gehabt, meinst du nicht? Wie sollte das auch funktionieren? Du wohnst in Oslo. Du wirst dort dein Leben fortsetzen, bei KOSGEN. Irgendwann die Firmenleitung übernehmen. Und wer bin ich?« Roboterhaft ruckten meine Schultern hoch und runter. »Das Mädchen vom Land, das nichts mit deiner Lebenswirklichkeit zu tun hat.«

»Wenn du ernsthaft so wenig von dir hältst oder glaubst, dass ich so wenig von dir halte, hast du dich aber gewaltig geirrt«, widersprach Sander scharf, sein verklärter Blick war verschwunden. In seinen Augen lag jetzt nichts als Härte. Und Unglauben.

Bevor ich etwas erwidern konnte, legte sich seine Hand über meine, die ich auf dem Schalthebel hatte. Ich warf ihm einen verwunderten Blick zu. Meine angespannten Züge glätteten sich ein wenig, ich konnte es fühlen. Diese simple Berührung löste einen Freudentaumel in mir aus – und den drängenden Wunsch nach mehr.

Sander schien das zu spüren. Deswegen bewegte sich sein Daumen sanft über meine Haut. Seine Wärme ging auf mich über, drang bis in meine Knochen. Ganz tief. Überall.

»Ich bin nicht komplett weg.«

Ein trauriges Lächeln umspielte meine Lippen. »Das habe ich schon mal gehört.«

»Ich bin nicht so.«

»Nein, das bist du nicht.« Er war besser, schlimmer und gefährlicher als Torben. Ich war rettungslos verloren. Jetzt schon.

»Was ist eigentlich passiert?«, fragte Sander, ein Muskel an seinem Kiefer zuckte verdächtig, als müsste er seinen Zorn mühsam unterdrücken. Doch ich verstand nicht, weshalb er gereizt war. Weil ich ihn jetzt von mir wies? Er war es doch, der ging.

»Er war Teilnehmer der Tour, wir haben viel Zeit miteinander verbracht. Wir hatten Sex. Danach ist er gegangen. Und hat nicht mehr zurückgeschaut.«

»Er hat dich verletzt.« Fast hätte ich den gefährlichen Unterton in seiner Stimme überhört, aber es klang, als würde Sander ihm am liebsten die Knochen brechen.

»Ja.« Diese verdammten Messerworte, die tief dringen konnten. »Nicht körperlich, aber verbal und emotional. Es war ein

Tiefschlag, der … der sehr wehgetan hat.« Die Untertreibung des Jahrhunderts.

»Was hat er gesagt?«, wollte Sander wissen. Nicht drängend, nicht neugierig, sondern auf seine einfühlsame Art, die mich an den Rand der Verzweiflung brachte. Ich sollte endlich Abstand von ihm nehmen, stattdessen sehnte ich mich danach, mich in seine Umarmung zu stürzen. Nur mit Mühe konzentrierte ich mich auf die Straße vor uns und stellte zu meinem Entsetzen fest, dass wir in wenigen Kilometern den Flughafen erreichen würden. Der Verkehr wurde dichter, nahm stetig zu.

»Du musst nicht darüber reden, wenn du nicht willst«, fügte Sander hinzu.

Ich schüttelte den Kopf. »Nein, schon in Ordnung. Er hat gesagt, und ich zitiere: *Norah, komm schon. Es war ein guter Fick. Bombastischer Sex. Wir hatten unseren Spaß, aber mehr wird da nicht sein.*«

Sander schwieg, aber ich spürte die Hitze, die von seiner Hand ausging, und die plötzliche Kälte, als er mich losließ und sich etwas tiefer in Berthas Polster sinken ließ. Alles in mir protestierte mit heftigem Brennen.

»Was für ein Arschloch.« Ein einziger Satz, herausgepresst zwischen zusammengebissenen Kiefern.

»Jupp, das war … beschissen. Es war beschissen und ich hab es nie verstanden. Es war alles einvernehmlich, aber ich kam mir betrogen vor. Er hatte mich mit viel Schmeicheleien um den Finger gewickelt. Es war einfach ein schäbiges Verhalten.«

»Es war mehr als das. Ihr hättet ja davor alles abstecken können, er hätte sagen können, dass er nur Sex will. Hätte es sagen müssen«, brummte Sander und es klang wie ein bedrohliches Knurren.

Ich war zu aufgewühlt, zu abgelenkt, um zu begreifen, weshalb Sander so reagierte.

»Okay.« Er holte tief Luft. »Norah, es tut mir leid, dass du diese Erfahrung machen musstest, aber ich bin nicht wie er. Kein bisschen. Und ich hoffe, das weißt du auch.«

»Ja, das weiß ich«, antwortete ich. Wir drehten uns im Kreis. Keine Ahnung, wie ich es ihm erklären konnte, ohne vorher auf dem Boden aufzuschlagen.

Der Absturz würde kommen, früher oder später. Doch Sander war bereits jetzt tiefer gedrungen, als Torben es je geschafft hätte. »Aber der Alltag wird uns einholen. Dann wird der Kontakt weniger werden und … irgendwann wirst du mich vergessen.« Es klang nicht bitter, sondern einfach wie eine unumgängliche Tatsache.

»Nein, so würde es nicht laufen. Und ich könnte dich auf keinen Fall vergessen.«

»Und wie stellst du dir das vor?«

»Ganz ehrlich?«, fragte er mit irritierend gleichgültiger Stimme. »Ich habe keinen Plan. Ich weiß nicht, wie es funktionieren soll. Ich habe nur das Gefühl, dass es funktionieren kann. Und dass wir uns eine Chance geben sollten, bevor wir unsere Gefühle im Keim ersticken. Unsere ganze Gesellschaft ist doch sowieso schon kaputt genug. Was glaubst du, wie viele Typen aus meinem Freundeskreis Beziehungen wegschmeißen, nur weil ihnen eine Kleinigkeit nicht passt? Oder Freundinnen meiner Schwester? So viele setzen die perfekten Dates einfach in den Sand, weil jemand nicht die richtige Haarfarbe oder Größe hat. Und bei uns? Norah, ich …« Sander holte tief Luft, sein breiter Brustkorb spannte sich, bevor er wieder ausatmete. Er hielt inne. Wachsamkeit legte sich in seinen Blick, mischte sich mit dem silbrigen Blau seiner Augen, ein misstrauisches Glimmen, als hätte jemand Zweifel gesät. Er hielt inne. Überlegte. Wartete.

Noch ein tiefer Atemzug. »Oder geht es gar nicht darum?«

»Wie meinst du das?«

Sander war erstarrt, als hätte man ihn aus Eis gegossen. Ich warf ihm einen prüfenden Blick zu und registrierte gleichzeitig das Flughafenschild, an dem wir gerade vorbeifuhren. Nicht mehr weit.

Seine Miene wirkte erschreckend kühl, fast schon distanziert und ich sah, spürte und ahnte, dass er mir gerade entglitt. Wie ein Fisch, den ich mit bloßen Händen fangen wollte.

Anders, als ich geplant oder gehofft hatte.

»Geht es um den Skandal?«, wollte er wissen. In seinem Gesicht spiegelte sich die Frage, ob ich das alles nur sagte, um ihn nicht zu verletzen.

Aus Protest öffnete ich bereits den Mund, doch meine Worte klammerten sich an meine Zunge. Kein Laut drang über meine Lippen und meine Gedanken überschlugen sich, rangen miteinander wie in einem Kampf ums nackte Überleben.

Die Lösung strich um meine Schultern, flüsterte mir verheißungsvoll ins Ohr.

Ich erschauerte bei dem Gedanken, der in mir aufkeimte. Mir wurde speiübel und ich umfasste unwillkürlich das Lenkrad fester. Keiner hatte das verdient, am wenigsten Sander. Schon gar nicht Sander. Wellenartig umspülte mich Scham.

Wenn Ada hier wäre, hätte sie mir vermutlich den Kopf gewaschen. Mir erklärt, wie kindisch die Idee war, dass ich es anders angehen sollte.

Aber es war niemand hier, um mich aufzuhalten. Und meine Angst war so groß, überdimensional wie die schwarzen

Schatten in Trollform, die mich als Kind immer nachts in der Dunkelheit heimgesucht hatten. Wie der Albtraum, der mich in Gustavs *hytte* neben Sander aus dem Schlaf herausgerissen hatte.

Ich musste mich schützen. Ich musste mein Herz beschützen, solange es noch intakt war.

Ich konnte die Nähe zu ihm nicht weiter zulassen, denn da war noch etwas anderes, diese irrationale Angst davor, ihn für immer zu verlieren.

Bisher war mir der Einfall nicht gekommen, aber Sander hatte mir seine größte Sorge offenbart. Jenen verletzlichen Punkt, der ihn weit genug von mir wegtrieb, damit er niemals wieder in meine Nähe kam. Auch wenn ich mich dafür hasste. So sehr, dass es wehtat. Wie eine blutende Wunde, die ich mein Leben lang nicht würde verschließen können.

Aber es musste sein.

Besser so als dieses endlose Loch, der Schmerz des völligen Verlustes.

Sekunden verstrichen, wurden von Minuten verschlungen. Die Zeiger und das Schweigen tickten immer schneller, immer unaufhaltsamer, während ich Bertha in das Parkhaus für die kurzzeitigen Parkplätze lenkte. Es war überlaufen, so viele Menschen, aber ich achtete auf niemanden.

»Wir sind da«, sagte ich schließlich, sobald ich den Motor abgestellt hatte. Meine Fingerspitzen waren kalt und taub.

»Du hast nicht auf meine Frage geantwortet.«

Ich lehnte mich zurück und sah Sander direkt in die Augen. Die zertrümmerte Hoffnung und die berechtigte Sorge, die darin standen, raubten mir den Atem.

»Willst du die Wahrheit wissen?« Scheiße, tat das weh.

Sein Kehlkopf sprang beim Schlucken hoch und runter.

»Ja.« Er schüttelte den Kopf. »*Fuck*, nein. Norah, du machst mir Angst …«

»Ich dachte, ich könnte über die Sache hinwegsehen«, überging ich ihn einfach, sprach schnell und hastig, als würde es die Lüge besser machen, sie perfekter formen, sie zu einer Wahrheit pressen. »Aber irgendwie muss ich ständig daran denken und ich … ich weiß nicht.« *O Gott. O Gott, was tust du da?*

»Wovon redest du?« Ein gefährlicher Unterton hatte sich in Sanders Stimme geschlichen und ich krallte meine Nägel in meine Handflächen, so heftig, dass mir ein kleines Stöhnen entwich.

»Dieser Skandal. Er schwebt einfach zwischen uns.« *Lüge, Lüge, Lüge*, hämmerte mein Herz, schrie mein Verstand, dennoch sprach ich einfach weiter, als wäre es ein Spaziergang.

»Das heißt, du glaubst mir doch nicht?«

Ich antwortete nicht, brachte es nicht über mich, ihn noch mehr zu verletzen, aber ich fühlte mich so elend wie schon lange nicht mehr.

Dennoch nickte ich. Mein Kopf bewegte sich wie von unsichtbaren Fäden gezogen, mein Mund war wie zugetackert.

»Oh, wow.« Erschütterter Unglaube stand in Sanders Gesicht, seine schönen Züge waren verzerrt, als hätte jemand mit einem schlechten Filter hantiert.

»Das … das kann ich nicht glauben. Echt nicht.«

Da lag eine stumme Aufforderung in seinem Blick, doch ich ergriff die Chance nicht, konnte nicht, aus Angst und Scham und Panik, und dann erlosch das Leuchten darin. Einfach so.

»Unfassbar, Norah. Du hättest es mir doch von Anfang an sagen können, dass dich das stört. Was soll das? Von dir hätte ich das nicht erwartet. Du warst so … überzeugend.« Sanders Stimme war wie ein Flüstern im Sturm und mein Herz wirbelte wie eine Rasierklinge in meiner Brust. »Ehrlich. Ich … ich wollte …« Er schüttelte den Kopf, unterbrach sich, als hätte er zu viel von sich preisgegeben. »Also war's das? Alles? Okay. Verstanden … Ich … Mach's gut, Norah. Ich hab's kapiert.«

Reue stob in mir auf, als ich merkte, wie er mir endgültig entglitt, wie er seine Barriere hochzog, wie er jedes positive Gefühl einfach abschnitt.

Verzweifelt streckte ich die Hand nach Sander aus, doch in diesem Moment wandte er sich ab und stieß die Tür in einer heftigen Bewegung auf. Meine Stimme war wie ausgelöscht. Ausradiert. Als hätte mich jemand stumm gestellt, denn ich brachte nicht einmal seinen Namen über die Lippen, obwohl ich es wollte. Er schwang die Beine aus dem Auto, seine Gestalt wirkte plötzlich kleiner, als hätte er seinen Zauber verloren.

Meine Nase kribbelte, jeder Zentimeter meiner Haut juckte und ich spürte, wie sich Tränen anbahnten.

»Sander«, würgte ich endlich viel zu leise hervor, während ich realisierte, welchen irreparablen Fehler ich gemacht hatte. Ich brauchte eine gefühlte Ewigkeit, um mich abzuschnallen, meine Finger zitterten viel zu heftig, verhedderten sich wie meine Nerven, und als ich schließlich ebenfalls ausstieg, hatte er sich bereits sein Gepäck geschnappt und sich ein gutes Stück entfernt.

»Sander! Sander, warte!«, rief ich, doch er drehte sich nicht um, schenkte mir nicht noch einen letzten Blick, an dem ich ihn hätte festhalten und zurückholen und alles wiedergutmachen können.

In mir zerschmetterte etwas, zersprang in Tausende Einzelteile.

Erst als ich mich heulend hinter dem Steuer verbarrikadiert hatte, erkannte ich, dass es mein Herz war. Mein Herz, dass ich so sorgsam hatte schützen wollen.

27

SANDER

Ich fiel in ein Loch.

Etwas in mir brüllte vor Schmerz, aber ich blieb trotzdem stumm. Brachte nichts hervor. Konnte es nicht. Mein Verstand versuchte zu begreifen, was Norah da gerade alles von sich gegeben hatte.

Meine erste, natürliche Reaktion war Flucht, also griff ich nach dem Türöffner und schob mich schwerfällig aus dem Wagen, als würden tausend Gewichte an mir hängen. Für einen Sekundenbruchteil hatte ich das Gefühl, eine Bewegung wahrzunehmen, eine Hand, die sich in meine Richtung streckte, aber nichts als Leere fand.

Einbildung. Mehr nicht.

Draußen platzte die Geräuschkulisse wie ein Wolkenbruch über mich herein. Der Geruch von Abgasen stieg mir in die Nase. Kofferraum auf und zu. Kein Blick zurück.

Um mich von der Außenwelt abzukapseln, schob ich mir meine Noise-Cancelling-Kopfhörer in die Ohren. Nur Rauschen.

Mechanisch bewältigte mein Körper die Abläufe, die nötig waren, um zum Flughafengebäude zu gelangen. Ich verschmolz mit den anderen Passagieren, hörte meinen Namen wie ein fernes Donnergrollen. Vermutlich eine weitere Illusion.

Die Täuschung saß wie ein hässlicher Stachel in mir, Norahs Worte klopften im unbändigen Takt meines Herzens. Es fühlte sich an, als wäre ich in Eis eingebrochen und ins Wasser gefallen. Als würde ich verzweifelt mit den Händen von unten gegen die Eisschicht schlagen, weil ich die Einbruchstelle nicht mehr fand.

Puff. Alles weg.

Keine Musik. Das änderte ich erst am Gate, wo ich auf zufällige Wiedergabe drückte, um meine Gedanken zu betäuben. *After Dark.*

Aber es half nichts. Die Gedanken waren trotzdem da. Norah war trotzdem da. *Wir* waren es nicht mehr.

Bevor ich die Gelegenheit gehabt hatte, ihr von meinen Plänen zu erzählen, dass ich aus allem aussteigen und etwas anderes machen wollte, hatte sie mit ihren Worten alles zerschlagen. Ich hatte ein *Uns* gesehen. Aber wie konnte ich das, wenn sie mir insgeheim nicht glaubte und mich für ein Arschloch hielt?

Ich war wie betäubt, als ich ins Flugzeug stieg. Ich war wie betäubt, als ich in Oslo landete. Ich liebte den modernen Flughafen mit seinen Holz- und Glaselementen, der Weite und der Höhe. Doch heute wirkte alles stumpf, farblos, als hätte jemand vergessen, das Licht anzuschalten.

Als ich auf den Flughafenvorplatz trat, hatte ich ein *Déjà-vu.* Vor über zwei Wochen war ich hier gelandet und eine andere Person gewesen.

Taxis reihten sich wie aufgefädelt aneinander und ich stieg in einen der Wagen ein, ließ mich nach Hause bringen, weil ich niemanden über meine frühzeitige Rückkehr informiert hatte. Als der Fahrer in die breite Einfahrt abbog, fühlte es sich an, als hätte man mich mit viel zu engen Handschellen hergebracht. Die blickdichten Hecken waren gesäumt von meterhohen Zäunen, an denen sich Bewegungsmelder mit Überwachungskameras abwechselten wie Figuren auf einem Schachbrett. Dahinter lag die Familienvilla. Drei Stockwerke mit mehreren Giebeln und Türmchen, sechs Schlafzimmer, vier Bäder, sodass jeder im Haus seinen Freiraum fand. Die Terrasse schlängelte sich mit Blickrichtung zum Oslofjord um das Haus, bot die perfekte Aussicht über das stille Wasser und den Anlegeplatz. Es war idyllisch, weit genug draußen, um nicht von Oslos Gewimmel erschlagen zu werden – wobei ich dieses Gefühl dort niemals verspürt hatte –, aber nah genug, um nicht eine halbe Weltreise antreten zu müssen, wenn man in die Stadt wollte.

Theos Mercedes stand neben einem metallicgrauen Porsche Spyder 918 in der Auffahrt, ein Schmuckstück aus der Sportwagensammlung meines Vaters.

Die Ankunft war ein harter Realitätscheck. Norahs Worte spukten mir die ganze Zeit im Kopf herum, als ich die schwere Eingangstür hinter mir zuschob und in den leeren Flur starrte, der sich vor mir auftat. Alles war minimalistisch eingerichtet, mit vielen Eichenholzelementen, die der stilvollen Kühle eine angenehme Wärme verliehen.

»Hey«, erklang Ellis melodische Stimme neben mir, die als Einzige noch zu Hause wohnte. Platz genug gab es ja. Sie trug ein Sommerkleid mit Blumenmuster, das blonde Haar floss glatt über ihren Rücken. Auf ihren zarten Zügen spiegelte sich Besorgnis, während sie die Zähne in die Unterlippe grub und mich angespannt musterte. »Solltest du nicht erst morgen ankommen?«

»Du kennst doch Aleksander. Er findet immer einen Weg, es anders zu machen als geplant.« Hinter Elli tauchte Theo auf, der aussah, als käme er gerade von einem Covershooting für ein Karrieremagazin. Die weißen Hemdsärmel waren locker umgeschlagen, sodass sie seine sehnigen Unterarme betonten, das dunkelblonde Haar war lässig aus der Stirn gekämmt. Anscheinend hatte er nach seiner Eishockeyverletzung doch weiter Sport gemacht.

»Du siehst echt übel aus«, fügte er hinzu und musterte mich abschätzig.

Automatisch pflasterte ich ein breites Lächeln auf mein Gesicht, das sich so falsch anfühlte wie mein aktuelles Leben. »Das kann ich von dir nicht behaupten.«

»Großvater will dich sprechen.«

Das überraschte mich. »Er weiß schon, dass ich da bin?«

Theo zuckte mit den Achseln. »Du kennst ihn doch, er behält alles im Auge.«

»Wo ist er?«

»In Papas Arbeitszimmer.«

Ohne weitere Worte zu verlieren, ging ich die breite Treppe ins erste Obergeschoss, verstaute mein Gepäck in meinem Zimmer und machte mich dann auf den Weg zum Arbeitszimmer.

Es war wie immer beeindruckend, meinen Großvater zu sehen. Was nicht allein an seiner imposanten Gestalt lag, sondern vor allem an seiner zerstörerischen Ausstrahlungskraft. In seiner Gegenwart hatte ich das Bedürfnis, den Kopf einzuziehen. Wie ein kleiner Schuljunge, der etwas angestellt hatte.

»Aleksander«, sagte er so förmlich, als hätte uns jemand auf einer Benefizveranstaltung vorgestellt.

»Hallo, Opa«, erwiderte ich, fand langsam in meine alte

Form zurück. Als hätte ich mich erst einmal warm laufen müssen. Betriebstemperatur. Er hasste es, nicht ernst genommen zu werden. *Opa* war unförmlich, persönlich.

Sein durchdringender Blick stahl mir einen Teil meiner Seele, jedes Mal, wenn er mich anschaute. Kleine Stückchen, sodass es nicht auffiel, aber mich verließ dadurch immer mehr der Mut, etwas an meinem Leben zu ändern und einen anderen Weg einzuschlagen.

Die zwei Wochen in der Natur hatten mir neuen Antrieb gegeben, meiner Rebellion einen Namen und einen Sinn verpasst. Doch nun war ich mir nicht mehr sicher. Wie ein Turm, der plötzlich ins Wanken geraten war.

Erst jetzt wurde mir bewusst, dass wir uns seit dem Skandal nicht gesehen hatten. Was nicht daran lag, dass ich nicht hier gewesen war, sondern weil er es nicht gewollt hatte. Aasmund Skogen fand immer einen Weg, jemanden zu sehen. Egal zu welcher Tages- oder Nachtzeit. Er hatte schlicht kein Interesse daran gehabt, mir eine Audienz zu gewähren.

»Du hättest es besser wissen müssen, Aleksander«, begann er trügerisch sanft und mir sträubten sich sämtliche Nackenhaare. Einen Herzschlag lang bereute ich es, mir nicht irgendwelche fadenscheinigen Ausreden überlegt zu haben, um das Treffen zu verschieben. Nach der Sache mit Norah war ich nicht auf der Höhe. Allein ihr Name löste eine Reihe widersprüchlicher Gefühle in mir aus. Allen voran tiefe Trauer. Als hätte ich einen schweren Verlust erlitten.

Dennoch sprangen meine Mundwinkel wie auf Knopfdruck nach oben, meine Haltung war beinahe lachhaft lässig. Perfekt einstudiert. Wie ein Theaterstück.

»Wovon genau sprichst du?«, hakte ich unschuldig nach, obwohl wir wussten, wovon er sprach.

»Erspare uns bitte diesen Unsinn«, erwiderte Großvater und taxierte mich mit stechendem Blick. »Wir haben beide mehr davon, wenn wir den ganzen Quatsch weglassen und direkt zum Punkt kommen.« Er drehte den Siegelring an seinem Finger, den er sich bei seiner ersten Milliarde gekauft hatte. »Also: Du hättest es besser wissen müssen, Aleksander. Du hättest dich auf die Eventualität vorbereiten müssen, dass man dich testet. Aber das hast du nicht. Du bist blindlings in diese Sache hineingestolpert, kopflos. Danach hast du versucht, es unter den Teppich zu kehren. Aber da ist es nicht geblieben, nicht wahr?«

Etwas in seinem Tonfall ließ mich aufhorchen. Ich war zu geübt darin, Leute und ihre Absichten zu durchschauen, das Schachspiel ihrer Machenschaften zu erkennen. Deshalb fiel mir die Doppeldeutigkeit seine Worte sofort auf.

»Testen?«, fragte ich betont langsam, spürte, dass mein Herz durchdrehte wie eine Wäschetrommel, die außer Kontrolle geraten war.

Großvater schnaubte. »Aleksander, wir haben nicht zuletzt deswegen verschiedene Szenarien durchgespielt, seit ihr klein wart. Ihr wurdet in allem geschult, was euch später zum Verhängnis werden könnte«, sagte er nun kühl. »Das Entführungstraining war nicht umsonst. Genauso wenig wie der Panic Room in unserem Haus. Es gibt gute Gründe für Fluchtpläne, für festgelegte Abläufe im Todesfall eines Familienmitglieds. Dein Freund, der Kronprinz, wird davon ein Liedchen singen können.«

Eisige Krallen klammerten sich an mein Herz, die Schlinge um meinen Hals zog sich weiter zu. »Worauf willst du hinaus?«

»Das dürftest du sehr genau wissen.«

In meinem Kopf spielte ich noch einmal den Silvesterabend

durch. Die Art, wie Stella sich mir genähert hatte. Wie ich es am liebsten mochte: unverblümt, ehrlich, witzig. Wir hatten gelacht. Getrunken. Uns gut verstanden.

Ich hatte nie kapiert, wie sie es fertiggebracht hatte, mich so um den Finger zu wickeln, dass ich ihr die Täuschung abnahm. Die ganze Zeit hatte ich es auf den Alkohol geschoben, auf meine benebelte Zurechnungsfähigkeit, niemals darauf, dass ich ein ausgewähltes Ziel gewesen sein könnte. Als dann das Video die Runde machte, war ich zuerst davon überzeugt gewesen, dass es um Geld gegangen war.

Aber was, wenn jemand sie auf mich angesetzt hatte? Aus anderen Gründen als zunächst angenommen? Die Erkenntnis drohte mir den Boden unter den Füßen wegzureißen.

»Du?«, fragte ich ungläubig und sah so etwas wie Stolz über das markante Gesicht meines Großvaters huschen. »Im Ernst?«

»Ich wollte sehen, wie du mit der Situation umgehst. Du hast sie sogar noch brav um Erlaubnis gefragt, was wesentlich mehr war, als dein Onkel damals bei seinem Test zustande gebracht hat. Du hast das gut gemacht.«

Ungläubig starrte ich den Patriarchen unseres Familienunternehmens an. »Gut gemacht?«, wiederholte ich und hatte das Gefühl, neben einem Haifischbecken zu laufen und meine blutige Hand hineinzustecken. Meine Maske verrutschte.

»Wir alle mussten früher oder später eine Prüfung ablegen, um herauszufinden, ob wir auch schwierigen Situationen gewachsen sind. Du hast bestanden. Du hast einen kühlen Kopf bewahrt, dich mit der jungen Frau gut auseinandergesetzt und die letzten zwei Wochen gemeistert.«

»Sie war engagiert? Für diese schäbige Geschichte?«, spie ich angewidert aus.

»Warum sonst hätte sie ständig auf denselben Veranstaltungen auftauchen sollen wie du?«

Fassungslos rieb ich mir übers Gesicht. »Und die Pressemitteilung ihres Rechtsbeistandes? In der von meiner Unschuld die Rede ist?«

Ein anerkennendes Nicken. »Sofortige Schadensbegrenzung. Von unserem Anwalt angesetzt.«

»Warum?«

»Um zu schauen, ob du das wirklich willst. Ob du die Zähne zusammenbeißt und bereit bist«, erwiderte Aasmund Skogen, ohne mit der Wimper zu zucken. »Sobald dein Zeugnis da ist, können wir den Vertrag aufsetzen und über dein Gehalt sprechen. Deine jährlichen Ausschüttungen bleiben davon natürlich unberührt.«

Zum ersten Mal seit langer Zeit war ich sprachlos. Ich hatte mit vielem gerechnet, aber ganz sicher nicht damit. Meine eigene Familie hatte den Skandal eingefädelt. Um mich zu testen. Um mich und meine Belastbarkeit auf die Probe zu stellen, zu sehen, wie ich in einer extremen Situation reagieren würde. Ich fühlte mich schlecht. Als hätte ich etwas Verdorbenes gegessen. Einen giftigen Apfel, von meinen engsten Vertrauten gereicht.

»Dir fehlen die Worte.«

»Ehrlich gesagt, ja.« Hinter meinen Schläfen begann es zu pochen. Ich ballte die Hand zur Faust und löste sie wieder, suchte nach den richtigen Sätzen, fand sie aber nicht. Als würde ich im Dunkeln fischen.

»Du musst auch gar nichts sagen, Aleksander. Wir haben alle unser Päckchen zu tragen. Dein Vater, ich, dein Onkel. Ich weiß, es ist hart. Aber glaub mir, das ist noch gar nichts im Vergleich zu der Verantwortung und dem Druck, der jeden

Tag auf dir lasten wird, weil du weißt, für wie viele Menschen du zuständig bist. Du musst dafür sorgen, dass der Umsatz stimmt, damit alle Angestellten ein geregeltes Einkommen haben, ihr Schicksal hängt von deinen Entscheidungen ab.«

In den letzten zehn Minuten hatte ich ein längeres Gespräch mit meinem Großvater geführt als in den letzten Jahren zusammen.

Eigentlich hätte ich wütend sein müssen. Enttäuscht. Am Boden zerstört. Aber die Sache mit Norah hatte mich meiner ganzen Kraft beraubt, als hätte ihr Verrat mich völlig ausgehöhlt.

Da war nichts mehr übrig.

Ich fühlte mich wieder wie als Kind, als hätte mir die Rückkehr nach Oslo ein weiteres Mal all die Fesseln angelegt, die ich während der vergangenen vierzehn Tage abgelegt hatte.

Nicht einmal für Henning, der wegen des Videos in der Scheiße gesessen hatte und auf eine Fake-Beziehung angewiesen gewesen war, schaffte ich es, wütend zu sein.

Kein Feuer, kein Funke, kein Hass.

Stattdessen war da nur Resignation und das Gefühl, mein Schicksal akzeptieren zu müssen, weil ich mich niemals dagegen auflehnen würde. Egal, wie unglücklich es mich machte.

»Warum … warum sagst du mir das alles?«, hörte ich mich fragen.

Die buschigen Augenbrauen verzogen sich nachdenklich über seinen karamellfarbenen Augen. »Weil du jetzt bereit bist. Davor warst du es nicht. Du hast deine Aufgaben zwar gemeistert, aber sie nur halbherzig erfüllt. Ich hätte zuerst nicht gedacht, dass du die Trekkingtour zwei Wochen lang durchziehst, aber auch in diesem Punkt hast du mich nicht enttäuscht. Ich würde nun alles in die Wege leiten, wenn du einverstanden bist. Wenn es das ist, was du tun möchtest.«

Wenn es das ist, was du tun möchtest. Die Worte hallten in mir nach, in dieser stumpfen Leere, die nach dem Bruch mit Norah zurückgeblieben war. Verdammt. So hatte ich mir meine Rückkehr nicht vorgestellt. Ich hatte geglaubt, gehen zu können. KOSGEN den Rücken zu kehren.

Jetzt las ich den Stolz und die Bürde im Blick meines Großvaters, sah den Stab, den er mir weiterreichte, spürte den immensen Druck. Natürlich hatte ich noch Jahre, ehe mein Vater die Leitung von KOSGEN ganz an mich abgeben würde, aber das hier war die Unterschrift für den Pakt mit dem Teufel. Zumindest fühlte es sich für mich so an.

Es tat höllisch weh. Als wäre ich zu schnell zu tief getaucht. Alles in mir spannte. Alles in mir schmerzte.

Und ich war müde. Entmutigt. Kraftlos.

Dabei hatte ich so viele Ideen gehabt.

Aufzuhören. Etwas Neues aufzubauen, vielleicht etwas, das mit den Trekkingtouren zu tun hätte. KOSGEN investierte viel. In alle möglichen Projekte.

Aber jetzt war jeder Gedanke wie weggespült.

Kurz kam mir Elli in den Sinn, unser Gespräch, ihr Wunsch und ihre Entscheidung, und ich fühlte mich wie der größte Verräter der Welt, als ich wieder in meine Rolle schlüpfte. Einfach so. Weil es das war, das ich schon immer gemacht hatte, wenn es eng geworden war.

Weil es das war, was man mir beigebracht hatte. Ich hätte kotzen können, stattdessen straffte ich die Schultern und setzte ein künstliches Lächeln auf.

»Okay«, antwortete ich, ohne noch einen Herzschlag länger zu zögern. »Ich bin einverstanden.«

hjerteslag ØYEBLIKKE

28

NORAH

»Das war alles«, stöhnte ich und wischte mir über die Stirn, betrachtete die schlichte Holzeinrichtung, die sich vor mir auftat wie eine Offenbarung. Nach geschlagenen drei Tagen hatten wir endlich alle Möbelstücke aufgebaut. Dank Adas Brüdern, Popa und der Hilfe von Liam und seiner drei Freunde aus Oslo. Von draußen dröhnte der Verkehrslärm herein, aber ich hatte selten etwas Schöneres gehört. Es war wie Musik in meinen Ohren. Aufregend. Anders. Ein Anfang. Oder ein Ende?

Gleichzeitig verspüre ich tiefe Wehmut in mir. Obwohl ich Sander inzwischen knapp acht Wochen nicht gesehen hatte, beherrschte er jeden meiner Gedanken. Egal, was ich machte, er war ständig präsent.

Mein Herz war ein einziger Scherbenhaufen. Doch ich versuchte, mir nichts anmerken zu lassen. Mein Lächeln blieb strahlend, meine Laune war aufgesetzt fröhlich. Nur wenn ich allein war, abends in meinem Zimmer oder draußen, überkam es mich manchmal. Es war zwar nichts falsch daran, seine Gefühle zu zeigen, aber ich wollte es nicht. Ich wollte mich in meinem Selbstmitleid suhlen, mich daran laben, dass ich alles weggeworfen und Sander nicht wirklich für uns gekämpft hatte. Obwohl ich nach ihm gerufen, es kurz versucht hatte. Aber war das wirklich seine Schuld? Schließlich hatte ich ihn angelogen.

Aber früher oder später wäre mein Herz sowieso zerbrochen. Und dann?

Das schlimmste aller Gefühle war, dass er überall einen Abdruck hinterlassen hatte. Mit seiner Präsenz. Mit seinem Lachen. Seiner offenen, umgänglichen Art. Seiner Intelligenz und dem Wortwitz. Als wäre er mit einem Marker durch mein Leben gelaufen und hätte überall seinen Namen hingeschrieben. Zwei weitere Trekkingtouren hatte ich geführt, aber sie waren grau und nebelig, düster und kalt gewesen. Die *Trolltunga* im Sonnenaufgang ohne Sander war wie ein klaffendes, rundes Loch in meiner Brust.

»Dann sind wir jetzt fertig?« Adas honigfarbene Augen funkelten vor Aufregung, wirkten im Licht der Frühherbstsonne, das durch die breite Fensterfront ins Wohnzimmer fiel, wie eine Discokugel aus Bernstein. »Oh. Mein. Gott. Wir haben es hinter uns gebracht!«

»Vor allem kann ich kaum glauben, dass Norah es tatsächlich durchgezogen hat«, tönte Liam und legte einen Arm locker um Adas Schultern, woraufhin meine Freundin prompt errötete. Von den Umzugshelfern war nur noch er übrig geblieben, alle anderen waren bereits abgereist. Zufrieden nahm ich unser beschauliches Wohnzimmer in Augenschein. Das große dunkelgraue Ecksofa, den Holzesstisch mit den schwarzen Stühlen, die einfachen Zimmerpflanzen in den hübschen Korbvasen, die allem einen Hauch von Gemütlichkeit verliehen.

»*Norah* kann dich hören, weil sie neben dir steht. Du solltest an deinen Manieren arbeiten, Thoresen.«

»Ich hab deinen beißenden Sarkasmus in den letzten Wochen vermisst.«

»Werdet ihr euch jemals verstehen?«, schaltete sich Ada mit einem Seufzen ein. Sie hatte die langen tiefroten Haare zu einer wilden Nestfrisur aufgetürmt, pure Lebensfreude strömte aus jeder Pore, gemischt mit dieser verliebten Fröhlichkeit, die selbst für meinen Geschmack etwas zu viel des Guten war. Aber das lag wahrscheinlich nur daran, dass ich niemanden an meiner Seite hatte.

»Wir wohnen jetzt zusammen«, verkündete ich. »Für die nächste Zeit werden wir wohl oder übel miteinander auskommen müssen. Danke übrigens«, fügte ich hinzu. »Sobald ich einkaufen war, kann ich mich wenigstens dafür revanchieren, dass ich so kurzfristig bei euch einziehen durfte.«

»Eine Massage bitte, danke«, kam es von Ada, die sich mit gespielt schmerzerfüllter Miene über die Oberarme rieb. »Meine Muskeln fühlen sich an, als hätte ich sechs Tage intensives Krafttraining hinter mir. Und ist doch klar, dass du hier wohnen kannst. Wir wussten sowieso nicht, was wir mit dem freien Zimmer machen sollen, und so können wir uns wenigstens die überteuerte Miete teilen.«

»Eine Massage könnte ich auch vertragen«, antwortete ich stöhnend und streckte die Arme über den Kopf, sodass mein gemütlicher Strickpullover nach oben rutschte.

Liam feixte und schüttelte ungläubig den Kopf.

»Was ist?«, fragte ich ihn.

»Glaub mir, ich hätte mit allem gerechnet, nur nicht damit, dein Gesicht länger als eine halbe Stunde am Tag zu sehen.« Trotz der Bissigkeit seines Kommentars schenkte er mir ein gewinnendes Lächeln und zu meiner Schande musste ich gestehen, dass meine Einschätzung falsch gewesen war und ich ihn vorschnell abgestempelt hatte. Er war aufmerksam und einfühlsam und grundehrlich, wenn es um Ada ging. Er machte ihr nichts vor oder hielt sie hin. Dass die beiden ihrer Beziehung eine Chance geben und es miteinander probieren wollten, freute mich inzwischen sehr.

»Ich würde sagen, das schreit förmlich nach Alkohol«, kommentierte ich trocken, weil ich unsere Frotzeleien trotzdem nicht lassen konnte.

»Sollen wir ausgehen?«, fragte Ada begeistert.

Uff. Ausgehen.

»Ich hatte da eher an einen gemütlichen Abend hier zu Hause gedacht. Ihr wisst schon, nach drei Tagen körperlicher Arbeit und so …«, warf ich ein, doch Liam überging mich.

»Perfekt!«, sagte er zu Ada.

»Ohhh, ja!« Sie strahlte begeistert. »Lasst uns um die Häuser ziehen und darauf anstoßen, dass wir in Oslo sind!«

»Du könntest uns den Club zeigen, wegen dem du uns letzte Woche ein Ohr abgekaut hast«, schlug Liam vor.

»Gute Idee.« Sie wandte sich mir zu und ich musste gegen meinen inneren Fluchtimpuls ankämpfen. Seit ich Sander kennengelernt hatte, war es zwar besser geworden, aber er fehlte. So unfassbar.

»Club?«, fragte sie.

»Du weißt, dass ich das letzte Mal vor drei Jahren in einem Club war. Und das war ein totaler Reinfall. Ich kann nicht tanzen. Keine Ahnung, wie ich mich da verhalten muss …«

»Wie du dich verhalten musst?« Liam prustete los und ich warf ihm einen scharfen Blick zu, woraufhin er zerknirscht aus der Wäsche blickte. »Hey. Sorry, Norah Svendsen, ich wollte dir nicht zu nahe treten. Du sollst einfach Spaß haben. Genießen.«

»Liam hat recht«, stimmte ihm meine beste Freundin zu. »Du brauchst dir keinen Kopf zu machen. Da gibt es kein Richtig oder Falsch. Wir haben einfach eine gute Zeit, mehr nicht, okay?«

Ich zögerte. Es war so seltsam, hier zu sein. In der Stadt meiner Eltern, in Sanders Stadt. Ich war mir nicht sicher, ob ich das alles gleichzeitig aufnehmen und verarbeiten konnte.

Doch schließlich nickte ich. »Okay, lasst uns auf unser Oslo-Abenteuer anstoßen gehen.«

Während der nächsten drei Wochen hielt ich mich mit Minijobs über Wasser. Als Hundesitterin und als Bedienung in einem wunderhübschen Eckcafé, in dem es immer nach frischen *Skoleboller* und Zimtschnecken duftete. Der Vanillegeruch mischte sich mit dem Röstaroma der gemahlenen Kaffeebohnen, was meine Speichelproduktion die ganze Zeit über zu Höchstleistungen antrieb. Das Schönste war jedoch, dass Ada ebenfalls hier arbeitete und wir uns viele Schichten sogar teilten.

Ein einfacher Aushang hatte ausgereicht und nach zweimal Probearbeiten hatten wir die offenen Stellen erhalten. Ich hatte also zu den unterschiedlichsten Tages- und Abendzeiten gut zu tun, genoss die leeren Stunden dazwischen und bewarb mich gleichzeitig um Praktikumsstellen, die vielleicht interessant für mich waren. Fühler ausstrecken. Etwas Neues entdecken.

Bis Anfang des nächsten Jahres wollte ich herausfinden, was das Richtige für mich wäre. Ob ich die Kraft und Energie aufbringen wollte, *Hjerteslag Øyeblikke* weiterzuführen. Was ich dafür tun musste. Welche Hürden mir im Weg standen. Oder ob es an der Zeit war, einen anderen Weg einzuschlagen. Einen, den ich bisher noch nicht gegangen war.

»Norah?«, rief Ada in diesem Augenblick von vorn aus dem Laden, während ich damit beschäftigt war, Kaffeebohnen aus dem Lager zu holen. Es war vormittags und der Ansturm der Geschäftsleute zum Glück schon vorbei, sodass wir eine kleine Verschnaufpause hatten. Jetzt saßen neben zwei jungen Frauen und einem Pärchen auch ein paar Studierende auf den weiß gestrichenen Holzstühlen. Sie hatten Kopfhörer in den Ohren und Lernmaterial oder Laptops vor der Nase.

»Moment«, antwortete ich, schloss die Tür zum Lager und ging mit dem Kaffeebohnennachschub in den Hauptraum des Cafés zurück. Als ich den Blick hob, stockte mir der Atem.

Sander stand auf der anderen Seite des Tresens, live und in Farbe, und mein Herz explodierte in meiner Brust.

Tausend winzige Impulse schossen meine Nervenbahnen hinauf, mir wurde heiß und dann eiskalt, während sich Hitze in meiner Bauchmitte sammelte und ich nach Worten rang.

Meine Augen scannten jeden Quadratzentimeter, angefangen von den etwas kürzeren Haaren, die ihm viel zu gut standen, bis zu den glatt rasierten Wangen, wodurch seine Lippen betont wurden. Die braunen Schuhe waren farblich mit dem Gürtel abgestimmt, aber am unverschämtesten war definitiv der schwarze, eng anliegende Rollkragensweater, dessen Saum in der dunkelgrauen Anzughose steckte. Er sah auf eine fast beleidigende Weise gut aus.

Wäre da nicht der stumpfe Glanz in seinen Augen, die mich aufmerksam musterten. Ungläubig, erschrocken, voller überschäumender Emotionen.

Ein Spiegel meiner Seele.

Unsere Blicke verhakten sich ineinander, hielten sich fest und teilten so viele Dinge gleichzeitig, dass mir plötzlich ganz schwindelig wurde. Da war noch so viel. Immer gewesen.

Sehnsucht zerriss mich innerlich und das schlechte Gewissen fraß mich förmlich auf. Sander hatte das nicht verdient. Eigentlich wäre es fair, ihm reinen Wein einzuschenken, ehrlich zu ihm zu sein. Aber dann würde er um mich kämpfen.

Und ich wusste nicht, ob ich es schaffte, ihn noch einmal abzuweisen.

Denk an dein verdammtes Herz, raunte mir meine innere Stimme zu, aber da war noch eine andere, leisere Stimme. Lieblicher, einfühlsamer, wie die Melodie eines Sommerwindes.

Und geht es deinem Herz jetzt gerade besser?

»Sander.«

Ich hörte, wie Ada überrascht nach Luft schnappte. Natürlich wusste sie Bescheid. Sie kannte jedes kleinste Detail, das ich bereit gewesen war zu teilen.

»Norah …«, erwiderte er, konnte die Überraschung nicht verbergen, aber da war noch etwas, das tiefer ging. Wie eine Fleischwunde, die bis auf den Knochen gedrungen war.

Schmerz.

Und Sander war erstaunlich blass geworden. Als hätte er mit allem gerechnet, nur nicht mit mir. Am liebsten hätte ich meine Hand ausgestreckt und seine hervorstechenden Fingerknöchel berührt, so fest hatte er am Rand des Tresens die Fäuste geballt.

»Was … was machst du denn hier?«

»Arbeiten«, antwortete ich völlig unnötig und biss mir sofort fest auf die Zunge. *Gott, wie erbärmlich.* Meine Gefühle wirbelten wild durcheinander wie ein Herbststurm in luftigen Höhen. »Und … du?«

Sander hatte nur in seltenen Momenten sein Pokerface abgesetzt. Jetzt konnte ich in seinem Gesicht lesen wie in einem offenen Buch. Er hielt nichts zurück. Er war verletzt und ich war dafür verantwortlich.

»Ich habe gleich einen Termin um die Ecke. Du bist … hier.«

»Ja.« Ich schlug die Lider nieder, aus Angst, er würde die Wahrheit in meinen Augen erkennen. *Du fehlst mir so sehr. Du fehlst. Ich habe einen Fehler gemacht.*

»Wie lange schon?«

»Seit drei Wochen …«

»Und hast du vor … in Oslo zu bleiben?« Er wirkte gehetzt, als wäre er gerade aus einem Albtraum erwacht, und er ließ mich keine Sekunde lang aus den Augen.

»Ja …« Dieses eine Wort kostete mich so viel Kraft und ich wurde wieder wie magisch von seinem Blick angezogen. Verlangen regte sich in mir, als spürte ich nach einem langen Winterschlaf die ersten Sonnenstrahlen auf der Haut, und ich wollte so vieles, vor allem Sander berühren. Ich presste die Kiefer aufeinander, versuchte, an etwas anderes zu denken.

»Wie geht es dir?«, wollte er wissen.

Eigentlich war es eine einfache Frage, aber ich hatte darauf keine Antwort, die ich zu geben bereit war. Ich hätte Sander wieder anlügen müssen, doch das brachte ich nicht übers Herz. Die Wahrheit war, dass es mir nie schlechter gegangen war. Ohne ihn.

Er war alles gewesen.

Wir beide. Er und ich.

Seine Berührungen fielen mir ein, wie perfekt sich unsere Küsse angefühlt hatten, wie schön alles gewesen war. Die einzelnen Momente, die Anziehungskraft vom ersten Augenblick an, in dem ich ihn gesehen hatte.

Ich vermisste ihn. So schrecklich. Jede Zelle meines Körpers sehnte sich beinahe schmerzlich danach, ihm wieder nahe zu sein, ein Teil seines Lebens. Dabei war es vermutlich besser so.

Es war besser. Es musste besser sein.

In Sanders Augen blitzte Erkenntnis auf, zuckte über seine attraktiven Züge. Ein Ruck ging durch seinen beeindruckenden Oberkörper und er richtete sich schlagartig auf. Gleichzeitig erhöhte sich mein Pulsschlag fast schon dramatisch. Panik überfiel mich, aber es gab keinen Ausweg, ich konnte seinem wissenden Blick nicht ausweichen, der plötzlichen Energie, die er ausstrahlte.

»Aleksander?« Ein Mann mittleren Alters mit strohblonden, kurz geschorenen Haaren war ins Café gekommen, seine kühle Miene drückte Missfallen aus. Zum Glück. So blieb mir eine Antwort erspart. Aber ich hätte sowieso nichts hervorgebracht.

»Der Termin wurde vorverlegt. Was bedeutet, wir sind schon zu spät dran.«

Meine Erleichterung hielt nur so lange an, bis sich Sanders und mein Blick wieder trafen.

»Könnt ihr den Americano stornieren?«, fragte er an Ada gewandt, die roboterhaft nickte, mit kreisrunden Augen und einem völlig versteinerten Gesichtsausdruck. »Okay. Ich … ich muss zu diesem Termin, aber ich komme wieder«, sagte er mit einer Entschlossenheit in der Stimme, die mich innerlich zusammenzucken ließ. Was auch immer er in meinem Gesicht gelesen hatte, es war, als hätte sich ein Schalter bei ihm umgelegt.

Sobald die Tür hinter ihm ins Schloss gefallen war, stieß ich die Luft aus, um sie im selben Augenblick wieder tief in meine Lungen zu ziehen. Noch immer kribbelte und juckte mein gesamter Körper, als hätte ich ein Brennnesselbad genommen.

»Wow«, flüsterte Ada. »Er wirkt in echt sogar noch attraktiver als auf den Bildern. Ich habe ihn aber nicht gleich erkannt, erst als ihr euch angeschaut habt. Alles in Ordnung?«

»Ich glaube, ich habe einen schrecklichen Fehler gemacht«, murmelte ich, stellte endlich die Kaffeebohnenbeutel ab und legte meine Hände an meine glühenden Wangen. Sie brannten genauso lichterloh wie mein Herz.

»Mhmm …« Adas verständnisvoller Blick war wie eine ausgestreckte Hand, eine Möglichkeit, mir endlich die Wahrheit laut einzugestehen.

»Ich habe ihn nur von mir gestoßen, weil ich Angst hatte, noch schlimmer verletzt zu werden als von Torben. Und weil Sander … er … *shit*. Ich habe mich unmöglich verhalten und nach einem Vorwand gesucht, damit er mich loslässt.« Resignation machte sich in mir breit. »Aber weißt du, er hat nicht um mich gekämpft. Er hat … wenn ich ihm genauso viel bedeutet hätte wie er mir, hätte er bestimmt über meine Lüge hinweggesehen.«

»Woher sollte er denn wissen, dass du gelogen hast?«, sagte Ada und lehnte sich mit der Hüfte gegen den Tresen. Draußen bimmelte die Straßenbahn vorbei, Leute passierten das Café, aber ich war noch immer in meiner eigenen Gefühlsblase gefangen.

»Hey, ich dachte, du bist auf meiner Seite.«

»Bin ich auch, solange du dich nicht ins Unglück stürzt.«

Mir war klar, dass sie auf die Situation mit Liam anspielte. Ich hatte mich oft genug quergestellt und mir Sorgen um ihr Seelenheil gemacht.

»Oh, ich war ganz schön … übergriffig, oder?«, fragte ich leise, als ich es begriff. Die ganze Zeit über hatte ich meine eigenen Ängste auf meine beste Freundin projiziert.

»Nicht nur. Aber auch. Du hattest ja nicht ganz unrecht. Ich war total in ihn verknallt und hab mich deswegen wieder auf ihn eingelassen. Trotzdem war er immer ehrlich zu mir und hat mir keine unnötigen Hoffnungen gemacht, bis es ihn eben selbst erwischt hat.«

Da war es. Dieses verliebte Lächeln auf ihren Lippen. Ein neidvolles Ziehen durchzuckte mich.

Das hätte ich auch haben können. Doch ich hatte es weggeworfen.

Seufzend wandte ich mich den Kaffeebohnen zu. »Bis er wiederkommt, muss ich mir klar werden, was ich will«, sagte ich und Hoffnung regte sich in mir wie eine zarte Blüte.

Doch Sander kam nicht wieder.

Er kam einfach nicht.

Und in mir verwelkte erneut etwas.

Jedes Mal, wenn die Türglocke ertönte, riss ich den Kopf hoch, um seinem Blick zu begegnen. Aber er war es nicht. Nicht nach einer, nicht nach zwei, auch nicht nach drei Stunden, und ich wurde müde.

Je mehr Zeit verging, desto sicherer war ich mir, dass ich mir seine Worte nur eingebildet hatte. Adas besorgte Miene sprach Bände. Gerade eben war ich noch voller Hoffnung gewesen, jetzt kam es mir vor, als wäre Sander mit seinen schicken Schuhen einmal über den Scherbenhaufen meines Herzens getrampelt.

Ich hätte es wissen müssen.

Meine Entscheidung war vermutlich doch richtig gewesen.

29

SANDER

Die Türglocke über meinem Kopf bimmelte, als ich das Eckcafé betrat. Der Duft von gerösteten Kaffeebohnen hing zwischen den einladenden Polstern, wohlige Wärme verscheuchte die drückende Kälte in meinen Fingerspitzen. Es war erstaunlich kalt für September in Oslo.

Ich warf einen Blick auf meine frisch geputzten Chelsea-Boots, die meinem Outfit die perfekte *Business-Casual*-Note verliehen. Ich fühlte mich wie verkleidet. Als hätte man mich schick angezogen, mit einem ansehnlichen Gehalt in ein Hamsterrad gesteckt und mir viel Spaß gewünscht. Aber das war nicht ich. Und das würde ich vermutlich auch niemals sein. Dennoch war ich seit vier Wochen bei KOSGEN angestellt, nachdem ich mein Abschlusszeugnis erhalten hatte. Erst einmal sollte ich das Corporate Development durchlaufen, später würde man mich an Stellen mit mehr Personalverantwortung versetzen. Dann kam die Produktentwicklung und eventuell noch ein Stopp im Ausland, um den dortigen Vertrieb zu führen. Vielleicht in Deutschland, wo es neben den Schweizern und *Knåd*, der Schokoladenfirma der Larssons, unsere härteste Konkurrenz gab.

»Was darf's sein?«, fragte mich eine freundlich lächelnde, rothaarige Barista mit mehreren Piercings in den Ohren und einer netten Ausstrahlung. Irgendetwas an ihrer Art weckte bei mir die Erinnerung an Norah und sofort begann mein Herz, schmerzvoll zu pochen.

Also schob ich die Bilder weit weg, auch wenn ich am liebsten den ganzen Tag nichts anderes getan hätte, als an Norah zu denken. Ich vermisste sie. Unsere Gespräche, ihre Nähe. Alles.

»Hi, ich hätte gern einen großen Americano. Zum Mitnehmen, bitte.«

»Ja, einen Augenblick, meine Kollegin holt gerade frische Kaffeebohnen«, antwortete sie immer noch lächelnd.

»Kein Problem«, sagte ich und warf einen schnellen Blick auf meine Armbanduhr. Ich war etwas spät dran, aber das ließ sich jetzt nicht ändern.

»Darf es sonst noch etwas sein? Heute sind die Zimtschnecken im Angebot.«

Früher hätte ich mich um ein entgegenkommendes Lächeln bemüht, heute schafften meine Mundwinkel nicht einmal ein müdes Zucken. »Danke, nein.«

Es vergingen einige Sekunden, in denen niemand von uns ein Wort sagte.

»Norah?«, rief sie dann nach hinten und ich fuhr unmerklich zusammen.

Im Stillen verfluchte ich die Tatsache, dass *Norah* mit großer Wahrscheinlichkeit einer der häufigsten Namen in Oslo war, wenn nicht sogar in ganz Norwegen. Jedes Mal, wenn ich ihn hörte, schien ein kleines imaginäres Männchen mit einer Schere an meiner Herzkammer herumzuschnippeln.

Hey, soll es noch etwas mehr Schmerz sein?

Norah, Norah, Norah.

Auch wenn wir nur zwei Wochen miteinander verbracht hatten, vermisste ich sie. Das, was wir hätten haben können. Die Impulse, die sie in mir ausgelöst hatte, obwohl sie davon gar nichts wusste. Aber mit ihr war auch mein Kampfgeist erloschen und jetzt steckte ich bis zum Hals in einer Arbeit, die sich anfühlte wie fremde, viel zu enge Kleidung.

In diesem Augenblick trat eine junge Frau an den Tresen und es war, als hätte mir Mar einen seiner berüchtigten Kinnhaken verpasst.

Es war nicht *irgendeine* Norah, sondern meine.

Alles in mir war schockgefroren, mein Herz irgendwo tief in meine Lederschuhe gerutscht. Doch dafür schnellte mein Puls in die Höhe, so heftig, dass mir kurz die Luft wegblieb.

Sie erschien mir schmaler, nicht mehr so drahtig, dennoch wunderschön. Auf ihre unverwechselbare Art. Die tiefblauen Augen wirkten glanzlos, traurig. Die Mundwinkel hingen herab, als hätte sie seit Wochen kein Sonnenlicht gesehen, und das Haar war über den Sommer um einige Nuancen heller geworden, war jetzt fast blond und zu einem lieblosen Zopf gebunden.

Litt sie etwa genauso sehr wie ich?

Nein. Unmöglich.

Die Frage ließ mich stutzen, denn ich hatte bisher immer geglaubt, dass sie froh war, mich los zu sein. Jetzt war ich mir nicht mehr sicher. Ihr Anblick rieb die dürftig verarztete Wunde in meinem Innern auf.

»Sander«, sagte sie und es lag so viel Kummer in ihrer Stimme, dass ich gegen den heftigen Impuls ankämpfen musste, nicht einfach den Tresen zu umrunden und sie in die Arme zu schließen. Ihr zu sagen, dass alles gut werden würde.

Ihr schien das alles genauso unter die Haut zu gehen wie

mir und das ließ neues Leben durch meine Venen strömen. Als hätte jemand in einem lange verschlossenen Zimmer ein Fenster aufgerissen.

Nur mit Mühe konnte ich mich auf die stockende Unterhaltung konzentrieren, weil ich nach einem Anzeichen suchte, mich zu täuschen. Mit jedem Wort, mit jeder Geste offenbarte Norah ein bisschen mehr von der Wahrheit. Als würde sie Schicht für Schicht einer Baugrube abtragen.

Und darunter kam ihr gebrochenes Herz zum Vorschein.

»Aleksander«, wurden wir unterbrochen, doch ich starrte weiter in Norahs gequältes Gesicht und konnte nicht fassen, wie ich so blind hatte sein können. Dass ich mich niemals nach dem wahren Grund für ihr Verhalten gefragt hatte.

Hinter all ihrer Stärke steckte eine weiche, verletzliche Person, die nicht gelernt hatte, sich auf eine Beziehung einzulassen, darauf zu vertrauen. Und ich hatte ihr geradewegs in die Karten gespielt, indem ich gegangen war.

Aber ich war damals zu abgelenkt, zu aufgewühlt gewesen. Jetzt verstand ich es.

Norah brauchte Sicherheit. Verlässlichkeit. Jemanden, der nicht sofort wieder ging.

So wie ihre Eltern gegangen waren, plötzlich und ohne Vorwarnung.

Alles ergab einen Sinn, fügte sich wie ein Puzzle zusammen.

Wahrscheinlich steckte das Trauma des Verlustes geliebter Menschen so tief in ihren Knochen, dass sie mich aus Angst weit von sich geschoben hatte. Mit allen Mitteln. Mit aller Kraft. Mit einer Ausrede, die ich ihr auch noch als Lösungsvorschlag wie einen Brotkrumen hingeworfen hatte.

»Ich komme wieder«, sagte ich noch und meinte jedes Wort auch so. Am liebsten hätte ich gleich mit ihr geredet, ihr alles erklärt. Aber so richtig stieg ich selbst noch nicht durch.

Als ich im Termin saß, war ich nur körperlich anwesend. Bekam kaum etwas von der monotonen Stimme des anderen Geschäftsführers mit, der uns begrüßte und eine kurze Einleitung gab.

Meine Gedanken kreisten immer wieder um die Zeit, die ich mit Norah verbracht hatte, ihre Haltung, ihren Blick. Keine Sekunde hatte sie den Anschein erweckt, als würde sie mir meine Version der Geschichte rund um den Skandal nicht abnehmen. Im Gegenteil.

Oft warf ich einen Blick auf die Uhr, fluchte lautlos, weil die Minuten nicht vergehen wollten. Als wären sie eingemauert worden.

»Du bist angespannt«, raunte mir Janne Nilsen zu, sodass unser Gegenüber es nicht mitbekam.

Ich nickte geistesabwesend, der Stift in meiner Hand schlug in schneller Abfolge immer wieder gegen das vor mir liegende Paper. Verdammt. Ich war nicht bei der Sache. Was gefährlich war. Es ging um den Kauf einer Firma, die für unser Portfolio interessant werden könnte. Aber ich war zu abgelenkt.

Das war unprofessionell und KOSGEN nicht würdig. Eigentlich konnte ich mich sehr wohl auf das Wesentliche konzentrieren, doch jetzt war alles anders.

Norah war hier.

In Oslo.

Bei mir.

Unruhig wippte ich mit den Füßen, Schweiß sammelte sich in meinem Nacken, weil mir alles wieder entglitt, zwischen den Fingern zerrann.

Als ich das Café schließlich zum zweiten Mal an diesem Tag betrat, bimmelte wieder die Türglocke. Inzwischen waren knapp fünf Stunden vergangen. Viel zu lange.

Dieses Mal war ich jedoch mit einer ganz anderen Mission hier. Mit ganz anderen Gefühlen.

Norah wiederzusehen hatte in mir so viel ausgelöst.

Gehetzt blickte ich mich um, konnte sie jedoch nirgendwo entdecken.

»Sie ist nicht hier.«

»Was?« Mein Blick flog zu der Rothaarigen, die vorhin mit Norah hinter dem Tresen gestanden hatte. In ihrer Miene spiegelte sich eine Mischung aus Zerknirschtheit und Anspannung. Mit geübten Handgriffen machte sie die Aufschäumer sauber. Ich brauchte nur wenige Schritte, dann hatte ich den Raum durchquert. Nur am Rand meines Bewusstseins registrierte ich, dass ich der einzige Gast war. Es war wirklich spät geworden.

Zu spät.

»Weißt du zufällig, wo sie ist?«, presste ich hervor und zwang mich, nicht in Panik zu verfallen. Ich würde Norahs Nummer vielleicht über ihre Großeltern herausfinden. Ich musste mit ihr reden, jetzt, da ich wusste, warum sie mich weggestoßen hatte.

Die Rothaarige spitzte die Lippen. »Warum willst du das wissen?«

»Kennst du Norah? Also ich meine …« Fahrig strich ich mir die Haare aus dem Gesicht. »Kennst du sie außerhalb der Arbeit?«

»Könnte man so sagen«, antwortete sie ausweichend, aber nicht unfreundlich. Vielmehr so, als wollte sie meine Absichten in Erfahrung bringen, bevor sie mir eine Auskunft erteilte.

Erleichtert stieß ich den angehaltenen Atem aus. Ich hatte Norah nicht wieder verloren.

»Kennst du sie gut?«

»Gut genug, um zu wissen, wer du bist.«

Meine Gedanken rasten. Überschlugen sich. Versuchten, sich aneinander festzuhalten, bis ich wieder in der Lage war, die richtigen Schlüsse zu ziehen.

»Ich bin Sander«, sagte ich. Aber wenn ich das nicht völlig verkacken wollte, musste ich geschickt vorgehen. »Ist Norah in Oslo, um die Punkte im Brief ihrer Mutter abzuarbeiten?«

Die hellbraunen Augen der jungen Frau weiteten sich vor Verblüffung. »N-nein«, stotterte sie, als wäre sie von meinem Einfall überrascht. »Auf die Idee ist sie ehrlicherweise noch nicht gekommen. Und ich auch nicht. Eigentlich möchte Norah …« Sie biss sich auf die Unterlippe, als hätte sie bereits zu viel offenbart.

Ohne sie aus den Augen zu lassen, lehnte ich mich auf den Tresen, um ihr die Dringlichkeit meiner nächsten Worte klarzumachen: »Okay, pass auf …?«

»Ada.«

Ich nickte. »Ada. Ich weiß, ich bin ein Fremder für dich. Aber du bist mit Norah befreundet, schätze ich. Und ich habe sie auch kennengelernt. Doch wie die Sache mit Norah und mir auseinandergegangen ist … das hätte nicht passieren dürfen. Sie hat etwas gesagt, was mich sehr verletzt hat. Aber inzwischen glaube ich, dass es ein vorgeschobener Grund gewesen ist, weil sie selbst nicht verletzt werden wollte. Hab ich recht?«

Es war nur ein Sekundenbruchteil, dennoch sah ich, wie Ada zögerte. Etwas flackerte in ihrem Blick wie die schlechte Verbindung einer Stromleitung.

Volltreffer.

Das gab mir Sicherheit.

»Okay.« Ich holte tief Luft. »Wie gesagt, du bist vermutlich mit ihr befreundet, sonst würdest du die Geschichte nicht kennen. Aber ich habe die Situation falsch eingeschätzt, habe alles in den falschen Hals gekriegt. Deswegen brauche ich deine Unterstützung. Wärst du bereit, mir zu helfen?«

»Zu helfen?«, wiederholte Ada perplex und runzelte die Stirn.

»Norah zurückzuerobern.«

30

NORAH

Adas Glätteisen hatte mein lockiges Haar in eine wahre Wellenpracht verwandelt und ich versuchte, keinen weiteren Schweißausbruch zu bekommen, während ich mit der Wimpernzange hantierte und hoffte, mir dabei kein Auge auszustechen.

»Wimpernzange vor oder nach dem Tuschen?«

»Davor und tief an den Wurzeln, damit sie steil nach oben gehen. Am besten fünf- bis zehnmal festdrücken«, folgte prompt die gebrüllte Antwort meiner besten Freundin, die sich in Liams und ihrem Zimmer umzog.

»Ich verstehe immer noch nicht, wieso du mir nicht verrätst, wo wir hingehen«, rief ich in den Flur. Das winzige, fensterlose Badezimmer roch nach Haarspray und Duschgel. Es war unerträglich heiß, was nicht zuletzt daran lag, dass ich bereits eine Strumpfhose und das fließende nachtblaue Abendkleid trug, zu dem mich Ada bei unserem letzten Shoppingtrip überredet hatte. Langer Schlitz, tiefer Rückenausschnitt. Ich hatte niemals ein schöneres Kleid besessen – oder ein teureres.

Überhaupt war sie in der letzten Woche ganz versessen darauf gewesen, mir diesen Abend aufzuschwatzen.

Keine Antwort.

Seufzend machte ich mich fertig, mit knurrendem Magen und einer Laune, die gegen den Gefrierpunkt sank. Was schlicht und ergreifend daran lag, dass ich Überraschungen hasste. Sobald ich das Licht im Bad ausgeschaltet hatte und in den Flur trat, blieb ich wie angewurzelt stehen. Ada stand in ihren gemütlichen Joggpants vor mir, kein bisschen umgezogen, sondern als hätte sie sich auf eine Runde *Netflix & Chill* mit Liam eingestellt.

»Was zum …«, begann ich verwirrt. Ich schaute an ihr herab, dann auf die Uhr auf meinem Handy – wir hatten in fünfundzwanzig Minuten eine Tischreservierung – und wieder zu meiner besten Freundin.

»Ich hoffe, du bist mir nicht böse«, druckste Ada herum und spielte zeitgleich mit einem Piercing an ihrem Ohr. Dabei machte sie ein so unschuldiges Gesicht, dass mich ein ungutes Gefühl beschlich. Mit der passenden Musikuntermalung hätte das der Beginn einer perfekten Horrorstory sein können.

»Warum sollte ich dir denn böse sein?«, fragte ich lauernd.

»Ich will nicht, dass du alleine gehst. Es soll ja ein schöner Abend werden.«

»Wovon sprichst du?«

»Na …« Der Satz wurde vom Klingeln an der Tür unterbrochen, als hätte jemand in einer Filmszene einmal *Cut* gerufen.

Mit hochgezogenen Augenbrauen taxierte ich Ada, die so zerknirscht aus der Wäsche schaute, dass mein ungutes Gefühl zu einer bösen Ahnung wurde. Mein Herz raste, als hätte ich den Weg zum Gipfel in einem Rekordtempo zurückgelegt.

»Ada Klara Johansen«, knurrte ich. »Ist das dein verdammter Ernst?«

Ein weiteres Klingeln, das mich zusammenzucken ließ.

»Es tut mir leid! Er wird es dir erklären.« Die Entschuldigung klang wie das Winseln eines Hundewelpen, der ganz genau wusste, dass er etwas angestellt hatte. »Ich weiß, ich hätte dich vorher fragen sollen, aber dann hättest du garantiert Nein gesagt.«

Moment, *er*?

»Er?«, wiederholte ich. »Schickst du mich ohne mein Wissen zu einem Blind Date?« Wahrscheinlich wollte sie mich nach der Sache mit Sander aufmuntern. Mich ablenken. Dafür war es allerdings zu früh, mein Herz heilte noch. Ich brauchte mehr Zeit, um von ihm loszukommen. Bestimmt noch ein paar Monate. Vielleicht für immer.

Nun sah Ada aus, als würde sie am liebsten aus dem Raum stürzen, als müsste sie sich mit sämtlicher mentaler Kraft dazu zwingen, an Ort und Stelle zu bleiben.

»Also … genau genommen …«, murmelte sie, machte ein paar Schritte rückwärts und betätigte den Türöffner, ohne mir den Rücken zuzuwenden. »Genau genommen ist es kein richtiges Blind Date, weil du ihn ja kennst.«

»Bitte?« Ich stand auf dem Schlauch.

»Ein Freund von Liam?«

Langsam schüttelte Ada den Kopf.

»Wer denn …« Der Satz blieb mir im Hals stecken wie ein zu großer Bissen.

Ada las die Erkenntnis, die über mein Gesicht schlich, und nickte.

»Oh. Mein. Gott. Das hättest du mir sagen müssen! Ada! SANDER kommt gerade die Treppe hoch? Aleksander Skogen? DER Aleksander Skogen?«

Zu meinem größten Entsetzen – oder Glück? – nickte meine beste Freundin ein weiteres Mal, sodass sich ein paar Strähnen ihrer roten Haare aus der Spange lösten.

»Ja, ich hätte mit dir reden sollen«, stieß sie atemlos hervor. »Du kannst ihm immer noch absagen. Sag ihm, dass ich dich damit überrumpelt habe. Du nichts davon wusstest. Das wird er sicher verstehen. Wobei … nein, hör dir erst einmal an, was er zu sagen hat.«

»Ich soll was? Ada, ich müsste ihm gar nicht vor unserer Wohnungstür absagen, wenn du mich von vorneherein eingeweiht hättest!«

Heftig schlug mein Herz gegen meine Rippen. *Bumm-bubumm. Bumm-bubumm.* Da ich mir keine Blöße geben wollte, schritt ich hocherhobenen Hauptes und mit durchgedrücktem Rücken den Flur entlang und raffte dabei das bodenlange Kleid, das sich wie fließendes Wasser um mich wickelte. Als ich die Tür aufriss, stand davor tatsächlich Alexander Skogen. *Scheiße.*

Er sah in Jeans und Wanderklamotten schon viel zu gut aus, von seinem Business-Outfit vergangene Woche ganz zu schweigen, aber bis jetzt hatte ich ihn noch nicht in einem schwarzen Smoking gesehen. Er saß perfekt. Betonte seine breiten Schultern, unterstrich die dunklen Haare, das markante Kinn, seine großen Hände.

Ein Anblick, den ich meiner nicht vorhandenen Libido am liebsten erspart hätte. Großartig.

Mein Untergang stand bevor.

Gerade hatte ich angefangen, ihn mir aus dem Kopf zu schlagen. Jetzt würde ich einige schlaflose Nächte mit diesem Anblick verbringen, eingebrannt auf meiner Netzhaut.

Sanders Blick strich wie eine bittersüße Liebkosung einmal an mir hoch und runter und als wir uns wieder in die Augen sahen, leuchteten seine wie ein verdammtes Meer voller Sterne. Das intensive Glühen blieb mir genauso wenig verborgen wie die Hitze, die sich ohne Vorwarnung in meinem Unterleib sammelte. Vor allem, als sein Blick zu meinem Mund wanderte, viel zu lange dort verweilte und schließlich wieder zu meinen Augen zurückkehrte. Mir wurde unwohl und ich stützte mich am Türrahmen ab, um nicht umzukippen.

»Wow.«

Drei Buchstaben, eine Silbe, ein Vokal. Es brauchte nicht viel mehr, um mein Herz schweben zu lassen, mir zu wünschen, alles rückgängig zu machen und eine andere Entscheidung zu treffen. In Sanders Gegenwart fühlte ich mich schön und begehrenswert, gesehen und verstanden.

Die perfekte Symbiose.

»Warum bist du gekommen?« Ich konnte nicht verhindern, dass meine Stimme am Ende der Frage wegbrach. Wie ein dünner Zweig, der unter dem Gewicht der Angst nachgab.

Sander lächelte, zog einen Mundwinkel nach oben und betrachtete mich eingehend. Als würde er meine wahren Gefühle an die Oberfläche zerren wollen. Es war die Art von Lächeln, die mich in Weichwachs verwandelte, zu einem fast willenlosen Etwas verkommen ließ. Die Art von Lächeln, die er ausgepackt hatte, um mit mir zu flirten.

In mir schrillten sämtliche Alarmglocken los.

Faen heller!

»Ich hole dich ab, wenn das für dich in Ordnung ist. Wir gehen zuerst essen und anschließend würde ich dich gern noch entführen. Aber glaub mir, du wirst dich darüber freuen. Hoffentlich.«

Es ratterte in meinem Kopf, mehrere Sekunden lang stand ich einfach nur da und starrte ihn sprachlos an. Es dauerte eine ganze Weile, bis ich meine Worte wiederfand. »Was meinst du damit? Moment, nein … Warum bist du hier? Ich meine, hier in der Wohnung? Und was genau willst du mit dem Treffen erreichen?«

Für den Bruchteil eines Herzschlags hatte ich den Eindruck, so etwas wie Unsicherheit über sein attraktives Gesicht flackern zu sehen, doch sie verschwand gleich darauf wieder.

»Was ich erreichen will?« Sein Lächeln glich jetzt einem angriffslustigen Zähnefletschen. »Ich kämpfe für uns.«

Die schonungslosen Worte trafen mich wie ein Pfeil mitten ins Herz. Es blieb einfach stehen. In mir wurde es windstill. Wie im Auge eines Orkans. Dann brachen sämtliche Gefühle gleichzeitig los und ich schüttelte mehrmals den Kopf.

»Okay, ich hoffe, das war ein Spaß.«

»Wenn du das möchtest. Ich kann auch ein guter Freund sein. Ich habe einfach nur festgestellt, dass ich meine Zeit nicht ohne dich verbringen möchte.« Sander hob die Hände in einer offenen Geste. »Ganz wie du möchtest. Aber ich verspreche dir, ich gehe nicht weg. Ich bleibe hier.«

Entschlossenheit stand ihm auf die Stirn geschrieben.

Moment. *Was?*

Was war aus meiner Notlüge geworden, der Sache mit dem Skandal, die ich wie einen Keil zwischen uns getrieben hatte?

Weshalb war er nicht mehr sauer?

Ich verstand es nicht.

Ich verstand gar nichts mehr.

»Warum bist du nicht wieder ins Café gekommen?«, fragte ich tonlos.

Seine Miene wurde augenblicklich weich, der Ausdruck in seinen Augen schmolz und ich sah nichts als offene Zuneigung darin. Plötzlich hatte ich einen Kloß im Hals, auch wenn leise Zweifel und Sorgen an meiner Seele zupften. Als wollten sie sich vergewissern, dass ich bloß nicht nachgab.

»Ich war noch einmal im Café, aber du warst schon weg. Dass es länger gedauert hat, tut mir leid. Dafür konnte ich Ada überreden, mir bei der kleinen Überraschung zu helfen. Wir haben dich damit überrumpelt, entschuldige. Aber ich hatte …«, er räusperte sich, sichtlich nervös, was irgendwie süß war. Als würde ich ihn aus dem Konzept bringen. »Ich war mir nicht sicher, ob du dich auf einen Abend mit mir einlässt. Es wird schön. Versprochen.«

Mein Verstand flehte mich an, es nicht zu tun, doch dieses Mal schrien die Herzscherben lauter. Dieser Gesichtsausdruck, gemischt mit seiner Bitte und seiner bloßen Anwesenheit. Sander war hier. Er war hier, bei mir.

Das war zu viel für mich. Machte es mir unmöglich, standhaft zu bleiben.

Also willigte ich ein. »Dann lass uns fahren.«

Auf der Straße vor der Haustür stand ein babyblauer Porsche Taycan mit Warnblinklicht im absoluten Halteverbot. Bei dem Anblick stolperte ich kurz über meine eigenen Füße, die passend zum Kleid in schwarzen Pumps steckten und in denen ich mir vorkam wie ein Kleinkind, das gerade erst laufen lernte. Meine Knöchel verhakten sich einfach und ich kam ins Rudern.

Warm und sicher schloss sich Sanders Hand um meinen Oberarm, die Berührung prickelte überall dort, wo Haut auf Haut traf. Sengende Hitze strahlte durch meinen ganzen Körper, eine Sinfonie aus überschwappenden Emotionen.

»Danke«, murmelte ich und registrierte sein zufriedenes Lächeln. Vielleicht war es doch kein Spaß gewesen. Vielleicht hatte er seine Worte durchaus ernst gemeint.

Ich kämpfe für uns.

Galant öffnete er mir die Beifahrertür und wartete, bis ich eingestiegen war. Die Schutzhülle, die ich notdürftig um mein zerbrochenes Herz gelegt hatte, riss ein wenig.

Lautlos glitten wir durch den hereinbrechenden Abend, immer wieder blitzte der Oslofjord zwischen den Häuserfassaden auf, die untergehende Sonne spiegelte sich glitzernd auf der welligen Oberfläche.

Die Ledersitze fühlten sich an wie ein Massagestuhl, auf den ich mich einfach fallen lassen konnte. Obwohl sich Sander allem Anschein nach auf den Verkehr konzentrierte, ertappte ich ihn immer wieder dabei, wie er mir einen Seitenblick zuwarf. Da lag dieses schelmische Funkeln in seinen Augen und ich sah, wie sich sein Mundwinkel halbmondartig nach oben bog, als würde er gerade einen Plan aushecken.

Ich war mir nur nicht sicher, was dieser Plan für mich beinhaltete. Und ob ich es überhaupt wissen wollte.

»Wo gehen wir denn essen?«

»Lass dich überraschen.«

»Ehrlich gesagt mag ich Überraschungen nicht besonders. Und ich weiß nicht, ob das hier so eine gute Idee ist.«

»Warum nicht?«, wollte er interessiert wissen.

Ich zögerte.

»Soll ich dir sagen, was ich denke?«

»Mhm?«

»Du fürchtest dich vor dem Ungewissen. Genau wie ich. Deswegen bewegen wir uns nicht gern aus unserer Komfortzone heraus. Egal, ob es um die Arbeit geht oder um eine Überraschung.«

Das Gesagte sickerte in mein Bewusstsein wie Sand durch

eine Sanduhr. Schließlich nickte ich. »Ja, du könntest recht haben. Hast du inzwischen bei KOSGEN angefangen?«

Trotz des mir zugewandten Profils glaubte ich, so etwas wie einen Schatten über seine Züge huschen zu sehen.

»Ja«, antwortete er schmallippig.

»Und?«

»Ich hasse jede Sekunde davon.«

»Warum?«

Zu meiner Überraschung schüttelte er den Kopf. »Nicht heute Abend«, antwortete Sander sanft, aber bestimmt.

Den Rest der Fahrt schwiegen wir. Was in Ordnung war. Ich war sowieso viel zu aufgekratzt, wie eines meiner Babysitterkinder, wenn sie zu viele Süßigkeiten verdrückt hatten. Wir saßen im selben Auto. Wir atmeten dieselbe Luft.

Ich bräuchte praktisch nur die Hand auszustrecken, dann könnte ich Sander berühren.

Es wäre ganz einfach.

Er fehlte mir.

Obwohl er direkt neben mir war.

Stumm parkte Sander den Wagen in einem Parkhaus und schloss ihn an eine Ladestation an. Wie selbstverständlich legte er eine Hand auf meinen Rücken, um mich in Richtung Ausgang zu führen. Ich genoss es, mich fallen lassen zu können.

»Es ist nicht weit«, sagte er mit einem Blick auf meine Schuhe und einmal mehr fragte ich mich, wie er es schaffte, so aufmerksam zu sein.

Nach nur drei Minuten waghalsigem Laufmanöver meinerseits kamen wir am Restaurant an. Er blieb stehen und betrachtete mich, als würde er auf etwas warten. Auf weinrotem Holz neben der Tür war ein schwarzes Schild mit goldener

Schrift angebracht, auf dem *Brasserie France* stand. Das Restaurant lag in einer Fußgängerzone, über die sich mehrere Lichterketten spannten. Gemütliche Cafés und internationale Restaurants mit einladendem Interieur reihten sich hier aneinander.

Beim Anblick der französischen Flaggen, die links und rechts an den Menütafeln im Außenbereich angebracht waren, und der hübschen Stühle mit den breiten, einheitlich geknüpften Lehnen verdreifachte sich mein Herzschlag auf nahezu unangenehme Weise.

Ein französisches Restaurant. Hier, in Oslo.

Es dauerte viel zu lange, bis ich begriff. Doch als ich es schließlich tat, brach ein Sturm über mich herein. Das Blut rauschte in meinen Ohren und meine Zunge fühlte sich pelzig und unnatürlich ausgetrocknet in meinem Mund an. Verzweifelt versuchte ich, meine Lippen mit Feuchtigkeit zu benetzen, aber es klappte nicht.

»Sander …«, würgte ich hervor, zeitgleich schossen mir Tränen in die Augen. Vor Rührung. Dabei zitterte meine Unterlippe unkontrolliert, meine Hände waren wie betäubt.

»Was sagst du?«, wollte er wissen.

»Ist es …?« Mehr brachte ich nicht hervor. Ich konnte nicht. War absolut unfähig. Sprachlos. Und in mir tanzte und summte etwas, das sich anhörte wie ein Herzorchester.

»Ja, ist es.« Sander lächelte. Optimistisch, liebevoll, als wäre es das Schönste der Welt, mich glücklich zu sehen. Was mich erschreckte.

Hatte er am Ende vermutlich doch dieselben intensiven Gefühle verspürt wie ich? Vehement verbot ich mir jeden Gedanken in diese Richtung und konzertierte mich auf das Hier und Jetzt.

Der Besuch in einem französischen Restaurant, ein Wunsch, den meine Mutter sich nicht hatte erfüllen können.

Unfassbar.

Ich hatte nur im Sinn gehabt, etwas anderes, Neues zu erleben. Ein paar Monate aus meiner Komfortzone zu schlüpfen, um herauszufinden, was ich wirklich wollte.

Aber das?

Ich hatte keine Ahnung, wie ich Sander jemals dafür danken sollte.

In diesem Moment waren es keine Tränen der Trauer, die aus meinen Augen strömten, sondern Freudentränen. In meiner Brust explodierte ein wahres Feuerwerk.

Mir war sogar egal, ob ich damit mein Abend-Make-up versaute. Das war es wert. Alles davon.

»Genau genommen kann es gar nicht das Restaurant sein, das deine Eltern sich ausgesucht haben«, fügte er hinzu. »Das gibt es leider nicht mehr, denn keines der beiden französischen Restaurants von damals ist noch in Betrieb. Ich habe ewig recherchiert, um das herauszufinden. Aber dieses hier kommt dem Restaurant sehr nahe, das deine Mutter vermutlich gesehen hat, wenn sie mit dem Bus gefahren oder einkaufen gegangen ist.«

Einerseits war ich damit beschäftigt, die Tatsache zu realisieren, dass er sich die Mühe gemacht hatte, mir auf diese Weise eine Freude zu machen. Andererseits wurde mir noch schmerzlicher bewusst, dass ich nicht selbst auf die Idee gekommen war.

Dabei lag es doch auf der Hand. Ich war in Oslo. Durch den Brief besaß ich quasi eine Wunschliste meiner Eltern. Ich könnte all die Dinge tun, die ihnen verwehrt geblieben waren.

»Das ist so schön«, sagte ich gerührt und trocknete unbeholfen meine Wangen. »Danke.«

»Warte ab, bis du die Speisekarte siehst, und danke mir erst hinterher. Ich bin mir nicht sicher, ob dir das Essen hier schmecken wird.«

»Bestimmt.« Meine Laune war auf einem Höhenflug.

»Nach dir.« Mit einer offenen Geste hielt Sander mir die Tür auf und ich folgte seiner Aufforderung.

Eine schwarz-weiß gekleidete Kellnerin tauchte wie aus dem Nichts neben uns auf und wies uns den Weg zu unserem Tisch, nachdem sie Sander nach seinem Namen gefragt hatte. Sobald sie ihn hörte, verwandelte sich ihre Miene in pure Freude.

Bei jedem Schritt war mir bewusst, wie dicht er hinter mir ging. Sanders Blick brannte Löcher durch den Stoff. Ich konnte es fühlen. Genauso wie die kribbelnde Wärme in meinem Nacken.

Das Restaurant hatte eine gemütliche, wohlige Atmosphäre. Was war das französische Wort für *kos*? Die offene und bestens bestückte Bar in der Mitte wirkte wie ein Raumteiler. Die nette Kellnerin führte uns zu einem abgelegenen Platz, von dem aus das Restaurant gut zu überblicken war.

»Warum starren alle so?«, fragte ich, sobald wir uns gesetzt hatten, und zupfte an meinen Locken, die sich in weichen Wellen über meine Schultern ergossen. »Wir sind overdressed, oder?«

Sander lachte leise. »Du siehst umwerfend aus, deswegen die Blicke. Und ja, vielleicht sind wir für das Restaurant etwas zu schick angezogen. Aber wir haben ja auch noch etwas anderes vor.«

Stimmt. Da war noch etwas gewesen. Meine Augen wurden so groß wie Tennisbälle.

»Keine Sorge. Erst einmal bestellst du die Karte rauf und runter und im Anschluss führe ich dich weiter aus. Wie klingt das?«

Wie ein Traum, dachte ich, sprach es jedoch nicht aus. Stattdessen lächelte ich – gefühlt zum ersten Mal seit einer halben Ewigkeit. »Gut.«

Sanders Hand fand unverhofft meine Wange, seine Fingerspitzen strichen an meiner Kinnpartie entlang, was prompt eine Gänsehaut auf meinen Armen auslöste. »Das hab ich vermisst.«

»Was?«

»Dein Grübchenlächeln.« Abrupt zog er die Hand zurück, aber der sanfte Ausdruck blieb. »Und dich.«

31

SANDER

Norah sog alles auf. Die Gesprächsfetzen der anderen Gäste, das laute Treiben, das von einer angenehmen Jazzmusik untermalt wurde.

Merkwürdigerweise brauchte ich nur eine Dosis Norah und es ging mir bereits besser. Als würden sich die Schatten der letzten Wochen, die immer mehr in mein Leben gekrochen waren, langsam verziehen. Keine Ahnung, was das Richtige für mich war, ob tatsächlich eine Möglichkeit bestand, KOSGEN den Rücken zu kehren und etwas zu machen, das nicht Aleksander, sondern viel mehr Sander war. Einfach ich. Vielleicht würde ich meiner Verantwortung niemals entfliehen können, doch ich wollte es wenigstens versuchen.

Ob das so einfach war, wenn ich die Ketten bereits seit meiner Geburt trug?

Aber Norahs Anwesenheit ließ mich neuen Mut schöpfen. Ich wollte mutiger sein. Mehr für mich einstehen. Mehr für das kämpfen, was mir wichtig war.

Auch für Norah. Für uns.

Wir saßen hier, gemeinsam. Das war absolut unwirklich. Je

länger ich sie betrachtete, desto schmerzhafter wurde mir bewusst, dass ich sie beinahe für immer verloren hätte. Dabei standen wir doch gerade erst am Anfang.

Wärme sammelte sich in meinem Brustkorb und ich nahm einen Schluck von meinem Rotwein, während sie minütlich auftaute.

Norah hielt ihre Nase über die Schnecken und atmete den Knoblauchduft ein, verzog dabei jedoch keine Miene.

»Nicht meins, aber die Soße. Zum Niederknien!« Sie seufzte genüsslich und leckte sich die Lippen, ohne zu ahnen, was ihr Anblick mit meiner Vorstellungskraft machte.

Shit. Mein Kopfkino versetzte uns automatisch in mein Schlafzimmer. Haut auf Haut. Ihr Stöhnen an meinem Mund. Ich in ihr. Tief.

»Alles in Ordnung?«, holte mich Norah in die Gegenwart zurück und ich konnte bloß nicken, richtete unter dem Tisch meinen Schritt und fluchte innerlich, geladen hier aufgekreuzt zu sein. Das hatte ich nicht bedacht.

Fasziniert beobachtete ich sie dabei, wie sie verträumt an ihrem Weinglas nippte. Wie sich ihre Lippen an den Glasrand legten, was mich fast um den Verstand brachte. Ich wollte ihr zeigen, was sie mit mir anstellte. Ihr zurückgeben, was sie mir schenkte. Das körperliche Verlangen, mit ihr zu schlafen, war überwältigend.

Aber alles zu seiner Zeit.

Trotzdem konnte ich dem Drang nicht widerstehen, ein bisschen mit dem Feuer zu spielen. Mich selbst zu reizen. Zu verfolgen, wie sie auf mich reagierte, wenn ich mich dichter als nötig zu ihr beugte. Das Weiten ihrer Pupillen, wie flach ihr Atem wurde, wie schnell ihr Puls am Hals klopfte.

Hier und da strich ich an ihrem Unterarm entlang, wenn

ich nach dem Brotkorb griff. Oder berührte ihre Fingerspitzen, als ich ihr Wasser nachschenkte.

Die Luft knisterte vor unerfüllten Versprechen und auch wenn sie versuchte, mich auf Abstand zu halten, fiel es ihr zunehmend schwerer.

Norah schmolz unter meinen zufälligen Berührungen. Ich war nah genug, um ihren süßlichen Duft mit der leichten Mokka-Veilchen-Note einzuatmen. Was ich mehr als einmal tat. Die körperliche Nähe zu ihr nach all den Wochen Abstinenz brachte meinen eisernen Willen an seine Grenzen.

Am liebsten hätte ich sie gepackt, jede Stelle ihres Körpers berührt, alles an ihr erkundet. Erst mit den Fingern, dann mit meinem Mund.

Aber ich wollte ihr Zeit geben, sich an diese neue Situation zu gewöhnen. Selbst ihre Notlüge hatte ich durchschaut, sie bisher jedoch nicht darauf angesprochen. Es würde sie nur verschrecken.

Wahrscheinlich würde die Panik sie noch ein paarmal überfallen. Die Angst, mich für immer zu verlieren, und dann würde sie versuchen, mich wieder wegzuschieben, indem sie mich verletzte. Oder eine fadenscheinige Ausrede erfinden.

Doch ich würde nicht gehen. Sofern sie es nicht wirklich wollte. Das war ein schmaler Grat, den ich akzeptieren musste. Ich musste herausfinden, wo ihre Grenze verlief und wann ich einen Rückzieher machen sollte.

Keinesfalls wollte ich sie bedrängen. Oder ihr einen falschen Eindruck vermitteln. Ich wollte einfach da sein. Präsent. Verlässlich. Damit sie ihre Ängste überwand, sich auf mich einlassen konnte.

Norah brauchte die Sicherheit, wie ich ihre Gegenwart brauchte, damit mein Gehirn wieder normal funktionierte und ich endlich zu mir selbst stand. Ohne Norah hatte ein Teil gefehlt.

Während des Abendessens unterhielten wir uns über belanglose Dinge und umschifften die schwierigen Gewässer, so gut es ging. Was mir auch lieber war. Immer wieder hatte ich den Eindruck, dass sich Norah zurückzog. Ihre Haltung veränderte sich, wurde abweisender. Als müsste sie sich dazu zwingen, die Barriere aufrechtzuerhalten, mich nicht zu nah an sich heranzulassen.

Was meinen Verdacht bestätigte, dass sie kalte Füße bekam, sobald wir uns wieder annäherten. Deswegen sprach ich die Sache mit dem Skandal nicht an. Auch nicht, was mein Großvater mir offenbart hatte. Wie verkorkst meine Familie war. Damit wollte ich noch etwas warten, bis sich ein geeigneter Zeitpunkt fand.

Zum Nachtisch bestellten wir *fondant au chocolat*, was mich an den äußersten Rand meiner Beherrschung brachte. Norahs leises Seufzen war beinahe zu viel für mich.

Inzwischen konnte ich es auch kaum erwarten, sie mit dem zweiten Programmpunkt zu überraschen. Ich warf einen Blick auf meine Breitling. »Wir sollten los, sonst kommen wir zu spät.«

Ihre Augen leuchteten auf und ich verlor mich in ihnen. Ich zahlte, ohne ihr Einblick in die Rechnung zu geben, und wir machten uns auf den Weg. Mit dem Auto fuhren wir zum Hafen, bis vor uns die Osloer Oper auftauchte. Architektonisch eines der schönsten Gebäude der Stadt. Wenn nicht sogar das Wahrzeichen.

Um Norahs Reaktion nicht zu verpassen, fuhr ich etwas langsamer und beobachtete sie aus dem Augenwinkel. Als sie das Opernhaus entdeckte, lächelte sie begeistert.

»Einer der ersten Orte, die ich in Oslo besucht habe«, gestand sie, ohne zu ahnen, was unser genaues Ziel sein würde.

»Warst du auch drin?«

Sie schüttelte den Kopf. »Nein, ich wollte mich für eine Führung …« Ihr stockte der Atem, ihr Blick schwenkte zu mir. Ungläubig. Sie begriff. »Oh, Sander. Verarsch mich nicht! Das hast du nicht getan!«

»Was getan?«, fragte ich unschuldig.

»Tickets? Für die Oper?«

Schmunzelnd lenkte ich den Wagen in Richtung des Parkhauses, vor dem es sich bereits staute. Selbst durch die geschlossenen Scheiben erreichte uns das salzige Aroma des Fjords.

»Vielleicht.«

Norah schüttelte immer wieder den Kopf.

»Das ist perfekt. Wirklich perfekt«, hauchte sie lautlos, als müsste sie wieder mit den Tränen kämpfen, und auch ich spürte den Kloß im Hals. »Du hast keine Ahnung, wie viel mir das bedeutet. Ich wusste selbst nicht, wie sehr ich das brauche. Ich bin nicht mal auf die Idee gekommen, ihnen ihre Wünsche zu erfüllen. Aber … du hast daran gedacht. Für mich. Für sie. Das werde ich dir nie vergessen. Niemals.«

»Gern. Ich mache das gern.« Auf einmal war ich verlegen und eine große Welle aus Emotionen rollte über mich hinweg. Es würde noch dauern, bis sie begriff, was ich alles für sie tun würde, wenn es nötig war, um ihr Herz zu erobern. Aber ich war bereit.

»Welches Stück ist es?«, wollte sie nun aufgeregt wissen, wahrscheinlich, um nicht allzu melancholisch an die Sache heranzugehen.

»*Gianni Schicchi* von Puccini, eine Oper, die auf der göttlichen

Komödie von Dante Alighieri beruht. Ganz grob zusammengefasst geht es um eine Erbschaft. Der Verstorbene hat seine komplette Verwandtschaft enterbt und alles einem Kloster vermacht«, erklärte ich und Norah hing an meinen Lippen, als hätte ich gerade das Geheimnis der *Prinsrollen*-Rezepte offenbart.

»Ich wusste nicht, dass du so nerdig bist, was Opern betrifft.«

Ich lachte. »Schrecklich, oder?«

»Ganz ehrlich? Gib mir ein Formel-1-Stichwort und du hättest fünf Stunden keine Ruhe.«

Das entlockte mir ein weiteres Lachen. Ehrlichweise konnte ich es kaum abwarten, ihr Henning eines Tages vorzustellen. Wir fuhren in das Parkhaus ein.

»Erzähl mir mehr vom Stück, ich mag deine nerdige Seite«, fügte sie hinzu und beobachtete mich genau.

»Okay«, fuhr ich fort. »Einer dieser leer ausgehenden Erben ist unsterblich in die Tochter von Gianni Schicchi verliebt, der ein armer Schlucker ist. Und somit ein Dorn im Auge der Verwandtschaft. Es gibt eine bekannte Arie, *O mio babbino caro*, in der Lauretta mit Selbstmord droht, sollte sie ihren Geliebten nicht heiraten dürfen. Mal schauen, ob dir das Stück gefällt. Entweder man liebt die Oper oder man hasst sie, weil man keinen Zugang findet. Was auch in Ordnung ist.«

Norah seufzte selig. »Das Stück klingt schrecklich tragisch.«

»Das ist es auch.« *Und wunderschön.* »Es ist eine meiner liebsten Arien. Ich war froh, dass sie gerade diese Oper aufführen, als ich … mich um die Karten gekümmert habe.«

Nachdem wir das Auto geparkt hatten, folgten wir dem Menschenstrom nach oben in die Haupthalle.

»Es kann jetzt etwas eng werden, bleib nah bei mir«, sagte ich, allerdings nur, um einen Vorwand zu finden, meine Hand nicht von Norahs entblößtem Rücken nehmen zu müssen. Keine Ahnung, wie dieser Abend enden würde. Gerade deshalb wollte ich das Beste daraus machen. Jede Sekunde auskosten.

Norah nahm alles mit großen Augen auf. Die Atmosphäre, die durch die gewaltige Glasfront erzeugt wurde. Die zahllosen Gäste, die sich in Schale geworfen hatten. Ballkleider, Cocktailkleider, hübsche Hosenanzüge, Männer im Anzug oder Smoking. Zwar war der Dresscode inzwischen nicht mehr ganz so förmlich, dennoch nutzten viele die Gelegenheit, ihre schönste Abendgarderobe aus dem Schrank zu holen, damit sie dort nicht nur einstaubte.

Ich nickte einem älteren Paar zu, das uns Platz machte, sodass ich unsere Karten vorzeigen konnte. Mit grimmiger Miene starrte der Einweiser zuerst uns, dann die Karten und wieder uns an.

»Gibt es ein Problem?«, fragte ich höflich, den Mund zu einem schmalen Lächeln verzogen.

»Nein, es ist nur …«

»Falls du auf Nummer sicher gehen möchtest, bin ich mir sicher, dass Herr Høiby gern für eine Antwort bereitsteht. Solltest du ihn um diese Uhrzeit an einem Samstagabend behelligen wollen, tu dir keinen Zwang an. Er ist eigentlich ganz umgänglich.«

Der Mann wurde blass um die Nase, nickte eilig und deutete auf einen verdeckten Treppenaufgang. Die Garderobe konnten wir auslassen, denn wir hatten keine Mäntel dabei.

Dieses Mal fiel auch mir auf, dass viele uns anstarrten,

besonders, als wir die vorgesehene Loge mit unseren Sitzplätzen ansteuerten.

»Ich bilde mir das doch nicht nur ein, oder?«, fragte Norah und blickte sich verstohlen um. Jedes Mal, wenn sie jemanden ertappte, schaute die Person rasch zur Seite oder verzog den Mund zu einem neugierigen Lächeln.

»Nein«, erwiderte ich schmunzelnd.

»Oh, ist das schön«, stieß Norah plötzlich aus. Sie wirkte ganz versunken in einem tiefen Zauber, wie ein Kind, das zum ersten Mal Disneyland betrat. Die Loge war beeindruckend. Weitläufig. Groß. Mit dem besten Blick auf die Bühne.

»Der Grundriss hat eine Hufeisenform«, erläuterte ich und sparte ein paar weitere, für sie vielleicht langweilige Details aus. »Die optimale Opernform für die beste Akustik. Mithilfe von Architekturmodellen und Simulationsdaten wurde ein System aus schallreflektierenden Wänden und Decken erarbeitet, sodass der Saal komplett ohne technische Verstärkung auskommt.«

»Hat es denn auch eine Bedeutung, dass die Einrichtung aus Holz ist?«, hakte Norah interessiert nach. »Sogar die Brüstungen?«

Ich nickte. »Ja. Das Holz wurde so geformt und geschwungen angefertigt, dass am Ende ein perfekter Klang erzeugt wird.« Mit dem Finger deutete ich nach oben, ignorierte das Getuschel der anderen Logengäste und der Leute, die sich von unten zu uns umdrehten. »Die hohe Decke gehört auch dazu.«

Strahlend beugte sich Norah über die Balustrade, um den Saal besser in Augenschein nehmen zu können. »Der Kronleuchter«, hauchte sie, sobald sie ihn entdeckte.

»Sorgt mit seinen über eintausend LED-Modulen für perfektes Licht«, erklärte ich und setzte mich neben sie. So dicht, dass sich unsere Schultern berührten. »Und ist gleichzeitig auch ein akustischer Reflektor.«

»Wahnsinn. Woher weißt du so etwas?«

»Unnützes Halbwissen.« Ich zuckte mit den Schultern. »Irgendetwas musste doch bei der ganzen frühmusikalischen Erziehung hängen bleiben.«

»Sag bloß, du spielst auch ein Instrument?«

»Eins?«, erwiderte ich grinsend und genoss jede einzelne Sekunde mit ihr. Das Geplänkel, dass sie sich auf mich einließ, bereit war, loszulassen.

»Okay, letzte Frage. Sind das irgendwie KOSGEN-VIP-Plätze oder warum schauen alle immer zu uns hoch?«

»Eher königliche Plätze.«

Norah lachte, als hätte ich einen grandiosen Witz gerissen, doch als das Schmunzeln auf meinen Lippen blieb, beugte sie sich vor, um mir forschend ins Gesicht zu sehen. Sie blinzelte. Einmal. Dann noch einmal.

»Du meinst das ernst?«

»Ja, klar. Ich habe dir doch von Marius erzählt. Meinem besten Freund, Mar.«

Ich sah, wie es in ihrem hübschen Kopf ratterte, dann schien es klick zu machen. »Doch nicht … doch nicht etwa Kronprinz Marius?«

Ich grinste bloß.

»Wir sitzen in der KÖNIGLICHEN LOGE?«

Mein Grinsen vertiefte sich noch mehr. *»Affirmative.«*

»Herregud«, fluchte Norah so schonungslos, dass ich ihr am liebsten einen Kuss für ihre Unverblümtheit gegeben hätte. In mir wurde alles schwerelos. Leichter. Als hätte ich Tausende Sandsäcke von meinen Schultern abgeworfen und könnte endlich ohne Sorgen schwimmen.

Selig lächelnd schaute Norah auf die Bühne, anschließend musterte sie mich von der Seite. Der verträumte Ausdruck blieb. Und mein Herzschlag verdoppelte sich. »Weißt du, wie ich mich fühle?«

»Wie?«, fragte ich sie.

»Hast du jemals *Pretty Woman* gesehen?«

Ich lachte lauthals auf. »Du meinst ... die Opernszene?«

»Ganz genau.«

Sobald die Oper anfing, schlug das Geschehen auf der Bühne Norah in ihren Bann. Nur mit halbem Ohr und Auge verfolgte ich das Stück, um Norahs Reaktion auf die einzelnen Szenen nicht zu verpassen. Am Anfang war ihre Stirn gerunzelt, während sie versuchte, der Handlung zu folgen. Sie wirkte noch etwas unschlüssig, rutschte auf ihrem Sitz herum. Doch spätestens als meine liebste Arie begann, war es um sie geschehen.

Fasziniert beobachtete ich, wie Tränen über Norahs Wangen rollten, die sie nicht wegwischte. Sie waren getränkt mit so viel Traurigkeit, während ich gleichzeitig einen glücklichen Ausdruck auf ihrem Gesicht bemerkte. In der warmen Reflektion des Lichtes strahlte sie förmlich wie eine Sonne.

Meine Sonne.

Am liebsten hätte ich mich nach vorn gebeugt und dieses salzige Lächeln von ihren Lippen geküsst. Die Arie endete, die Dunkelheit verschluckte den Moment.

Vorsichtig streckte ich die Hand aus, griff zaghaft nach ihrer, und war erleichtert, als sie ihre Finger mit meinen verflocht. Jetzt flogen unsere Herzen wieder im Einklang. Nur mit Mühe löste sie den Blick von der Bühne, die ich schon eine Weile aus den Augen verloren hatte, weil ich die ganze Zeit Norah angestarrt hatte.

»Danke«, flüsterte sie und in diesem einen Wort offenbarte sie mir ihre ganze Welt.

In meinem Bauch spürte ich ein sehnsuchtsvolles Ziehen. Ihre Lippen öffneten sich einen Spaltbreit, ihr Blick senkte sich auf meinen Mund, als würde ihr genau dasselbe durch den Kopf gehen wie mir.

»Norah«, murmelte ich rau. »Tu das nicht.«

»Was?«, flüsterte sie zurück.

»Mich so ansehen. Ich …«

»Wie sehe ich dich denn an?«

Bildete ich mir den neckischen Unterton ein? Ich war mir nicht sicher. Meine andere Hand umschloss ihr Kinn, wie ferngesteuert näherte ich mich ihrem Gesicht.

Ich wollte sie küssen. Jetzt. Immer.

»Sag mir, was du willst«, bat ich leise. Unser Atem vermischte sich. Ich spürte ihren Puls unter meinen Fingerspitzen tanzen. Wild und heftig, genau wie meiner. Eine gefühlte Ewigkeit sagte sie gar nichts und ich hatte Angst vor der Zurückweisung.

»Dich.« Unter gesenkten Lidern schaute sie zu mir auf. Ein Wort, eine Einladung, ein süßer Befehl.

Mehr brauchte es nicht.

Ohne Hast überbrückte ich die letzte Distanz zwischen uns, spürte ihre weichen Lippen. Sie schmeckten noch nach dem Schokoladenfondant und ihr unterdrücktes Stöhnen an meinem Mund ließ mich auf der Stelle hart werden. Ich wollte es noch einmal hören. Und noch einmal.

In Dauerschleife.

So lange, bis ich mich daran satt gehört hatte. Was vermutlich niemals der Fall sein würde.

32

NORAH

Nach der Oper war alles verschwommen, wie durch einen Filter gepresst. Ich hatte keine Ahnung, wie wir zum Auto gekommen waren. Straßenlichter zogen an uns vorbei. Verlangen beschleunigte meine Atmung.

Sander legte eine Hand auf mein Knie, streichelte es in gleichmäßigen, kreisenden Bewegungen, während er fuhr, und ich konnte mich auf nichts anderes konzentrieren als diese intime Geste. Seine Berührung, die sich wie ein heißes Eisen durch den Stoff bohrte.

Ich gab der Sehnsucht nach. Dem Wunsch, Sander zu spüren. Ihn zu erkunden. Alles an ihm kennenzulernen.

Wir erreichten das Hotel, das wir für eine Nacht ausgesucht hatten. Wir wollten weder zu ihm noch zu mir nach Hause, wo wir nicht ungestört wären.

»Oh«, murmelte ich, sobald er den Wagen in die Auffahrt lenkte und wir die Straße hinter uns ließen. Mehrere Außenlichter säumten den gepflegten Vorhof, der von Lorbeerhecken eingefasst war, einige Kugelahornbäume standen im perfekten Abstand nebeneinander wie Zinnsoldaten in einer Ballettaufführung. Ich entdeckte einen kleinen Teich und mehrere Fahrzeuge, die vor dem Hotel parkten. Sander hielt beim Concierge.

»Komm«, sagte er, sobald er sich abgeschnallt hatte, und ich kroch aus dem gemütlichen Sitz.

Als er um den Wagen herumgekommen war, stahl er sich einen kurzen Kuss. »Erinnere mich daran, mir eine Wohnung in Oslo zu kaufen«, murmelte er an meinen Lippen. Dann fanden Sanders Finger meinen Rücken und ich fühlte mich geborgen.

Am benebelten Rand meines Bewusstseins registrierte ich, wie Sander eine schwarze American Express Kreditkarte zückte, sodass die freundliche Miene des Rezeptionisten geradezu überschwänglich wurde. Es dauerte nicht lange, bis wir eine Zimmerkarte hatten und mit dem Aufzug nach oben fuhren.

Oberstes Stockwerk.

Sander gab mir das Gefühl, schön und verwegen zu sein, stark und unabhängig und mich trotzdem fallen lassen zu können.

Mein Körper reagierte instinktiv auf ihn. Ich nahm alles gestochen scharf und gleichzeitig benebelt wahr, als wäre ich auf irgendeiner bewusstseinserweiternden Droge.

»Was geht dir durch den Kopf?«, wollte Sander wissen. Seine Finger glitten an meiner Wirbelsäule entlang. Ich erschauerte.

»Viel«, antwortete ich, die Berührung genießend. »Und zu wenig.«

»Wir können über alles reden.«

»Hast du das ernst gemeint?«, fragte ich. »Es war kein Scherz, oder?«

»Was?«

»Dass du für uns kämpfst.«

Der Aufzug hielt und mit einem singenden Ton öffnete sich die Tür. Anstatt zu antworten, sah Sander mir lange in die Augen und ich versank in diesem unendlichen Blau. Er beugte sich vor, bis wir uns an der Stirn berührten, und ich inhalierte seinen männlichen, herben Duft. Der Stoff des Smokings war butterweich, beinahe wie Seide.

Sanft strich Sander mit seiner Oberlippe über meine Unterlippe und ich öffnete meinen Mund, ließ ihn gewähren.

Was so unschuldig begann, verwandelte sich schnell in ein stürmisches Feuer. Nur dass ich diejenige war, die sich an ihn drängte. Mein Kuss war ebenso ungestüm wie meine Finger, die wie von selbst auf Erkundung gingen. Ich streichelte, berührte, keuchte.

Irgendwie fanden wir den Weg zu unserem Zimmer, stolperten halb verschlungen hinein.

Ich spürte die Wand in meinem Rücken, gegen die Sander mich drückte, während er mich mit einer Hand hielt, als würde er mich nie wieder loslassen wollen. Er war mir jetzt so nah, dass kein Blatt zwischen uns gepasst hätte.

Ich öffnete die Knöpfe der Smokingjacke, glitt mit den flachen Händen unter den weichen Stoff und schob sie von seinen Schultern. Ungeduldig machte ich mich an den kleineren und viel unhandlicheren Knöpfen seines weißen Hemdes zu schaffen. Dabei unterbrachen wir für keine Sekunde den Kuss.

Sanders Augen loderten. Mir fiel auf, wie flach er atmete. Gleichzeitig meldete sich das Verlangen pochend zwischen meinen Beinen. Ich sehnte mich nach dem erlösenden Gefühl.

Fieberhaft presste ich mich an Sander, der seine Hüfte vorschob, sodass ich die harte Beule an meinem Bauch spürte. Mein Mund wurde trocken. Panik stieg in mir auf.

Mein letztes Mal war schon eine Weile her, keine Ahnung,

ob ich schon bereit für ihn war. Im selben Moment spürte ich, wie mir meine Lust für einen Sekundenbruchteil entglitt, doch Sander fing sie auf, indem er sich von mir löste und sich zu meinem Ohr beugte.

»Schhhh … nicht nachdenken«, flüsterte er. »Sag mir einfach, was du willst.«

»Zieh mich aus«, raunte ich zurück, als ich gerade den letzten Knopf seines Hemdes aufgenestelt hatte. Meine Augen tasteten über seinen nackten Oberkörper, ließen meine Hände folgen. Ich liebte seine feste Brustmuskulatur und mein Mund verwandelte sich in eine Staubwüste, als ich seinen Weg zum Glück erblickte. Die immer dichter werdenden Haarbüschel, die in seinem Hosenbund verschwanden. Der Anblick erinnerte mich an den Abend in der Sauna und unsere gemeinsame Nacht in der *hytte*, die wie der Rhythmus eines Lieblingsliedes in mir widerhallte.

»Okay. Dreh dich um.«

Ich kam seiner Aufforderung nach. Hitze sammelte sich in meinem Unterleib. Spielerisch biss er mir in die Schulter und öffnete zeitgleich den Reißverschluss meines Kleides. Das leise Geräusch erfüllte das Hotelzimmer, dann glitt der schwere Stoff zu Boden und ich hörte, wie Sander scharf die Luft einsog. Alles in mir summte in gespannter Erwartung. Kühle Luft strich um meine Haut und meine Brustwarzen richteten sich auf. Sanders Hände strichen an meiner Hüfte entlang, dann knetete er meinen Po. Kräftig.

»Perfekt.«

Obwohl er es nicht sah, errötete ich vor Freude über sein Kompliment. Bisher hatte ich meinen Hintern immer als etwas zu groß empfunden. Aber im Halbdunkel der Nacht, unter Sanders Blicken, verwarf ich diesen Gedanken wieder.

Ich fühlte mich vollkommen.

»Stütz dich an der Wand ab.«

Wieder kam ich seiner heiseren Bitte nach, bebte vor Anspannung. Ich war erregt und bereit. Wollte alles. Wollte so viel gleichzeitig, dass mir ganz schwindelig wurde.

Im nächsten Moment entschlüpfte mir ein wildes Keuchen, denn ich spürte, wie etwas Nasses zwischen meine Backen glitt, dem Verlauf des winzigen Stofffetzens folgte, den ich noch trug. Der warme Atem und der leichte Druck taten ihr Übriges und ich wurde so feucht, dass es mir fast schon peinlich war. Doch Sander packte meinen Hintern noch fester, hielt ihn zwischen seinen großen Händen, während er darin versank.

Mein Kopf rollte nach hinten und meine Beine zitterten von ganz allein. In den hochhackigen Schuhen und nur in Unterwäsche fühlte ich mich wie eine begehrenswerte Göttin. Bisher hatte das noch kein Typ gemacht, aber es gefiel mir. Sehr sogar.

»Was willst du?«, fragte Sander beherrscht. Wieder dieser warme Atem, das heftige Pochen zwischen meinen Beinen nahm zu. Unaufhörlich, wuchs weiter an, verlangte nach mehr.

»Dich. Jetzt«, stieß ich aus.

»Was willst du genau?« Anscheinend stand Sander auf Dirty Talk. Gut. Ich auch.

»Ich will, dass du mich zum Kommen bringst.«

Meine Antwort ging in ein weiteres Stöhnen über, als Sanders Finger mich zu liebkosen begann. Kräftig, aber nicht zu stark.

Wie benebelt drängte ich mich der Berührung entgegen, ließ mich von meinen Gefühlen und der Lust treiben. Ich bewegte mein Becken vor und zurück, während der Druck in mir weiter zunahm. Durch den Nebel nahm ich wahr, wie Sander seine Position veränderte, sodass er mit zwei Fingern über meinen Slip streichen konnte. Es war intim, aber ich liebte es.

Seine Bewegungen wurden schneller und schneller, kreisende Bewegungen, und ich passte mich dem Rhythmus dieser sinnlichen Folter an, bis ich das Gefühl hatte, im nächsten Augenblick zu zerspringen.

Dann hörte Sander abrupt auf. Ohne Vorwarnung. Ließ mich einfach abstürzen.

»Was?«, protestierte ich vehement und riss blinzelnd die Augen auf. Es war, als wäre ich unfreiwillig in kaltes Wasser gesprungen.

»Noch nicht. Gleich«, versprach Sander und ich hasste und verfluchte ihn dafür, dass er mir keine Erlösung verschafft hatte. »Ich möchte in dir sein, falls du kommst.«

Nicht *wenn* du kommst, *falls* du kommst. Es war ein feiner Unterschied, der mich noch mehr anmachte.

»Da gibt's kein *falls*«, knurrte ich, weil ich immer noch den protestierenden Nachhall seiner Finger fühlte.

Eine Bewegung hinter mir, er richtete sich auf, noch immer in Anzughose und Schuhen. Also drehte ich mich zu ihm um, griff nach hinten und öffnete den BH-Verschluss, dann stieg ich aus dem feuchten Slip, sodass ich nur noch in den hohen Schuhen vor ihm stand. Ich sah, wie er heftig schluckte.

»Sander?«, fragte ich unschuldig.

»Ja?« Sein Blick schien jeden Zentimeter meiner Haut für ein mentales Foto festzuhalten, so eindringlich betrachtete er mich.

»Ich will, dass du mich vögelst. Ich will dich in mir haben. Ganz tief.«

Ihm entwich eine Mischung aus Brummen und Grollen, als er den Abstand zwischen uns verringerte und seinen Mund auf meinen presste. Ich schmeckte seinen Atem, genoss das Gefühl seiner Zunge, die mit meiner spielte, sie neckte.

»Scheiße, nein«, stieß er plötzlich aus, packte mich an den Schultern und brachte Sicherheitsabstand zwischen uns. Sein Brustkorb hob und senkte sich in einem unregelmäßigen Takt, während er mich schwer atmend anvisierte. Noch mit verhangenen Lidern und dieser zerzausten Frisur. Am liebsten hätte ich meine Finger in den nachtschwarzen Strähnen vergraben und einfach weitergemacht.

»Was ist?«, fragte ich verwirrt.

»Ob du es glaubst oder nicht, mit diesem Ausgang des Abends habe ich ehrlich nicht gerechnet. Gib mir … gib mir zehn Minuten, Norah, ich bin gleich wieder da.«

Er machte bereits Anstalten loszustürmen, aber ich hielt ihn zurück.

»Wo willst du denn hin?«

»Gegenüber vom Hotel gibt es einen 7-Eleven.«

»Falls du Kondome kaufen willst, musst du nicht extra los«, flüsterte ich, verschränkte seine Hände mit meinen und zog ihn zu mir, bis ich wieder seine Körperwärme und sein Gewicht auf mir spürte. Ich fühlte mich kühn und mutig und schön, während ich mit der Zungenspitze ganz langsam seine Halsbeuge hinauf bis zu seinem Ohrläppchen wanderte, es vorsichtig mit den Zähnen umfasste und schließlich leise hinzufügte: »Als ich vorhin auf der Toilette war, habe ich gesehen, dass Kondome in meiner Handtasche sind. Ada hat sie mit einem Zettel hineingesteckt.«

»Was stand drauf?«

»Falls euer Wiedersehen so läuft, wie ich es mir für dich wünsche.«

»Sag deiner Freundin, sie hat was gut bei mir«, erwiderte Sander und bugsierte mich in Richtung des Bettes. Lachend legte ich mich auf die gemütlichen Decken, rutschte nach hinten und verfolgte mit glühendem Blick, wie Sander sich auszog. Wieder musste ich schlucken, sobald ich seine Erektion erblickte. Anscheinend hatte ich die Details nach unserer gemeinsamen Nacht verdrängt, denn er war noch beeindruckender als in meiner Erinnerung.

Was kein schlechtes Zeichen war.

»Handtasche?«, fragte er.

Ich deutete zum Flur, wo ich das kleine schwarze Ding achtlos fallen gelassen hatte. Es dauerte nicht lange, dann kehrte er mit der Kondompackung zurück.

»Warte«, sagte ich, als er das Päckchen öffnen wollte. »Ich möchte mich noch revanchieren.«

Er hob die Brauen, lauernd, abwartend. »Wie genau …?«

Als Antwort leckte ich mir über die Lippen und senkte vielsagend den Blick.

»Herregud.« Sander stöhnte auf. »Glaub mir, Norah, ich weiß das zu schätzen, aber bitte vertrau mir, wenn ich dir sage, dass ich keine zehn Sekunden durchhalte, wenn du das jetzt machst.«

Ich stieß ein lautes Lachen aus, bis ich Bauchschmerzen bekam, und Sander stimmte mit ein, was mich wie ein überzuckertes Honigkuchenpferd grinsen ließ. Von einer Wange zur anderen.

»Du bist wundervoll, weißt du das?«, flüsterte er ganz leise an meinen Lippen, wie ein Versprechen, das für die Ewigkeit eingelöst wurde. Mein törichtes Herz fasste seine Worte als

Liebeserklärung auf, was noch viel gefährlicher war, als ich mir eingestehen wollte. Zeitgleich rollte er sich das Kondom über und rückte an mich heran.

»Dreh dich auf die Seite.«

Zu meiner Überraschung versteifte ich mich kurz, als er mich zwischen den Beinen berührte, weil es so lange her war. Aber Sander spürte die Veränderung. Reagierte wie immer einfühlsam darauf.

»Alles gut. Wir lassen uns Zeit.«

Über die Schulter fanden sich unsere Lippen, wieder verhakten sich unsere Hände. Sanders Bewegungen waren zuerst langsam, bittersüß und ich fiel sofort wieder in einen schwerelosen Taumel.

Meine Laute mischten sich mit seinen lustvollen Geräuschen und ich kam Sander entgegen, als er das Tempo steigerte. Immer und immer wieder stieß er in mich und ich öffnete meine Schenkel noch ein bisschen mehr. Er schob seine Hand dazwischen und erzeugte genau die richtige Art von Druck.

Mir entfuhr ein leises Wimmern, das er mit den Lippen auffing. Sander stöhnte in meinen Mund. Ich war berauscht, die Erregung wuchs ins Unermessliche und ich sehnte mich der quälenden Erlösung entgegen. Ich wollte fliegen, hoch und immer höher.

»Bitte.« Automatisch bewegte ich mich ebenfalls vor und zurück, passte mich seinem Tempo an, war der Gegenpol.

»Fuck, Norah.«

Ich liebte den festen Griff, mit dem mich Sander festhielt, das Gefühl seines Gewichts auf meinem Körper, die herrliche Reibung zwischen uns.

Unser heftiger Atem erfüllte die Luft. Es roch nach Schweiß,

Sex, dem intensiven Duft seines Aftershaves und ich verlor mich im Augenblick, während ich Sanders Namen hauchte.

Immer und immer wieder.

Das schien ihn weiter anzuspornen, denn er erhöhte die Intensität seiner Stöße. Gleichzeitig drehte ich mein Becken ein wenig zur Seite, legte meine Hand über seine, um die richtige Position zu finden, ihn anzuleiten.

Ich verlor mich im Strudel, den Bewegungen unserer Körper, einer Sinfonie aus Lust, Glück, Leidenschaft, Sehnsucht und Liebe.

»Ich komme gleich«, hörte ich ihn raunen und meine eigenen Nervenenden vibrierten in gieriger Zustimmung.

Hitze sammelte sich in meinem Unterleib, seine Bewegungen wurden immer schneller. In mir staute sich ein immenses Gefühl auf, ich presste meinen Unterleib gegen seine Hand, während Sander in mich hineinstieß.

Noch einmal. Und noch einmal. Und noch einmal.

Und als sich der Orgasmus mit einem heftigen Zucken entlud, lag ich einige Sekunden lang mit wildem Herzschlag und mit geschlossenen Augen da und lauschte dem Klang dieses heftigen Aufpralls. Sander folgte mir mit ein paar Sekunden Verzögerung, vergrub seine Nase an meinem Hals.

Alles in mir war weich wie Watte, zufrieden und völlig ausgelaugt.

Zärtlich strich mir Sander einige Haarsträhnen aus der Stirn. »Das war … Gott, ich bin einfach nur froh, dass es nicht nach zehn Sekunden vorbei war.«

»Das war sehr schön«, antwortete ich und hauchte einen Kuss auf seine Nasenspitze. Wir waren beide verschwitzt, meine Beine aus Gummi. »Sollen wir zusammen duschen?«

Erst sah Sander mich ungläubig an, dann ließ er sich mit

einem lauten Stöhnen ins Kissen zurücksinken, ehe er ein zweites über sein Gesicht presste und laut hineinbrüllte.

»Heißt das etwa ja?«

Sander nahm das Kissen wieder weg und grinste mich spitzbübisch von der Seite an. »Ich würde gern sagen, gib mir ein paar Minuten, aber das wäre gelogen. Solange es aus unschuldigem Einseifen besteht, habe ich nichts dagegen einzuwenden.«

Wir gingen ins Bad, er voraus, ich folgte. Es war unkompliziert, ohne peinliche Scham, als wäre es das Natürlichste auf der Welt. Ich genoss den Anblick seines Körpers bei etwas mehr als nur dämmrigem Licht, den Verlauf seiner Muskeln. Es weckte erneut die Erinnerung an unsere Sauna-Begegnung, die ein halbes Leben zurückzuliegen schien.

Zusammen zu duschen hatte etwas Vertrautes, beinahe Intimes. Nicht mehr, als wir miteinander geteilt hatten, aber in unserer Nacktheit lag eine Ehrlichkeit, die nichts mit Schweiß und gestöhnten Lauten zu tun hatte.

Gemütliche Wärme umfing mich, als ich eine halbe Stunde später in einen angenehmen Dämmerschlaf glitt. Sanders regelmäßiger Atem, das Gewicht seines Armes über meinem Bauch und die tiefe Geborgenheit, die ich empfand, gaukelten mir ein Glücksgefühl vor, vor dem ich mich fürchtete.

Nein, ich hatte eine Scheißangst.

Erinnere mich daran, mir eine Wohnung in Oslo zu kaufen.

Plötzlich fielen mir seine Worte wieder ein und ich schrak auf. Sander schlief bereits.

Der so leichthin gesagte Satz versetzte mir einen säurezerfressenen Stich, gut platziert und absolut tödlich.

Für ihn war es endgültig mit Oslo. Ich durfte nicht vergessen, dass er sich in dieser Stadt sein Leben aufbauen würde, hier sein Mittelpunkt lag. Und ich? Vermutlich würde ich an den Hardangerfjord zurückkehren, weil ich inzwischen wusste, dass es nichts gab, was ich mehr liebte als die Weite der Natur und den Wind um die Nase, das Brennen der Muskeln und die kühle Morgenluft auf einem Berghang.

Genau diese bewusste Entscheidung für *Hjerteslag Øyeblikke* brauchte ich. Meinen Kampfwillen, mich dafür einzusetzen, in den nächsten Jahren etwas zu verändern, eine neue Generation groß zu machen.

Auch wenn der Abend wunderbar gewesen war, änderte das absolut nichts an meiner Einstellung. Das größte Übel wäre, mein Herz ganz an ihn zu verschenken.

Irgendwann, früher oder später, würde ich ihn verlieren. So, wie ich auch meine Eltern verloren hatte. Endlich konnte ich mir eingestehen, worum es wirklich ging. Nicht um Torben, der nur ein Vorwand gewesen war, sondern darum, für immer alleingelassen zu werden.

Kummer überzog die ohnehin schon auf wackligen Beinen stehende Entscheidung, aber diese Gedanken gaben den entscheidenden Impuls.

Was hatte ich mir gerade dabei gedacht?

Warum war ich mitgegangen?

Die Sehnsucht nach Sander war zu groß gewesen. Wenigstens einmal. Wenigstens kurz, damit ich die Erinnerung für immer mit mir tragen konnte, für die Zeit, wenn sich unsere Wege endgültig trennten. Deswegen und nur deswegen hatte ich mich darauf eingelassen.

Es war nur ein heftiger Dämpfer für meine weich gekochten Empfindungen. Wie ein winziger Stachel, der sich in mein Herz bohrte und es langsam ausbluten ließ.

Mit wild klopfendem Herzen sah ich mich in der gigantischen

Suite um, ließ die Eindrücke auf mich wirken, nachdem ich wieder bei klarem Verstand war.

Dies war Sanders Welt. Nicht meine. Sein Geld, nicht meins.

Für eine Nacht konnte ich Teil davon sein, mehr nicht.

Da war er wieder. Mein Fluchtinstinkt. Verdammt.

Als ich mir sicher war, dass Sander wirklich eingeschlafen war, raffte ich meine Habseligkeiten zusammen und verließ leise das Hotelzimmer. Mit einem Taxi fuhr ich nach Hause, obwohl mein Herz vor Protest weinte, bangte und schrie.

33
SANDER

Als ich am nächsten Morgen aufwachte, war Norah verschwunden. Weg. Als hätte sie sich in Luft aufgelöst. Nur eine schwache Duftnote ihres Parfüms hing noch in der Luft. Erst jetzt, im Tageslicht, bemerkte ich die Größe der Suite, die eindrucksvolle Inneneinrichtung, farblich abgestimmt bis zu den senffarbenen Polstern und den gestreiften Vorhängen. Obwohl ich dank der American Express Centurion Card einige Annehmlichkeiten hatte, beschloss ich, nicht zu frühstücken, sondern mir lieber einen neuen Plan zu überlegen.

Um etwas herunterzukommen, gönnte ich mir eine kurze, eiskalte Dusche. Danach hatte ich wieder einen klareren Kopf, mein Schädel fühlte sich nicht mehr so an, als hätte man ihn mit einer Wolke ausgestopft.

Trotzdem war da noch immer Norahs Geschmack auf meiner Zunge. Ihr Stöhnen hallte in meinem Ohr. Ich spürte das weiche Haar zwischen meinen Fingerspitzen, den rhythmischen Einklang unserer Bewegungen, hörte meinen Namen aus ihrem Mund. Alles roch nach Norah. Sie war überall. Auch unter meiner Haut.

Nachdem ich mich halb angezogen hatte, erschien eine Nachricht von Henning auf meinem Display.

Was machst du an Silvester?

Das schlechte Gewissen kratzte an meinem Bewusstsein. Bisher hatte ich ihm noch nicht erzählt, was mein Großvater mir offenbart hatte. Dabei war Henning davon direkt betroffen gewesen. Sogar so sehr, dass sein Manager aufgrund des möglichen Imageschadens durch das Video eine Fake-Freundin – Karla – engagiert hatte, aus Angst, dass ihm seine Sponsoren absprangen, wenn sie von allem Wind bekamen.

Wieso fragst du? Silvester ist erst in drei Monaten.

Der Freund von Karlas Mitbewohnerin hat uns auf eine Hütte in Österreich eingeladen. Es sind noch zwei Zimmer frei. Vielleicht hast du ja Lust.

Ich überlege es mir. Wie war euer verlängertes Wochenende?

Inzwischen war Henning seit zwei Monaten richtig mit Karla zusammen und sie hatten das freie Wochenende zwischen den Rennen genutzt, um Zeit miteinander zu verbringen, die aktuell recht knapp war. Ihr Jurastudium war arbeitsaufwendig, er hatte mit dem Training in Simulatoren fernab der Rennstrecken und seinen Twitch-Streamings zu tun.

Gut. Zu kurz. Was ist mit dir?

Ich überlegte, ob ich ihn etwas unpersönlich einweihen sollte, und entschied mich dafür. Bis wir uns das nächste Mal sahen, konnten noch ein paar Wochen ins Land ziehen und es war besser, dass er es auf diese Weise erfuhr. Schließlich war er neben Mar einer meiner besten Freunde und hatte immer zu mir gestanden.

Ich wollte mich sowieso schon bei dir melden. Hast du einen Moment Zeit?

Zwei Sekunden später kam ein Video-Anruf von ihm.

»Hey.«

»Hey.« Hennings Gesicht erschien auf dem kleinen Bildschirm. »Was gibt's?«, fragte er auf Englisch und pfiff durch die Zähne, sobald er meinen Hintergrund bemerkte. »Schick. Wo bist du?«

»In Oslo.«

»In einem Hotelzimmer?«

»Ja.«

»Allein?«

Ich knurrte eine undefinierbare Antwort.

»Boah, und ich dachte, du bist noch nicht über Norah hinweg.«

Etwas an meiner Mimik musste mich verraten haben, denn seine dunkelbraunen Augen weiteten sich überrascht und er fuhr sich durch seine Lockenmähne, die er während der letzten Wochen hatte wachsen lassen.

»Sag bloß, sie war da.«

»Deswegen wollte ich aber nicht mit dir sprechen.«

»Und sie hat dich erneut abserviert«, schlussfolgerte er richtig, was mich meine Entscheidung, mit ihm zu sprechen, gleich wieder bereuen ließ.

»Sie schiebt mich weg. Aus Angst, dass ich irgendwann gehe«, gestand ich zögerlich.

Er schüttelte den Kopf. »Die Frauen unserer Generation. An was für Arschlöcher geraten sie eigentlich immer, dass sie solche Vertrauensprobleme haben?«

»Das ist es nicht. Nicht ausschließlich. Es liegt an ihren Eltern, die sind sehr früh verstorben. Ich glaube, sie hat Angst, sich auf jemanden einzulassen, weil sie dann fürchten muss, ihn zu verlieren. Ohne Vorwarnung. So umgeht sie quasi das Risiko.«

»Puh, das klingt nach hartem Tobak. Und das hat sie noch nicht realisiert?«

Ich schüttelte den Kopf. »Nein, ich glaube nicht. Ich bin mir nicht sicher. Vielleicht ist es auch eine bewusste Entscheidung. Eben weil sie das schon längst erkannt hat.«

»Und was willst du machen?«

»Ihr beweisen, dass es schöner ist, einer Beziehung auch mal eine Chance zu geben, selbst wenn die Möglichkeit besteht, alles zu verlieren.«

»Wie möchtest du das anstellen?«, fragte Henning und deutete mit dem Daumen auf sich selbst. »Nachdem ich ziemlich Scheiße gebaut habe und mich auch richtig ins Zeug legen musste, kann ich dir aus Erfahrung sagen, dass es nicht immer die großen Gesten sind. Ich glaube, es ist wichtig, dass sie den Inhalt deiner Message begreift. Dass ihr Herz das am Ende auch versteht.«

Ein freches Grinsen hüpfte über meine Lippen. »Wie pathetisch. Aber wahrscheinlich absolut zutreffend.«

»Lieber pathetisch als ohne die Frau, die ich mir an meiner Seite wünsche.«

»Auch wieder wahr.« Ein langer Seufzer dehnte meinen Brustkorb. »Mein Großvater ist für den Skandal verantwortlich«, sagte ich dann unvermittelt.

Der krasse Themenwechsel schlug ein wie eine Bombe. Henning richtete sich auf, seine Miene nahm einen fast schon mörderischen Ausdruck an, was im starken Kontrast zu seiner sonst so geduldigen Art stand. »Wie bitte? Moment.« Er hielt inne, als wäre ihm ein Gedanke gekommen. »Bist du nicht gerade erst in die Firma eingestiegen?«

»Es war ein Test«, antwortete ich resigniert und schämte mich dafür, kaum Rückgrat gezeigt zu haben. Mich hatte der Mut verlassen. Armselig.

»Das heißt?«

»Es ging darum, ob ich bereit bin, in der Firma wichtige Posten zu übernehmen und meinen Karriereweg bis zum Geschäftsführer zu gehen.«

»Dafür hat er den Skandal eingefädelt und eine mögliche Geschäftsschädigung billigend in Kauf genommen?«

Auf den Gedanken war ich auch schon gekommen, aber dafür gab es eine logische Erklärung. »Meine ganze Familie wurde über Jahrzehnte in der Boulevardpresse durch den Schmutz gezogen: Das hat der Marke KOSGEN nicht geschadet, im Gegenteil. Ich denke, deswegen war das für ihn kein Problem.«

»Und bist du bereit?«, fragte Henning ironisch. »Für deine neue Rolle bei KOSGEN?« Selbst auf dem viel zu kleinen Display konnte ich erkennen, wie angepisst er war.

»Es tut mir leid, ja?«

Seine Züge glätteten sich etwas. »Ich hoffe, es tut dir für

dich selbst leid. Du solltest endlich wissen, was du willst, nicht, was andere dir vorgeben.« Er seufzte. »Ganz ehrlich? Steh für dich ein, verdammt. Wieso bist du danach noch in die Firma eingestiegen? Nachdem dein Großvater so dein Vertrauen missbraucht hat? Aasmund Skogen, wie er leibt und lebt …«

»Ich hatte einfach keine Nerven mehr, ehrlich gesagt. Und es tut mir leid, dass du die ganze Scheiße mit ausbaden musstest.«

Henning zuckte mit den Schultern, als wäre das keine große Sache. »Ja, eine Zeit lang war die Ungewissheit die Hölle. Aber als das Video veröffentlicht wurde, hat das bei mir zum Glück gar nichts verändert. Dafür hätte ich vermutlich niemals Karla gefunden. Vielleicht sollte ich deinem Großvater am Ende noch dankbar sein«, erwiderte er, doch ich konnte heraushören, wie sehr ihm die ganze Sache gegen den Strich ging.

»Kann ich es wiedergutmachen?«

»Krieg deinen Arsch hoch, Skogen«, antwortete Henning knapp und obwohl ich nicht antwortete, war uns beiden klar, dass er damit recht hatte.

»Hat er Stella bezahlt?«, hakte er noch nach.

Wahrscheinlich hätte ich nicht so erleichtert über die Frage sein sollen, aber alles, was mein Freund da von sich gegeben hatte, traf einen wunden Punkt. Wie sollte Norah denn glauben, dass ich für uns einstand, wenn ich es nicht einmal für mich selbst tat? Wie konnte ich sie von etwas überzeugen, dass ich selbst nicht auf die Reihe bekam? Im Grunde bestand mein Leben aus sehr viel heißer Luft.

»Sieht ganz danach aus.«

»Wow.« Mit einer Hand wischte sich Henning über das Gesicht. »Unfassbar. Okay. Und wie geht es jetzt weiter?«

Es war eine ganz einfache Frage. Aber sie löste eine Reihe widersprüchlicher Gefühle in mir aus. Ich wollte schreien. Irgendwo gegentreten. Aus der Haut fahren. Fluchen. Alles gleichzeitig. Die bloße Vorstellung, wieder ins Hamsterrad zurückzukehren, ließ meine Muskeln zu Eis erstarren. Keine Leichtigkeit, bloß Schwere, die mich in die Tiefe hinabzuziehen drohte.

Wem machte ich eigentlich etwas vor?

Das war nicht das Leben, das ich führen wollte.

»Du hast recht.«

»Das habe ich meistens, aber du musst das schon etwas konkretisieren«, antwortete Henning ohne eine Spur von Sarkasmus in der Stimme.

Meine Gedanken sprangen im Dreieck, im Kopf ging ich sämtliche Möglichkeiten durch. Ganz bestimmt würde ich nicht mein Leben wegwerfen, indem ich eine Verpflichtung erfüllte, die mich unglücklich machte. Wie ein Pilz, der meinen Körper von innen befallen hatte, um mich langsam auszulöschen.

»Ich muss los.«

»Wohin?«

»Erklär ich dir später. Danke, Henning.«

Wir wechselten noch ein paar belanglose Sätze, dann legten wir auf. Mein Herz raste in meiner Brust und ich spürte einen schon fast irrationalen Tatendrang. Zuerst verließ ich das Hotelzimmer, bezahlte die Nacht und ließ mir meinen Wagen bringen. Dann klapperte ich vier verschiedene Cafés ab, von denen ich nur Gutes gehört hatte. Ich bestellte in jedem einen Cappuccino to go, auch wenn es mich den halben Vormittag kostete und der erste Cappuccino inzwischen kalt war.

Nachdem ich das erledigt hatte, fuhr ich zu Norahs und

Adas Adresse. Mittlerweile war es fast Mittag und ich hoffte, dass mein Auftauchen nicht zu unverschämt war. Aber wenn ich Norah für mich gewinnen wollte, musste ich ihr zeigen, wie ernst ich es meinte. Ohne ihren persönlichen Raum zu verletzen.

Ich hoffte, diesen Drahtseilakt am Ende an einem Stück zu bewältigen und nicht auf dem Boden aufzuschlagen und mir sämtliche Knochen zu brechen.

Der Türsummer ertönte und ich stieg die Treppen nach oben. Sobald ich Norah im Rahmen der Wohnungstür entdeckte, machte mein Herz einen Satz. Sie hatte die langen Haare mit einer Spange zusammengesteckt und trug ein Formel-1-Shirt meines Lieblingsteams sowie eine passende Jeanshose mit hohem Taillenschnitt und breitem Beinaufschlag. Ein Ende des Shirts war nachlässig in den Bund gestopft. Es war ein starker Kontrast zu gestern Abend, dennoch sah sie wunderschön aus.

Ich fühlte mich zu ihr hingezogen. Mehr als das.

Wie von selbst teilten sich meine Lippen zu einem breiten Lächeln und ich sah, wie sich echte Freude auf ihren Zügen ausbreitete. Sie zog sich zwar immer wieder zurück, aber das lag nur an dieser tief liegenden Urangst, die sie regelrecht dazu zwang.

Ich würde für uns beide stark sein müssen, bis sie bereit war, diese Angst zu überwinden.

»Hey, Norah.« Meine Stimme klang rau, als hätte ich die ganze Nacht über geschrien, und ich räusperte mich. Am liebsten hätte ich meinen freien Arm um sie geschlungen, meine Nase in der weichen Halsbeuge vergraben und sie geküsst, aber das ging nicht.

»Hey, was machst du hier?« Stirnrunzelnd betrachtete sie die

Halterung mit den Cappuccino-Bechern. Gleichzeitig stand da dieses strahlende, hoffnungsvolle Leuchten in ihren Augen.

»Deine Mutter wollte doch den besten Cappuccino der Stadt finden, oder? Ich habe eine Auswahl mitgebracht, damit du das für sie übernehmen kannst.« Ich drehte die Becherhalterung etwas, damit sie die Schriftzüge besser lesen konnte. »Da steht drauf, woher sie sind. Aber ich möchte dich auch nicht bedrängen, wenn du nicht probieren willst.«

Norahs Finger wanderten an ihren Mund, den sie vor Überraschung geöffnet hatte. »Oh. Also … doch, ja, ich möchte probieren.«

Langsam überbrückte ich den letzten Meter zwischen uns und reichte ihr die Halterung. »Hier.«

»Danke, das ist …« Sie holte tief Luft, als würden die Worte sie viel Überwindung kosten. »Mehr, als irgendjemand für mich getan hat. Ich bin dir sehr dankbar.«

Sacht streckte ich meine Hand aus und legte sie aus einem Impuls heraus an Norahs Wange. Mit dem Daumen strich ich darüber und sah, wie sie seufzend die Augen schloss, sich der Berührung entgegenlehnte, als hätte sie förmlich darauf gewartet.

»Sander … ich … wollte nicht einfach so gehen, aber …«, setzte sie an, doch ich unterbrach sie vorsichtig.

»Ich bin da, wenn du mich brauchst. Wenn du willst, dass ich gehe, gehe ich. Wenn du willst, dass wir keinen Kontakt haben, musst du nur ein Wort sagen und ich verschwinde.« Die Worte auszusprechen verlangte mir mehr ab als jedes schweißtreibende Training der letzten Jahre. Selbst die Vorstellung, meinem Großvater gegenüberzutreten, war auf einmal nicht mehr so schlimm.

»Sander …«, sagte sie kläglich und in mir tat sich ein Riss

auf. Sie wirkte gerührt und überfordert, noch nicht mit sich im Reinen. Sie war noch nicht so weit.

Würde sie es jemals sein? Das wusste ich nicht.

Aber ich war bereit, geduldig zu sein. Auch wenn es Wochen oder Monate dauern würde. Das war mir egal.

Wichtig war nur, dass alles in einem Tempo geschah, mit dem Norah einverstanden war.

Bisher hatte ich in meinem Leben noch nie für etwas gekämpft, das ich wirklich gewollt hatte. Vielleicht musste ich woanders anfangen. Bei mir. Meiner Karriere, den Veränderungen, die notwendig waren, um wahrhaftig glücklich zu sein. Glücklich mit Norah.

Womöglich war es tatsächlich das, was notwendig war, um den letzten Funken bei ihr überspringen zu lassen. Denn ich sah, wie sie mit sich rang, wie sie gegen den Impuls ankämpfte, *uns* eine Chance zu geben.

Gestern Nacht war dafür der beste Beweis gewesen.

»Was hast du nächsten Samstag vor?«, fragte ich deswegen und ließ sie nicht aus den Augen.

»Warum?«

»Hättest du Lust, mit mir auf einen Ball zu gehen?«

Ihre Augen wurden groß. »Einen Ball?«

Ich nickte. »Es ist eine Benefizveranstaltung.«

Einige Sekunden lang starrte Norah zu mir hoch. Dann nickte sie.

Es war immerhin ein Anfang.

hjerteslag
ØYEBLIKKE

34

NORAH

> Ich freue mich auf Samstag.
> Soll ich dich abholen?

Es war Donnerstagabend, fast eine Woche, nachdem Sander und ich die Nacht miteinander verbracht hatten und er den perfekten Abend für mich organisiert hatte. Wenn er nicht da war, vermisste ich ihn körperlich, als wäre ich auf Entzug. Ich starrte sein Profilbild an, ein Foto, das jemand an einem Abend mit Freunden geschossen haben musste, denn er schaute zur Seite und war ein gutes Stück von der Kamera entfernt. Das schwarze Haar war zur Seite gekämmt, ich liebte die Andeutung eines Lächelns auf seinen Lippen, seine Haut war glänzend und braun gebrannt vom Sommer, beinahe olivfarben.

> Ich finde so hin. Schick mir gerne die Adresse.

Es war mir schwergefallen, überhaupt zuzusagen. Nicht, weil ich nicht wollte. Das Gegenteil war der Fall. Ich stand mir einfach selbst im Weg. Das war mir bewusst, aber ich war absolut machtlos.

Sicher? Wir können gemeinsam dort auftauchen, allerdings mache ich auch noch ein paar Pressefotos.

Ja, sicher. Was machst du gerade?

Bevor ich es verhindern konnte, hatte ich die Frage bereits abgesendet. Verzweifelt biss ich mir auf die Unterlippe, denn die Nachricht konnte ich nicht mehr löschen. Er hatte sie bereits gelesen. Kurz darauf kam ein Schnappschuss von Sander mit Schwimmbrille um den Hals, die einen roten Abdruck auf seiner Stirn hinterlassen hatte, und dem Ansatz seines nackten Oberkörpers, der ein sehnsuchtsvolles Ziehen in meinem Bauch auslöste.

Großartig.

Mit einem Knurren schwang ich mich aus meinem Bett, um mir ein Glas Wasser zu holen.

In der Küche räumte Ada in einfachen Jeans und einem weißen Shirt die Spülmaschine aus. Die Tür zu ihrem Zimmer stand offen und es drangen Musik sowie Liams leises Fluchen heraus. Auf meinen verwunderten Blick hin drehte sich Ada mit einem Schulterzucken um. »Er musste heute das Fußballtraining absagen, weil etwas für die Arbeit noch nicht fertig ist.«

»Der Arme.« Mein Mundwinkel zuckte. »Wie geht's dir?« Ich musterte meine beste Freundin, die lebhaft und frisch wirkte, völlig in sich ruhend.

»Gut. Sehr gut sogar«, antwortete Ada, ohne dabei dieses

überschwängliche Lächeln von ihren Lippen zu bekommen, das dort klebte. Dazu entschlüpfte ihr ein winziges Kichern. »Ich glaube, das Zusammenziehen war genau richtig. Es hat unserer Beziehung gutgetan, weil wir Dinge viel schneller klären können und nicht mehr auf die lange Bank schieben.«

»Das merkt man.« *Und hört man*, dachte ich.

Sie sah mich geradewegs an. »Was ist mit dir? Du wirkst irgendwie … niedergeschlagen.«

»Sander hat ein Foto von sich geschickt.« Es klang, als hätte ich vom Ende der Welt erfahren.

»Oh, wow«, antwortete Ada und verdrehte die Augen. »Du hast recht, wie schrecklich. Ich weiß gar nicht, wie ich dich angesichts dieser niederschmetternden Nachricht trösten soll.«

»Ach, hör auf«, murmelte ich und boxte gespielt gegen ihre Schulter, bevor ich mich um mein Glas Wasser kümmerte. »Er hat mich auf einen Ball eingeladen.«

»Was? Welchen Ball?«

»Am Samstag, keine Ahnung. Da ist so eine Benefizveranstaltung …«

Adas Kreischen klingelte wie eine Kettensäge direkt neben meiner Ohrmuschel. »Der Benefizball im alten Theater? Er hat dich nicht nur auf einen Ball eingeladen, das ist neben dem Opernball die größte Veranstaltung des Jahres in Oslo, davon habe selbst ich schon gehört! Und wieso erzählst du mir das erst jetzt? Ich musste dir schon die Details zu eurem Abend aus der Nase ziehen.«

»Ich weiß.« Ich seufzte leise. »Wenn ich dich einweihe, macht es alles realer und davor habe ich einfach wahnsinnige Angst.«

Ada lehnte sich mit dem Po gegen die geschlossene Spülmaschine und kreuzte mit einem verständnisvollen Lächeln die Arme vor der Brust. »Du traust dich nicht, glücklich zu sein?«

»Ja.«

»Weil du Angst davor hast, ihn wieder zu verlieren?«

Mehr als ein stummes Nicken brachte ich nicht zustande.

»Erinnerst du dich an meinen vierzehnten Geburtstag?« Überrascht sah ich auf und begegnete ihrem aufmerksamen Blick, in dem so viel Zuneigung lag. »Ernsthaft, ich hätte dir damals beinahe die Freundschaft gekündigt, weil du nicht aufgekreuzt bist. Ich war so sauer. Aber dann hast du eine Woche später etwas auf den Zettel geschrieben, den wir in der Schule immer hin und her geschickt haben. Da wurde mir klar, dass du mich nicht absichtlich verletzen wolltest, sondern einfach gemerkt hast, wie wichtig ich dir bin. Mach den Fehler nicht bei allen Menschen, die du in dein Leben lässt, Norah.«

»Ich wünschte, ich könnte«, murmelte ich kleinlaut und mit dröhnendem Herzschlag.

»Du kannst. Du musst nur lernen, wie.« Ada schnalzte mit der Zunge. »So, und jetzt zu einer anderen entscheidenden Frage: Was ziehst du an?«

»Ich dachte an das Kleid vom letzten Mal?«, erwiderte ich schulterzuckend, doch an der entsetzten Miene meiner Freundin konnte ich ablesen, dass dies nicht die richtige Antwort gewesen war.

»Nein, weißt du, was … Erinnerst du dich an das Kleid, das ich auf dem Abschlussball meines Bruders getragen habe? Das cremefarbene mit dem weit fallenden Rock, den unzähligen Pailletten und der kleinen Schärpe, das so schön tailliert ist? Ich hatte es nur einmal an.« Begeistert klatschte Ada in die Hände. »Das solltest du tragen. Es wäre perfekt für diesen Anlass.«

Der Ballsaal befand sich in einem noblen Fünf-Sterne-Hotel, das ich bisher nur im Vorbeifahren gesehen und bestaunt hatte. Mein Herz sank, als ich aus der Tram stieg und die letzten Meter bis zum Haupteingang zurücklegte. Immer wieder fuhren schicke Limousinen vor, aus denen elegante Damen und Herren stiegen. Förmlich gekleidet, in langen Abendroben oder schlichten Kleidern. Sie bewegten sich mit einer geübten Selbstbeherrschung und schwebten über den ausgerollten Teppich, als hätten sie nie etwas anderes gemacht.

Im Stillen dankte ich Ada für ihre Hilfe, denn sie hatte mir das Haar zu einer halb geschlossenen Hochsteckfrisur gebunden. Einzelne Strähnen kringelten sich um mein Gesicht, während ich den geladenen Gästen folgte. An einer Seite des Teppichs war eine weiße Wand aufgebaut, auf der mehrere Firmenlogos prangten. Ich erkannte auch das KOSGEN-Logo mit der hübschen Krone, das den größten Platz einnahm.

Am Einlass zeigte ich meine Eintrittskarte, die Sander mir hatte zukommen lassen, und betrat ein weitläufiges Foyer. Marmorböden und architektonisch erstaunlich hohe Decken empfingen mich und erinnerten mich fast ein wenig an das moderne Opernhaus. Viele Holzelemente, viel Raum. Trotzdem fühlte ich mich wie in eine viel zu enge Kiste gesperrt.

Ich vermisste die Weite der Natur. Das Atmen der sommerlichen Luft, die Geräusche, die erst in der Nacht zum Leben erwachten. Es roch nach unbezahlbaren Parfüms und gebratenem Fisch und Fleisch, die in einem *Flying Buffet* die Runde machten.

Es war so seltsam, hier zu sein. Wie eine Außerirdische, die einen Besuch auf der Erde abhielt. Niemand nahm richtig Notiz von mir, ich verschmolz förmlich mit der Menge. Was nicht zuletzt an Adas Kleid und ihren geschickten Händen lag, die aus meiner Lockenmähne eine ansehnliche Hochsteckfrisur gezaubert hatten. Der geschickte Schnitt betonte meine Rundungen an genau den richtigen Stellen und der helle Stoff betonte meine Augen, die ich mit einem passenden Lidstrich geschminkt hatte. Um nicht doch noch aufzufallen, schnappte ich mir ein Glas Sekt – oder Champagner? – vom Tablett einer vorbeischwebenden Kellnerin.

»Da bist du ja.« Wie aus dem Nichts und mit einem strahlenden Lächeln tauchte Sander neben mir auf. Mein verräterisches, langsam heilendes Herz machte einen winzigen Satz vor Freude, am liebsten hätte ich mich an seine Brust geworfen.

Helvete, er fehlte mir so sehr.

Sein Blick wanderte an mir herab, so intensiv, so eindringlich, dass alles in mir sofort in Flammen stand. Nur weil er mich auf diese ganz bestimmte Weise betrachtete.

»Du siehst wundervoll aus, aber das tust du immer. Vor allem in den Trekkingklamotten, aber das heißt nicht, dass ich das hier nicht …« Sander räusperte sich, weil er sich gerade um Kopf und Kragen redete. »Wunderschön«, schloss er schließlich fast schon ehrfürchtig.

Ich wusste, dass er es so meinte. In seinen Augen war ich das. *Wunderschön*.

»Danke«, antwortete ich verlegen, ich glühte von innen. Doch da war noch etwas anderes. Dieses Gefühl, nicht hierherzugehören.

»Hey, alles in Ordnung?«, fragte er besorgt und legte seine

Hand wie einen Schutzschirm um meine Wange. Sofort jagte die leichtfertige Berührung prickelnde Stromschläge durch meinen Körper.

»Ich fühle mich nur etwas fehl am Platz, gehemmt, wie in einem zu engen Korsett.«

Sanders Augen funkelten. »Ich weiß genau, wie du dich fühlst. Auch wenn ich keine Ahnung habe, wie es ist, in einem Korsett zu stecken. Ich habe auf solchen Events immer den Eindruck, als würde ich zu lange tauchen und keine Luft mehr bekommen. Als würde der ganze Druck meine Lunge zum Platzen bringen wollen.«

»Interessantes Bild«, erwiderte ich.

Ein verschmitztes Lächeln huschte über seine Lippen. »Ja, aber jetzt, wo du da bist, ist es gleich viel besser. Komm, ich stelle dich meiner Familie vor.«

»Deiner … deiner … *was*?«, stammelte ich und merkte, wie jegliches Blut aus meinen Wangen wich und ich kalte Finger bekam. Als hätte ich in die Winterfluten des Hardangerfjords gegriffen.

»Meiner Familie. Aber keine Sorge, sie beißen nicht. Zumindest nicht alle von ihnen. Elli!« Äußerst zufrieden winkte Sander einer jungen Frau zu, die ihre honigblonden Haare spiegelglatt und offen trug, passend zu dem senfgelben, schulterfreien Kleid, das ihr bis zu den Knöcheln reichte. Anmutig kam sie näher, ein herzliches Lächeln zierte ihren spitzen Mund und ihre warmen Augen strahlten vergnügt, sobald sie ihren Blick auf mich richtete. Sie war schmächtig und klein, besaß aber eine beeindruckende Ausstrahlung. Wie ein tiefer Bergsee. Man wusste nie, welche Kraft darin lauerte.

»Norah, das ist Elli, meine Schwester. Elli, das ist Norah.«

Sanders Betonung ließ mich darauf schließen, dass er ihr bereits von mir erzählt hatte. Die Frage war, was? Und wie viel?

Ellis Wangen wurden fleckig und rot und ich merkte, wie unwohl sie sich in dieser Kennenlernsituation fühlte, was irgendwie süß war. Nervös knetete sie die Hände, schien nicht zu wissen, was sie sagen sollte.

»Ich habe gerade zu deinem Bruder gesagt, dass ich mich wie in ein Korsett gezwängt fühle«, versuchte ich, den Moment etwas aufzulockern. »Freut mich, dich kennenzulernen.«

»Es freut mich auch sehr«, erwiderte sie, sichtlich erleichtert, dass ich das Reden übernahm.

»Dahinten ist Theodor, aber er ist gerade dabei, die Weltherrschaft an sich zu reißen«, scherzte Sander und deutete auf einen hochgewachsenen jungen Mann mit dunkelblondem, perfekt frisiertem Haar und einer ernsten, fast schon verschlossenen Miene. Auf den zweiten Blick bemerkte ich die lose Ähnlichkeit zwischen ihm und Sander, dieselbe gerade Haltung, die Größe und die Attraktivität, aber alles an Theodor wirkte etwas steif, als befände er sich die ganze Zeit in Habachtstellung.

»Meine Eltern müssten auch irgendwo sein.« Suchend blickte Sander sich um, wobei mir wieder einmal auffiel, wie gut er aussah. Zufrieden. In sich ruhend.

»Schon in Ordnung«, beeilte ich mich zu sagen. »Du musst mir nicht alle vorstellen.«

»Dann ein anderes Mal«, antwortete er, als wäre das selbstverständlich, als würde es *ein anderes Mal* geben, und mein Herz sank ein wenig. Das hier war sein Leben. Darin war nicht viel Platz für mich, vor allem nicht, weil ich irgendwann – und zwar sehr bald – wieder nach Hause gehen würde.

In diesem Augenblick setzte im Hintergrund ein klassisches Musikstück ein, das verdächtig nach Walzer klang. Selbst ich erkannte den Dreivierteltakt.

Sander streckte auffordernd und mit so viel Selbstvertrauen die Hand aus, dass es mir schwerfiel, mich ihm zu entziehen. »Hast du Lust?«

»Ich kann gar nicht tanzen«, gestand ich leise und ärgerte mich über meine piepsige Tonlage, als müsste ich mich dafür schämen. »Also, keinen Standard.«

»Das macht nichts. Ich erkläre es dir und führe dich. Das ist doch in Ordnung, Elli, oder?«

Seine Schwester nickte und winkte uns lächelnd zu, während mich Sander in einen atemberaubenden Saal lenkte. Die Stelle, an der er mich berührte, kribbelte. Vorn war eine Bühne aufgebaut und es tanzten bereits einige Leute, angetrieben von den sanften Tönen der zeitlosen Musik, die mir ins Blut ging.

Meinen Eltern hätte das bestimmt gefallen, dachte ich ein bisschen wehmütig, als mich Sander unter neugierigen Blicken auf die Tanzfläche führte. Wieder etwas, das ich auf der unsichtbaren Liste abhaken konnte. Was schön war, aber auch traurig.

An seiner Seite zu sein, hatte ein bisschen etwas von einer Zielpersonenmarkierung, die ich aus Filmen kannte. Viele wandten sich uns zu, beobachteten jeden seiner Schritte, aber er nahm das alles gar nicht wahr. Immer wieder sah er nur mich an, als würde nur ich ihm etwas bedeuten. Mein Herz pochte schmerzerfüllt gegen meine Rippen. Aber in seiner Gegenwart hatte ich gleichzeitig das Gefühl zu schweben.

Die unbändige Hitze seiner Hand drang durch meine Fingerspitzen, als wir die Tanzfläche betraten und er mich näher an sich zog, sodass sich unser Atem vermischte. Mir wurde schwindelig, ich bekam weiche Knie. Locker hob er den Arm, hielt meine Hand auf Schulterhöhe und schob seine andere Hand auf meinen Rücken. Automatisch stützte ich mich leicht an seiner Schulter ab und das schelmische Funkeln in seinen Augen war ein wahrer Brandstifter in meinem Inneren.

»Nicht verkrampfen«, flüsterte er, ein wenig in meine Richtung gebeugt, viel zu dicht an meinem Ohr. Sämtliche Härchen richteten sich auf und ein wohliger Schauder durchrieselte mich. Als ich den Blick auf meine Füße senken wollte, schob er schnell einen Finger unter mein Kinn und hob es wieder an. Seine Augen waren ein Sternenmeer.

»Lass dich führen. Nicht nachdenken. Schalt den Kopf aus.«

»Führen lassen?«

»Die Kontrolle abgeben«, antwortete er und zwinkerte mir zu. Ich hatte nicht den blassesten Schimmer, seit wann ich Zwinkern sexy fand. Aber selbst das bekam er irgendwie hin. »Ich weiß, das fällt dir bestimmt schwer. Aber vertrau mir einfach.«

Vertrau mir einfach.

Es waren nur drei Wörter, ein Satz, und doch war er wie ein Kleber für mein Herz, das immer noch litt, sich immer noch wand, immer noch in Scherben lag. Sander gab mir Hoffnung, er gab mir Mut. Anfangs waren meine Bewegungen noch etwas hölzern wie bei Pinocchio, der gerade laufen lernte. Doch es dauerte nicht lange, da taute ich auf. Ich ließ mich von der Musik tragen, spürte Sanders Handfläche wie ein heißes Eisen. Jeder Zentimeter, den er berührte, lag in Flammen. Meine Haut fühlte sich gereizt an wie nach einem besonders starken Peeling.

Aber es war kein unangenehmes Gefühl. Vielmehr so, als

würde ich aus einem langen Schlaf erwachen. Und ich sah nur ihn. Nur Sander.

Die melodischen Töne drangen verzerrt zu mir durch, als hätte jemand einen Vorhang gelüftet, und meine Wahrnehmung verschob sich etwas. Endlich bemerkte ich wieder die Gesprächsfetzen um uns herum, während Sander mich über das Parkett tanzen ließ. Erst langsam, dann immer sicherer.

Sanders Blick strich wie eine Liebkosung über mein Gesicht und er musste auch nichts sagen, er sprach durch seine Berührungen zu mir.

Als wir schließlich drei Tänze später stehen blieben, brannten meine Wangen. Alles in mir summte und lachte, als hätte ich einen Glückscocktail zu mir genommen, und ich brauchte einige Sekunden, um aus meiner Blase wieder aufzutauchen. Um uns herum brandete Beifall auf.

»Das war … sehr schön.« Ich meinte es auch so. Ich war nur völlig überfordert.

Aus dem Augenwinkel registrierte ich einen älteren Herrn, der ausgesprochen gut aussah. Aber es war etwas in seiner Gangart und dem wachsamen Blick, das mich unwillkürlich frösteln ließ. Es war Aasmund Skogen. Ich erkannte ihn von den Fotos, die ich im Internet entdeckt hatte. Und an der unübersehbaren Ähnlichkeit mit seinem Enkel.

»Aleksander«, begrüßte er Sander, der abgehackt nickte, jedoch keinen Ton sagte.

»Eine neue Tanzpartnerin?«, fragte Sanders Großvater mit einem abschätzigen Blick über meine Gestalt. Da lag nur kühle Distanz in den Augen, die mich an Sander erinnerten. Wie seltsam, dass zwei so ähnliche Augenfarben so unterschiedlich wirken konnten. Warm und verständnisvoll. Berechnend und kalt.

»Das ist Norah Svendsen«, stellte mich Sander vor, sein höfliches Lächeln erreichte nicht seine Augen. »Sie ist heute Abend meine Begleitung.«

»Das Mädchen von der Tour?«

Ich bemerkte die Anspannung in Sanders Schultern und wunderte mich darüber, dass Sander offenbar mit ihm über mich gesprochen hatte. »Ja.«

Sein Großvater schmunzelte und die Härte wich aus seinem Gesicht. Jetzt sah er nicht mehr so Furcht einflößend aus, was Sander allerdings nicht wirklich zu bemerken schien. »Nun, dann hoffe ich, du weißt, was du tust.« Mit diesen Worten ließ er uns stehen.

Verdutzt sah ich ihm nach, bis er in der Menge verschwunden war.

»Er war nicht immer so hart. Erst als meine Oma vor fünf Jahren gestorben ist. Sie hat diese Kälte abgefangen, aber seitdem ist es, als hätte er seine bessere Hälfte verloren.«

Sanders Blick flackerte, sobald er mich anschaute, und ich spürte, wie sich etwas in seinem Innern verschob. Seine gesamte Haltung veränderte sich. Ging in den Angriffsmodus über. Als hätte er eine Entscheidung gefällt.

»Norah, gibst du mir kurz ein paar Minuten?« Selbst seine Stimme klang stählern. Aus Eisen geschmiedet.

»Ähm … ja, klar.«

»Ich bin gleich wieder da. Bleib hier, okay? Ich finde dich.« Das Lächeln auf seinen Lippen ließ seine Augen wieder funkeln. »Versprochen.«

Als er ging, wirkte er voller Tatendrang und Leben. Zielstrebig. Was er wohl vorhatte? Ich sah zu, wie er seinem Großvater hinterhereilte, als plötzlich eine wunderschöne junge Frau seinen Weg kreuzte. Sie legte ihm die behandschuhten

Hände auf den Unterarm und hauchte ihm zwei Küsschen auf die Wangen. Es wirkte kein bisschen einstudiert, sondern völlig natürlich, was mir einen heftigen Stich versetzte.

Die Szene ließ mich nicht los.

Auf einmal fühlte ich mich wieder völlig fremd. Selbst meinen üblichen Witz und meine schnelle Zunge schien ich verloren zu haben. Als würde dieser Ort, diese Welt mir all das stehlen.

Die junge Frau lachte, die schwarzen Locken unterstrichen ihre feinen Gesichtszüge, den üppigen Schmollmund und die kecke Spitznase.

Die Erkenntnis schlug ein wie ein Blitz. Ich hatte bereits ein Foto von ihr gesehen. Natürlich!

Das war Sanders Ex-Freundin.

Eifersucht durchfuhr mich, völlig unnötig und völlig unzusammenhängend. Doch noch schlimmer war die niederschmetternde Einsicht, die mich wie ein Kinnhaken erwischte. Die Bilder in meinem Kopf setzten sich zusammen. Es war die Art, wie sie perfekt an seinen Arm, seine Seite, in sein Leben passte.

Das war etwas, was ich niemals erfüllen könnte, nie erreichen würde. Selbst wenn ich es gewollt hätte.

Also tat ich das, was ich in den letzten Wochen perfektioniert hatte: Ich trat den Rückzug an.

35

SANDER

Inmitten der Menschen, die einst meinen Lebensmittelpunkt gebildet hatten, kam ich mir seltsam vor. Ich fühlte mich fehl am Platz, als würde ich nicht wirklich hierhergehören. Als würde ich sie alle durch eine unsichtbare Glasscheibe beobachten, die uns trennte. Nach einer kurzen Unterhaltung mit Lari sah ich ihr nach, wie sie zu ihren Freundinnen hinüberging. Anmutig, keine Frage, aber ihr Anblick ließ mich kalt. Wir hatten zwar eine tolle Zeit gehabt, aber … es hatte immer etwas gefehlt.

Einzig Norahs Anwesenheit verlieh mir Kraft.

Ich blickte mich weiter nach meinem Großvater um, denn ich wollte ihm jetzt und hier endlich meinen Entschluss mitteilen.

Ich wollte meinen eigenen Weg gehen. Mich nicht an das Unternehmen binden. Es wurde Zeit. Ich hatte schon genügend davon verschenkt.

Aber von ihm fehlte jede Spur. *Pokker.*

»Du siehst ein bisschen aus, als wärst du durch den Wind.« Elli kam die Wendeltreppe herunter, die in das zweite Stockwerk des Hotels führte. Seit ich in die Firma eingestiegen und das Thema über *ihren* Einstieg unter den Tisch gefallen war, ging mir Elli aus dem Weg. Es war ihre Art, damit umzugehen, verletzt worden zu sein.

Was ich verstand. Sie hatte sich Hoffnungen gemacht. Und ich hatte sie im Stich gelassen.

»Ich suche Großvater«, erwiderte ich und fuhr mir durch die Haare. Jetzt, wo wir unter uns waren, hatte sie nicht mehr das freundliche Lächeln aufgesetzt. Durchaus nachvollziehbar. »Danke, dass du so nett zu Norah warst, obwohl du sauer auf mich bist.«

»Weshalb sollte ich sauer sein?«

Ich seufzte leise. »Elli, ich muss mich bei dir entschuldigen.«

Sie hob eine sanft geschwungene Braue, das einzige Anzeichen dafür, wie verletzt und enttäuscht sie wirklich war. Denn in den Tiefen ihres Herzens konnte sie niemandem böse sein. Ohne Erwiderung nippte sie an ihrem Sektglas.

»Wofür?«, fragte sie dann gedehnt.

»Ich bin nicht stark, Elli. War nicht stark genug auszusteigen. Zumindest nicht vor ein paar Wochen. Der Bruch mit Norah hat mir … meinen Willen genommen, es durchzuziehen. Aber ich habe erkannt, dass ich diese Entscheidung nicht auf ihrem Rücken austragen kann, sondern dass es ganz allein mein Ding ist. Und ich hätte mit dir darüber reden sollen. Vor allem, weil du einen Weg für dich in der Firma siehst.«

Elli senkte den Blick auf ihre Füße, die in edlen, zeitlosen Stilettos steckten, und drückte dann den Rücken durch, eine kämpferische Haltung, für die ich sie noch mehr liebte. »Du hast mich hängen lassen und bist wieder in alte Muster verfallen, Sander, und das tut unheimlich weh. Nicht meinetwegen, sondern weil ich das Gefühl habe, dass du dir selbst etwas vormachst.« Sie stellte das leere Glas auf das freie Tablett eines

Kellners, der vorüberging, und drehte sich ganz zu mir um, musterte mich eindringlich. »Du warst doch immer der Stärkere von uns beiden. Und wenn du nicht für das einstehen kannst, was du willst, wie soll ich das dann jemals schaffen?«

Wie traurige Blütenköpfe hingen Ellis Mundwinkel herab. Unwillkürlich nahm ich sie in den Arm und sie drückte mich fest an sich.

»Versprich mir, für dich einzustehen, ja? Ich kann es nicht ertragen, dich unglücklich zu sehen. Und du bist unglücklich, wenn du wieder diese Maske aufsetzt und allen etwas vormachst.«

Helvete, sie hatte recht. »Elli, du bist stark. Und klug. Und voller Ideen. Ich bin mir sicher, dass es eine Position in der Firma gibt, die zu dir passt, wenn du es möchtest. Und nur fürs Protokoll, ich bin gerade auf der Suche nach Großvater, weil ich ihm endlich mitteilen möchte, dass ich aussteigen will.«

Ich spürte ihr Lächeln, bevor sie ein kleines Stück von mir abrückte, um mir ins Gesicht sehen zu können. »Oh, das freut mich so sehr! Und was mich betrifft … irgendwann vielleicht.«

Theodor ging an uns vorbei und verdrehte die Augen, als er uns in der vertrauten Pose sah. »Na, ihr beiden *best buddies*.«

Heute Abend trug er ein dunkelgraues Hemd und hatte seine glatten Haare aus dem Gesicht gekämmt. Mit der Leonardo-Di-Caprio-Gedächtnis-Frisur und dem noch jungenhaften Aussehen wirkte er viel zugänglicher. Doch der kühle Ausdruck seiner braunen Augen, gemischt mit dem ernsten Zug um seinen Mund, zerschlug diesen ersten Eindruck gleich wieder.

»Alles gut?«, fragte er, ohne wirkliches Interesse zu zeigen.

Mit seiner Anwesenheit sank die Temperatur im großzügigen Foyer mit den unzähligen Kronleuchtern. Selbst die Sterne, die durch die breite Fensterfront gut zu erkennen waren, verschwanden hinter einer dicken Wolkenfront.

»Ziehst du irgendwann mal den Stock aus dem Arsch?«, wollte ich von ihm wissen, woraufhin mich Elli in die Seite kniff und mein Bruder mir einen finsteren Blick zuwarf.

»Sei nicht so gemein«, wies Elli mich mit ihrer sanften Stimme zurecht und ich spürte, wie meine Mundwinkel zuckten.

»Manchmal habe ich das Gefühl, dass unsere Rollen etwas vertauscht sind«, erwiderte ich kopfschüttelnd.

»Ich hätte das Hockeytraining doch nicht für den Scheißabend aufgeben sollen«, hörte ich ihn murmeln und in diesem Moment hatte ich einen Geistesblitz.

»Du spielst wieder?«, fragte ich.

»Ja, seit drei Wochen«, lautete die gebrummte Antwort.

»Du spielst doch in einer Eishalle, oder?«

Theo sah mich an, als hätte ich ihm verkündet, Blumenhändler werden zu wollen. »Klar.«

»Okay, ich komme darauf zurück«, sagte ich geistesabwesend, denn in diesem Moment sah ich unseren Großvater mit zwei elegant gekleideten Herren und setzte mich in Bewegung. Als ich ihn erreichte, schlug mein Herz wie wild. Hitze sammelte sich in meinem Magen. Aber ich zwang mich, äußerlich gelassen zu wirken.

»Kann ich dich kurz sprechen?«

Was auch immer mein Großvater in meinem Gesicht las, es ließ ihn lächeln. »Ich habe mich schon gefragt, wann du kommst.«

Irritiert runzelte ich die Stirn, während Aasmund Skogen

das tat, was er am besten konnte: die Kontrolle über eine Situation behalten. Mit einem Kopfnicken entließ er die beiden Männer, mit denen er sich gerade unterhalten hatte, aus seiner Audienz. »Also, was kann ich für dich tun?«, fragte er, nachdem sie sich entfernt hatten.

Schweiß sammelte sich in meinem Nacken, meine Atmung beschleunigte sich und ich brauchte zwei Sekunden, ehe ich die Worte endlich laut über die Lippen bringen konnte. »Ich möchte aussteigen.«

»So?«, fragte mein Großvater, hob eine seiner buschigen Augenbrauen und sah mich an. Nicht wütend, nicht verletzt, sondern abwartend. Das gab mir neuen Auftrieb, obwohl es mich für einen Sekundenbruchteil aus dem Konzept brachte.

»Ich möchte nicht die Geschäftsleitung übernehmen. Perspektivisch. Das passt nicht zu mir. Meine Zukunft stelle ich mir anders vor.«

»Na endlich.«

Es war, als hätte er eine heiße Nadel in einen Ballon gestochen, der mit einem lauten Knall zerplatzte. Mein Trommelfell dröhnte und ich spürte, wie mein Blut durch den Körper rauschte.

»Was?«

»Ich sagte *Na endlich*. Ich habe nur darauf gewartet, dass du genug Rückgrat zeigst, deine eigenen Entscheidungen zu treffen. Denkst du ernsthaft, ich hätte dir die Führung des Unternehmens überlassen? Jemandem, der nicht dafür brennt, sondern alles daran verabscheut und es noch nicht einmal gut verbergen kann?«

»Aber … aber der Skandal? Und der Vertrag?« Perplex starrte ich den Mann an, der das Familienimperium jahrzehntelang geleitet und weltweit erfolgreich gemacht hatte. »Du hast uns doch von klein auf darauf vorbereitet. *Mich* darauf vorbereitet«, erwiderte ich absolut fassungslos.

»Der Skandal war nur ein Vorwand, um es auf die Spitze zu treiben. Ich wollte deinen eigenen Willen aus dir herauskitzeln. Es war eine unkonventionelle Methode, ja, und anfangs war nicht geplant, das Video zu veröffentlichen. Das tut mir auch leid.«

Ich traute meinen Ohren kaum.

»Den Vertrag für deinen Einstieg habe ich fertig gemacht, weil ich sehen wollte, wann du einknickst.«

»Und warum hast du nicht einfach mit mir darüber geredet?« Am liebsten hätte ich laut gebrüllt, riss mich allerdings zusammen. »Du hättest mich doch fragen können, was ich will? Wie in jeder anderen stinknormalen Familie auch!«

»Aleksander«, sagte er nun und schüttelte den Kopf, als wäre ich begriffsstutzig. »Lass uns in Ruhe darüber reden, wenn du so weit bist. Komm in den nächsten Tagen zu mir nach Hause, dann besprechen wir alles. Und nein, du solltest nie darauf vorbereitet werden. Du solltest nur lernen, für dich selbst einzustehen, damit du es in diesem Haifischbecken zu etwas bringst, wenn das dein Wunsch gewesen wäre. Mehr nicht.«

Die nächsten Sätze nahm ich nur noch verschwommen auf. Als wäre ich gar nicht mehr richtig anwesend. Als würde mein Kopf unter Wasser stecken.

Benommen machte ich mich auf den Rückweg. Bahnte mich durch die gesichtslosen Menschenmassen. Vom Geruch der Kanapees, die an mir vorbeigetragen wurden, wurde mir übel. Meine Beine waren wie aus Kerzenwachs. Jeder Schritt war wie auf Eis. Mein Herz tat weh.

Als ich endlich zu der Stelle zurückkehrte, wo ich Norah zuletzt gesehen hatte, war sie verschwunden. Nervös sah ich mich um, entdeckte sie jedoch nirgends. Vielleicht war sie auf die Toilette gegangen und machte sich frisch.

Mein Blick fiel auf meine Armbanduhr mit dem silbernen Zifferblatt. Ich runzelte die Stirn. Fünfzehn Minuten. Seit fünfzehn Minuten war Norah nicht aufgetaucht.

In meinem Bauch sammelte sich ein Klumpen Blei, aber ich schob das ungute Gefühl beiseite. Wahrscheinlich war sie irgendwo in eine Unterhaltung vertieft und kam bestimmt gleich wieder.

»Na, alles klar?« Lucas Stensrud, einer der Mitarbeiter im Corporate Development, schlenderte auf mich zu, ein Flötenglas in seiner gebräunten Hand. Sein dunkles Haar war raspelkurz geschnitten, was ihm einen fast schon harten Ausdruck verlieh, und ein perfekter Dreitagebart bedeckte seine gemeißelte Kinnpartie. Obwohl er in einem Smoking steckte, konnte man anhand der Passform erkennen, dass er viel Sport trieb. Boxen, soweit ich wusste.

»Hey, ich wusste gar nicht, dass du heute auch hier bist«, erwiderte ich, ohne die Stelle aus den Augen zu lassen, an der ich Norah zuletzt gesehen hatte.

»Das war auch nicht geplant. Eine spontane Einladung.«

»Ich will nicht stören, aber Norah ist gerade ziemlich hastig …« Egal, was meine Schwester hatte sagen wollen, der Satz erstarb auf ihren Lippen und die Hand, die eben nach meinem Unterarm gegriffen hatte, schloss sich schraubstockartig darum. Verwundert folgte ich dem Blick aus ihren weit aufgerissenen Augen und sah zu Lucas, in dessen sonst so gleichgültiger Miene sich ein wahres Wechselbad der Gefühle abspielte.

»Lu…Lucas«, würgte sie hervor. Sie wirkte erschrocken, regelrecht entsetzt. Als würde sie einen Geist sehen.

Kannten sich die beiden? Schon möglich, vielleicht hatte ich ihn aber auch nur öfter erwähnt.

Dann fiel mir ein anderer Lucas ein, von dem ich viel gehört hatte, ohne ihn je getroffen zu haben. Ellis ehemaligen besten Freund.

»Elli«, erwiderte Lucas Stensrud ebenso verblüfft wie sie. »Ich dachte, du kommst heute Abend nicht …«

Es war, als hätte er meiner Schwester einen Elektroschock verpasst, denn sie zuckte förmlich zurück. Ihre Unterlippe bebte verdächtig und ihre sonst so perfekt sitzende Fassade zerfiel vor meinen Augen zu Staub.

Dann richtete sie sich auf. Ein mörderischer Ausdruck stahl sich auf ihr puppenartiges Gesicht, ehe sie ihre Aufmerksamkeit auf mich richtete.

So hatte ich Elli noch nie gesehen. Niemals.

»Sander, ich wollte dir nur sagen, dass Norah gerade sehr hastig das Gebäude verlassen hat.«

Seufzend schloss ich die Augen. Natürlich hatte sie das. Zum Abschluss eines perfekten Abends.

Entschlossenheit durchdrang mich bis in meine Fingerspitzen. Jetzt gab es keinen Weg zurück.

Ich würde ihr ein für alle Mal beweisen, dass ihr Herz bei mir sicher war.

36

NORAH

Løren Ice Rink stand in einfacher Schrift über der gewaltigen, doppelflügeligen Industriehalle, durch dessen Glasfront man den Hallenhockeyspielern zusehen konnte. Auf der anderen Seite erblickte ich eine Eisbahn. Architektonisch kein besonders schöner Ort, dennoch löste er in mir so viele Emotionen und Gefühle aus, dass ich mitten auf der Straße stehen blieb. Nur zwei Schritte von dem Wagen entfernt, mit dem Sander uns hergebracht hatte.

Möchtest du noch einen Wunsch deiner Eltern erfüllen?

Mehr hatte er gestern nicht geschrieben und trotzdem hatte mein Herz dabei viel zu heftig geschlagen. Wie jedes Mal, wenn ich eine Nachricht von ihm erhielt, seit ich am Abend des Balles einfach abgehauen war. Schon wieder. Zum hundertsten Mal. Aber Sander war da, mit seiner Hartnäckigkeit und seinem Charme und allem, was ich so sehr an ihm schätzte …

Es fiel mir zunehmend schwerer, mich gegen die Anziehungskraft zu wehren. Meine Schutzmechanismen arbeiteten nicht mehr richtig. Als würde er mit jeder Geste und jeder Nachricht meine Sehnsucht wachsen lassen, bis ich endlich bereit war, alle Ängste über Bord zu werfen.

Lass uns Schlittschuhlaufen lernen, hallte es in meinem Kopf, mein Herz flatterte.

»Warum tust du das?« Meine Stimme bebte. »Warum … lässt du nicht locker?«

»Für dich«, erwiderte Sander schlicht, als wäre das die einzige richtige Antwort. Und irgendwie fühlte es sich auch richtig an. Wieder trug er ein Stück meiner Schutzwälle ab. Beharrlich. Schicht für Schicht. Kurz fragte ich mich, was danach auf mich wartete.

Über den Haupteingang betraten wir die Eishalle mit den zwei Bereichen. Die Beschilderung führte uns direkt zu den Umkleidekabinen. Ungläubig starrte ich auf die vorbereitete Ausrüstung: Helme, Schlittschuhe, sämtliche Schoner. Mütze und Handschuhe hatte ich selbst mitgebracht. Die allumfassende Kälte der Eishalle schlang sich wie eine Frostdecke um mich. Bestimmt waren meine Wangen gerötet, selbst meine Wimpern fühlten sich an, als würden sie gerade einfrieren.

»Größe neununddreißig?«, riet Sander und reichte mir ein Paar schlichter schwarzer Schlittschuhe. Dabei berührten sich unsere Fingerspitzen für einen Sekundenbruchteil, was sehr seltsame Dinge mit meinem Magen anstellte und das starke Bedürfnis weckte, Sander zu küssen.

»Danke«, sagte ich verlegen und senkte rasch den Blick, aus Sorge, dass er mir meine Gefühle von der Nasenspitze ablesen konnte.

Mein Herz schlug immer noch für ihn. Stark und heftig. Und auch wenn ich eine Meisterin der Verleugnung war, konnte ich mich nicht komplett selbst belügen. Vermutlich war das der Grund, weshalb ich seine Einladung angenommen hatte.

Ich war süchtig. Nach seiner Gegenwart, seiner körperlichen

Nähe, seinem Duft, seinem Lachen, seiner Stimme, seinem Lächeln. Nach seiner ganzen Art. Ich wollte mehr, aber es ging nicht.

Weil ich mir die Fesseln selbst auferlegt hatte.

Sobald wir die Schuhe angezogen und festgeschnürt hatten, staksten wir hinüber in Richtung Eishalle. Ich genoss das Gefühl, nur auf den dünnen Kufen zu balancieren. Sander dagegen sah aus, als hätte er sich in die Hose gemacht.

Der Anblick seiner weit ausgebreiteten Arme, die wild hin und her ruderten, und dieser herrliche Gesichtsausdruck – eine Mischung aus blankem Horror und fieberhafter Konzentration – ließen mich so laut auflachen, dass ich selbst davon zusammenzuckte.

»Wie schön, dass dich meine Gehversuche amüsieren«, knurrte er, grinste dabei jedoch schief. Seine Augen funkelten vor Belustigung.

»Tut mir leid«, japste ich und hielt mir den Bauch. Jetzt war ich diejenige, die kurz davor war, sich vor Lachen in die Hose zu pinkeln. »Aber das sieht … das sieht so witzig aus.«

»Ich bin eben kein Multitalent«, erwiderte er schulterzuckend und versuchte gleichzeitig, nicht umzukippen. Wie ein riesiger Baum, der sich im starken Wind von der einen auf die andere Seite neigte.

Ich verdrehte die Augen. »Sagt er und spielt mehrere Instrumente.«

»Touché.«

Als wir die Eishalle betraten, weiteten sich meine Augen, denn es war beeindruckend. Die Kühle. Die Weite. Das Eis. Es war eine Weile her, seit ich das letzte Mal Schlittschuhlaufen gewesen war.

Es war Mittwochabend und die Trainingseinheiten im Eiskunstlauf und Eishockey waren bereits beendet. Deswegen waren wir allein.

»Sind wir die Einzigen hier?«

»Im Moment schon, ja.« Die Art, wie er mir auswich, ließ mich stutzen.

»Hast du die ganze Halle gemietet?«, fragte ich lauernd.

»So ähnlich«, antwortete Sander, setzte die Mütze auf und stülpte den Helm darüber. »Eigentlich war es mein jüngerer Bruder. Er spielt im Verein Hockey und hat den Kontakt hergestellt. Ich habe lediglich um eine Verlängerung der Öffnungszeiten gebeten und dem Hausmeister eine Entschädigung zukommen lassen, weil er nach uns noch mal mit der Eismaschine durch die Halle und später das Licht ausmachen muss.«

Ungläubig blinzelte ich Sander an. »Du bist …« Mir fehlten tatsächlich die Worte.

In diesem Moment erstrahlte an der Holzdecke eine Discokugel und warf bunte Farben auf die Eisbahn. Als hätte sie unsere Anwesenheit gespürt, begann sie sich zu drehen, sodass ein Regenbogen über die glatte Oberfläche tanzte. Dazu ertönten die Klänge eines Popsongs, den ich nicht kannte. Der schnelle Beat und die rhythmische Melodie sorgten allerdings dafür, dass meine Füße in den engen Schuhen automatisch mitwippten.

»Ist das schön«, raunte ich halblaut. *Mama hätte das sicherlich gefallen.*

Mein Blick schweifte zu Sander. Erst jetzt realisierte ich, wie angespannt er war. Wie kalkweiß und gleichzeitig durchsichtig grau seine Gesichtsfarbe geworden war und wie nervös sein Blick über die Eisfläche wanderte. Als wollte er einen Ringkampf austragen.

»Aleksander Skogen, sag mir bitte nicht, dass du nicht Schlittschuhlaufen kannst.«

»Ich habe mir einmal den Arm gebrochen und es seitdem nicht mehr versucht«, presste er zwischen zusammengebissenen Zähnen hervor, was mir ein heiteres Lachen entlockte.

Als ich jedoch sah, dass ihm dieses Mal nicht zum Lachen zumute war, wurde ich gleich wieder ernst, schritt zu ihm hinüber und legte eine behandschuhte Hand auf seinen Unterarm. Sofort lokalisierte er die Berührung und als er mich anschaute, verschleierte nichts seinen Blick. Die unterschiedlichsten Gefühle wirbelten in seinen Augen. Zuneigung, Verlangen und Sorge.

Das Blut pochte in meinen Ohren, schnell und verräterisch klopfte mein Herz, aber ich wich nicht zurück.

»Sollen wir es zusammen versuchen?«, fragte ich Sander leise und streckte meine Hand nach ihm aus. Mit einem schwer zu deutenden Lächeln auf den Lippen umschloss er meine Finger und hielt mich fest.

Etwas geschah mit mir. Meine Atmung wurde flacher.

In meinem Kopf flimmerte die Abfolge perfekter Montagebilder, ein Fanedit unserer möglichen Zukunft. Die altbekannte Angst wütete in meinem Brustkorb wie ein wildes Feuer, mischte sich mit dem brennenden Schmerz, der mein Herz mit eiserner Faust umschlossen hielt.

Helvete.

Ich hatte geglaubt, dass ich es konnte. Dass ich es hinkriegte. Aber es ging nicht. Sander zu verlieren … sollte er … Bebend presste ich die Lippen aufeinander, in der Hoffnung, das Schluchzen zu unterdrücken, das in mir aufbrandete.

Als ich meine Finger gerade wieder aus seinen lösen wollte, hob Sander mit sanftem Druck mein Kinn an, damit ich ihm in die Augen sah. Und ich fiel. In seinen Blick und seine Seele hinein, ertrank darin und hoffte im selben Augenblick, er würde mich wieder herausziehen.

»Ich kann nicht«, stieß ich hervor, nicht viel mehr als ein schwacher Windhauch.

»Was?«

»Wir. Uns.«

»Tu das nicht«, bat er leise, aber eindringlich. »Lass uns darüber reden. Alles offenlegen. Und dann entscheiden wir neu.«

Mir gingen die Gründe aus. »Du … ich passe nicht in deine Welt. Das ist mir an dem Morgen nach der Oper klar geworden. Und der Ballabend hat das nur bestätigt. Diese ganzen Menschen, die dich kennen, und dann diese bildschöne Frau, mit der du gesprochen hast, die so elegant war und perfekt zu dir gepasst hat«, sprudelte es panisch aus mir heraus. »Früher oder später werde ich an den Hardangerfjord zurückkehren und du wirst dein Familienunternehmen führen.«

»Norah …« Sander schüttelte den Kopf. »Das ist auch nicht meine Welt. Du bist meine Welt.«

Mein Herz stolperte. »Was?«

»Ich habe längst mit meinem Großvater gesprochen und ihm gesagt, dass ich nicht mehr im Unternehmen arbeiten möchte. Und er hat zugestimmt.«

37

SANDER

Ich verlor sie wieder. Sie entglitt mir wie loser Sand, der durch die Finger rinnt.

»Du bist meine Welt«, wiederholte ich deswegen mit fester Stimme und ließ sie keine Sekunde aus den Augen, um ihr die Dringlichkeit meiner Worte begreiflich zu machen. Norah wirkte gehetzt, ihr Brustkorb hob und senkte sich in einer atemberaubenden Geschwindigkeit, also fügte ich rasch hinzu: »Ich habe die letzten zwei Wochen dazu genutzt, mir einen möglichen Exitplan aus der Firma zu überlegen. Damit alles einen geordneten Ablauf hat.«

Es war die Wahrheit. Meine Entscheidung und mein Entschluss standen fest, auch wenn ich nicht den blassesten Schimmer hatte, wohin die Reise führte. Aber es fühlte sich genau richtig an. Längst überfällig.

Norah starrte mich so sprachlos an, dass ich hastig weitersprach. »Ich weiß noch nicht genau, was ich machen möchte. Ich habe einen Master von einer renommierten Universität und diverse Praktika, aber so mit mir im Reinen wie auf der vierzehntägigen Trekkingtour habe ich mich noch nie gefühlt. Vielleicht geht es in diese Richtung? Vielleicht kann ich einen Teil meines Geldes nehmen und damit etwas Neues aufbauen. Oder wir bauen gemeinsam etwas auf.« Rasselnd holte ich Luft, versuchte, alles loszuwerden, bevor Norah mich nicht mehr hörte, weil sie wie so oft in ihrem Tunnel voller Zweifel verschwand. »Was ich damit sagen will: Gib uns eine Chance. Wir kriegen das irgendwie hin. Wir müssen nur darüber reden. Unsere Wünsche und Bedürfnisse äußern …«

Nachdem ich den letzten Satz ausgesprochen hatte, fühlte ich mich leer und gleichzeitig unglaublich erfüllt. Jetzt war der Spielball nicht länger auf meiner Seite, zumindest vorübergehend. Mein Puls raste.

Eine Weile sagte Norah nichts.

In meiner Brust hämmerte mein Herz so heftig, dass ich glaubte, es würde mir im nächsten Moment herausbrechen.

Je länger sich die Stille hinzog, desto dringlicher wollte ich sie in meine Arme ziehen und festhalten, ihr versichern, dass alles gut werden würde. Aber das tat ich nicht. Ich ließ ihr Zeit. Sie brauchte Zeit.

»Und wenn dir … wenn dir etwas passiert?« Ihre Unterlippe zitterte bei dieser Frage.

Erleichterung ließ mich zusammensacken. »Hör zu, ich kenne mich mit diesen Dingen nicht aus«, begann ich und suchte nach den richtigen Worten. »Aber vielleicht würde es dir guttun, eine Therapie zu machen, um deine Ängste zu bewältigen? Selbst wenn du dich nicht dafür entscheidest, uns eine Chance zu geben, Norah. Ich möchte, dass du glücklich bist und dass es dir gut geht. Und wenn du irgendwann einen Mann findest, der den Wunsch in dir auslöst, es doch zu probieren … dann möchte ich, dass du dafür bereit bist.«

Jetzt vibrierte ihr Kinn unkontrolliert und in ihren großen

gletscherblauen Augen sammelten sich Tränen. Der Anblick zerfetzte mir beinahe das Herz. Sie so zu sehen fühlte sich wie ein tonnenschweres Eisenstück an, das man mir mit voller Wucht in den Magen rammte.

Aber ich blieb standhaft. Streckte meine Hand nicht nach ihr aus, obwohl es mir körperliche Schmerzen bereitete, ich über meine Grenzen hinausgehen musste.

»Ich habe mich in dich verliebt, Norah.«

Nun rollten die Tränen über ihre Wangen und instinktiv strich ich sie mit den Handschuhen weg, hatte den Kampf verloren. »In dein ganzes Wesen, in die Momente zwischen uns. Wenn das für dich nicht ausreicht, ist das in Ordnung. Aber du sollst wissen, dass du für mich wie ein Anker bist. Du gibst mir das Gefühl anzukommen, genau die richtige Portion Realität, die ich brauche. Ich mag das. Sogar sehr. Ich hätte viel früher erkennen müssen, dass du dich immer wieder vor mir zurückziehst, weil du eine beschissene Angst hast. Das ist okay. Trotzdem bringt es deine Eltern nicht zurück.«

Bei meinem letzten Satz presste Norah ihre Lider fest aufeinander, als könnte sie dadurch meinen Worten entfliehen. Aber ich war gnadenlos ehrlich, weil es das war, was sie hören musste.

Wenigstens einmal. So sehr es auch wehtat.

»Aber eigentlich hast du dich nicht selbst beschützt. Du betrügst dich nur um das, was wir haben könnten«, fuhr ich deswegen unerbittlich fort. Ein Worthieb nach dem anderen und mein Herz blutete dabei. Deswegen versuchte ich, so einfühlsam wie möglich mit ihr zu reden. »Und damit schneidest du dir ins eigene Fleisch. Aber das ist in Ordnung, weil ich jetzt hier bin und es verstanden habe. Es liegt bei dir, Norah. Ganz bei dir. Läufst du davon oder willst du es versuchen?«

Gebannt wartete ich auf eine Reaktion. Auf ein Wort von ihr. Eine Aussage.

Über ihre Züge huschten so viele unterschiedliche Emotionen, dass ich sie unmöglich alle zuordnen konnte. Dann brach sie in ein heftiges Schluchzen aus und vergrub ihr Gesicht in den Händen.

»Ich … ich hab mich auch in dich verliebt.«

Einen Moment lang fürchtete ich, mich verhört zu haben, doch dann ließ sich Norah in meine Arme fallen und weinte hemmungslos an meiner Brust. Ihr Schluchzen schnitt mir in die Eingeweide und ich hielt sie einfach nur fest.

»Und ich … ich will dich nicht verlieren.«

»Ich weiß, *kjære*. Ich weiß«, flüsterte ich an ihrem Scheitel, streichelte immer wieder behutsam über ihren Rücken und in mir explodierte ein Glücksgefühl, das ich nicht in Worte fassen konnte. Ich bettete sie in meine Umarmung, genoss ihre Wärme.

»Das ist alles. Du hast … du hast recht, vielleicht sollte ich das angehen und mir Hilfe holen. Ich weiß noch nicht, wie, aber … ich ertrage den Gedanken nicht, dich gehen zu lassen. Mit dir habe ich das Gefühl, alles erreichen zu können. Ich fühle mich stark und verstanden und es …«

Ihr Mascara war verwischt und ihr Gesicht wirkte aufgedunsen, als sie das Kinn hob, ein zerbrechliches Lächeln auf den Lippen. Trotzdem hatte ich nie jemanden gesehen, der anbetungswürdiger gewesen wäre.

»Danke für deinen Mut. Für uns beide. Wärst du nicht so hartnäckig gewesen …«, sie brach mitten im Satz ab.

»Ich bin da, Norah. Und ich gehe nirgendwohin. Alles andere kriegen wir hin. Alles andere lässt sich lösen.«

»Und jetzt?«, fragte sie, nachdem sie sich von mir gelöst hatte.

Ihre Wangen waren gerötet, der Blick ihrer Augen glasig und verhangen. In mir tobte ein Sturm.

»Jetzt lass uns endlich auf dieses verdammte Eis gehen«, erwiderte ich und versuchte, mich nicht zu viel zu bewegen, weil ich sonst wieder ins Straucheln geriet. Stattdessen umschloss ich ihr Gesicht mit beiden Händen, lehnte meine Stirn gegen ihre und atmete ihren unverwechselbaren Duft ein, während mein Herz voller Zuversicht schneller schlug.

Mit einem zufriedenen Seufzer senkte ich den Kopf, stoppte jedoch wenige Millimeter von Norahs Mund entfernt.

»Worauf wartest du noch?«, flüsterte sie und ich spürte ihre kribbelnde Ungeduld unter meinen Fingerspitzen. Meine Antwort war ein tiefer, gefühlvoller Kuss.

Norah gehörte zu mir. Wir würden das hinkriegen.

Es würde ein steiniger und harter Weg werden und wahrscheinlich würde sie noch den ein oder anderen Rückzieher machen, in alte Muster verfallen, mich von sich schieben. Aber solange wir es probierten und aneinander glaubten, konnten wir es schaffen.

Das war alles, was zählte.

38

NORAH

Wie in einem perfekten, superkitschigen Weihnachtsfilm, in dem die Schneeflocken aus einer Maschine geschossen kamen, rieselte der Schnee sanft wiegend zu Boden und landete auf der Autoscheibe. Die Berge ragten wie Eisschlösser rings um das Zillertal in den wolkenverhangenen Himmel und ich ließ die Scheibe etwas herunter, um diesen anderen Winterduft einzuatmen. Nicht ganz so vertraut, aber schön. Ich mochte es.

Als ich mit einem seligen Lächeln das Fenster wieder schloss, bemerkte ich, wie Sander mich heimlich beobachtete. Er wirkte so stolz und zufrieden, dass sich ein warmer Knoten in meiner Brust bildete.

»Was ist?«

Er schüttelte den Kopf und wandte seine Aufmerksamkeit wieder dem Verkehr zu. Je näher wir dem Zielort kamen, desto mehr Autos waren unterwegs. »Nichts. Ich liebe es, wenn du alles in dich aufsaugst, was du noch nicht kennst.«

»Es ist nicht dunkel.«

»Nicht dunkel?«, wollte Sander wissen und fuhr weiter über die schneebedeckte Straße durch die österreichische Landschaft.

»Bei uns wäre es jetzt stockfinster und ich genieße es einfach, die Landschaft zu sehen, ohne ständig eine Stirnlampe zu tragen oder mich auf das Flutlicht verlassen zu müssen.«

»Stimmt. Daran habe ich gar nicht gedacht.« Wie selbstverständlich glitt seine Hand zu meinem Oberschenkel und blieb dort liegen. »Wir sollten nachher noch die E-Mail an Nils Petersen senden, damit er im neuen Jahr gleich den Deal mit der Raftingtour überdenkt.«

»Wir sind im Urlaub.«

Sander schmunzelte und wandte mir sein Gesicht zu, den Blick voller Zuneigung. Jedes Mal, wenn er mich so ansah, heilte ein kleines Stückchen meines Herzens ein bisschen schneller. Nicht zuletzt, weil ich vor zwei Monaten eine Klopftherapie begonnen hatte, die mir bei meiner Traumabewältigung half. Dabei war mir nicht einmal bewusst gewesen, wie tief der Verlust meiner Eltern saß.

Ich hatte jahrelang geglaubt, dass alles in Ordnung war.

Meine Brust füllte sich mit einer Wärme, die ich so lange nicht verspürt hatte. Ich hatte mich auf ein Abenteuer eingelassen und freute mich darauf, weitere Stunden mit Sander zu verbringen, mit allem, was das Leben für uns bereithielt. Der Brief meiner Mutter kam mir in den Sinn und wie wir ihn gemeinsam entdeckt hatten. Welche Bedeutung er für mich hatte. Es war so seltsam gewesen, ihre Worte zu lesen, die sie geschrieben hatte, als sie jünger gewesen war als wir jetzt.

Und trotzdem spiegelte sich so viel von ihren Worten in meiner Seele wider.

Es war schön, ihrer Geschichte einen Abschluss geben zu können. Die Dinge zu erleben, die sie und mein Vater sich gewünscht hätten. Und gleichzeitig war das erst der Anfang von dem, was uns noch bevorstand.

»Woran denkst du?« Obwohl Sander sich auf den Verkehr konzentrierte, bemerkte er dennoch die leise Veränderung in meiner Stimmung. Und dafür liebte ich ihn. Dieses Mal erschrak ich nicht über diesen Gedanken. Ich ließ ihn zu, in mir wachsen. Und es fühlte sich verdammt richtig an, auch wenn ich die drei magischen Worte noch nicht zu ihm gesagt hatte. Dabei waren wir inzwischen schon knapp zwei Monate zusammen.

»Ich dachte gerade, dass ich keine Ahnung habe, was noch alles auf uns zukommen wird. Aber ich bin bereit dafür.«

Sander lachte. »Okay, anscheinend geht es nicht nur mir so. Die Berge machen einen sentimental. Aber ja, ich bin mir sicher, dass wir alles hinbekommen. Wir müssen nur offen und ehrlich zueinander sein.«

»Ich hoffe, dass alles glattläuft«, sagte ich und kaute auf meiner Unterlippe.

»Warum sollte es nicht?«, erwiderte Sander zuversichtlich wie immer. »Nach dem Urlaub ziehe ich zu euch an den Hardangerfjord und wir nehmen die ganze Umstrukturierung in Angriff.«

Kopfschüttelnd betrachtete ich Sanders Profil. »Ich kann immer noch nicht fassen, dass dein Großvater zugestimmt hat.«

»Was sicherlich daran lag, dass er zu viel Geld und keinen Zeitvertreib hat. Aber wir schauen erst mal, wie es sich entwickelt. Vielleicht können wir die Trekkingtouren noch etwas ausbauen und KOSGEN dazu bringen, zu investieren. Es gibt genügend Projekte, die von meiner Familie finanziell unterstützt werden, und mein Großvater war früher viel im Land unterwegs.« Sander warf mir ein verschmitztes und äußerst zweideutiges Lächeln zu. »Also wenn wir nicht so spät dran wären …« Wie selbstverständlich schob er seine Finger zwischen meine, während seine andere Hand auf dem Lenkrad ruhte, und schenkte mir noch einen frechen Seitenblick. Sofort schlug mein verliebtes Herz einen Purzelbaum. Wie immer, wenn er mich auf diese ganz spezielle Weise betrachtete.

»Okay, was genau geht dir gerade durch den Kopf?«

»Definitiv nichts Sentimentales«, antwortete Sander mit dunkler Stimme.

»Will ich es wissen?«, fragte ich und spürte, wie sich sengende Hitze in meiner Bauchmitte ausbreitete. Als hätte Sander ein heiliges Zauberwort gesprochen.

»Soll ich es dir zeigen?«

»Nicht jetzt«, erwiderte ich lachend und verschränkte meine Finger mit seinen, zufrieden und glücklich.

Als wir schließlich eine halbe Stunde später vor dem eindrucksvollen Haus hielten, in dem wir die nächsten Tage verbringen würden, kam ich aus dem Staunen nicht heraus. Es war riesig und weitläufig und lag einen Katzensprung vom ersten Schlepplift entfernt.

»Du kannst ruhig schon klingeln«, meinte Sander, während er Taschen und Koffer aus dem Mietauto holte. Also kam ich seiner Aufforderung nach, wippte mit den Füßen vor und zurück und wartete, bis mir jemand die Tür öffnete.

Als es passierte, traf mich beinahe der Schlag.

Mein Herz machte einen regelrechten Sprung und ich riss vor Verblüffung die Augen weit auf. Der Kerl mit dem Weihnachtspullover in Rentieroptik kam mir bekannt vor. Nicht nur bekannt. Unzählige Edits über ihn waren über meine FYI geflimmert und ich hatte mich riesig für ihn gefreut, als er Reserve-Driver für eines der Formel-1-Teams geworden war, weil es einen großen Karrieresprung bedeutete. Voller Unglauben drehte ich mich zu Sander um, der breit grinste und seine muskulösen Arme vor der Brust verschränkte.

»Du hättest mich vorwarnen können.«

»Dann hätte ich dein Gesicht verpasst.«

Ich wandte mich wieder um. »Hi, ich bin Norah«, sagte ich auf Englisch und streckte meine Hand aus.

»Henning«, erwiderte er und ergriff sie. »Ich habe schon viel von dir gehört.«

»Oh, ehrlich? Und ich weiß, wer du bist«, quietschte ich total uncool und einige Oktaven zu hoch, woraufhin sich eine steile Falte zwischen Sanders Brauen bildete und er auffällig schnell einen Arm um meine Schultern schlang.

»Anscheinend habe ich das nicht ganz durchdacht«, hörte ich ihn halblaut raunen und lachte, als eine hübsche junge Frau mit strahlendem Lächeln und einem glatt geschnittenen Bob im Türrahmen erschien.

»Seid ihr bereit für euren Urlaub?«, fragte sie und ich tauschte einen Blick mit Sander, der mich zärtlich betrachtete.

Ja. Ja, das waren wir definitiv.

DANKSAGUNG

Schon als Sander seinen kurzen Auftritt in *Vielleicht irgendwann* hatte, wusste ich insgeheim, dass er mein neuer Protagonist werden würde. Ich wollte mehr über seine Familie wissen, mehr über ihn, mehr über das, was ihn antreibt.

Zwar dreht sich in *Skogen Dynasty* auch ganz viel um Norahs Entwicklung, aber Sander findet etwas, das ihm bisher gefehlt hat: jemanden, der ihn erdet, Norah.

Das norwegische Setting stand fest, sobald ich Sander vor Augen hatte. Sowohl das Land als auch die Menschen sind unfassbar faszinierend und ich wollte dieses Mal einen Sehnsuchtsort zum Wegträumen. Aus dramaturgischen Gründen gibt es einige Verschiebungen zu den wahren Schauplätzen, einiges wurde ausgeschmückt, beispielsweise die Raftingtour in Voss. Aber ich hoffe, ihr seht es mir nach!

Über die beiden zu schreiben war eine Mammutaufgabe, weil ich von so vielen Zweifeln zerfressen war: Ist es so gut wie die *Vielleicht*-Bücher? Ist es witzig genug? Spannend genug? Dramatisch genug? Poetisch genug? Kriege ich es hin, das einzufangen, was ich einfangen möchte?

Das dürft ihr beurteilen. Die Geschichte gehört jetzt euch, aber ich freue, freue, freue mich, dass sie den Weg zu euch gefunden hat.

Deswegen möchte ich zuerst euch danken, denn ohne euch würde es diese Reihe vermutlich nicht geben. Eure Nachrichten in meinem Postfach sind der Grund, weshalb ich mich nächtelang durchbeißen kann. Als ich klein war, haben mir bestimmte Bücher so viel gegeben und zu lesen, dass ihr in meinen Geschichten dasselbe findet, ist etwas ganz Besonderes für mich! Danke für jede Verlinkung, jedes TikTok-Ästhetik-Video, eure Reels, eure Instagram-Beiträge, Blogeinträge, Empfehlungen unter Freunden, Verwandten oder auf der Arbeit …

Gleiches gilt übrigens für alle (Intense-)Buchbloggerinnen und die lieben Buchhändlerinnen und Buchhändler da draußen, die so viel für diese Bücher tun, danke.

Christiane, ich möchte dir von Herzen dafür danken, dass du in meiner Ecke stehst und auch mal eine schützende Hand über mich hältst, wenn ich mich wieder übernehme. Das bedeutet mir wirklich sehr viel. Du bist die beste Agentin, die ich mir wünschen kann, und ich bin gespannt, wohin die Reise geht!

Franziska, das war jetzt das dritte gemeinsame Buch und ich bin dir wirklich dankbar für so viel Ruhe, Verständnis und dein kluges Auge. Vor allem aber deine ENGELSGEDULD, ich weiß das wirklich zu schätzen. Es ist so schön, dass wir gemeinsam an den Geschichten arbeiten können, danke von Herzen.

An den Loewe Verlag und das ganze Loewe-Intense-Team: Vielen Dank für das Vertrauen in diese neue Reihe und euren unermüdlichen Einsatz. Man spürt, wie wichtig euch diese Bücher sind, und das bedeutet mir sehr viel!

Sara für den Antrieb, Elena fürs Zuhören, Mitfiebern, Dabeisein und Brainstormen, für deine Begeisterung, die perfekt strukturierten E-Mails, die Übersicht und sowieso ganz viel Sonne. DANKE! Carina, Jenny, Angelina, Jeannette,

Jasmin, Nicolai, Herr Gondrom und alle hinter den Kulissen, ich bin sehr froh und freue mich immer, wenn die Bindlach-Vorwahl auf meinem Handy erscheint. Jess, aka Miss Nerdstagram, danke für alles, was du für Intense und die Bücher tust.

Andrea Janas für das SCHÖNSTE COVER (!), Jana Runneck für die SCHÖNSTE Illustration. Ich bin immer noch sprachlos. Danke.

Thanks for your amazing help and answering all my weird and randomly selected questions, dear Sunniva & Florian! That was amazingly helpful!

Fabiola & Patrick für die Ausrüstungs- und Trekkingdetails. DANKE.

Meine Testleserinnen: Ohne Witz, dieses Mal habt ihr echt alles gegeben und den Finger in die Wunden gelegt oder mich aufgebaut, wenn ich dachte, das wird alles gar nichts mehr. Lisa & Lisa, ihr beide wart Gold wert, mit euch steht und fällt diese Geschichte, was ihr da abgebrannt habt, war unglaublich. Mimi, du bist nicht nur eine großartige Buchhändlerin, sondern hast mit viel Fingerspitzengefühl an den richtigen Stellen angesetzt. Deine »SAUNA-SZENE«-Nachricht hat mich so zum Schmunzeln gebracht (und das war noch nicht mal die Endfassung!). Myriam, jedes Mal bist du da und liest jeden Schnipsel, den ich dir schicke, in einer atemberaubenden Geschwindigkeit. Danke! Friederike, du hast wirklich noch das Beste aus der Geschichte herausgekitzelt, dafür bin ich sehr dankbar. Jessi, obwohl du selbst so viel zu tun hast, findest du immer die Zeit, mit mir über Details zu sprechen. Danke.

Vielen Dank auch an die lieben Kolleginnen, mit denen ich so viele Eindrücke und Erfahrungen teilen darf und die aufzuzählen nur dazu führen würde, dass ich bestimmt die Hälfte vergesse … Trotzdem ein dickes Dankeschön an: Anya, ohne dich wäre es irgendwie nicht so leicht. Du bist immer da und du findest immer genau die richtigen Worte. Danke auch für den wundervollen BLURB. Okay, let's go! Tami, du bist ein Goldstück, danke für jedes GIF und jede Nachricht. Kyra für dein offenes Ohr und den Austausch.

Wie immer ganz zum Schluss meine Freunde & Familie: meine Bsouls, Stengelins, Wahls und alle, die nicht derselbe Name, aber eine gemeinsame Geschichte verbindet. Ich bin einfach nur froh, euch an meiner Seite zu wissen. Karim, mein letzter und größter Dank gilt dir, weil ich das alles ohne dich nicht machen könnte. Seit über zehn Jahren gehst du diesen anstrengenden und verrückten Weg mit mir, unterstützt mich an allen Ecken und Enden. Ich bin so glücklich mit unserer kleinen, wundervollen Familie. Du bist mein Zuhause. Danke.

TRIGGERWARNUNG

Liebe Leser*innen,

Skogen Dynasty enthält potenziell triggernde Inhalte.

Diese sind:
Tod, Trauer und Trauerbewältigung.
Außerdem wird sexuelle Belästigung thematisiert, jedoch nicht im Detail und nicht aus der Ich-Perspektive beschrieben.

Ihr solltet das Buch also nur lesen, wenn ihr emotional mit diesen Themen umgehen könnt. Falls es euch mit diesen genannten oder auch anderen Themen nicht gut geht, findet ihr unter der Nummer der Telefonseelsorge rund um die Uhr kostenlose und anonyme Hilfe.

0800-1 11 01 11/0800-1 11 02 22
www.telefonseelsorge.de